希罗多德的历史方法

〔美〕唐纳德·拉泰纳 著

聂渡洛 译

Classics & Civilization

生活·讀書·新知 三联书店

Simplified Chinese Copyright © 2024 by SDX Joint Publishing Company.
All Rights Reserved.
本作品简体中文版权由生活·读书·新知三联书店所有。
未经许可，不得翻印。

图书在版编目（CIP）数据

希罗多德的历史方法 /（美）唐纳德·拉泰纳著；聂渡洛译 . —北京：生活·读书·新知三联书店，2024.5
（古典与文明）
ISBN 978-7-108-04871-4

Ⅰ .①希… Ⅱ .①唐…②聂… Ⅲ .①希罗多德（约前484- 前425）– 史学思想– 研究 Ⅳ .① K095.45

中国国家版本馆 CIP 数据核字 (2023) 第 078692 号

The Historical Method of Herodotus © University of
Toronto Press 1989.
Original edition published by University of Toronto Press,
Toronto, Canada.

责任编辑	王晨晨
装帧设计	薛　宇
责任校对	曹秋月　陈　明
责任印制	宋　家
出版发行	生活·讀書·新知 三联书店
	（北京市东城区美术馆东街 22 号 100010）
网　　址	www.sdxjpc.com
经　　销	新华书店
印　　刷	河北鹏润印刷有限公司
版　　次	2024 年 5 月北京第 1 版
	2024 年 5 月北京第 1 次印刷
开　　本	880 毫米 ×1092 毫米　1/32　印张 15.5
字　　数	310 千字
印　　数	0,001－5,000 册
定　　价	79.00 元

（印装查询：01064002715；邮购查询：01084010542）

"古典与文明"丛书
总 序

甘阳 吴飞

古典学不是古董学。古典学的生命力植根于历史文明的生长中。进入21世纪以来，中国学界对古典教育与古典研究的兴趣日增并非偶然，而是中国学人走向文明自觉的表现。

西方古典学的学科建设，是在19世纪的德国才得到实现的。但任何一本写西方古典学历史的书，都不会从那个时候才开始写，而是至少从文艺复兴时候开始，甚至一直追溯到希腊化时代乃至古典希腊本身。正如维拉莫威兹所说，西方古典学的本质和意义，在于面对希腊罗马文明，为西方文明注入新的活力。中世纪后期和文艺复兴对西方古典文明的重新发现，是西方文明复兴的前奏。维吉尔之于但丁，罗马共和之于马基雅维利，亚里士多德之于博丹，修昔底德之于霍布斯，希腊科学之于近代科学，都提供了最根本的思考之源。对古代哲学、文学、历史、艺术、科学的大规模而深入的研究，为现代西方文明的思想先驱提供了丰富的资源，使他们获得了思考的动力。可以说，那个时期的古典学术，就是现代西方文明的土壤。数百年古典学术的积累，是现代西方文明的命脉所系。19世纪的古典学科建制，只不过是这一过程的结果。随着现代研究性大学和学科规范的确立，一门规则严谨的古典学学科应运而生。但我们必须看到，西方大学古典学学科的真正基础，乃在于古典教育在中学的普及，特别是拉丁语和古希腊语曾长期为欧洲中学必修，才可能为大学古典学的高深研究源源不断地提供人才。

19世纪古典学的发展不仅在德国而且在整个欧洲都带动了新的一轮文明思考。例如，梅因的《古代法》、巴霍芬的《母权论》、古朗士的《古代城邦》等，都是从古典文明研究出发，在哲学、文献、法学、政治学、历史学、社会学、人类学等领域带来了革命性的影响。尼采的思考也正是这一潮流的产物。20世纪以来弗洛伊德、海德格尔、施特劳斯、福柯等人的思想，无不与他们对古典文明的再思考有关。而20世纪末西方的道德思考重新返回亚里士多德与古典美德伦理学，更显示古典文明始终是现代西方人思考其自身处境的源头。可以说，现代西方文明的每一次自我修正，都离不开对古典文明的深入发掘。正是在这个意义上，古典学绝不仅仅只是象牙塔中的诸多学科之一而已。

由此，中国学界发展古典学的目的，也绝非仅仅只是为学科而学科，更不是以顶礼膜拜的幼稚心态去简单复制一个英美式的古典学科。晚近十余年来"古典学热"的深刻意义在于，中国学者正在克服以往仅从单线发展的现代性来理解西方文明的偏颇，而能日益走向考察西方文明的源头来重新思考古今中西的复杂问题，更重要的是，中国学界现在已经超越了"五四"以来全面反传统的心态惯习,正在以最大的敬意重新认识中国文明的古典源头。对中外古典的重视意味着现代中国思想界的逐渐成熟和从容,意味着中国学者已经能够从更纵深的视野思考世界文明。正因为如此,我们在高度重视西方古典学丰厚成果的同时,也要看到西方古典学的局限性和多元性。所谓局限性是指,英美大学的古典学系传统上大多只研究古希腊罗马,而其他古典文明研究如亚述学、埃及学、波斯学、印度学、汉学以及犹太学等,则都被排除在古典学系以外而被看作所谓东方学等等。这样的学科划分绝非天经地义,因为法国和意大利等的现代古典学就与英美有所不同。例如,著名的西方古典学重镇,韦尔南创立的法国"古代社会比较研究中心",不仅是古希腊研究的重镇,而且广泛包括埃及学、亚述学、汉学乃至非洲学等各方面专家,在空间上大大突破了古希腊罗马的范围。而意大利的古典学研究,则由于意大利历史的特殊性,往往在时间上不完全限于古希腊罗马的时段,而与中世纪及文艺复兴研究多有关联(即使在英美,由于晚近以来所谓"接受研究"成为古典学的显学,也使得古典学的研究边界越来越超出传统的古希腊罗马时期)。

  从长远看,中国古典学的未来发展在空间意识上更应参考法国古典学,不仅要研究古希腊罗马,同样也应包括其他的古典文明传统,如此方能参详比较,对全人类的古典文明有更深刻的认识。而在时间意识上,由于中国自身古典学传统的源远流长,更不宜局限于某个历史时期,而应从中国古典学的固有传统出发确定其内在核心。我们应该看到，古典中国的命运与古典西方的命运截然不同。与古希腊文字和典籍在欧洲被遗忘上千年的文明中断相比较，秦火对古代典籍的摧残并未造成中国古典文明的长期中断。汉代对古代典籍的挖掘与整理，对古代文字与制度的考证和辨识，为新兴的政治社会制度灌注了古典的文明精神，堪称"中国古典学的奠基时代"。以今古文经书以及贾逵、马融、卢植、郑玄、服虔、何休、王肃等人的经注为主干，包括司马迁对古史的整理、刘向父子编辑整理的大量子学和其他文献，奠定了一个有着丰富内涵的中国古典学体系。而今古文之间的争论，不同诠释传统之间的较量，乃至学术与政治之间错综复杂的关系，都是古典学术传统的丰富性和内在张力的体现。没有这样一个古典学传统，我们就无法理解自秦汉至隋唐的辉煌文明。

从晚唐到两宋，无论政治图景、社会结构，还是文化格局，都发生了重大变化，旧有的文化和社会模式已然式微，中国社会面临新的文明危机，于是开启了新的一轮古典学重建。首先以古文运动开端，然后是大量新的经解，随后又有士大夫群体仿照古典的模式建立义田、乡约、祠堂，出现了以《周礼》为蓝本的轰轰烈烈的变法；更有众多大师努力诠释新的义理体系和修身模式，理学一脉逐渐展现出其强大的生命力，最终胜出，成为其后数百年新的文明模式。称之为"中国的第二次古典学时代"，或不为过。这次古典重建与汉代那次虽有诸多不同，但同样离不开对三代经典的重新诠释和整理，其结果是一方面确定了十三经体系，另一方面将"四书"立为新的经典。朱子除了为"四书"做章句之外，还对《周易》《诗经》《仪礼》《楚辞》等先秦文献都做出了新的诠释，开创了一个新的解释传统，并按照这种诠释编辑《家礼》，使这种新的文明理解落实到了社会生活当中。可以看到，宋明之间的文明架构，仍然是建立在对古典思想的重新诠释上。

在明末清初的大变局之后，清代开始了新的古典学重建，或可称为"中国的第三次古典学时代"：无论清初诸遗老，还是乾嘉盛时的各位大师，虽然学问做法未必相同，但都以重新理解三代为目标，以汉宋两大古典学传统的异同为入手点。在辨别真伪、考索音训、追溯典章等各方面，清代都取得了巨大的成就，不仅成为几千年传统学术的一大总结，而且可以说确立了中国古典学研究的基本规范。前代习以为常的望文生义之说，经过清人的梳理之后，已经很难再成为严肃的学术话题；对于清人判为伪书的典籍，诚然有争论的空间，但若提不出强有力的理由，就很难再被随意使用。在这些方面，清代古典学与西方19世纪德国古典学的工作性质有惊人的相似之处。清人对《尚书》《周易》《诗经》《三礼》《春秋》等经籍的研究，对《庄子》《墨子》《荀子》《韩非子》《春秋繁露》等书的整理，在文字学、音韵学、版本目录学等方面的成就，都是后人无法绕开的必读著作，更何况《四库全书总目提要》成为古代学术的总纲。而民国以后的古典研究，基本是清人工作的延续和发展。

我们不妨说，汉、宋两大古典学传统为中国的古典学研究提供了范例，清人的古典学成就则确立了中国古典学的基本规范。中国今日及今后的古典学研究，自当首先以自觉继承中国"三次古典学时代"的传统和成就为己任，同时汲取现代学术的成果，并与西方古典学等参照比较，以期推陈出新。这里有必要强调，任何把古典学封闭化甚至神秘化的倾向都无助于古典学的发展。古典学固然以"语文学"（philology）的训练为基础，但古典学研究的问题意识、研究路径以及研究方法等，往往并非来自古典学内部而是来自外部，晚近数十年来西方古典学早已被女性主义等各种外部来的学术思想和方法所渗透占领，仅仅是最新的例证而已。历史地看，无论中国还是西方，所谓考据与义理的张力其实是古典学的常态甚至是其内在动力。古典学研究一方面必须以扎实的语文学训练为基础，但另一方面，古典学的发展和新问题的提出总是与时代的大问题相关，总是指向更大的义理问题，指向对古典文明提出新的解释和开展。

中国今日正在走向重建古典学的第四个历史新阶段，中国的文明复兴需要对中国和世界的古典文明做出新的理解和解释。客观地说，这一轮古典学的兴起首先是由引进西方古典学带动的，刘小枫和甘阳教授主编的"经典与解释"丛书在短短十五年间（2000—2015年）出版了三百五十余种重要译著，为中国学界了解西方古典学奠定了基础，同时也为发掘中国自身的古典学传统提供了参照。但我们必须看到，自清末民初以来虽然古典学的研究仍有延续，但古典教育则因为全盘反传统的笼罩而几乎全面中断,以致今日中国的古典学基础以及整体人文学术基础都仍然相当薄弱。在西方古典学和其他古典文明研究方面,国内的积累更是薄弱,一切都只是刚刚起步而已。因此,今日推动古典学发展的当务之急,首在大力推动古典教育的发展,只有当整个社会特别是中国大学都自觉地把古典教育作为人格培养和文明复兴的基础,中国的古典学高深研究方能植根于中国文明的土壤之中生生不息茁壮成长。这套"古典与文明"丛书愿与中国的古典教育和古典研究同步成长!

2017年6月1日于北京

目 录

前 言 i
缩略表 v

导 论 1

第一部分 修辞：希罗多德如何重塑过去
    第1章 一种新文体，一种新修辞 19

第二部分 史家的力量：研究成果的展示
    导 言 103
    第2章 选择：显而易见的删减 109
    第3章 多重版本：读者的自主性 142
    第4章 争议：希罗多德对材料来源的使用 171

第三部分 Poiesis：希罗多德如何让历史事实有意义
    导 言 207
    第5章 纪年法的地位 211

第 6 章　界限、礼法与逾越：《历史》中的结构概念　239

第 7 章　从民族志进入历史　277

第 8 章　历史书写的模式："政体辩论"　309

第四部分　意义与方法：希罗多德如何使特殊事件彼此呼应

第 9 章　事件与解释：希罗多德的解读　351

第 10 章　希罗多德的功过得失　393

参考文献　426

作家、作品索引　437

总索引　442

译后记　463

前　言

非常高兴能够记录我在本书的形成过程中得到的诸多帮助：历史学家卡洛琳·德瓦尔德（Carolyn Dewald）与丹尼尔·汤普金斯（Daniel Tompkins）是令我受益最多的两位朋友，他们慷慨地贡献自己的时间与观点，十年来为我搜求各种偏僻的材料，他们的批评几乎改进了本书的每一页文稿。德瓦尔德教授甚至改变了本书的结构，而我们至今还在急切地等待她承诺要完成的希罗多德研究著作。多伦多大学《凤凰》杂志主编 Malcolm B. Wallace 同样贡献极大，他做了尖锐的旁注和无数具体的评论，并探求了一些普遍的问题，感谢他令本书庶几达到了一门严格学科之标准。

罗比茨柴克（A. E. Raubitschek）是我的斯坦福导师与学术良知的代表，他一如既往地提出了诸多有益而尖锐的建议。多位同事阅读了本书不同阶段的底稿，提升了本书的英文表达、逻辑、结构与内容。感谢 A. John Graham、Martin Ostwald、Rosaria Munson、Eliot Wirshbo（他们曾是我在宾夕法尼亚大学的老师、学生与同事），以及我的第一位希腊语老师、芝加哥大学的 James Redfield，谢谢他们给予的大量时间与鼓励，以及（往往未被采纳的）学术建议。John Graham 在艰难时刻给予了我精神上的支持，Jennifer Roberts 同样以她的才智与温情支撑了我。匿名的读者们也对文稿起到了改进作用，他们的意见通常是友好的，但有时也是含混的，我尽己所能对这些意见加以关注。感谢本书的文字编辑、多伦多大学出版社的 William Barker，原文表达不够清晰的地方经他之手读来更加顺畅。本书的错误之处与上述学者与朋友无关，而本书的正确之处则大大得益于他们的帮助与支持。

本书第 7、8 章原载于 *Quaderni di Storia* 第 20、22 期。感谢该刊编辑 Luciano Canfora 允许我使用在此基础上加以修订的内容。本书第 6 章曾在斯坦福大学宣读，并刊于《希腊史学家：献给 A. E. 罗比茨柴克》(*The Greek Historians: Papers Presented to A. E. Raubitschek*) 一书。感谢活动的组织者与主导人物 Michael Jameson 允许我发表在前述基础上改进后的成果。

本书的出版得到了加拿大人文联合会的资助，该联合会的资金来自加拿大社会科学与人文研究委员会。在此我热诚感谢这些慷慨支持古代研究的单位与部门。

我还要感谢俄亥俄卫斯理大学为多个修订本雇用了敬业的打字员 Shirley Keller（已故）、Wilma Holland、Eleanor Kroninger，并为我雇请 Terry Stockdale、Carol Doubikin 把文稿输入为电子版。电脑技术既是一项福祉，又使得本书的生成复杂化了。多谢 Ruth Bauerle 教我如何用电脑制作索引。工作的减免与资金的支持都未能加速本书的写作与修订过程，在我本人都对本书出版遥遥无期感到绝望的时候，我的妻子 Marianne Gabel 对此项工作的令人愉快的支持和或许是盲目的信心，使得这一过程变得堪可忍受。

由此我懂得了，如同塞缪尔·约翰逊博士所经历的那样，在完成一项既令人烦恼又令人兴奋的工作之时，往往"一个追问无非引向了另一个追问，一本书引向了另一本书，研究不一定有结果，而有了结果不一定有收获"。我把对相关问题的争论还原为不可或缺的例证，并把大多数内容放到脚注中去。这是比较容易实现的一个结果，因为在此思考的诸多题目与希罗多德《历史》一书此前的注释者及研究者的关注点并不直接相关。然而每一位文史学者都要依赖前人的研究，由此我在注解中向作者再三致意，同时他人的工作更多地激发了我努力去公正地理解这位在西方思想与文学史中被低估了的先驱。

我希望，任何阅读过希罗多德原作那种独特的希腊语，或英译，或任何一种语言载体的人，都会通过本书对希罗多德产生更好的评价——他使用各种方法来探究那些飞逝的过往，并用散文制作了一座纪念异邦人与希腊人不凡抉择与成就的丰碑。希罗多德的《历史》是我们获得历史认识的一个精致而深刻的工具，愿那些尚不能欣赏原文的人能够通过本书来一同参详之。

特拉华，俄亥俄
1988 年 4 月 8 日
纪念我的父亲
阿尔弗雷德·拉泰纳

缩略表

FGrHist	Felix Jacoby *Die Fragmente der griechischen Historiker*（Leiden 1923- ）
Roberts	W. Rhys Roberts *Dionysius of Halicarnassus: The Three Literary Letters*（Cambridge 1901）
Sp	L. Spengel *Rhetores Graeci*（Leipzig 1856）
U-R	H. Usener and L. Radermacher *Dionysii Halicarnassei Opera Quae Extant* Vol 5（Stuttgart 1899）
Vors	Hermann Diels and Walther Kranz *Die Fragmente der Vorsokratiker*（Berlin 1951-2^6）

导　论

探究的性质

　　本书关乎希罗多德《历史》目前的形式及希罗多德的智性习惯。重构希罗多德的思想，只能通过观看其实际的文学产物。他选择书写哪些范畴的事物？以及他为何做出这样的选择？他讲述故事的组织原则有哪些？以及为什么是这些特定的原则？他运用了哪些文学结构模式，使他成为第一个在对历史事件的真切追忆与混乱偏颇的回忆中创造出秩序与意义的散文作家？希罗多德为文学开辟了新天地，而他自己深知此节：如《历史》引言及其他各处所示，他一再强调自己所使用的乃是新材料（例见 3.103，6.55）。[1] 后世关于历史是什么、应是什么或曾是什么的种种先入之见，一方面照亮了希罗多德的特殊性*，另一方面则不应遮蔽他讲述故事、

---

[1] 所有的希罗多德引文都来自卡洛鲁斯·胡德（Carolus Hude）编辑的两卷本牛津希腊文本，第三版（牛津，1927）。引文之后的星号表示此段为"直接引述"（oratio recta），这个实用且重要的传统来自 Powell（1938）。在文中出现多于一次的现代研究著作在最后的参考文献中可以找到。

* 作者意谓希罗多德并无此类先入之见。（凡以此符号标注的均为中译者注，全书同。——编者）

捕捉真相的复杂技巧。

本书无意穷尽希罗多德的观念及其文学肌理的丰富性，此处的中心论题是：《历史》具备一种有意识的方法、目的以及文学结构。在此关于（希罗多德）智力与技艺把控的讨论是累积式的，各个章节通过分析希罗多德《历史》当中反复出现的特定风格、哲学成见、论辩习惯、研究技巧，以及那些塑造性的观念，共同处理了这部书的奇特构造。人们经常把希罗多德的特殊篇章误解为其多样方法中的典型。为了把握他在文学与历史研究方面开创性的成就，本书专注于那些稳定的文本习惯。

作为一个在变革世纪中具有革新性的作者，希罗多德在神话、诗歌、历史遗迹、充满地方偏见与族群偏见的口传叙事中寻找意义。这些东西第一次贡献于一项智性事业——历史分析。本研究将向读者展示，希罗多德的机器是如何开动的，他是如何讨论、联系那些看似无关的古今事件、习俗、地理及故事。如果这位史家以一种连贯的、有意味的方式处理关于证据、结构与意义的诸问题，我们可以就最后修订之前作者的方法、目的与思考过程形成合法的假设。

关于《历史》的起源、发展、主导思想及最终形式，目前有两派批评意见占据着主导地位：辨析派（the analytic）与统一派（the unitarian）——借用荷马的批评术语。在此我无意回顾诸多有贡献的研究成果，而是代之以一个最为简洁的综述，这或许更有帮助。19世纪末20世纪初的"辨析派"学者们形成了一种生发式的假设：他们认定，存在着独立的叙事或论说（λόγοι）*，作者的宏愿未曾实现；他们指出，在特定的写作与编撰的年代中，兴趣可能一再发生转移，所谓"题外之言"（digressions）令人惊异地长短不一，缺乏明显与主导性的中心议题。然而，"统一派"的后两代学者，将注意力放到了《历史》各部分之间的连贯性，遍布全书的形式与叙事上的范式，全书对政治与道德价值的反复宣讲，一套共享的历史地理冲动，以及据说全书各部分对整体的成功服从上来。

我不相信任何一方回答了或可以回答这一伟大的文本提出的有趣的问题，但我的探究建立在唯一的稳妥基础之上：现存的文本。因此本书研究的是我们所拥有的文本，看它是如何传达理性与情感的信息，或如何传达得如此之好。出于这一原因，本书经常分享"统一派"的文学研究切入点与方法，但历史地理方法与原则所带来的问题又经常将我们带回到"辨析派"或"分离派"的历史问题当中，这些歧异要求批评者详查表面的方法与实际内容之间的差异。

我认为这一古老的文本中存在着一致性，我们要承认这种一致性不够完美，但却值得阐明。我就《历史》之所是对其加以研究，我无意重建那种假设——作者从旅行者、商人、船主，一路成为史家的理性发展，尽管我会考虑他的探究是如何导向《历史》的写作的。从文学的角度来看，通过一本书来追索一个人思想的发展不免有些天真。雅各

---

* 此书中凡是"独立的叙事或论说"意义上的 λόγos 一律译为"逻各斯"。

布（Jacoby）与冯·弗里茨（von Fritz）从这种假设出发来工作——他们的研究成果头重脚轻，有着一系列肇基于不受控制的、经常是未言明的看法之上的假设。[2]"辨析派"经常认为，史学的发展与希罗多德本人的成熟同步，由此真正的历史从民族志的桎梏中解放了出来。[3]然而，关于作者各阶段的成长，尚无人建立一种公认的说法，甚至"辨析派"本身对如此基础的问题都无法达成共识：第七卷至第九卷的写作是在第一卷至第五卷之前还是之后？[4]

"辨析派"的或"生成派"（genetic）的方法，与"统一派"相比的好处在于，就希罗多德成长、生活的希腊世界，提出了一些必要的问题。我们现有的文本不太可能是希罗多德最初构想的东西，无论我们是否能够发现早期阶段的东

---

[2] Jacoby（1913），散见各处，尤其是 281-352；von Fritz（1967）对雅各布的著作有所讨论：I 121, 131, 443, 490。在 I 154-7, 451-2 处，冯·弗里茨以目前我们对希罗多德的游历的"知识"推断，历史学家这个职业起源另有它处：民族志学家，地理志学家，甚至是娱乐众人的演说者。参考 Fornara（1971）4-9；Solmsen（1974）3，注释3。Legrande（1932）洋洋洒洒用了175页讨论"希罗多德的人生与性格"（sur la vie et la personnalité d'Hérodote）。希罗多德绝少提及自己，因此这种描画在很大程度上依据的是无人称文本。"起源问题"一直困扰着古代的硕学之士。欲大致了解《历史》写作问题的研究史，参考 Paul Makendrick，CW 47(1954)145-52,56(1963)269-75,63(1969)37-44；von Fritz（1967）I 104-27, 442-75；Cobet（1971）。Drew（1973）36-47 总结了一个世纪以来关于希罗多德写作历史的动机的学术史。

[3] 例如，Jacoby（1913）341，353；von Fritz（1936）。

[4] 前人：Macan（1908）xlvii；Gomme（1954）78。后来者：Jacoby（1913）352-72，尤其是 365-9。Hignett（1963）37 说，任何试图证明《历史》中的逻各斯有序可循，或《历史》是一个连续的手稿都是徒劳无益的。

西。最极端的"统一派"[5]会看到《历史》中东方与希腊在意识形态与文学上的差异。《历史》缺乏所有人都承认的一个核心主题，这令"统一派"颇为尴尬。这一派别相信，希罗多德《历史》囊括了所有传述信息，并适应于关于人类境遇的无所不包的观点。另外一种变体观点则认为，希波战争那个大事件，在希腊产生了智性与政治上的动荡，希罗多德将之提炼为史学。这一令人震惊的事件，已不复是预先存在的民族志、编年志、神话学以及地理学等体裁，产生了一种文学与思想的新观念。[6]"统一派"很难避免那种意向性的错误（intentionalist fallacy）——在无意识中，已接收的文本会被等同于自始至终有意为之的产物，甚至其缺陷也成为完美的：希罗多德从不打盹。

---

[5] Lattimore（1958）9 是这个进路的代表："我相信，希罗多德的《历史》是一个连续的整体，它最初的开端与结尾与我们现在看到的文本并无二致。"开篇第一句是最先写下的句子，"第一稿就是最终稿"就是"统一派"信条的极端表达。甚至 Pohlenz（1937）212 也承认，《历史》之中存在后加的段落（例如，6.98；7.137，233；9.73 末尾）。

[6] 在雅各布巨细靡遗的宏论（1913）之后，Regenbogen（1930）与之后的 Pohlenz（1937）将批评方向转向了文学领域，虽然 Focke（1927）已经注意到了希罗多德的历史学写作统一性。存在着两种"统一派"进路：Immerwahr（1966）315；Drews（1973）36, 84-96。参看"重大事件"词条。"统一派"至少还有另一种对立：那些相信写作时间的统一性的人，例如，A. Kirchhoff, Über die Entstehungszeit des herodotischen Geschichtswerkes（Berlin 1878²），Powell（1939），以及 Lattimore（1958）还有另外一些人最近越来越有影响力，他们相信《历史》在概念上存在着一种统一，但并不关心诸多繁杂的逻各斯是什么时候写就的，例如，Pohlenz（1937），Myres（1953），Immerwahr（1966）。Fornara（1971）5-13 很好地总结了"统一派"的概念问题。

我认可弗纳拉（Ch. Fornara）的观察：这两种思路"并非互不兼容，这是因为它们服务于不同的目标"。[7]"辨析派"更好地解释了一个希腊人是如何开始书写历史的，为什么他汇报了这么多关于埃及的河流与风俗的内容，以及为什么他以特定的形式与特定的长度塑造了每一则逻各斯（logos）。"辨析派"对《历史》各个章节中真实存在的不一致有所警觉，并为之提供了一些可归诸文学与历史批评的资讯。"统一派"更充分地解释了最终文本的精湛与成熟：随处可见的作者在智识方面的关切，以及塑造了其叙事技艺的文学手法。或许，所谓统一，不在于概念或主题，而在于意图，甚至（在更模糊的意义上来说）在于态度，即一种历史驱动的而个体保持超然的姿态。现代史学家倾向于受到"辨析派"阵营的吸引，[8]而文献学家们则倾向于"统一派"，[9]这取决

---

[7] Fornara（1971）5.
[8] "辨析派"成员弗纳拉身上展现出了该学派的某些不足之处：他们对"独立派"（separatist）本身固有的那种主观主义没有清醒的认识（例如，在希罗多德去埃及的日期问题上）。希罗多德只有在田野调查之后才意识到波斯的征服遭到阻截，并将所有的民族志逻各斯勾连在一起（参考第33页），这种"辨析派"看法普遍，但却失之幼稚。这篇充满洞察力的文章还有一处不足，就是它对阿奇达米亚战争（Archidamian War）的强调是时空倒错的，也是不可证明的，因此遭到了严厉的攻击。这位作者相信，《历史》呈现的一种言谈对象是深陷修昔底德所叙述的那场旷日持久的战争的反帝国讯息，这种观点将序言一旁而不顾。Momigliano（1972）28发现，并没有证据支持，古代史家期待历史能够解释当下人们面临的问题。修昔底德1.22.4谈及过去与未来，但有意地忽略了史家所处的当下。
[9] 有些新近的文章展现出了另一种统一性，并得出一个极端的结论：希罗多德根本不是什么史家。例如，Fehling（1971），尤其是8-10, 180-2; Drexler（1972），尤其是11, 186。参考 Verdin（1975）对最近学术的回顾。

于他们的兴趣在于主题抑或是作者的文学方法。

本书系一种对于《历史》中通行的文学习惯的分析。[10]对个别段落以及明显自相矛盾的文本的阐释见于本书第8章与第9章,但本书的重点更在于修辞与诗学。就这一方法而言,荷马比后世史学家提供了更多的相关对比例证。《历史》中的陈述或"展示"(apodexis)不但提供了信息,决定了节奏,而且起到了统摄全书的作用:我对这一表面简单、实则艰深的文本的解读将揭示其陈述模式。

本书第一部分展示了希罗多德特有的文学方法以及最为重要的那些结构上的程式。第二部分关注那些把他的著作与后世史学家区别开来的方法。这两个部分里的三个章节审视了若干智识上的策略,以还原历史及希罗多德的归类范畴。第三部分探究了希罗多德将各种细碎的或整块的信息整合为其著述主题的那种方式。我们从那些互不相干的事实转移到有组织的原则与主题上来:1. 历史纪年在他的思想与陈述中所起的作用;2. 限制与边界,以及对这些限制与边界的侵犯,作为一种主题在多种模式中的反复出现;3. 在自然与人的领域界定并区分那些本质特征的对立原则(principle of polarity);4. "政体辩论"(constitutional

---

[10] 我并不是要为全书开创一个新的阐释路径,如此的宏观批评例证已经太多。帝国策略问题、内部政治史、军事调度,以及古代宗教等都很少被触及过。我们的目标不是确定希罗多德是否处在任何的历史坐标上,而是展现,他是如何得出结论,如何证明的,以及他为什么认定那些结论与证明是正确的。

debate, 3.80-2）这一特殊片段的功能及其技巧——这建立起了一种模式，将此前的历史组织起来，并引起了读者对其余文本的期待。上述四个题目在看似是各类汇报与观察的大杂烩中显示出一种观念上的成熟与复杂。第四部分思考事件是如何得到解释的，以及希罗多德如何找到意义并在自己选择的材料中加以传递。这种阐释很可能会发展为文学与历史编纂学创造行为的一部分，因为在某位史学家寻找到历史意义之前，这种意义实际上并不存在。本书最后一章考量了希罗多德的历史方法与成就的特殊性。《历史》的写作是开创性的，尽管其中蕴含的方法被不知感恩的后人所捐弃，它仍要求得到我们这番充分的考量。

希罗多德的"不同之处"

"历史不是你所想的东西。它是你能回忆起来的东西。其他所有的历史都自挫自败。"[11] 伟大的或平庸的史学家，无论是希罗多德、吉本（Gibbon）或苏维托尼乌斯（Suetonius）、帕森·威姆斯（Parson Weems）都可以为某一民族设定一种标准的书写史。哪怕一个民族存在着不可抑制的、强有力的口述传统，一位作家往往还是能够产生关于一个民族历史的经典观点。一种对过去的叙事与解释越是容易理解，容易为人接受，对这样的公共人群就越是有用：1. 渴望主人型人格（a master personality），如克伦威尔、列宁、希

---

[11] W. C. Sellar and R. J. Yeatman, *1066 and All That* (London 1930; repr 1961) 5.

特勒；2. 需要"关键"类比与隐喻，如罗马的崛起、衰落与覆灭，上升的中产阶级；3. 渴求建立某种对立，如自由与奴役、资本主义与共产主义。对于一切受众来说，内容的可理解性远比内容的复杂与丰富性更重要，同时，一切试图展示"所有事实"的尝试都是一种无法实现的理想。伟大的史家创造出一种艺术化的叙事，收缩历史的细节，使之成为一个更简单的故事，与此同时冻结了某些历史事件，正是这些历史事件使一个民族及其历史为自身、为后世、为他者获得了合法性。"书写历史是如此艰难的一件事情，大多数历史学家不得不向传奇故事式的写作技巧做出让步。"[12]这一表述方式削弱了历史编纂学当中出现的扭曲现象的程度。

希腊在公元前490年以及公元前480—前479年取得的胜利是令人惊异的事实，希罗多德对这一事实印象深刻。他希望创立永久的记录，以揭示、展示各相关民族过去的历史。在把这些东西变成一种文学体裁之前，对远近文化以及塑造了这些文化的各种力量加以考量，是希罗多德的思想倾向。由此他称自己的著作为"研究的展示"（ἀπόδεξις ἱστορίης），而非"研究成果"本身，或作为"已发生"（τὰ γενόμενα）意义上的"历史"。希罗多德宣称，他的目的是防止历史记录由于遗忘、主观、误解的堆积而遭到曲解（序言，7.152.2，2.23，45.1）。对事实的调查（另外一种

---

[12] E. Auerbach,《模仿论》(1946；英文翻译 W. Trask, 普林斯顿1953) 20。奥尔巴赫的大胆豪言应当放之**所有**史家而皆准。

导论 9

对历史的合法解释），可以帮助他阻止这种过于人性的（all-too-human）错误阐发或贬损丰功伟绩的过程。不过，伟大的历史事件从来都不是历史学家的专属。从希罗多德与修昔底德史著中保存下来的大量各式各样的演说可以清楚地看出，著名的伊索克拉底（《泛希腊集会演说词》[*Panegyricus*]，9）并不是第一个认为历史是宣传者的有用工具。[13] 道德家李维，如其《罗马史》序言所言，同样希望神圣化罗马的过往，并教导后人学习那些值得模仿的人与行止，而非确保其叙述的准确性。普鲁塔克（Plutarch）带着同样的指导性的目的，反对希罗多德的客观性，称之为"亲异邦人者"（φιλοβάρβαρος，《论希罗多德的恶意》，12 857A）。记录以及准确地解释历史不再够用了。"Wie es eigentlich gewesen ist"（述史如史），冯·兰克（von Ranke）常被引用的这一术语，对于如何书写历史而言，或许是一种流行的看法，但是文学理论表明，根本不存在所谓"朴实的"或无偏见的叙事。问题在于，一个作者能在满足艺术要求的同时，却不牺牲他所看到的真实吗？

希罗多德试图通过建立一种周详而充分的叙事，来保存关于那个重要的、刚刚发生的、达至巅峰的历史较量其本质的、能够加以打捞的事实。这种叙事的准确性能够赋予其更大的可信度，更令人难忘。《历史》的开篇语，类似于扉

---

[13] 希罗多德 9.27*，尤其是第 4 小节；修昔底德 1.73.2-75.2；2.36.1-4，41.2-4；7.69.2 等。参考 A. Momigliano, 'History between Medicine and Rhetoric', ASNP 15（1985）767-80。

页题词的性质，表明了这一意图。[14]黑格尔对于修昔底德的说法同样适用于希罗多德："他的不朽著述是人类在那场较量中的绝对受益。"然而，他却未能满足古代与现代的读者，如莫米利亚诺（A. Momigliano）所说："事实上狄俄尼修斯是唯一一位从未对希罗多德做过任何负面评价的古代作家。"[15]由此，我们的第二项任务便是，从后世历史主义者以及散文作家－学者（scholars of prose-style）友好而纡尊降贵的态度中挽救希罗多德的声誉，并将注意力集中到其著述那种独特的探究性的、美学的特质上来。他超越了前辈与同时代人的单调乏味的文献目录与封闭式的描述，那些人记录了，并且通常合理化了地域、民族、神话以及相关信仰，却未能探查其历史发展的脉络。

希罗多德创造了一个新的探究领域。这一新的领域超越了分散的细节与本身并无意义的事实：这一领域与科学性的概括无关，也无关实证史家的成法。希罗多德前无古人、后无来者之处在于，他对历史主题的组织方式，以及他对素材之文学的与科学的态度。他没有将这些主题降格为简单的政治或道德分析，从而避免了修昔底德及其他后继者所遇到的某些陷阱。希罗多德关于时间、权力、社会，乃至原因等的观念，尽管与我们现在的观念不尽相同，却将历史研究指向了其今天仍在行进的道路上，尽管有时乃不得不然。

---

[14] 参考 Drews（1973）44。Myres（1953）67 形象地表达了关于此开篇之言的观点。

[15] Momigliano（1958）1= Studies 127.

让我们继续这一关于视野的问题，即希罗多德对于如下问题的观念：哪些东西是值得了解的，哪些东西是能够了解的，以及如何对之加以解释。根据历史陈述的那些既定不变的标准，希罗多德这部充满异国情调的作品**与众不同**，而正是这些与众不同之处，从作品最初完成直到两千五百年之后，孤立也保全了这28卷史书。

> 在这里发表出来的，乃是哈利卡尔那索斯人希罗多德的研究成果，他所以要把这些研究成果发表出来，是为了保存人类的功业，使之不致由于年深日久而被人们遗忘，为了使希腊人和异邦人的那些值得赞叹的丰功伟绩不致失去它们的光彩，特别是为了把他们发生纷争的原因给记载下来。

在报出名字与国族之后，希罗多德告诉了我们接下来的事情："这里是哈利卡尔那索斯人希罗多德的叙述，将之记述下来是为了过往不被遗忘，为了希腊人和异邦人的丰功伟绩不致无人纪念，尤其是波斯战争。"不过这段话并未译出原文的意思，因为它至少忽略了三个关键的元素：apodexis（展示），ta de alla（[所有]其他相关信息），以及 aitie（原因）。主题并未明确表明是"战争"。希罗多德承诺，要详细描述希腊人与异邦人的丰功伟绩，但是要特别讲述他们交战的**原因**。事实上，他对战争的原因而非战争本身进行了更多的描述——就最广泛意义上的文化背景与差异而言，甚至在叙述那场战争的最后几卷中也是如此。

文学文本有时会清楚地反映出口头来源,比如希罗多德曾提及以下信息的提供者:民族传统,以及与历史事件亲历者的对话。他的史书有时明显背叛了其(相对于细致入微的散文作品而言的)前驱地位,挣扎着要消化各种资料数据:逐条记录在案的各项行程与邮驿,某些统治者家谱世系中所有的名字,异国土地出产的奢侈品单目,以及帝国军队与岁入的列表。这些类列表现出书面文献的特征,而不是那种即兴的、口头语言式的描述。希罗多德通过经验得知——20世纪的文献学者们重新发现了这些经验,[16]那些脱口而出的话语,会因为很小的时空差异而发生很大变化,也会由于说话对象的不同而不同。希罗多德遭遇的那种历史叙述上的"灵活性",催生了一种焦虑:真理很快就会消逝,要把"事实"保存下来。当时已经出现了一个新生的读书认字的公共群体,为了这个群体而把信息记录下来,这种可能性无论如何微茫,都足以激发希罗多德承担这一前无古人的任务:为了后人对近期的历史做永久的记录。另一方面,有些信息以地方传统为依据,容易获取却可靠性不足,希罗多德通过记录不同的版本这项历史新技术,为这些未加质疑的信息制造了一种距离感。最终呈现出来的结果结合了希罗多德口头与书写两方面的活动,一方面明确反映了作品的来源,另一方

---

[16] Flory(1980)27-8; J. Goody, *The Interface between the Written and the Oral* (Cambridge 1987).

面似乎也反映出作者对书写这一全新力量的意识及其对读者兴趣的预期。

historie（研究），apodexis（展示），以及 aitie（原因）都是"相对新出的词汇"：希罗多德把我们的注意力引向了他的发明。'απόδεξις ἱστορίης（研究展示）这一说法，暗示了写下来的历史记录至少与"不应随着时间流逝而被遗忘"（μήτε...τῷ χρόνῳ ἐξίτηλα）的"过往事件"（τὰ γενόμενα）隔着两层。当然，他的记录无法复制事件本身，乃至他人给出的描述，而是只能提供一种概要式的总结。他记录的也并非是所有听到的叙述或做过的调查，因为哪怕是最严格的编年史作者也会合并、消化、取舍、重组他所搜集的记录与数据。他的最终报道是一系列劳动（生产—展示—表现—证据—宣称—出版）的总和，这么说有些费劲儿，但却更加准确。[17] 他向我们暗示：时间、他自己的思想、他的信息提供者的偏见，以及对人类行动加以描述的迫切需要，这一切因素都在"当时"的素材与"现在"的希罗多德以及此后的读者之间起着干预作用。'απόδεξις ἱστορίης（研究展示）这一词组既假定了历史研究的客观属性，又承认历史思考与报道的主观特性。[18]

希罗多德的序言（proem）从整体上强调了其纪念性

---

[17] 参看 Powell *Lexicon*，ἀποδείκνυμι 词条；Erbse（1956）210；G. Nagy "Herodotus the logios"，*Arethusa* 20（1987）175-84，对这个词进行了不同的分析。

[18] 类似的观点，参考 Pohlenz（1937）2；Erbse（1956）211。

的（commemorative）任务。与此截然不同的是，赫卡泰乌斯的序言（*FGrHist* 1 F 1）强调了一种独立于所有见证（testimony）的客观事实："米利都人赫卡泰乌斯以如下方式给出他的叙述。我写下这些在我看来是真实的事情。这是因为希腊人给出的叙述既多样（意即互相矛盾）又可笑，在我看来便是如此。"赫卡泰乌斯，博学且富于批判意识，似乎创造了一种极佳的分析工具，但他并未为自己理性至上的理性化批评发展出一种健全的方法。他的作品似乎与前苏格拉底哲学中的色诺芬尼的传统更为接近，而非历史。而希罗多德的序言则暗示，他的意图更为平和，就知识论而言（epistemologically）更加成熟："这里是哈利卡尔那索斯人希罗多德的研究展示，为的是人类的功业与苦难不会随着时间而消散，为的是希腊人和异邦人的那些值得赞叹的丰功伟绩不至失去它们的光彩，特别是为了把他们互相之间发生纷争的原因记载下来。"要保存这些东西需要详尽但有所选择的叙事[19]；唯一明确提出的问题的答案就隐藏在《历史》接下来的几百页之中。

赫卡泰乌斯强调了自己对神话传说的拨乱反正，他的真理之光照亮了希腊暗夜中的漫漫迷途。他以自己的名字或第一人称引介自己（三次），其中第一人称动词一次，与之

---

[19] 在写作历史上，希罗多德很少使用名词与修昔底德式的动词 ξυγγράφειν（收集），除非他所指的是那些不具备记载价值的事情（1.93.1；3.103；6.14.1）。该词出现的其他语境指的是对口头神示的机械转写（1.47.1, 48.1；7.142.1；8.135.3）。

相当的第三人称表达两次。这是赫卡泰乌斯的真实，它与诸种希腊舛误与幼稚的谎话针锋相对。而希罗多德呢，他将自己放置在一个从属性的属格从词之中，并表示，自己的目的在于纪念与认知，而非纠正；他强调的是人类成就与战争起因，而非乱七八糟的神俗故事（logoi）。借由他称呼其活动的那个名称，他也与他所讲述的事件拉开了距离。

他的展示（apodexis）意图以一种求真的态度呈现这些可供展示的行动（ἔργα...ἀποδεχθέντα）。当他谈及准确性时，他为我们提供的不是修昔底德式的精确性（ἀκριβεία），这个词并没有出现在他的文本之中，他所使用的是准确性（ἀτρεκείη）——一种不经有意扭曲与歪曲的记述。[20] 他将自己的所听所见秉笔直书下来，并且试图将那些破碎的、彼此矛盾的、不完整的记述组成一个有意义的文本。例如，他并没有将伟大战争的胜利单单归在雅典名下，他也并不否定雅典的功劳，这两种观点都是对纷繁复杂的真理的简单化。他所呈现的希腊胜利更为客观，不偏不倚，更为复杂。

---

[20] 这个词的形容词（9）、名词（3）与动词（42）形式在《历史》中出现了54次。修昔底德从未使用过该词，其他的阿提卡散文作家也从未使用过。这个词是荷马史诗的遗产，也为希波克拉底作家们所偏好。赫西俄德喜欢用 ἀληθεία 这个 α- 否定型词语；参考《神谱》26-8。*τρεκ- 这个词根等同于拉丁文 *troq- 与梵文 tarkus，表示转折、扭曲、变形。Ἀτρεκέως λέγειν, πυθέσθαι, κτλ, 意思是"直接"地讲述或者得知某事。ἀληθεία 与 ἀτρεκείη 之间的差别，参考 W. Schadewaldt *Die Anfänge der Geschichtsschreibung bei den Griechen*, Die Antike 10 (1934) 411-12= Marg 115; 以及 Krischer（1965b）。

Part One Rhetoric: How Herodotus Recreates the Past

第一部分
———

修辞：希罗多德如何重塑过去

第1章

一种新文体，一种新修辞

序言的承诺

在20世纪之前，人们通常认为希罗多德是一个极富意趣但缺乏精确精神且轻信人言的历史学家。[1]但是，在过去的75年里，学者们尝试理解希罗多德的所作所为已经颇有成效。这种所作所为不是修昔底德认为的一个历史学家所应当做的那种事情，也非其为希罗多德矛盾的地位（膝下无子的"历史学之父"）所做的辩护。[2]特立独行的天才创造了一种学科与方法，而这门技艺后来的实践者却反过头来对祖宗翻脸不认人。无论赋予其独特的行文方式以什么样的精妙结构与构思——每个人的结构提要都不尽相同，真是让人

---

[1] 例如，爱德华·吉本《罗马帝国衰亡史》第24章，n54（c 1780；=Bury版［伦敦，1935¹⁰］II 495）："希罗多德时而为儿童写作，时而为哲人写作"；Thomas Macaulay（1928）72-89："快乐的儿童"（73）；Sayce（1883）xiii-xxxiii. 对古今意见的综合回顾，参考 Momigliano（1958），散见各处；新近的观点，参考 Verdin（1975），Hampl（1975），或德瓦尔德与 Marincola（1987）。

[2] 科林伍德（1946）28；Gomme（1954）106-8 称赞了他对战争策略问题与这场战争的历史意义的理解。欲宏观了解《历史》结构的研究史，参考 Cobet（1971），尤其是4-42，188-98。

沮丧[3]——读者在阅读中仍然对时间与地点的奇怪脱节，故事、民间传说与英雄故事的穿插，以及动辄就离题万里、篇幅长达70页之多的题外话一头雾水。与诗人、悲剧家或者某些哲人和历史学家所倡导的那种有机统一体不一样，我们在希罗多德这里看到的是出其不意的事件、冗长的描述、滑稽的逸事，还有看起来毫无关联的历史事件。它们被加工整理过，但是通常没有对其合理性的明确解释。这部作品笨重冗长，给那些想听人朗读或者是少数有钱购买且有雅兴的人增添了不少麻烦。这个文本是一个怪物。我们必须考量它是如何被塑造出来，又是如何行文的。

"希罗多德的历史知识有三个层面——事件、关于事件的传统与阐释这些传统的历史著作。"[4]他创造了一种技艺来处理那些传布过往事实的人的观察，使之成为确定值得被保存的现实。他还创造了一种书写的形式，将其研究结果永恒地为后来者定格下来。希罗多德完全不熟悉现代的那种呈现事实与阐释的方法，就像我们今天的人无法理解他的方法一样。希罗多德很少谈及自己的方法，以至于一位学者的附记是另一位的范例、反例、伏笔或一个主要主题的基本元素。现代对于埃及逻各斯的分析与批评就呈现出这些分析模式的

---

[3] 例如，参考 Macan（1895）x-xxvii，三卷中的三个部分；Jacoby（1913）283-326；Myres（1953）118-34，整体及部分的三角结构，尤其是62，64，85；Immerwahr（1966）329-62，与75-8，261-5同心结构；S. Cagnazzi "Notizia di 28 logoi di Erodoto" *AFLB* 16（1973）89-96；同样，"Tavola dei 28 logoi di Erodoto"，*Hermes* 103（1975）385-423，尤其是421-3。

[4] Immerwahr（1966）6.

不合。[5]

有些读者认为修昔底德的《历史》覆盖的范围极为狭窄，或者最起码它需要对压缩与删除材料予以同情式的阐述。[6]与之相反，现代的批评家大多则认为希罗多德天马行空、无边无际。在对其方法论缺乏明确了解的情况下，我们何以对其主题与技巧做出判断呢？就像在蓝图与建筑理论家出现之前，构筑在天才概念之上的坚固大厦就已经存在一样，建立在感知模式与传统文学结构基础之上的坚固历史也能在《历史》中被发现。

正如我们上面说到的，希罗多德的开篇词可以视为一种新的文学散文与新的历史方法的公告。[7]希罗多德向我们展示了四个修辞上对称的短语，其中有平行结构、对仗与双关。这四个短语是：μήτε τὰ γενόμενα...μήτε ἔργα μεγάλα τε καὶ θωμαστά（发生过的伟大和令人惊叹的功业），τὰ μὲν Ἕλλησι（希腊人），τὰ δὲ βαρβάροισι（异邦人），τά τε ἄλλα

---

[5] Jacoby（1913）295 与 381 将埃及逻各斯定义为题外话；参考 von Fritz（1967）158-208，进一步阐述了他所秉持的希罗多德由地理志学家发展成为历史学家的早期理论：（1936）315-40。再者，Fornara（1971）12-21，24，"an antiquarian showpiece"；Drews（1973）66-77。Drexler（1972）187-227 为我们提供了一个 21 位作家的批评论述集（critical doxography）；参考 Myres（1953）第二章："Herodotus and his critics"。

[6] Gomme（1956）25-9；更早的，诸如，Pohlenz（1937）8 与狄俄尼修斯。修昔底德似乎更有可能接受米诺斯（1.4）的历史性，而希罗多德则偏向于将其置于不可靠历史之外存而不论（3.122，但是也参考 1.171，173；7.169-71）。

[7] Myres（1953）67, 117, 300 指出，第一句为我们开启的期待是如何在《历史》之中贯穿全篇的。

καὶ δι' ἥν αἰτίην（尤其是出于何种原因）。从句法与意义上来说，它们被放置在一个从句的三部分之中（前五个词，最后九个词，以及中间的长从句 ὡς μήτε... ἀκλεᾶ γένηται）。这种意义单元的三分可以归纳为以下几个部分：希腊文本的基本信息（作者、民族、书名），接下来是作者的主题与目的，最后是对特定主题的提炼——它也承诺对事件及行动本身做出解释。这个句子逐渐从普遍的东西聚焦到某个特殊的东西上，从未知的东西聚焦到确已知晓的东西上。比如，第二个 μήτε 从句就使得第一个从句更加明确。τὰ γενόμενα（发生过的事情）理论上可包含所有人类活动、习俗、信仰以及历史行动，但是 ἔργα μεγάλα τε καὶ θωμαστά（伟大的和令人惊叹的功业）[8] 就将视野聚焦到活动、nomoi*、有着非凡意义的信仰以及有历史价值的独特事件之上。[9] 最后一个从句向我

---

[8] θωμαστά，参考 Barth（1968）93ff。ἐξἀνθρώπων 应当视为 τἀγενόμενα 的施动者（伯维尔［Powell］亦可作如是观，《希罗多德词典》，ἐκ 词条［C, 3］），但是也有人将其与ἐξίτηλα 读在一起，强调湮灭的程度。Krischer(1965)159-60 为此句提供了一个巧妙的三段式解读。在我看来，Hommel（1981）282-7 提出的风格化结尾（Schlüssel）似乎是不大可能的，也是无法证明的。

[9] Stein（1901），Aly（1921）59，Immerwahr（1966）18。Jacoby（1913）335，因为 τε ἄλλα καί 与修辞性的与前瞻性的 τε ἄλλα καὶ δὴ καί 不同。Denniston（1954）255-6，以及 1.1.1, 2.131.3, 3.155.6。Erbse（1956）212 与 Krischer（1965）161-2 的意见也与雅各布不和。τε ἄλλα καί 并不仅仅是一种装饰性的过渡；它开启的是第一卷至第五卷 27 节的篇章。参考 Drexler(1972) 对序言的行文的类似阐释。另参考 Hommel（1981）277-82 对这个有机句（Satzungetüm）的阐释的回顾。

* nomos 的复数，指法律。

们保证，无论对其他活动的检视与研究范围多么广，提纲挈领的主题还是落在希腊人与异邦人互相攻打的原因上。[10]

希罗多德很快就说（1.5.3），城邦无论大小，他都会"同等地"做出描述，因为现在的城邦在之前是重要的，或者在未来是重要的，但是ἔργα（事功）[11]的重要性（无论它是具体的、抽象的，抑或是在过程之中的）是他思考的主要主题。希腊人与异邦人（即很多民族）有着如此辉煌的ἔργα。序言最开头的对句（antithesis）就拒绝了以某个地区或者偏袒希腊的视角看待历史，它追求的是对所有人类成就的客观赞美。

人类历史，被定义为**伟大与非凡的事迹**，之后又被重述为"希腊人与异邦人的事迹"，后来又被解释为**其他事情**（包含之前的民族历史、主要的战役，以及在波斯战争中的

---

[10] Erbse（1956）213-18 讨论了这个序言中最后一个从句的理解困难。τε ἄλλα καί 的首要效果是要衬托出 αἰτίην ἐπολέμησαν 的重要性，意欲，如同副词性短语 τά τε ἄλλα καί（伯维尔，《希罗多德词典》，B II 6a, 2.129.2）。在这里，τά τε ἄλλα 简洁明了地总结了希腊语异邦人的行动。将这个短语仅仅以"前瞻性"呼之，其在此处及其他地方的（参考 1.174.4，180.3；6.147.3*；8.88.3）意思大打折扣。希罗多德为后代保存历史的意识是前所未有的。正如 αἰτίη 指的不仅仅是战争的直接缘起一样（Erbse 221），对 τά τε ἄλλα 的理解也不必胶柱鼓瑟。狄俄尼索斯《论修昔底德》批评希罗多德的前辈毫无文学组织原则。

[11] Pagel（1927）3，Pohlenz（1937）3 及注释 1，试图将 ἔργα 限制在 πράξεις 上。它指的是某个单一事件，或者是有数或者量上的重要性的事物。H. M. Immerwahr "Ergon: History as monument in Herodotus and Thucydides", AJP 81（1960）264 与 270 解释了，为何 ἔργον 不能仅仅被局限在事件或者纪念物上。

实际战役），但主要是一系列**战争**的**起因**。ἱστορίη（历史）紧随史诗之后（《伊利亚特》，1.6-8），它的目标是记录下具有里程碑性质的特殊事件，并解释其意义。至此，我们很快就到达了希罗多德庞大工程的动机。荷马、赫西俄德与希罗多德使用的并列形式并没有妨碍他们明确地表达自己的主旨。序言中的 αἰτίη（原由）很快就在下一行的"αἰτίους"（有关方面，1.1.1）中得到了连接与呼应。序言第一句中"特别是对战争的解释"这个气势磅礴的高潮向我们揭示了作者展示其研究的明确动机。前五卷及剩下的一大部分处理的都是冲突文化的性质。[12] 主要战斗者的礼法为其征战落败提供了解释，这里说的征战落败包括了《历史》最后三卷半记载的希波战争中"希腊与异邦的伟大与非凡的事迹"。

因为诸多对暴政进行记载的编年史只有在与现实自由形成对照的时候才会有意义，希腊人对自由的成功与独特的辩护保全了 τὰ γενόμενα 的重要内涵，否则的话，它就仅仅是对普遍暴政与奴隶制的抽象记载，一种于教化毫无意义，且对人类不可阻止的奴隶化进程的可悲颂赞。序言明确表达

---

[12] 因此，Jacoby（1913）335 声称序言"插入"了与事实主题（战争本身）不同的主题。通过阅读文本推断《历史》的主题，误读序言进而声称希罗多德并没有完成自己许诺之事，这是循环论证。他为什么会错误地陈述（更不会误读）自己选定的主题呢？战争本身就是组成"事实主题"的文化与制度差异的最好的表达。这种对 τά τε ἄλλα καί 的解读或许能够回答 Drexler（1972）7-8 的问题：序言中出现的为什么是"原因"，而非"战争"？Immerwahr（1966）63 注意到，古代史家的序言中"从未出现过对即将写作之事进行一个全面的概述，而仅仅是以某种方式开个头"。Lang（1984）3 将第一句话分析为一种导向，而非目录。

了对保存与纪念的关切，这也表明《历史》有着清晰与连贯的目的。'εξίτηλα（湮没）与 ἀκλεᾶ（默默无闻）这两个为全书提供合法性依据的词语，在书中仅出现此一处。希罗多德的开篇词表达并且逐步细化了自己的写作目的，并且强调自己要阐明的是那些至关重要的东西。[13]

无论《历史》的结构及主题如何精妙，希罗多德留给自己的自由度比后来的其他历史学家都大。[14] 从 1.170 到 5.17 这几乎占全书三分之一的部分，希罗多德丝毫没有系统地谈到波斯人对希腊人的战争。只是在全书的最后三分之一处，在他处理了薛西斯带领其庞大的军队进军希腊（7.20.2-21.1）及其对自治理念的威胁（7.8γ2*，102.2*，104.4*）后，全书才算名副其实。全书前三分之二处理的是如此庞大的军队如何形成，希腊人与波斯人之间如何产生不可调和的敌意。如果他意欲记述帝国主义及公元前 5 世纪最后几年仍在进行的

---

[13] Fränkel（1960²）= Marg 737-47 阐明了为什么希罗多德不愿意割裂人类事件错综复杂的构造。他行进的道路上有突转，但从不会结束，甚至不会暂停（740）。他的技法一点也不稚嫩，比现代史家更加接近现实，现代史家动辄分出畛域，假设降由，为历史事件设置一个狭隘的背景，聚焦在某个行动之上，结尾之处突降灾难，或许是尾言（742）。在弗兰克（Fränkel）看来，环形结构是艺术之作，它使得文本引人入胜。Immerwahr（1966）15 也表达了类似的观点："他喜欢将其作品的正式性隐藏在非正式传述的虚构之下。"

[14] 俄弗鲁斯（Ephorus）与其他的普遍史家失去了一个很好的理念，即事件之间的相互接续性。他们中的许多是编年史家，或者是摘要写作者[epitomator，诸如狄奥多罗斯（Diodorus），查斯丁（Justin）]。他们没有意识到或者表达出所选定的、用以长篇大论的事件序列之间的那种凝聚性。

战争，这或许可以为全书正名，[15]但这种意图并没有表达出来，序言对此也丝毫未提及。

希罗多德的好奇心无穷无尽，对他来说，除战争及其原由之外的东西也值得探索，即使有些东西逐一考察起来与战争这种大事件并没有什么关联，也不起决定性作用。[16]金字塔，居鲁士对米底人（Medes）的反抗，克洛伊索斯的财富，埃及人的日常习惯，梭伦的智慧——这些都对我们理解人类有所助益，虽然单个来说，它们无法与横扫一切文化的伟大战争相比。

波斯人对地中海世界的威胁在于其"过分的同一"（excess of unity），这个威胁的后果在《历史》中已见分晓。希罗多德认为，民族习惯与制度的多样性是自然的，且对所有人都有好处，因为不同的地理或者历史机缘会产生不同的回应，所有人都能从自然与人类的多样性中获益。[17]希罗多

---

[15] Fornara（1971b）25-34 认为，希罗多德在公元前 421 年将他的作品公之于众，但是阿里斯托芬《阿卡奈人》（公元前 425 年；523-9）对希罗多德前言第一部分中明显的模仿似乎已经表明，《历史》在那个时间之前已经为人所熟知了（Drews［1973］155 n 18）。弗纳拉推断阿里斯托芬与希罗多德乃是平行的戏仿，并且认为《历史》发表的日期在阿奇达米亚战争之后（Hermes 109［1981］，149-56）。这个观点也值得怀疑，且考虑到部分发表与修改的可能性及听众规模的大小，"发表"这个词或许不恰当，也有点时间倒错。参考 J. A. S. Evans "Herodotus' publication date", Athenaeum 57（1979）145-9，尤其是 148。

[16] Strasburger（1966）54-62.

[17] Immerwahr（1966）187, 188；Plescia（1972）散见各处；希罗多德 3.8.4；5.78；5.91.1。自然世界的多样性：3.108.2；4.30。汉娜·阿伦特在《艾希曼在耶路撒冷》中很好地表达了多样性的正面价值（纽约，1963，1965^2）268-9，175-6。

德将这种想法明确表达出来,公开予以支持,并且采用一种比较的方法为各个民族的个体特性配以其应得的描述与历史。

比如,与希腊人不同,埃及人在小便的时候男的蹲下,女的站立(2.35.2-3),希罗多德并没有斥责埃及人为"野蛮、低等与未开化的民族"。虽然他没有像诸如心理学、宗教历史、人类学等现代学科为这些习惯做出一番学术解释,但是他记载这些信息的动机仍是出于文化差异,而非对性的好奇[18]:它们的用处在于论证他的结论,即埃及人"建立的习惯、习俗与几乎所有剩下的民族都是相对立的"。无论这个特殊事件多么细枝末节,它做出的那一点贡献也是用在构建与希腊人处在不同一端的那种引人注意的有用的社会图景上。人种志对我们了解 αἰτίη(原由)大有帮助。

《历史》中的人种志信息并不是无序的,也不仅仅是为了娱乐的目的;它是为伸张某种历史命题而运用的记载。这一命题就是,人类从民族与政治的区隔与体认中受益颇多。任何社会的行为、制度、困境与冲突都有助于我们揭示其政治决定与效用。对希罗多德来说,公民在自治城邦的政治自由是希腊人的特色,而对权威的拥戴则是许多东方族群的特

---

[18] 男人蹲着而女人站着如厕,这在西方进入之前的日本、古代爱尔兰、荒蛮时期的澳大利亚、新西兰、安哥拉、尼加拉瓜以及北美印第安人之中十分普遍,例如,《男人与女人》(Havelock Ellis,伦敦,1930^6)78-9。参考赫西俄德《工作与时日》727ff:"涉水之时不要露出自己的阴茎。"(后面一段《工作与时日》中的引文并不见于原文。——译者注)

色。希罗多德的眼界乃是出于他的信仰，而不是出于天真与无序的病症。他追索那些并不很明确的东西，他发现了更多的问题而非答案。因此，希罗多德不厌其烦地为自己对小城邦与人民的描述辩护，并不天然地以为读者会不假思索地明白他的新方法。

但是，希罗多德的作品也不是包罗万象的：他并不认为大多数希腊城邦的传说历史值得记载，他也不会在神灵的故事上逗留不前，因为这些传说与半传说式的存在——如米诺斯——是不在历史可以传达或者解释的证据之内的。它们本身就是含混不明的，而且不是"人的时代"（ἡ ἀνθρωπηίη λεγομένη γενεή，3.122.2）的一部分。这些故事被省略、缩减，或者被指出不予考虑。[19] 希罗多德在序言中明确承诺了自己要传达的东西，或者更谨慎地说，他向我们承诺了一个不如他实际完成的作品那么包罗万象的记述。一种新的观照人类经验的方式诞生了，这种方式不是其先辈的那种毫无规划的观察、对遥远时代异想天开的想象，或者是对异己事物的大惊小怪，而是历史——一种对于展现出政治独立的价值、脚踏实地的生活方式与伦理勇气的新近世界事件的综合。

---

[19] 与神灵相关的篇幅描述的是人类的信仰，并且在大部分情况下不是施暴主体。8.13处的"均衡化"是一个解释尤波亚（Euboea）海岸风暴天象的一个特例，因为很明显，这并非人为。7.189.1与7.189.3表达出作者的怀疑主义态度。那些并未被认定为"神学家"的新近的历史学家也使用人格化语句，例如"暴风助力英国出征"。

下面对希罗多德的叙事、描述、演讲与姿态的思考会为我们勾画出他的一些习惯特征。他有很多奇怪的特征，比如他使用直接引语与间接引语的独特方式，使用非言语行为的方式，使用第二人称动词形式引入听众，用语助词 κως 与 κου 建立起他自己、材料证据与听众之间的关系。这些话题包含那些轻易被孤立的现象，贯穿始终的语调，以及结构性的技巧。在可行的情况下，我会尽量讨论，或至少列出所有例证。重要的例证会从那些无助于量化（反讽）或随处可见的范畴中选取（直接引语）。[20] 之后的章节（2-4）包括可以量化的现象的清单。通过研究这种种历史修辞，文学习惯与叙事结构，加之其出现的原因与频率，我们或许能够发现希罗多德希冀自己的读者从他独特的叙述延展中获得的意义。

历史修辞：叙事与演说

叙事

[希罗多德]的成就与我们所知道的其先辈相比，我认为，标志着其他希腊散文作者无法比拟的巨大的进步……这些人（之前的历史书写者）最重要的作用在于使我们认识到在其后继者那表面淳朴的文字下掩藏了多么多的技艺……希罗多德是文学史上一个无法解释的现象。他是之前历史书写者的直接继承者；但是在他们如此缺乏技艺的同时，希罗多德毫不费力地

---

[20] Lang（1984）167-72 将《历史》中所有的演说都做了索引。

获得了技艺，并且游刃有余。

J. D. 丹尼斯顿（J. D. Denniston）《希腊散文风格》

对希腊的历史修辞的整体研究应该是古代历史写作的一部分。然而，历史学从一开始就不想承认历史学家的选择、组织与修辞——也就是他的叙事——在过往事件与当下听众之间的必要中介。作者的声音与距离，事件的前后顺序与在叙事中的持续时间，行动的领域转换的频率，信息与预想的行为模式之间的关联，这些历史写作问题在希罗多德写作的时候尚未形成，甚至到今天也语焉不详。[21]每一位历史学家，尤以首位为甚，都要有意无意地塑造自己的叙事与判断，好充满说服力地向听众传达他对某个主题的观察。序言中的 ἀπόδεξις（展示）这个名词已经断言了一种中介式的理智的存在，也就是希罗多德在呈现过往事件中的个人参与。这位历史学家有能力将自己或读者——又或是两者——与记载的事实拉开距离，或者邀请听众前来观看研究者如何工

---

[21] Norden（1909）27-8, 35-41，及 Kennedy（1963）44-51 对我们理解历史写作并无甚助益，因为他们的关注点在散文风格与修辞上。哲学探讨，参考 P. Gardiner ed *Theories of History*（Glencoe, Ill. 1959）; Ligota（1982）7-9, 13。G. Gennette《〈追忆似水年华〉中的"时间与叙事"》,《叙事诸面相》, ed J. H. Miller（纽约，1971）93-118 为我们提供了很多可资借鉴的文学范畴。研究希罗多德的文学进路可以参考 Deborah Boedeker ed *Herodotus and the Invention of History*, Arethusa 20.1-2（1987），尤其是 Konstan、Marincola 和 Dewald 所作之文。

作,或者邀请听众一起参与他的戏剧。

散文作者（logopoios）变听为视（朗吉奴斯：《论崇高》[*De sublimitate*] 26.2）；他引入了对话、辅助性手势，甚至是未表达出的思想。栩栩如生的描绘总会使思想更有力，使文学更持久。散文的线性特征理论上允许一种"理想"的叙事——一页写一个事件，但是历史学家的分析与文学视域要求对事件进行压缩与展开。再者，回顾、预期与期待使得历史叙事的过程更加复杂。希罗多德通过"扩展"他以戏剧性的细节讲述的事件以及压缩甚至是若干世纪与时代的片段，来"丰富"历史节奏。对主要主题的相关场景的特殊照顾，断断续续的逸事，还有那些表面上无甚关联但其重要性要到百页以后才彰显出来的人类学调查，诸如此类，都会打断叙事的节奏，就像《伊利亚特》中，太阳的运转会因为某些关键历史事件而停下。

比如，希罗多德意欲读者感受薛西斯的所见所为，以及波斯大军跨越海烈斯彭特（Hellespont）时的壮观场景。为了让我们有身临其境的感觉，希罗多德设置了一个在现场观看薛西斯行进大军的海烈斯彭特人，他瞠目结舌，难以抑制心中的激动之情（7.56.2），作者自己或者我们看到这样的宏大场面，以及看到希腊岌岌可危时也会心生惊惧。这个故事就像第一次被讲述，"街上的观众"这个逸事也会让一个为人所知的故事更具吸引力。有时候，希罗多德会打断演说，确保听众能跟上讲述者的步伐。在阿里司塔哥拉斯（Aristagoras）向克列欧美涅斯（Cleomenes）发表的戏剧性的、直截了当的演说中间，作者突然介入了，他说："他说话的时候指着（δεικνύς）[我提到过的]他带来的雕刻在青铜板上的地图。"（5.49.5）希罗多德的展示（apodexis）指向的是阿里司塔哥拉斯的"指向"（deixis）。

现代历史学家也会以戏剧化的形式安排叙事，但是他们采用脚注来安排叙事、原始材料及其基本的操作原则。注释中可以引用资料，展示相关信息，还可以累积证据。它们还为劝说听众接受一个可辩论的真理提供了修辞手法。作者通观全局，又对细节关注有加。这种双重视域是由技术虚构实现的，也就是，脚注并不会打乱叙事的节奏。希罗多德并不拥有这种脚注传统（抑或页码、章节与附录），因此，他要增添什么题外话必须小心行事，并且要明确说明它们与更大叙事之间的关系。他想要把与主题相关涉的关键部分与无关重要的部分区别开来。如此这般，他发展了题外之言（digression）的技艺，并且旗帜鲜明地为之辩护。[22]因此，他也不需要受制于索福克勒斯与荷马《奥德赛》之中的那种集中在一两个人物或者事件上的形式。

在亚里士多德（《修辞学》3.9.2 = 1409a）看来，希罗多德所写的就是典型的"串联体"（λέξις εἰρομένη），这种

---

[22] 之前关于塔伦图姆（Tarentum）的题外之言，参考 4.30.1；7.171.1；参考 Lattimore（1958）；Erbse（1961）239-57，Cobet（1971）对之有所修订，尤其是 41-2。希罗多德谨慎地指出（2.99.1），其材料来源从亲见、个人判断变为道听途说是因为他对听众可能产生的误解十分警惕。插入性陈述为暂时打断主线提供了另一条路径（例如，2.4.1：ἐμοὶ δοκέειν）。

散文呈现并列的（paratactic）特征，且相对平实。然而希罗多德对于希腊文学真正的重要性在于，他是第一位将散文叙事发展为一种以跨时间与修辞手法（例如，照应、对比、递增句段）为特征的散文风格的作家。[23] 从我们目前所有的残篇来看，散文纪事家并没有使用环形的或具有强烈个人色彩的风格。希罗多德以一种舒缓而亲切的、提纲挈领的风格取代了过去那种朴素的风格。这种风格的出现要归功于史诗结构与智者的分析形式。史诗比其同时代的悲剧更大地影响了他构建事件的方式与风格，尤其是用词、意向与生动性。《论崇高》的作者与赫尔摩格涅斯（Hermogenes）都明确认为希罗多德从荷马那里所学甚多（《论崇高》13.3；《论风格》II，421 Sp.），以至于他似乎想要公开宣扬之。[24] 他的"东艾奥尼亚"方言高雅大气——至少以同时期阿提卡的标准而言。这种方言为希罗多德提供了词汇与结构，还有与故事中的语调和情绪相配的言辞。

---

[23] 参考 *Die Wiederholungsfiguren und ihr Gebrauch bei den Griechen vor Gorgias*，该文很好地利用了希罗多德。

[24] Norden（1909）28，36-7，39，41，《附录》36 引用了来自雅各布的一封信。参考 H. Diels "Herodot und Hekataios"，Hermes 22（1887）424。Nestle（1908）与 Aly（1921）286-96 讨论了智者运动对希罗多德散文的影响；Meyer I（1892）202 是罕见的否定智者运动对希罗多德或者甚至是伯利克里的影响。希罗多德对荷马的借鉴可以参考 G. Steinger *Epische Elemente im Redenstil des Herodot*（基尔大学 1957 年博士论文；我并未亲见），Huber（1965b），Lateiner（1987）。Chiasson（1982）156-61 认定了某些似乎来源于悲剧的词语，并且注意到它们的使用都集中在薛西斯身上。因此，这些词汇为我们评估其中一位主要人物的选择与行动增色不少。

他的演说中有着两人、三人与多人的对论，这些论战关涉历史性的决定，讨论伦理与政治问题，所用的词汇是同时代智者首先使用的词汇。

演说

历史总是这么无趣，因为有太多虚构的东西，这太奇怪了。塞到英雄嘴里、思想与意图中的演说，这些也是虚构。但在其他书中，我喜欢的正是虚构。

简·奥斯丁，《诺桑觉寺》，第1卷第14章

我并不是要全然否定古人所熟悉的那种演说写作，我试图为这种历史虚构的门类设置三个法则：第一，关于议会、辩论、演说等的事实真相应当明确无疑；第二，其中须有一些历史学家（他们无法向缪斯女神祈求灵感）可以发挥其才智的自然手法；第三，语言与观念都必须严格地与演说者的民族与人物性格相符。有了这些原则，薛西斯、玛多纽斯（Mardonius）与阿尔塔巴努斯（Artabanus）的演说也就很难站得住脚了。

爱德华·吉本，对《历史》7.8的旁批

《历史》最后几卷中的演说有着严肃的目的：传达一个真实人物的真实问题，呈现真正的策略选择。这些演说的心理与政治洞见也掺杂了作者对于事件的诠释。就像一位现代

历史学家毫不留情地指出:"许多演说并不追求如实地记载演说者所说的话,如果他果真做了演说的话,这些演说是虚构的,为的是揭示性格,揭示策略的背景,或者是为了阐明策略选择……"[25]"这些话语、思想与演说的结构都得归功于希罗多德。"[26]波斯议会场景(7.5-11)以及其他许多集会与对谈中的演说所用的语句、思想与结构都得归在希罗多德名下。

思想的发展与语言表达中的直接引述(oratio recta)都是作者自己的重建,因为希罗多德自己完全没有能力跟国王们相从甚密,从而了解他们在政治集会、宴饮与床笫欢愉之中的琐碎思想与言谈。[27]与现代使用引号的标准不同,直接引述本身就是作者参与文本的一个标志,而非作者轻信他人之言的标志。

希罗多德对戏剧性与劝服性演说的兴趣忠实于现有的

---

[25] Hignett(1963)34;参考 Stein "Einleitung" I(1901[6])XXXVIII-XXXIX;Meyer IV.1(1939)229;Myres(1953)71;Waters(1966),尤其是167,或者 Pearson(1941)349。修昔底德在这方面的情况也是类似的,虽然在1.22.1处他似乎要否定前辈的做法。

[26] Solmsen(1974)14注释37,23注释67。甚至 Hauvette(1894)506也承认这一点。

[27] 对 Stein "Einleitung" I(1901[6])XXXVIII-XXXIX 的一个概述;Cooper(1974)28注释8,41注释19发挥了这一观点。这种脱责同样也适用于逸事与传说中的演说,但不适用于新近的主要对话。大规模的传说叙事也大可不必相信:大流士取得王位的手段,音塔普列涅司(Intaphrenes)被捕,吕底亚人披提欧斯(Pythius)的财富(3.85.1, 3.118.1, 7.27.1)是在叙事主线之外,其脱离主线的过渡另有他法,虽然这种换轨不总是将作者与故事分离开来。

有限材料与被描述的个人所处的情境。[28] 当然，宣称每一个希罗多德式的言说都至少建立在某些真实讲述的基础上并不能证明那些讲述的真实性。铁米司托克列斯（Themistocles）刻在阿尔铁米西亚（Artemisium）附近从而让艾奥尼亚人发现的八十七词"摩崖石刻"（8.22.1-2：被转述的演说中最为可笑的一个）[29]读起来像是一篇演说，因为它最初的目的就是说服——就如其历史写作的目的是解释一样，而非纪念或树立一个永恒的记载，就像温泉关的那些墓志铭一样（7.228）。其作用乃是创造性使用直接引述的一个延伸，是解释历史记载中已知事件的一个手段。

一般来说，间接引述（oratio obliqua）的演说很有可能保留了真实谈话与讨论的要旨。这是希罗多德了解言谈内容最初的形式（比如，7.143，145；9.106.2-4），在这基础上，他再对这些听来的东西进行深入处理，以符合其主题与戏剧的目的。直接引述的简短谈话和对话则看起来更加戏剧性，因为它们都以直接引述的形式出现（比如，1.45.2*，7.136.2*，7.234-5*）。前几卷的演说处理的都是更加久远的

---

[28] Gomme（1954）112试图为学者对其编造与戏剧化的诟病辩护，但是，至少其在后者上的努力与自己关于希罗多德"诗性"方法的判断是相矛盾的（参看，pp v，76，等）。这种尝试可能源自其实证主义偏见。

[29] A. W. Verrall "Two unpublished inscriptions from Herodotus"，CR 17（1903））98-102试图重建希罗多德在8.3.1、9.16.4与9.76处所讲述故事的原始六步格材料。作者盛赞了希罗多德在使用碑文证据上的"使得他拥有言辞上的忠信的品位与记忆"。与之相对，West（1986），重点参考285-7。

时代，这些演说更有可能是被整理修饰过的，它们经常以直接引述的形式出现。

《论崇高》的作者对这种方法的功效有所评论："波凯亚的狄俄尼修斯（Phocean Dionysius，6.11）的言辞并不像是被希罗多德以修辞的方式写下的，倒像是被强制写下的（22.1）。"相比之下，修昔底德的演说更不像是现实中会说出的话，因此，从历史可信度的角度来看，这些演说的写作并不成功。《历史》中的长篇演说与对话都有戏剧性，但是它们也为我们呈现出一种历史性的分析（比如，3.80-2*，5.92*，8.100*，8.142-4*），现代的历史学家则会使用"可能是"或者"应该已经"等话语。[30] 这两位史家都采用了史诗的传统，也就是通过人物的反思与言辞来解释策略与行动，虽然关于历史参与者这种评判的有效证据通常很少，甚至不存在。再者，历史学家给出的历史信息通常只代表自己当下对历史事件所做的最佳的可能构建。就像希罗多德意识到的那样，并不存在什么"赤裸的事实"；事实总是经过打扮的。

戴玛拉托斯（Demaratus）回应薛西斯（7.104.3*）道，他不能与十个或者两个人作战，甚至也不愿意（ἑκών）与一个人作战。这种回应既是个人的，也是总体性的，因为它包含了一种看似非斯巴达的态度。但是这个从斯巴达逃出来的人所表现的却是最为强烈的斯巴达人的信念与民族精神（ethos）。戴玛拉托斯与薛西斯之间的交谈（7.101-4）

---

[30] Solmsen(1974)32 与注释 95，讨论 7.8-18；Ligota(1982)10 讨论"事实"。

被称作"人类与历史直觉的发展","希罗多德不是为当下写作,而是为永恒写作"。[31] 这种呈现思想与演说的传统使得叙事本身夹带阐释但作者并不贸然闯入成为可能。[32] 换句话说,人们对希罗多德多么忠实于历史真实产生的怀疑达至顶点时,恰恰是发现其阐释历史事实与进程之意义的雄心之处。

希罗多德使自己与讲述保持距离,他或者是将听众带入议会之中,或者是通过直接引述与传言引述的技法及其他希腊修辞学的所有手法来疏离读者的同情。虽然他时而站到不受待见的雅典一边(7.139),时而站到邪恶但战功赫赫的波律克拉铁司(Polycrates)一边(3.125.2),但总体来说他的立场是中立的。就像梭伦(1.29.1)一样,流放中的希罗多德游历四方为的是 θεωρίη(观察),观察奇特景观的风习;就像欧塔涅斯(Otanes,3.83,特别是3.83.3),他避免直接与政治接触,但只要不逾越社会的礼法,他就能保持一种独立但不定的自由。在不能确定材料真实性的情况下,史家并不会对传言偏听偏信(4.96.1)。他的超然有时候来无影去无踪。他对某些事件记述版本之间无法解决的冲突予以承认,毫不讳言(比如 6.14.1,8.87.1),读者也因此在其没有

---

[31] Gigante(1956)115-16 = Marg 259.
[32] 读者万不可以将《历史》中的话语与希罗多德本人的意见等同起来;例如,薛西斯对继续扩张的机智评断不大可能代表作者本人的判断。甚至梭伦与洗心革面之后的克洛伊索斯也似乎仅仅是作者的喉舌罢了。这种微妙的问题无统一的标准答案。

说明之处不会产生怀疑。

希罗多德并不把他听到的杂七杂八的事情都记载下来；他深知，人类会犯错，也会变得愚蠢（2.19.1，4.187），他们会为了脸面撒谎或者对事情进行夸张（3.16.7，6.14.1），又或是对自己的民族遗产大肆赞颂（σεμνοῦν，唯二之处在1.95.1，3.16.7）。但希罗多德认为，对那些熟知本族传统的当地有识之士（logioi）与村夫白丁进行询问能够使得他更接近真相，且为其理念保全更为全面的思考。[33] 这样的历史传统值得记述，虽然他直白地将有些版本称为"虚假的"（5.86.3，ἐμοὶ μὲν οὐ πιστὰ λέγοντες，"在我看来是不可信的"；3.3.1，ὅδε λόγος, ἐμοὶ μὲν οὐ πιθανός...，"传说就是这样，但我觉得不可信"）。

λέγεται（据说）这个词将史家与传述分离开来，比如那个明显受到质疑的薛西斯的返乡之旅："据说，薛西斯一听到舵手的声音，就答道……"（8.118.3）这个词用在以下几个地方：（1）他并未看到且认为不可能的事情；（2）神性事件或奇迹（6.117.3，埃批吉罗［Epizelus］的故事显示出史家的紧张）；（3）看起来是最好的或最坏的事；（4）特定事件有着不止一种传述但无法确认哪一种是真的。[34] 这四个类别代表的是他不知道的事情，他无法知道的事情，抑或任何人都无法知道的事情。λέγεται 因此是一个合法性的警告（它

---

[33] Jacoby（1949）216；Verdin（1970）194.
[34] 参考 Bernardete（1969）21，注释 25。λέγεται 所指的既有书面材料，也有口头材料。

很容易被忽略掉）：希罗多德无法证实以下所写东西的真实性（参考第2章的附录）。当事件出现多于一个传述的时候，逻辑要求他必须至少否定其中一个，剩下两个或者更多予以存疑。当希罗多德插入性地使用诸如"如果这个故事果确是真的"这类短语的时候，他已经在对这个故事表示强烈的怀疑了（比如5.32, 8.8.2）。

库泊（G. L. Cooper）向我们展示了句法是如何为精妙的历史写作服务的。"间接动词不定式（oblique infinitive）以一种贸然闯入（intrusive）的方式出现在间接引述结构之中（它们通常不会出现在这种结构之中）暗示了引述者一方对引述中的说话者的故事持保留态度，并且试图避免对引述的事件或者意见承担责任。"[35] 希罗多德警惕式的陈述（由λέγεται [据说]或者其他插入性短语如 εἰ δή ἀληθής γέ [如果这个故事是真的] 引出）还包括其他一些警告读者的方式，其中包括七十七例此类不定式"贸然"出现在从句中的例子，它们出现在 ὅτι 或者是 ὡς 的后面，还有一些出现在没有主动词或者引入性动词（introductory verb）的段落之中。在这些情况下，引述者要么缺乏信心，要么就是以一种有意的反讽在讲述这个故事。

---

[35] Cooper（1974）23-76, 24尤甚，参考他的著作 *Zur syntaktischen Theorie und Textkritik der attischen Autoren*（苏黎世大学博士论文，1971）65-83。这个理论对解决某些文本问题颇有助益。库泊的另一意见，参看第3章注释10：希罗多德在不应当出现祈愿式的结构中使用祈愿式以与记述保持距离。

闯入式的间接不定式打断了读者对于一个正常间接限定式动词的期待，它也显示了引述者的保留态度。作者的怀疑也有可能以其他面目出现，甚至是在希罗多德表达其偏好的时候。一个有力的证据就是8.118.1-4的那个遭拒斥的逻各斯（rejected logos）。薛西斯回到亚细亚，此事确有，因此即使是那个被拒斥的版本（οὐδαμῶς ἔμοιγε πιστὸς）在讲述到薛西斯归程至埃翁（Eion）之前，在将军队交给叙达尔涅斯（Hydarnes）及登上腓尼基船时，还用的是直陈式的动词形式。但是，希罗多德描写风暴到来一段时，转向了闯入式的间接不定式，直到叙事结束。其中包括波斯贵族跃入海中，薛西斯安全到达，薛西斯与舵手的对话（注意这个直接引述），舵手收到的矛盾的奖赏——因拯救薛西斯获赠一顶金王冠，因许多贵族落水而亡而被割下头颅。这里，希罗多德很明确地拒绝迎合他人而写作一个关于东方的偏执、野蛮且愚蠢的奇异故事。[36]

史家希望通过"超越语法的引述"（extra-grammatical idea of citation or quotation）为自己洗清偏听误信的指责，这种引述在极少或者没有插入性语句的间接引述动词不定式之

---

[36] Cooper（1974）37-9，注释17；42注释20；多重版本的例子：3.87，4.8.3，5.86.3，6.84.1，7.150.3；另外还有33-4，注释14；55。R. N. Frye "institutions"，*Beiträge zur Achaemenidengeschichte* ed G. Walser（*Historia Einzelschriften* 18；Wiesbaden 1972）83-93，重点参考91.3，这篇文章讨论了波斯人对"不可更动的法律"的遵守（Daniel 6.8），以及我们对希腊记载的关于波斯司法的诸多材料是无力做出评断的。

中看得最为清晰。[37]潘神向皮里皮戴斯（Philippides）传递信息，克洛伊索斯从柴堆中逃生，这些故事都被收录了，因为这些故事为人所熟悉和相信，并且是由同时代的人讲述的。再者，这些都是上佳的故事，即它们为再次讲述的人提供了有趣且重要的信息。但是，希罗多德却与这些故事保持距离，以免自己看起来对这些故事充满信任，他还常常通过一些警告式的语句提醒读者注意他对这些故事的事实基础（也是我们现代意义上的**历史**美德）是有所怀疑的。在处理地方信仰、神话、民间传说与半真半假的历史的时候，他也采用了这样一种态度，丝毫不放弃自己对历史真实的追求。

从叙事风格与引述演说转到讨论希罗多德历史修辞的其他方面的时候，我们注意到，较之不那么显著但很容易研究的修辞问题，历史写作者往往更加关注明显无法解决的知识问题；较之说服的技艺，更加关注对真理的诉求。这个领域如此开放，我们在这个部分只能探讨《历史》是以哪些基本形式来说服读者的。我们业已讨论了其修辞中的两种普遍且受到认可的基本组成，即其序言的陈述架构与属于"历史写作修辞"题中应有之义的演说主题，我们现在要研究的是希罗多德取得读者信任的手段还有哪些。读者的积极参与是理解《历史》的关键，作者的引导在其次。

---

[37] Cooper（1974）68，70-6. 暗示出处（四次）：3.102.2-105.2，5.9.1-10，6.54，6.105.1-3。例证2与4明显使用了附带条件。无准备（五次）：1.59.1-3，1.86.1-6，2.162.4-5，3.14.10-1，3.23.2-3。

非语言行为的应用为我们理解希罗多德与众不同的历史"修辞"提供了例证。背后支撑它的有两种文学资源：一种是对异邦社会有着相对中立描述的人种志传统；另一种是描绘高度紧张的戏剧性事件的史诗传统。前者在《历史》中几乎就是对异邦文化的平铺直叙，很少或者几乎没有什么结构可言，时而会将其与希腊礼法对而观之；后者那种对非语言行为的描述在《历史》中出现在主要人物声嘶力竭、坠地而亡、暗中发笑、互相殴斗与扼腕长叹之重要时刻。这些非语言行为的描述所记下的激昂的情绪、四伏的危机与自我启示的场景并不是为了点缀，为了激发情绪，或者是为了愉悦听众。现代方法（表面上看来更加客观）时而从事件的洪流中抽身出来，为的是向读者展示对主要人物的心理分析，思考个人或者民族性格，或者是为主要事件的起因做一番非叙事的事外思考，这正是希罗多德非语言行为出现的时候。

也就是说，在这些备受关注的场景中，行为变得缓慢并且聚焦在个体身上，对场景进行描述的非语言行为丰富了文本的文学与历史内涵。戏剧与历史是互补的：对过去的记叙现在看来更加有趣，因为它更加人性，且更加重要，人类行为的根本在此得到了剖析。

再者，非语言行为经常出现在戏剧场景之中，隐藏在重大事件的背后，而这些事件尤其缺乏实证与解释。希罗多德在无法传达事件的真相或者是记忆有限但又需要对事件的发生做出一番解释的时候，他向读者提供的是一些解释性的事件，这些事件基于作者耳闻的传述，但因其戏剧本质

（dramatic nature），作者不必对每个细节都负责说明（其中所用的有直接引述、动作姿态与类语言声音等）。也就是说，希罗多德给读者一个选择：我为你提供一个我对过去最好的重构，这是理解已知结果如何产生的桥梁；你可以选择跟随我的脚步，进而认为我的叙事与解释可信，抑或大可选择对这些故事片段予以怀疑，进而投靠其他历史学家提供的对事件及其意义源头更具说服力（在具有同等想象力的情况下）的重构。这种直白的坦诚所承认的是他证实"事件"的能力限度，尤其是那些久远的或者是秘密进行的事件。真实的光环越大，模仿的痕迹越重，作者赋予它的可信度也就越低。因此，那些充满戏剧技艺与非语言行为的浓墨重彩的场景本来就是说服与警告的工具。希罗多德在以戏剧记忆愉悦听众的同时也在暗示听众警惕所录事实的不可靠性。

希罗多德经常中断自己的叙述与分析，邀请读者商讨其写作方法和他在某个问题上的立场。作为已知与未知的中间人，他想向读者传达一份对其他社会的详尽报告，同时也想传达一种异邦和陌生社会与希腊社会之差别的整全图画。他者性是了解自我、了解希腊世界观狭隘局限与了解任何世界观局限的工具。至少在希腊人看来，那些显而易见的荒谬并不会受到嘲笑，它们为希腊意识提供了一种文化参数。陌生性的力量促使读者从一个不同的视角去解释那些自认为熟悉和自然的事情。

希罗多德意识到，这样一个挑战希腊人自满的庞大工程，这样一个大胆的教育项目，需要对读者进行引导。正如我下面要说到的那样，这种方式通常是对话式的，但其目的确实极为严肃。希罗多德想邀请听众一道参与到他对过往事件的研究与重构之中。对《历史》中的作者与读者关系的全面研究需要我们对文本中出现的所有以 ιστορ- 与 λογ- 为词根的词语，所有第一人称与第二人称的代词与动词（除了那些出现在直接引述之中的），所有受到褒贬、比较、怀疑和令人惊奇的东西特别注意。[38]再者，我们还需要考虑以下情况：那些明显受到增删、质疑、扩展、缩减、延迟，或者从"正常"行文中被剔除出去的东西，还有那些从属于大叙事或仅仅出于驳斥的目的而被引用的东西（参见第二部分）。

这里我们只讨论史家为了博得读者信任而采用的修辞技法。这种修辞关乎熟悉与不确定的东西，而非关乎权威与全知。希罗多德缩短自己与读者之间的距离，而修昔底德则扩大之，他甚至经常以第三人称化身首领，以作者的身份现身。反讽与戏仿是连接作者与读者的两种纽带，因为两者都与虚构演员的"确定性"有距离，一同使得历史记载与想象的永恒真实进行博弈。《历史》为我们提供了多重视角，读者也被邀请加入这样一个相对主义的冒险之旅。这种对异邦、打破偏见以及阐释的开放态度从史家对文本的介入就可见一斑，在这些介入之中，他直接与读者对话，或者是暗示

---

[38] 卡洛琳·德瓦尔德进展中的研究也是如此做的：*The Voice of the Histor: Narrator and Narrative in Herodotus' Histories*。参考 John Marincola, "Herodotean narrative and the narrator's presence", *Arethusa*（1987）121-37。

他与读者有一种亲密的、面对面交谈的关系。[39]

我们还要探讨另一种修辞问题或者是契机：希罗多德是如何进出大大小小的逻各斯的。作者需要对整体与部分加以限制与塑造。这项工作的性质与广度可以经由研究他于什么时间、什么地点以及为何开始与结束此书而变得明晰。宏大叙事中的每一个细小入微的叙事都需要对其开始与结束进行定义；过渡或巧妙或生硬，事件的开头和末尾，这些都须逐个处理。[40]这其中必然包括对原始材料进行雕琢，以赋予其古代希腊读者与现代读者能够轻易理解的形式。叙事需要开头与结尾。

史家对我们在选定为研究对象的过去上的认知的塑造能力有着巨大影响，史家为使自己的认知显得可靠所采用的方式，对此，这些文章或许能够予以明晰。希罗多德给读者的评论违背了哲人对模仿文学设置的准则，他的戏剧性事件违背了后代史家只载入可信与可证事物的准则，但是这种堂而皇之的背叛足以提醒我们，希罗多德式的历史所处的地方乃是 δόξα（表象）的杂乱、边缘地带，它处在被重构或重述的神话（戏剧与史诗）之不可证明的特殊事件

---

[39] Pohlenz（1937）208-11，Pearce（1981）87-90，Lang（1984）讨论了希罗多德作品中的口头成分，诸如过渡、史诗式的回顾（事件，继而是倒转叙述事件的起因）及环形结构。虽然希罗多德风格的某些方面本初是口头式的，但这并不能证明他对自己留给后人的巨著的早期或最终版本做了什么。参考我对 Hunter（1982）与 Lang 的评语：CP 80（1985），尤其是 74，与 CW 79（1986）290。

[40] 参考 Munson（1983）。

与永恒的哲学真理的普遍性之间。抽象观念始终存在，但它毫无血肉可言。

非言语行为

> ［阿尔塔巴努斯］大叫一声从床上跳起来，随后坐在薛西斯的身旁，把他在梦中所看到的一切都告诉了薛西斯，接着他说："国王啊，我已经看到许多强大的力量被弱小的力量所打倒……我知道贪得无厌是一件坏事。"
>
> 希罗多德 7.18.1-2*

人类学、语言学、民俗学与摄影术已经使得本世纪见识到了姿态与其他非语言行为的意义所在。但是，历史作为一门语言艺术很少记载它们，因为它们是那么的细小而微，语言分析甚至是直接描述都对它们束手无策。对人的一举一动、姿态、无甚言辞的怒吼的描述，以及史诗、抒情诗、戏剧与虚构散文之中的呜咽等，均很少在历史写作中出现，虽然这些事件是真实发生过的，因为，总体来说，历史散文由以下元素构成：对重大事件的叙述，对演说与改变历史进程的决定的传述及孤立于这些叙述而做出的反思性分析。人类性格只有在行为之中才会展现出来。

对人物姿态的描绘细致入微，就好像作者是见证人一样，它们能在演说欠佳的时候极富戏剧性地展现《历史》中的情感与思想。[41] 它们提供了一种非辩论式的说服术；读者自己营造了一种自身与被传述事件的关联性。希罗多德使用的文学技法十分丰富，也并不鄙视非语言的沟通方法，即身体语言。他新颖的散文技法包含了希腊文学——尤其是史诗——在各个文类固化之前的所有技巧。

希罗多德令人反感的传说式的写作方法（μυθώδης，修昔底德，1.22.4）[42] 允许出现笑与泪，粗鄙的声音，甚至是淫秽的姿态。《历史》中的非语言沟通大致包含两种迥异的行为：民族习惯[43]与独特的或个体的疼痛、可怕的场景。尤其是当苦难超越了日常表达的边界时，姿态为受难者提供了第

---

[41] 亚里士多德《诗学》17.3 = 1455a 首肯了诗人的这种技法。Desmond Morris（及其他人）*Gestures, Their Origins and Distributions*（纽约，1979）为我们提供了广受欢迎的阐述与一个长篇的书目；Lateiner（1987）提供了一个希罗多德与古代研究的书单，其中包括一个对希腊史诗非言语交流的提纲挈领的梳理。

[42] 科恩福德（F. Cornford）的著作 *Thucydides Mythistoricus*（伦敦 1907；1965）说，τὸ μυθῶδες 意味着创造性的装饰（寓言、迷信、夸张），而不是一种"戏剧构建"，因为科恩福德相信，修昔底德无意识地与读者分享了他理解世界的诗性方法。但是希罗多德的戏剧又有所不同，当然修昔底德也在这点上批评了他的前辈。对后者的研究，参考 Kitto（1966）272；H.-P.Stahl *Thukydides: Die Stellung der Menschen im geschichtlichen Prozess*（慕尼黑，1966）133-40；J. R. Grant "Toward knowing Thucydides", *Phoenix* 28（1974）81-94，81-3 尤甚，87-8；D. Lateiner "Pathos in Thucydides", *Antichthon* 11（1977）42-51。

[43] 仪式化的姿态是一种习俗而非自发的表达，它们在所有民族志中都有提及。例如，埃及人、色雷斯人与斯巴达人的丧礼；问候、告别、婚礼、节庆与其他利用非语言交流的宗教行为都很普遍。参考 Lateiner（1987）末尾处的总结分类：仪式化的社会习俗；非正式的自主行为；心理反应；下意识的表示与声音；事物与象征。

一手的情绪表达，也为读者提供了有力的信号。《历史》以一种最为客观的、报道式的方式（民族志），与一种最为主观的、戏剧性和阐释性的方式（民间的、历史的与典范性的故事）来记述姿态。

我们可以将致意礼与送别礼作为习俗的范例。这些礼节秩序化地传达社会交往之重要时刻中的情感，尤其是在礼节双方来自不同层级的时候。交流中的那些随意的空话（比如我们的"你好，再见"），一个吻或拥抱（1.134.1，其中谈及层级之事；2.41.3），为所失泪眼婆娑，抑或是运用整个身体表示服从（比如，跪拜礼［proskynesis］，它出现过九次，尤其是 7.136，其中有各民族传统的比较）都显示出层级的相对性：一个人在见面或者告别时身体动作越大，那么他的层级就越低。那些能够接近波斯国王的人必须展示出人们对其社会优越性的认可；也就是说，通过他人的身体与语言使得其优越性得到确认。姿态、手势与相对层级的细微差别明确了同一层级与非同一层级的人会面的情况。身体语言引入、补充并且终结我们的语言讯息。[44]

另一大类非语言交流在情绪无法通过言语表达的时候使得希罗多德能够大展拳脚地使用史诗的戏剧技法。克洛伊索斯在柴堆上突然想起并理解了梭伦的教诲；他长叹一声，抽泣着三次喊叫这个雅典人的名字。阿司杜阿该司

---

[44] 参考 R. Firth "Verbal and bodily rituals of greeting and parting", *The Interpretation of Rituals*, J. S. La Fontaine 编（伦敦，1972）1-38。

（Astyages）整理思绪，突然意识到居鲁士的真实身份，哑然无声。刚比西斯（Cambyses）在病床上灵光乍现（ἔτυψε ἡ ἀληθείη），明白自己无端地杀害了自己的兄弟。[45]人们出于恐惧失声哀号[46]，或痛哭流涕，有时候为自己的愚蠢、疲惫与机关算尽而呻吟叹息。[47]

培罗斯（Pheros）拿起矛冲到河中（2.111.2）；戴玛拉托斯心怀忧愤用袍子蒙着自己的脸回到家中（6.67.3）。普撒美尼托斯（Psammenitus）战败并退下王位，这一极度伤心之事让人终日以泪洗面，但国王本人却头颅低垂（3.14.3，ἔκυψε ἐς τὴν γῆν），早已是欲哭无泪（3.14.10*）。一个旧日相识的乞丐终于使他打开情绪的闸门，以击打身体发泄之（3.14.7）。

《历史》中的笑传达的并不是一种温暖的幸福、愉悦或快乐，它传达的是讥讽、傲慢与自我欺骗。[48]用在权倾一时的人身上的笑所表达的是他们心中的自鸣得意，以至于对人

---

[45] 1.86.3，116.4；3.64.1；参考 Marg（1953）1106 = Marg 294 与注释 1。

[46] 尖叫：1.8.3，巨吉斯；3.155.1，大流士；7.18.1，阿尔塔巴努斯；3.38.4，卡拉提亚人（Callatiae）。哭泣：例如，1.109.1, 3；1.111.2*，4*；3.14（表达哀戚的共有十个词语）；3.66.1；7.159*；8.99.2；9.24。

[47] 1.86.3，柴堆上的克洛伊索斯；2.175.5，阿玛西斯的建造师；6.80，克列欧美涅斯之阿尔哥斯之挫；6.107.4，希庇亚斯的牙齿预言。在正在写作的另一部专著中，我将探讨古代史诗中的非言语行为。

[48] Lateiner（1977）与 S. G. Flory "Laughter, tears and wisdom in Herodotus", *AJP* 99（1978）145-53，在希罗多德对个体心理的呈现中发现了某种范式。C.De Heer MAKAP-EYΔAIMΩN-OΛBIOΣ-EYTYXHΣ（这四个希腊语词都有幸福、福报之意。——译者注）（The Hague, 1969）为我们提供了"幸福"一词在希罗多德及同时代作家中的语义学分析。

的稳固过于盲目乐观。这种姿态在《历史》中用来表达一个人物自我毁灭的初兆。那些注定在祥和中死去的人在文中并不会笑。[49] 那些暂时沉浸在"巨大欢乐"（περιχαρής）中的人后来都与自己的命运会面并死于非命：阿司杜阿该司、刚比西斯、巴比伦人、欧伊巴雷司（Oebarus）、阿里司塔哥拉斯、薛西斯、玛多纽斯、阿尔塔翁铁（Artaÿnte）。

有时候，言语并不足以表达人之间的轻蔑。《历史》中的埃及故事里的人物在这方面就颇为不羁，比如那个机智的士兵与拉姆普西尼托司（Rhampsinitus）。普撒美尼托斯恳请哗变的士兵回到故土与家庭，但他们无动于衷，其中一个指着自己的生殖器说："只要有了这个，不愁没有老婆孩子。"（2.30.4）当法老阿普里埃司（Apries）派出备受尊敬的使节以带回叛臣阿玛西斯（Amasis）的时候，后者"等上马，朝帕塔尔贝米司（Patarbemis）放了一个屁，让他把屁带回去给法老（2.162.3）"。[50] 存在于演说与姿态之间的是描述非言语行为的言辞。斯基泰国王驳斥大流士的使者（4.127.4*）："至于你说你是我的主人，我的回应是，去死吧。"[51] 这个充

---

[49] 唯一的例外：库普赛洛斯天真的咿呀之语；埃塞俄比亚国王，希巨昂（Sicyon）的克莱司铁涅斯与希罗多德自己都很享受一种隐喻式的笑：5.92γ3；3.22.2；5.68.1；4.36.2。

[50] 阿玛西斯身上还有一些其他关于无声但有意义的讯息以及物件的粗俗故事，例如，黄金夜壶（2.172.3-5）。

[51] κλαίειν λέγω 因其诅咒力（非言语）有诸多不同的翻译："去哭吧"（Rawlinson）、"你会后悔的"（How 与 Wells），"你这该死的"（de Sélincourt）。非正式但是自主（有意为之）的非言语交流在 Lateiner（1987）86，93-4，95-100 中有详尽的阐发。

满蔑视的诅咒乃是一种非言语不满的表达。

除却哀戚、欢笑、不经意的动作和带有诅咒的蔑视，无声的交流还包含"符号语言"。[52] 这种符号语言不仅包括手势，还包括悬挂在雅典卫城上的那些以前用来锁贝奥提亚人（Boetians）与科尔启斯人（Euboeans）的枷锁（5.77.3；参考1.66.4；4.81.3）这种历史纪念物的清单；对斯巴达人与阿尔哥斯人为了纪念杜列亚（Thyrea）之战的相反的（opposed）发式传统，或者是可怕的埃吉纳（Aegina）战争之后强加在雅典妇女身上的衣着要求（1.82.7-8；5.87.2-3）极为鲜见的平行传述；还有一些"暂时具有重要意涵"的物件。比如，当斯巴达人回复热切请求支援的萨摩司流亡者时说，他们忘记了萨摩司人开头讲的话也不能了解其结尾，萨摩司人第二次带了一个口袋来，就说了一句话："袋子需要大麦粉。"即使对于习惯言简意赅的听众来说，这种言辞也过于冗长了（3.46）。类似地，通过一个简单的展示（δεικνὺs），帕乌撒尼亚斯（Pausanias）在普拉提亚（Plataea）的王家帐篷里无言地准备了一桌波斯式的豪华宴席与希腊式的简单餐饭作为对比参照（9.82）。

希罗多德经常对那些宣扬统治者无限权威的威胁与惩罚加以关注。"为了鼓舞士气"，士兵与劳力被鞭打（7.22.1，223.3；参考4.3.4），身体遭到各种虐待（4.202.1；9.112；

---

[52] 参考 Cook（1976）29；Ph. Thompson and P. Davenport *The Dictionary of Visual Language*（伦敦，1980）。关于以上提及的纪念碑及碑铭，参考 Raubitschek（1961）与 West（1985）的谨慎评判。

3.16；7.328，39.3）。大型人口迁徙（如2.154.3；5.15.3；6.3，119）以及容颜的损毁，折磨与刑罚，都以一种明白无误的非言语方式传达了信息。对于暴君的奴隶来说，独裁者的行为显示出他们的弱小；对于读者来说，这些信息传达出的是非制度化统治的非理性与反复无常的本性。史诗中无处不在的非语言行为对《历史》中重要行为的描述与润色大有裨助。

当言谈有危险，或当象征性的动作被用作一种交际的标准语言，言辞就会被哑剧取代。特拉叙布洛斯（Thrasyboulus）对培利安多洛斯（Periander）的使者并无多言；他把谷地里最高的穗子剪下来，"一言不发"。使者心中颇为不解，而"培利安多洛斯则完全明白了"（5.92.ζ2-η1*）。波斯人要求希腊人送来土与水表示臣服（4.126；6.48.2；7.32，133.1）。埃塞俄比亚国王拒绝了刚比西斯的礼物，并且回赠一个有特殊意味的礼物：一把强弓；波斯人能轻易张开这张弓的时候，他们再尝试攻打独立的埃塞俄比亚吧（3.21.3，这明显是对《奥德赛》及其他测试人心的民间传说的模仿，但并不因此而不实。）

希罗多德转述了一个无意为之的姿态。欧洛伊铁司（Oroetes）的使者发现波律克拉铁司与阿那克列昂（Anacreon）在一起进餐；波律克拉铁司并没有转过头去回复他，这"要么是出于对欧洛伊铁司的鄙视，要么是出于偶然"（3.121.1；参考3.53.3）。作者很小心地处理这种含混不明的非语言时刻，但并没有试图确定它是否发生过。

狡猾的斯基泰人向觊觎他们土地的大流士送去的礼物是《历史》中最为复杂的非语言交流。他们派出了带着以下礼物的使者：一只鸟、一只鼠、一只蛙与五支箭。波斯人问来人带的这些礼物是什么意思。他回答道，除了把礼物送来与尽快离开，他并没有收到别的吩咐。他还说，如果波斯人足够聪明，应该自己商量一下这些礼物是什么意思（γνῶναι τὸ θέλει τὰ δῶρα λέγειν）。波斯人听了这话便进行了商议。大流士认为这些礼物就跟土和水一样，是投降的象征。戈布里亚斯（Gobryes）同样通过推导类比（εἰκάζων）得出，这些礼物表示波斯人永远无法染指斯基泰人（4.131-2）。当斯基泰人对阵波斯人时，大流士不得不接受戈布里亚斯的阐释（4.133-4.2）。物件，就如同历史记述一样，对于不同的人会有不同的意味，希罗多德对此点反复说明。

希罗多德的故事提供的绝不仅仅是这些娱乐希腊人的谜题，它提供了另外一种机会，揭示暴君扩大帝国领地的疯癫欲望，及其成功之后江河日下的策略。就像克洛伊索斯解读跨河神谕一样，大流士也以自己的愿望解读含混的事物。这次，智者的建议也没能拯救其于水火。在指示性的"讯息"（也就是本来要传达的）与接受者的理解之间存在着一个裂隙。读者也感受到了这种裂隙，并由此参与到历史进程之中，或许他们也会像那些王者一样犯错误。非语言行为将内心的感受外在化，并且强化那些重要时刻的戏剧性。

与读者谈话

希罗多德也会通过使用对话式的第二人称单数的动词与读者互动。他（错误地）认为所有波斯人的名字都以"-s"结尾。他写道："如果**你**研究一下这件事，**你**就会发现所有波斯人的名字都以同样方式结尾。"（1.139）在说到巴比伦的宗教交媾行为时，他声称："当她交媾完毕，因而在女神面前完成了任务以后，她便回家去；从这个时候开始，不论你再出多少钱，也不能得到她了。"（1.199.4）这种对话式的第二人称有时候暗示个人观察的细致，有时候暗示意见受到挑战之后的战斗姿态（请看第4章之后所附的争议性段落清单）。

希罗多德似乎允许读者有不同见解，因为他时而试图使其他观点看起来也颇有道理，这种方法在其他史家那里并不常见。这种对话方式证明了丹尼斯顿的观察："希罗多德对全知的史家视角并不感兴趣，他更喜欢那种引人入胜的不可靠性。"[53]还有的地方，希罗多德会以一种不悦的第三人称命令式驳斥某个人或者主题（比如说，ἐχέτω ὡς καὶ ἀρχὴν ἐνομίσθη，让他们继续保持他们的古老传统吧，1.140.3）。希罗多德作为史家试图通过与读者对话的方式使得研究成果永久保存，[54]虽然他吸引读者注意的方式仅仅是

---

[53] Denniston（1934）491，注释1。
[54] Pohlenz（1937）208-11 将这些特性归结于"口头传述的影响"（Einfluss des mündlichen Vortrags）。他引述了 3.6.2，3.37.2，4.81.5，4.99.5 这些以这样或那样的办法获得读者信任的方式。在 4.76.6 处，希罗多德使用了 ἴστω 这个命令式，听起来颇有派头。翻译者通常忽略这种个人的印记。

指明路径，比如，如何到达埃及的美洛埃（2.29.2-6）："你从埃烈旁提涅（Elephanttown）往上航行，就会来到一处平原。"（2.29.2-6）所有这种直接的指导都将听者放在行为的中心。[55] 还有一处他同样试图与读者交流，但他在说到"米底人"（Medizers）时表示心有顾虑（8.73.3fin）。当然他的（修辞）顾虑并不是没有道理的，普律尼科司（Phrynichus）因为写作《米利都的陷落》（Sack of Miletus）一剧让雅典人想起了（ἀναμνήσαντα）曾经的灾难，他被处以罚金，并且此剧被判永远不得上演（6.21.1）。

题外话经常通过引导词（guideword）与全篇的主要叙事连接在一起。这些引导词似乎能立刻吸引读者的注意力，并径直将读者带回到对遥远过去的记录之中，它只会在行文结束之时回到出发点，也就是主题上。由 γάρ 引导的题外话提供的是当下必要的信息与解释。这些题外话提供的是意见的基础或者是一系列原因（比如，3.80-2：18 个例子，大多数是参与对话的人的意见，后面附带这些意见的"原因"；4.1：8 句话，有 6 句都以非正式的 γάρ 开头；6.61：题外话内嵌题外话）。[56] 一连串的带 δέ 的从句/分句意味着，这个故事讲述的节奏太快，需要停下来补充一些细节，顺便厘清事件的顺序与原因（比如，5.119-21 开端处：10 个句子带有 11 个 δέ）。

---

[55]《论崇高》26.2 引用希罗多德 2.29，并且认可了这种人称转换的生动效果。

[56] Denniston（1934）58 讨论了这种习惯；Lattimore（1958）18 将这种技巧认定为作者风格与写作方式的一个特色。

希罗多德的历史话语有逸事性的、对话性的、小说性的、题外话式的，这往往让寻求简单事实真相的读者一头雾水，但却总会让那些喜好复杂文学结构的研究者不可自拔。

就像对修辞问题的形式怀疑（formal doubt）能够使希罗多德避免对所记载之事负全责那样，他也可以通过不定副词来保护自己，尤其是用 κως 来表示"心有疑虑"，用 κου（που）来表示接近真相。这些词语"极好地映衬了希罗多德明晰与口语化的风格，因为它们使得说话者带有一种不确定感"。[57] 广义概括的神迹（3.106.1，108.2； 6.27.1），纳乌克拉提斯（Naucratis）的妓女无法言喻的美，还有斯巴达埃乌律司铁涅斯（Eurypontid）家不为人知的资历（2.135.5；6.51；除此别无他例），这些故事都带有一个口语化的 kos。κου 也能使希罗多德免负全责。"派欧尼亚人（Paonians）认为这就是神谕所示，于是互相说道，我以为（κου），'神谕现在应验了……'"（5.1.3；参考 1.87.4）

"口头虚构的首要贡献在于其直接性，通过这种直接性，传统似乎可以直接表现事件，而没有史家自我判断的侵入。"[58] 没有史家的历史幻影可能有时候是人们所追求的，但是希罗多德想让他的读者看穿那些对事实进行阐述的"虚构"，想让他们了解自己的想象技巧是什么，这种想象技巧乃是超越编年史局限，达到"我们将其与戏剧联系起来的那

---

[57] Powell *Lexicon* 30；Denniston（1952）491.
[58] Immerwahr（1966）7.

种更高的想象层面"的手段。《历史》极少将自己降格为一种对政治事件的纯然描述,因为希罗多德发现了一种在史学领域合法创造"诗性与哲学维度"的手段。[59]这就是转述的演说直接达成的功效,插入性的评论诸如"在我看来"也有这样的效果,如哈尔帕哥斯(Harpagus)在不知情的情况下将自己的儿子送入口中,评论式的插入语"将全知的史家视角转换成恐惧但不知实情的旁观者的视角"。[60]但希罗多德并非掩耳盗铃,认为所有转述的传说、宣传与虚构都是历史事实。[61]他更愿意老老实实地承认自己认知的局限,并且时时刻刻提醒观众《历史》中有他的声音,也有不确定性。修昔底德在行文之中从未使用过 που 这种不确切的非正式的虚词[62],但是他总体上避免谈到湮没无闻的上古历史,并且认为在他所处的时代之前的历史都是无法精确描述的。

希罗多德发现,kou 在精准度不那么关键的时候对于约数特别有用,如哈尔帕哥斯儿子的年龄("至多十三岁";1.119.2,参考 1.209.2;3.3.3),登塔("大约半途",1.181.4),或者是地理距离(7.198.2)。[63]

---

[59] 这两段引文出自 Fornara(1971)22-3。
[60] Denniston(1952)6;参考同上(1934)491,不甚让人满意。
[61] 与之相反,Fehling(1971),散见各处,尤其是 11-66。
[62] 直接引述,参考修昔底德 2.87.2*、5.99*、7.68.1*。
[63] 还有 7.22.1,7.223.1,9.102.1,以及 Powell *Lexion*, sv, 2c。修昔底德经常在军队与战船的数量上给出一个大约的数字,或者是为其准确性正名,与希罗多德在无足轻重的事情上的态度相比,这里他显得较为果断。参考 C. R. Rubincam "Qualification of numerals in Thucydides", *AJAH* 4(1979)77-95;及 "Thucydides 1.74.1...", CP 74(1979)327-37。

鲁宾卡（C. R. Rubincam）详细研究了希罗多德是如何处理数字的。她的初步研究结果显示，希罗多德为我们提供了很多的数字统计信息，它们通常都集中在清单里。他用数字记载的多数是时长、兵力等；小部分是距离、城邦人口及财政统计（都是以这个顺序）。希罗多德较为平均地为以上提及的类别都提供了数字。不像修昔底德，他的数字63%被用在了军力上。民族分类在荷马史诗中已见先例，史家常用的对于军力与距离的总计却并无范例可依。这些总计（比如，3.95；4.86；5.54.2；7.60.1，87，89，185；8.2.1；9.28-30），以及时而将异邦货币换算成希腊人熟悉的货币单位，将时间换算成距离（3.95；5.54），这些对有意味的数字的记述（有效兵力、已知的货币、更为精准的记录距离的方法）反映出他想要创作一个总体性记录的初衷。这并不属于他的先辈的遗产，也不属于口头诗歌的遗产，而是他对精确知识与书写列表的兴趣，希罗多德同时代的医学与科学写作者也有着同样的兴致。在他那个时代准确地获得数据的困难性不容小觑。

希罗多德使用数字的频率处于作品流传至今的希腊史家的中间，比修昔底德稍多，比色诺芬的《希腊志》稍少。他很少明确地说自己的数字有多精确（"大约""多于"等），但这也反映出他意识到，那些事件过后许久传述的数据最多也就是当时的普遍估计，这些东西很容易受到后来传统的扭曲。而修昔底德对自己的数字则更具信心，他可能具有身处其世的优势，他也成十、成百、成千地自由处理数据，但他的声名并未因此受损。总的说来，希罗多德对数字的使用与后来史家相似，但这并不能在数据与其他方面表明，他有欺骗人的本心，或者说他常常因为误信偏听而中了记载数据的人的圈套。[64]

希罗多德使用 κου 偶尔也为了向听众表明他的信息与一些无关紧要的事实之间有距离：居鲁士早期另有别名（οὔνομα ἄλλο κού τι, 1.113.3）；居鲁士让**一些**孩子当自己的耳目；帕涅司（Phanes）因为阿玛西斯就某种行为降罪于他而逃离（μεμφόμενός κού τι, 1.114.2）。会讲故事者的技艺与诚实的史家不应被当作懒惰或者漠视真理。[65] 我们已经揭示

---

[64] 这两段总结了 C. R. Rubincam "Numbers and numeral qualification in Herodotus"（1985，未发表）。我感谢作者允许我引述她正在进行的研究。她对 Fehling（1971）对《历史》中的数字的批评持反对态度：这些数字是形式化的，抑或是"自由创造"（freie Erfindung）的结果，其中还包含了很多完全虚假的材料来源。鲁宾卡的论文告诉我们，某些数字高频出现，这可以由普遍的人性解释，因为人类总是倾向于对数字进行整化，或者记住那些更常见的数字。再者，某些乃是传述的结果（例如，黑海的宽度），因此并不全然是编造的。希罗多德并不该为听来的传统的数字负责；资料来源不可控，而且他在向他人报告自己的发现时也很难装出一副自己无比精确的样子。P. Keyser, "Errors of calculation in Herodotus" *CJ* 81（1986）230-42 告诉我们，这样的错误是很少见的（总共 7 个；234），且通常可以被希腊人的计算操作解释得通。因此，《历史》中的数字似乎是可信的。

[65] 参看更多例证，6.11.1, 6.128.2, 7.12.1, 9.113.1。κου 有时候与 καὶ δέ καί 一同出现，这两个短语都是为了烘托每一特殊的人或事。που 也可以 "讽刺性地为自信但却佯装迟疑的言说者"所用（Denniston [1934] 491；参考我的下一节）。这种修辞通常与反讽性的 δή 连用，仅仅出现在直接引述之中，如欧塔涅斯谈及阿托撒（3.68.4*）："她一定会认识自己的亲生兄弟！"这里的含义随语境而变，以至于 Powell（*Lexicon*, sv 2）不得不给出一个尴尬的解释："当然，或许。"参考，例如 3.72.1*, 73.2*; 1.68.2*。参考 1.87.4* 处克洛伊索斯感觉不得不承认某种超自然的力量。

了关键的人物与民族性格；历史叙事的相关背景也在可能的范围与需要内做出了解释。

反讽、讽刺与戏仿

"吉本的反讽技艺大概是从希罗多德那里学来的……"[66]希罗多德时而对事件的历史性表示怀疑，[67]时而对整个民俗传统持保留态度，时而又对诸如"神是在我们这一边的"这种信条表示怀疑。希罗多德记述，雅典人仅仅在马拉松之役后才向潘神的神殿献上祭品（6.105.3），薛西斯在听到玛哥斯僧（Magi）阐释月食意味着希腊人的毁灭之后的盲目乐观（7.37.3），抑或是玛哥斯僧向帖提司（Thetis）与涅列伊戴司（Nereids）献祭（7.191.2；参考289.2；8.94.4）而促使暴风停下来这种后此谬误（post hoc propter hoc），这些都暗示了希罗多德对过往历史的去神圣化。希罗多德邀请我们思考人被激情裹挟而产生的谬误。

故事的多重版本经常带有反讽意味："这个故事是真是假，我不知道，但我把我听到的记述下来（4.195.2）。""关于撒尔莫克西司（Salmoxis）和他的地下室，我既非不相信

---

[66] Bury（1909）47讨论了8.47.2，雅典卫城的蛇。
[67] 斯巴达人历来为人们所敬仰，但在《历史》之中，他们却是反讽的一个例证，在希罗多德笔下，斯巴达人迟到（1.83，6.120），松散无纪（1.65.2；6.66；9.53-7，106）；参考Meyer IV/1（1939）227。斯巴达的习俗怪异而独特（1.65-8；6.51-60；7.102.2-3*，208.3，231），他们表达自我的方式也很奇特（3.46；7.226，228.2）。希罗多德对其策略多有怀疑（9.54.1）。其中或许有雅典人的偏见，但是雅典人也领受了对自己的批评（例如，1.60.3，5.97.2-3，及其他一些暴行）。

(否认)，也非完全相信……至于这个撒尔莫克西司是个平常人还是盖塔伊人（Getae）中原有的一个神的名字，我就不打算追究了。"（4.96）总体来说，人种志论调其中有个人保留，但也有明确的目的：记载下人们相信与诉说的东西。直接与间接引述、资料来源与诸种对读者的警示都是希罗多德最常用的将自己与传述信息隔离开来的技巧。第2、3、4章讨论了材料选择，多重版本，争论，其结果向我们揭示：反讽或挖苦性陈述是很常见的。人类并不是完全无法从他人与自己的经验中学习，这是在主要叙事中循环往复出现的一个主题。专制君主的悲剧为希罗多德这位相信繁荣中总暗存危机、人类的事务中没有什么永恒的东西的史家提供了一个反讽式的证据。

除了反讽之外，希罗多德在《历史》中还有讽刺与戏仿。培利安多洛斯女儿的演说（3.53.3-4）便是一个对性别或者是年轻小伙的戏仿。缺乏新意的老生常谈（gnomai），毫无技巧的首语重复（anaphora），时断时续的没有连接词的语句，种种都表明这个女人试图美化自己的父亲，企图参与男性政治，而这些最终都将徒劳无功。[68]与讽刺和戏

---

[68] Cooper（1974）34注释14。对妇女的戏仿，除了开篇的对妇女的劫掳及后续的仇恨之外，参考佩西司特拉托斯多事的岳母，阿托撒对斯巴达侍女的无休止的唠叨，愚蠢地坚持要一件袍子的阿尔塔翁铁（1.61.2；3.134；9.109；参考戈尔哥的智慧，5.51）。Dewald（1981）相信，《历史》中妇女的行为总体来说是值得称道的。欲了解柏拉图在《美涅克塞努篇》（*Menexenus*）中的对雅典"史"的戏仿语调，参考Ch. Kahn "Plato's funeral oration" *CP* 57（1962）220-34。

仿相关的较长的叙事有《历史》开篇提到的引起两块大陆之间战争的传说中的抢掠妇女与愚蠢的（ἀνόητος）报复性抢掠行为（语带讽刺，尤其是1.4.2对其进行粉饰进而使之合理化），"驯服阿玛宗悍妇"（4.113）也有着同样的对妇女及其操控男性的讽刺。这两件事情说的都是男性在性事上的冲动与愚蠢，这也是希罗多德讽刺与怜悯（pathos）的常用主题。于一个严肃文本之中认定讽刺与戏仿需要小心谨慎，也要有证据支持，但是那些自信满满的演说，作者的破坏性评论以及本身就滑稽可笑的场景常常使得故事调子一眼即明。

清晰可辨的诸如反讽与戏仿之类的修辞技巧，或许会让听众对作者把控全局的能力充满信心。这种细致入微的修辞技巧比我们熟悉的那种修辞手法要高明许多，并且它们与追索历史真相并将其呈现给读者并不相悖。接下来，我们将探讨更为复杂而深远的文学问题。史家和任何叙事者一样，必须决定什么时候开始叙述，如何开始，什么时候结束主要和次要的故事，如何结束。对史学写作中的开端与结尾的忽视久矣，我们现在就要转而讨论这些问题。

开端

很明显，希罗多德对每个记述或传说、逻各斯的开头颇下功夫：某个事件链从哪里以及从什么时候开始（历史问题）？这个事件之链如何才能以戏剧的方式开端，其中又夹杂对某些重要时刻的特写呢（文学问题）？出于审美与实践的需要，他需要定义很多开端，因为每一个新起的故事都要与上一个故事相关联，且还要有自己专属的源头可循。主要的事件序列可以直接进入主题（这些船就是厄运的开始，αὗται δὲ αἱ νέες ἀρχὴ κακῶν ἐγένοντο...，5.97.3）；或者突然毫无连接词就开始（克洛伊索斯是在吕底亚出生的，Κροῖσος ἦν Λυδὸς μὲν γένος，1.5.4-6.1）；通常上一个逻各斯刚结束，立刻以不超过一个虚词的停顿直接开始。[69]

希罗多德会对每一个政治事件的第一个已知行动进行记述，这个行动虽然简单，但具有重要的考察历史缘由的价值。[70] 序言中所承诺的事功（ἔργα）包含开端（ἀρχαί），开端通常又显示或者包括缘由（αἰτίη），就像克洛伊索斯与希腊战船被派往助力爱奥尼亚人的故事一样（1.5.1, 3 与 5.97.3）。历史中的缘起问题是希罗多德的任务之一。他几乎总是会将事件、制度、计谋等追溯到人类的源头上，拒绝将其推到神与英雄的恩惠或恶意头上。"这是已知的第一位"这一反复出现（达34次之多）的短语本身就是论辩性的，它将人类历史与神话历史明确分开，与之形成鲜明对比的则是诸如荷马与

---

[69] 参考 Fränkel（1960²）83-4 = Marg 741；关于 asyndeton（连词省略），参考 Cooper（1974）34 注释 14。关于 chiasmus（交错法）与"史诗回溯"（epic regression），参考 Pearce（1981）；其他更为复杂的过渡与连接的形式，尤其是第一卷至第五卷中的，参考 Munson（1983）。

[70] 许多重大的发现中他都加入了"何人、何种方式与何地"，这也是他对文化变迁的兴致的一个面向。Schmid-Stählin 1/2（1934）567 注释 9 列举了希罗多德中的 τί μάλιστα，并且标注出了其在早期希腊文学中的重要对应。Keingünther（1933）接续了这一主题。

赫卡泰乌斯之类的其他非史学文类写作者的作品，以及诸多的民族传统。无论战事大小，希罗多德总是要记下第一个挑衅者：第一章来来回回地记述希腊与东方之间的恩怨情仇，直到最后，希罗多德否定了波斯人与腓尼基人的版本，抛弃了这些有趣但无法证实的故事，取而代之的是他自己认为更为可靠的、非神话的关于最初的挑衅者克洛伊索斯的故事。[71]

很多逻各斯都以女性为开端。美尔姆纳达伊（Mermnad）一朝的阿司杜阿该司因为梦到自己的女儿决定杀掉居鲁士，刚比西斯征战埃及，玛哥斯僧的暴露（3.68），大流士出兵斯基泰人与派欧尼亚人，更不要说特洛伊战争及薛西斯之死，这些故事究其根本都与公主或者女王的突出地位有关。《历史》中"来自波斯的材料"指出，女性的事情不足一提，那些被劫走的妇女或许是自愿的（1.4.2-3）。但是，波斯人自己的历史版本驳斥了这种对妇女的漠视。他们似乎比希腊人更加在乎女性，以至于"为了一位女性"就"大动干戈"，搞得天下大乱。《历史》中女性地位之高往往更多的是与传说、"喜闻乐见的解释"、民族故事而非政治史相悖。

这些故事乃是对独裁统治多面谴责中的一面。[72]伟大而全能的君主正是想以臣民与敌人无法理解的行为来确认自

---

[71] Wikarjak（1959）272-5，281为我们提供了更多文本的开篇例证。感谢约瑟夫·帕特维尔（Joseph Patwell）博士为我翻译这篇波兰语论文。
[72] 伊玛瓦（Immerwahr）认为这些故事仅仅是戏谑与嘲讽：（1956）253，260；参考下文第6章。

己的地位。希腊人认为非理性与神秘的东西乃是专制暴力的本质的一部分。在君主即法的国度，君主的激情决定国策，以至于经常戕害臣民，坎达列斯（Candaules）的妻子与玛西斯特斯（Masistes）的妻子的故事也在这点上被一前一后连接在一起。希罗多德告诉我们，大流士发动对欧罗巴的战争是因为阿托撒（Atossa）对其希腊医生做出过承诺，且想要一个欧罗巴侍女，因为后来大流士中了两个派欧尼亚僭主的奸计，他们谎称自己的妹妹自愿效劳乃派欧尼亚习俗。但女性绝不仅仅作为事件原因而出现；这些出于性欲、私欲与欺骗的表面动机为希罗多德提供了一个契机，进而讨论统治政策与民族行为这一艰难而复杂的主题。

希罗多德强调，克洛伊索斯是对希腊人不义行为的"第一位开端者"。《历史》中有诸多记载在案的事件开端，还有一些展开主要复杂事件的华丽开端，但这个开端是诸多开端中的第一个。希罗多德认为，纳克索斯（Naxos）与米利都的叛乱都给波斯人掌控中的爱奥尼亚城邦带来了第二波厄运，雅典人与埃列特里亚（Eretria）的军事联盟则是希腊人与异邦人厄运的共同开端（1.5.3；5.28与6.32及5.123.1；5.97.3；参考6.98.1）。[73]在第三件事情上，希罗多

---

[73] 希罗多德也注意到，斯基泰人是最先攻打波斯人的（1.103.3，4.1.1），埃吉纳人与雅典人仍旧在为其仇恨的源头争论不休（5.82-89.1）。关于希罗多德在处理爱奥尼亚叛乱的方式上的问题，诸如材料来源、编年问题、作者的偏见问题，参考 P. Tozzi, *La rivolta ionica*（Pisa, 1978）; Lateiner（1982）; H. T. Wallinga "The Ionian revolt", *Mnemosyne* 37（1984）401-37。

德使用了一个荷马式的语句将参与这场动乱的可怕错误归罪于一些希腊人,尤其是雅典人。虽然是出于不同的原因及为了自我辩解,大流士、玛多纽斯、薛西斯及斯巴达人都将敌意的开端归咎于希腊人(6.119.1;7.5.2*,9.2*,8β2*;8.142.2-3*)。当 ὑπάρχω 这个动词表示"挑头"意思的时候,它指的是那些被作者或言说者认为是不义的行为(1.5.3;4.1.1;6.133.1;7.8β2*,9.2*,11.2*;9.78.2*)。希罗多德想就此证明,希腊人自己挑动起波斯的战争机器。冲突最后一个阶段的开端不是克洛伊索斯,甚至不是居鲁士,而是爱奥尼亚的叛乱与雅典人对东爱琴海事务的插手。希腊人并不是毫无罪过的。

从哪里开始?两位后代历史学家拥有更加明确的方法指导,他们的写作模式或许能阐明希罗多德如何以及为何从他选择的地方开始历史写作。波利比乌斯认为,要全面地了解他对罗马帝国五十三年进程的记述,一个"引导性序言"(προκατασκευή)是必要的。这个序言长达两卷(大约两百页)之多。这种背景介绍对于那些对罗马与迦太基知之甚少,对事件的关联性(1.3.7-10,1.4.2-11)并不明白的读者,以及对于作品自身(作品必须有开端,否则后面的事情就没有明确的立足点,ἀνυπόστατος,1.5.3)来说都很有必要。历史必须以大家普遍认同的起始时间与重要事件为开端(1.5.4-5)。这个事件就是罗马人的第一次海外征伐(公元前264年),这也是提迈伊乌斯(Timaeus)所述历史的结尾。这个事件对希腊人来说很熟悉、很明确。这样一来，历史写作就避免了无穷无尽的回溯，读者也不会因此而一头雾水。

但波利比乌斯并没有采用这个合理的事件点，他紧张兮兮地回到了《安塔西达斯合约》(Peace of Antalcidas)签订的公元前387/386年，这个时间更是被希腊人广泛熟知。第六章至第十二章从公元前387/386年进展到了公元前264年，这个"自然的开端之点"（1.12.6）。但这一时间点需要详加说明。因此，即使是历代的史家试图将历史写作的规程明确下来，但每一个看似天衣无缝的事件都会有破绽，这些破绽终究都是亟待解决的问题。

修昔底德在第一卷中讲述了公元前431年至前404年战争之前发生的波提戴阿（Potidaea）和柯尔库拉（Corcyra）事件。虽然修昔底德反对史家重构自己出生之前的历史（1.21.1，5.26.5），但是为了解释整个事件过程，他简略地勾画了"雅典帝国的扩张"与其敌人日益增大的担忧（1.89-117），而为了解释这些更为本质的战争根源，他业已为我们呈现了其对政治历史中的基本要素的判断，尤其是"远古时代"帝国霸权如何从海上霸权发展而来（1.2-19）。他还试图说明自己的方法，并且对战争的广度予以夸大（20-2；1，23）。如果他认为有什么跨时代意义的事件，那么一定是斯巴达参与爱琴海权力政治的结束，雅典霸权的开始（1.95-8），这些——并不是出于巧合——为希罗多德的历史进程画上了句号（9.106）。修昔底德描述的战争直至一百页之后的第二卷才开始。这表明，修昔底德虽然没有明确表明心迹，但是他遵循了希罗多德与波利比乌斯创制的那些书写原则。然而，因为希罗多德并没有写作统构（full-scale）历史的先例可供借鉴，所以寻找 ἀρχή（开端）就更加困难。他对诸种事件的前后因缘心知肚明，但却要忍痛切断织网，为的就是给历史一个开端。

希罗多德《历史》中有很多开端，但是在现实中，诸多相关事件不会只有一个共有的开端。波斯人传述的"仇恨的开端"（ἀρχή τῆς ἔχθρης）乃是一个虚假的开端。希罗多德以一种对赫卡泰乌斯神话研究进行戏仿的方式拒绝了这种陈旧与无聊的回答，[74] 他心仪的乃是**人类**历史中的一个人物、一个时间与一个更为确定的事件（1.5.3），也就是那个最初对希腊人做出不义行为的人，克洛伊索斯。他以此对三种传统做出了回应：他拒绝了"从中间开始"（in medias res）的史诗传统与"从开端处"开始的宇宙论与神学传统；他还削弱了为历史人物寻找神话祖先的制造家族谱系的逻各斯

---

[74] 这种戏仿头尾提及波斯人，因此形式上与《历史》的其他部分有别，它批评了这种"女祸"简单拙劣的因果论。参考 Lang（1972）410-14，他注意到希罗多德仅仅提及了史前的劫掳（1.1-4；2.113.1；7.169.2，191.2；6.138.1）作为战争的起因。这个戏仿还讽刺了那种为伟大历史进程想象一个单一起因的大众观点。希罗多德的成就表明，至少与李维相比，纪念比教育更能推动历史真实。参考 Momigliano（1954）200 =（1966）114；Drews（1973）89。Immerwahr（1956）249 错误地认为，希罗多德讥讽了这种"波斯"观点，因为他意欲将战争罪责推给亚洲人。Macan（1927）407 注意到，在《历史》之中，妇女不止一次地被当成历史大事件的起因，或者是起因之一。他还提及，巨吉斯登基、居鲁士的命运、征伐埃及、斯基泰远征、探索西部等，其中没有一个是新近的历史事件。

第1章 一种新文体，一种新修辞

传统对他的影响。但是，他在讲述前克洛伊索斯时代的事件前就开始叙述克洛伊索斯了（1.6.3），到了1.95，读者们会发现自己置身于至少早了两百年的"亚述人"之中（公元前1000—前750年）。埃及人认为希罗多德讲述的人类历史的年代跨度是大多数希腊人无法理解的，因为埃及人告诉希罗多德的人类历史中，既有11000年前的国王（2.99.2-100.1），也有早于阿玛西斯（在位时间为公元前569—前526年；2.182，3.1）当政时期17000年的赫拉克勒斯（2.43.4，145.2）。但是，这样的年代视角无法与希罗多德可以求证的那种人类历史事件相关联（τὰ γενόμενα ἐξ ἀνθρώπων）。[75] 我对那些棘手的"起源"式的问题并没有什么新的见解：希罗多德是什么时候开始写作的？他当时写下了什么？他什么时候"意识"到自己在结尾处要写什么？但是我相信，我们对这个最终版本能做出一些颇有成果的研究。

后来之事需要有明确的基准，希罗多德对此心知肚明，这也使得他回到两个决定性的时刻。[76] 较短的那条叙事链条[77] 回到了雅典与埃列特里亚对爱奥尼亚叛乱的支持，这

---

[75] 参考 A. B. Lloyd（1975）175-6，185-94。2.142.2 是唯一一处明确的世代编年算法（三代等同于一百年；参考 6.98.2，同样的等式也可以被推算出来）。关于希罗多德式时间算法，参考 Mitchel（1956）48-69，Strasburger（1956），Mosshammer（1979）。

[76] 阿托撒与大流士的枕边语和波斯使者在克罗同（Croton）发出的威胁（3.134，137.4）风格与"劫掳辩论"的风格是一致的，且对于东—西冲突的真正起因并无甚关涉。

[77] 弗兰克的术语（1960^2）65-7 = Marg 738-40，为的是表达一种有意为之的风格，而不仅仅是大杂烩。

个场景唤起了荷马式的语句"悲伤的开始"（ἀρχὴ κακῶν，5.97.3；《伊利亚特》5.63，11.604）。这个有限的开端（arche）更多的是一个历史与伦理的判断（参考5.28，爱奥尼亚人的繁荣在第二波灾难到来之前仅仅是一个暂停［ἄνεσις］；6.67.3），而非一个普遍接受的开始点。希罗多德很明显更倾向于较长的叙事链条，也就是那个在波斯通古之士们的荒谬故事之后立刻被着重强调的开端。[78] 克洛伊索斯对爱奥尼亚的希腊人的征服与获利（1.6.2-3）——并非另一场劫掠。希罗多德处理的是更为重要与持久的那些变化[79]，吕底亚逻各斯为东—西之争提供的就是这种变化。这也是全书第一个有头有尾且有民族志调查的独立的逻各斯。[80]

吕底亚逻各斯自成一体，但是它还从属于作为希罗多德历史写作的导言这一功能。这一逻各斯介绍了异邦人与希腊人之间的冲突与战争，以及人类事务的不稳固与人类对危险的不自知等更大的主题。它使我们先睹了希罗多德的写作

---

[78] ἐγὼ δὲ περὶ μὲν τούτων οὐκ ἔρχομαι ἐρέων ὡς <u>οὕτω ἢ ἄλλως κως</u> ταῦτα ἐγένετο, τὸν δὲ <u>οἶδα αὐτὸς</u> πρῶτον ὑπάρξαντα ἀδίκων ἔργων... 第二个划线的短语很少见，仅仅出现在表示重大怀疑的表达中（3.24.3；7.191.2）。第一个与第三个画线的短语语气坚定而自信。

[79] Wardman（1961）136，Shimron（1973）45-51 对其有所修正。参考下文第5章。

[80] Hellman（1934）23-9，69-98. 吕底亚逻各斯有着环形的首与尾，或者是交错相接的：错综交缠的开头（1.5.3）使得其与大叙事连接起来，但同时又使得吕底亚叙事从大叙事中抽离出来；逻各斯以克洛伊索斯的祖先发端（1.7）；结束于美尔姆纳达伊王朝（1.86.1）；交缠的结尾（1.94.7-95.1）重新又回到了大叙事之中。

方法及其对历史的理解。在针对希腊人的大规模的不义之举这件事上,作者将吕底亚标定为时间上的第一位。[81]吕底亚为我们提供了一个测试案例,一个文化交流与政治冲突的重大事件的综合体,它处在东方势力与希腊人之间,它是个缓冲,也是个沟通渠道。所有这些事件一旦进入到这个逻各斯里都能发挥自己的功能。确实,相异的政治结构导致军事冲突这个一以贯之的主题为以下论点提供了支持:吕底亚逻各斯是在全书的总体结构确定之后才被详加阐述的,它成为一个复杂的、极具象征意味的叙事——部分原因是它处在全篇的首要位置。[82]它是对希罗多德式因果论的一种**简明**阐述,是一把诸如修昔底德在"稽古学"(1.2-19)中提供的那种理

---

[81] 为什么首当其冲的是克洛伊索斯?Myres(1953)61:第一位不义之人,不是因为他最先发动攻击,而是因为他取而不守。Immerwahr(1966)30:吕底亚人是第一个保持征果实的,而不仅仅是侵略者。Shimron(1973)46,48-50:历史上,我们所知的时代,克洛伊索斯与希罗多德的祖父的时代的第一位征服者。有关巨吉斯、米底人的信息有,但是并不可靠。

[82] Fornara(1971)17-23认为这是最后一个写就的逻各斯。争论诸卷的写作顺序也仅仅是合理而已:猜想是不可以被证明的。Drews(1973)50-7,169注释8一针见血地指出,《历史》并没有过多地谈论克洛伊索斯对希腊人的暴行。700行中只有13行描述了克洛伊索斯对希腊人的侵略。朱斯(Drews)认为,希罗多德仅仅对"那些最让希腊人感兴趣的[吕底亚]国王"进行了记载,这个论断低估了整个叙事的重要性。这些主题在吕底亚叙事中的重要性也解释了这个叙事在《历史》中的地位。巨吉斯的所作所为,梭伦来访,阿德拉斯托司(Adrastus)的自杀,巨吉斯和克洛伊索斯与德尔斐的往来,这些都充实了历史行为的范式。波斯对吕底亚的征服也使得后来波斯人进军希腊成为必然,这为波斯历史在两个方向上提供了观察点。

解文本的钥匙。

希罗多德《历史》中的克洛伊索斯说，梭伦的话不仅仅适用于自己，也适用于全人类（ἐς ἅπαν τὸ ἀνθρώπινον, 1.86.5）。但是，吕底亚的历史比修昔底德的介绍要更加富有暗示性，因为它包含了很多特殊的东西（梭伦的话除外），而非总体性的历史构建，还因为它并没有将万物适用的历史阐释理论强加于这个逻各斯之上。希罗多德总是比试图在人类事务中找出**某种**律法的修昔底德更加警惕概括性的解释。吕底亚历史被改造成了一个完美的发端点，[83]为历史写作提供了一种便利，将时间、空间与权力关系中的事件、作者及其观众予以定位。这是读者进入历史的大门，读罢历史的人会带着一种全新的视野——历史知识——出现。

希罗多德对年代问题很有兴趣，[84]但是绝对时间与平等次序的重要性从属于一种更为不可抗拒的关系。[85]年代学

---

[83] 线性的编年体历史会将吕底亚故事沿着波斯帝国史进程置于 1.140 之后。巨吉斯故事为吕底亚逻各斯定下基调，因此，本应属于 2.152-4 普撒美提科斯的语言实验（2.2）在逻各斯的开端处占据先机。我们需要单独研究一下在编年体链条上"脱轨"的叙事。

[84] 与之相异，Fränkel（19692）85 = Marg 743。序言本身就谈及了起因与结果，人类事件会"随着时间湮没无闻"（τῷ χρόνῳ ἐξίτηλα），因此，它也承认了时间作为一种历史要素与人类反思的组织原则的作用，同时也承认时间是一种毁灭性的力量与干扰。量化时间的体系在《历史》稍后几卷才出现。进一步参考，A. B. Lloyd（1975）《编年》，171-94，尤其是 171-2，193-4 及下文第 5 章。

[85] 同样，战争描写（例如，马拉松战役，萨拉米斯战役）都很简短，除非战争能传达某种希罗多德感兴趣的伦理学或心理学真理（Immerwahr [1966] 241）。这种对文化环境与政治决策的注重乃是在编年体史家兴趣之外的。

并不能说明什么：当下的历史学家对年代学的痴迷使得人们对希罗多德因为漠视年代学而取得的成就视而不见。从不是"开端"处开始，史家（如小说家一样）可以触及一些更重要的事情，拥有雅努斯双面的克洛伊索斯，他前瞻自由的爱奥尼亚，后顾波斯与希腊不可避免的冲突。希罗多德将11000年的历史，也就是90%的埃及史压缩为一页（2.100-101.1），却将索克列斯（Socles）关于政治制度的模糊不明的事件以五页之多记录下来，他之所以浓墨重彩地记下这一笔，是因为它表明了希腊人的基本立场。

就像他所有的后继者一样，希罗多德并不总是将历史时间与文学时间关联起来，无论是以时序还是以持续时间为参照。对他来说，时间并不决定事件，时间也不总是"向前进"的，正如希腊语与英语俗语所说的那样。"异邦人的伟大成就"之中，拥有11000年历史的埃及一个也没占（οὐδεμίαν ἔργων ἀπόδεξιν, 2.101.1）。在那些年代中，"已经发生的事情"（ta genomena）应当湮灭无闻，或者充其量也就是遭遇不幸而湮灭无闻。只要有足够多的时间，任何事情都可能发生（5.9.3；参考4.195.2），但是，埃及这若干世纪中发生的事情很少值得他去纪念。希罗多德很挑剔。[86]

分析历史（analytical history）的观念，或者说希罗多德的创造，并不是注定要产生的。对新近事件的纪念直到公

---

[86] Erbse（1956）220同样，但原因不同。参考狄俄尼修斯《论修昔底德》5与7，与早期的杂收的作者相比较。Myres（1953）91；Immerwahr（1966）28。

元前5世纪晚期还很稀少。在关于殖民地创始人的仪式中（6.38.1；参考修昔底德5.11.1），在雅典与叙拉古发行的金属钱币之中，在极少数绘画或者雕塑（比如斯多亚廊柱、刺杀僭主雕塑）中，在私人与公共献祭之中（4.88，芒德罗克列斯；5.77，雅典大捷），我们可以发现某些明白无误地对特殊事件的怀念，但是一种对于普遍的、永恒的、理念式的东西的偏好从公元前4世纪起便占据了希腊艺术与思想的主流。[87] 使用以人为主导的语汇对人类行为进行记载与解释并没有什么成系统的前例可供参考。

《历史》包含了调查与成果，这些调查与成果将成为万世的财富，且其构建的方式并没有——或者是偶尔——借鉴前人的书写资源。[88] 尽管当时任何一位三流文人都能就伯罗奔尼撒战争写个历史，但是几乎没有历史学家会面临自己希望写作的年代毫无相关书写资料可供参考的窘境。希罗多德让**过去的**故事成了最好的"历史"，而不是那种简单的地形测量与创造性谱系学。再者，这些事件也对希罗多德向其希腊同胞讲述的诸多不同信息起着约束作用。在希罗多德

---

[87] 参考 Ch. Starr, "The awakening of the Greek historical spirit and early Greek coinage", *NC* 7（1966）1-7，尤其是 1-2 与 7。R. G. Osborne, "The viewing and obscuring of the Parthenon frieze", *JHS* 107（1987）98-105 认为，古典艺术中的理想化倾向被夸大了。

[88] 希罗多德认为，传述叙事的地点与时间越是遥远，其可靠性就越小；参考下文第5章与 Helm（1981）85-90，他认为，这种对遥远的湮没无闻的王国理性化、半历史化的"虚构"叙事，缺点乃是由时下的材料造成的：大众熟知的萨伽，阿契美尼德王朝的王家宣传，口述史与希腊编年作家。

明确地陈述自己的纲领之后,没有人会预料到,这其中有如此多繁杂的生物学、人类学甚至是地理学信息。狄俄尼修斯声称"这就是序言,也是历史的开端与目的"(τὸ γὰρ αὐτὸ προοίμιον καὶ ἀρχὴ καὶ τέλος ἐστι τῆς ἱστορίας),他的意思是,希罗多德的序言包含了史家认为恰当的所有东西,或者说,如果人们能正确地理解它的含义的话,这个序言包含了希罗多德作品的所有内容。[89]

古人的"导论"(preface)与"序言"(proem)不同,通常不止一段、一页,甚至是现代人所说的一章。它通常跟在序言后面,这个序言中会说明作者的名字、民族、作品的名称、主题,或许还有有意为之的评论。导论接着介绍与解释作者写作作品的范围、背景、目的与方法。认定希罗多德导言的范围有两个困难:第一,"散漫"的风格使得所有的区隔都变得困难;第二,作者从未以一种现代研究者公认的方式说明自己写作的主题。显然,序言要么所说甚多,要么所说甚少。[90]

《历史》的序言对史诗序言的形式与内容进行了一番散

---

[89]《致庞培乌斯信札》(*Epistula ad Pompeium*)§3(767 U-R = Roberts 106),"因为,这个序言既是历史的开端,也是历史的结尾"。W. R. Roberts *The Three Literary Letters*(剑桥,1901)107令人费解地翻译作"他的《历史》的结尾"。出人意料的是,Fornara(1971)在考察希罗多德主题时并没有涉及序言。

[90] 古代序言的类型,参考 Earl(1972)842-56;还有 M. Pohlenz "Thukydides-Studien II-III", *NAWG*(1920)58;Bizer(1937)4-7;Krischer(1965);Immerwahr(1966)63-7;Drews(1973)70-1;只有 Wikarjak(1961)认为其清晰明了。

文式的模仿：它明确了关于伟大功绩与战争和害怕这些东西湮没无闻（ἀκλεᾶ）的主题，用一个核心词汇（αἰτίην/αἴτιοι，原因）将其与第一片段关联起来，且豪迈地表达了希罗多德相信自己的研究创立了一种新的东西，一种对主要事件的恒久记载。他不点名地批评了荷马与赫卡泰乌斯忽视了重构远古事件（τῷ χρόνῳ ἐξίτηλα）的界限，并且暗示，在他之前没有人以一种既合乎真理又合乎艺术的方式将民族志、地理、谱系学及政治军事事件整合起来以解释新近的历史事件。[91]序言大体上确立了主题（在 ὡς μήτε 这个从句里），并且进一步将其细化为希腊人与异邦人的成就，尤其是希波战争。直到 1.5.3-4，在作者明确了史家的写作范围、方法及意图之后，关于参与者、主题与作者的任务这些信息才算完整。

那么序言之后介绍主要叙事线索的导言又是在哪里结束的呢？在古代，散文文本的最初段落起的是提供目录信息的功能，在《历史》中，它的功能是介绍一种研究过往成就的新方法，提醒人们注意当下有关过往知识的精确度问题。将过往与当下连接起来的乃是遗迹与记忆这两个脆弱不堪的纽带。序言立刻将现存知识的问题提上议程，并且相信，除非有"对研究的展示"（ἱστορίης ἀπόδεξις）参与，遗迹与记忆这两个纽带是无法成就其使命的。导言首先为我们呈现了人类传统与解释的不合时宜的范例，紧接着又提供了一

---

[91] Krischer（1965）159, 162, 165-7. 该简要的序言之后的文本使得以这种纲要重读序言成为可能。

个恰当的、相关的反例——先是关于劫掠妇女,然后是吕底亚的历史。

有人说,导言在形式上与序言一齐终结,也就是在"波斯的有识之士"提出罪恶之根源的时候(1.1.1)。但是,这种观点并没有分清序言与导言(参考上面的划分方式),且忽视了一个事实,即波斯人的故事是史家对史诗与流行意见的一个戏仿;谨慎的读者自当一笑而过。这个故事**并不是**《历史》所要处理的。[92]事实上,1.1-5中的劫掠妇女乃是一个假意的信号,它是要告诉读者如何**避免**阅读传述的故事。在希罗多德看来,史诗对事件进程的解释语焉不详,赫卡泰乌斯喜欢主观臆断,虚构性的想入非非的编年史根本无法有精确度可言,这些希罗多德都嗤之以鼻。[93]希罗多德嘲笑希腊人对线性结构以及单一确定原因(通常归在一个人身上,但事件本身错综复杂,需要多重解释)的偏好。

劫掠妇女的传说似乎不是序言的一部分,而是导言的一部分。所有的历史都是修正主义,即使是第一位历史学家的第一个故事!他极为机智但坚定地否定传统,否定希腊人与异邦的历史散文家(λογοποιοί)编出的迷人"历史"故

---

[92] Jacoby(1913)335将其称为"第一个题外话";勒格朗德(Legrande)将其认定为序言的一部分。Macan(1927)407与Myres(1953)135-6讨论了希罗多德对个体的、浪漫的"女祸"理论以及东西方冲突的地区与种族理论的拒斥。

[93] Drews(1973)89讨论1.1.3,及下文第5章。

事，并以此提请读者，阅读要谨慎。[94]希罗多德将这些神话故事弃置一旁（1.5.3），甚至不予置评。紧接着，他回到了对接下来要记述的事情做出提纲挈领式的总结：历史上已知的对希腊人做出大规模不义行为的那个确切人物，后面紧跟对与之相关的大小城邦的历史叙事。序言在 1.5 后（从 τὸν δὲ οἶδα 开始）结束。希罗多德强调了财富的变动不居这个甚至后来的史家在序言中更为珍爱的主题（比如，波利比乌斯，1.4.1-5）。

作者、标题、主题与目的乃是序言的内容。紧接着就是其他人的解释与见解，以及作者的不同意见甚至是轻蔑，接下来是作者的对策及对对策的正名，这些都是后来的散文导言所遵守的。因此，吕底亚逻各斯以一种更好的方式重启了导言。

因为克洛伊索斯一露面（1.6）便被归到了史前史一边，所以只有在其再次露面的时候，希罗多德才以年代的次序推进他的历史："προβήσομαι ἐς τὸ πρόσω τοῦ λόγου（我会继续推进我的叙述）。"这样一来，26.1 在对"远古时代"做了一番迅速的回顾（prokataskeue）之后（26.1），《历史》所承诺的那种叙事又重新启动，当梭伦发表关于人类幸福的观点时（1.30-3），历史以一种可理解的方式展开了。梭伦的智慧似

---

[94] Jacoby（1913）334-5；Immerwahr（1966）17.修昔底德也将妇女作为故事的一个主题，或战争的"托词"，以便引出战争发生的真正原因：参考 1.126.1, 1.9.2, 127；2.101.5 等；参考 T. Wiedemann "Thucydides, women, and the limits of rationals analysis", *GR* 30（1983）163-70。

乎与希罗多德的世界观很切近（比如，1.5.4，13.2），但是克洛伊索斯这位梭伦的听众却所学无多，这在《历史》中已是老生常谈。这种人类的脆弱为对导言中的忠告与结构保持警惕的读者提供了另外一种模式。他告知我们游戏规则，且他自己的力量有限，读者要亲力亲为地与盘根错节的历史问题打交道。

克洛伊索斯在位期间的大事梗概由于历史的逻辑与意义变得丰满起来。这种对吕底亚"编年史"的丰富也使得吕底亚逻各斯的错位显得合理了（自1.130.3起，互参；或者1.141.1）。在梭伦来访与阿杜斯（Atys）死后（1.46），注意力才真正地转到了克洛伊索斯与波斯人和希腊人的关系上来。自此之后，事件成为政治历史的一部分，戏剧与范式（paradigmatic）历史的一部分。同样，修昔底德在序言之后添加了一段史前史以及前"五十年"与战争发生之前的一些事件，作为历史动力的范例与其新方法的一个例证。

因此，我以如下的方式将序言与导言区分开来，将长导言与主要叙事分隔开来：第一句话的结尾标志着序言的结束，导言的结尾在1.94。长导言本身作为绪论又可能被不等地分为四个部分：战争起源的滑稽传述（1.1-5）；具有戏剧性又具范例价值的史前史与吕底亚的崛起（6-45）；对吕底亚落入波斯统治的解释（46-92）；对异邦民族的第一个民族学调查（93-94）。导言第一部分的结论重申了对最初起因（πρῶτον ὑπάρξαντα）与伟大事功（μεγάλα）的关注，并且重新表述了写作方法，其中还首次出现了 μνήμ-（记忆）这个词根。这些从句/分句不仅仅回应了序言中的关注点，而且，从毫无连接词的1.6开始，它们引出了一个非常不同的第二个开端，即《历史》的真正历史背景，也就是吕底亚的历史。[95]希罗多德知道，并且会回忆和记下（ἐπιστάμενος...ἐπιμνήσομαι）所缺的东西。

导言接下来呈现的就是关键性的克洛伊索斯及其先辈的事，并且详细地讲述了希腊人第一次与吕底亚人和波斯人打交道的情况。导言包含一个微型的帝国衰亡史，并在1.95处结束。紧随其后的是居鲁士与波斯国的历史。这里，希罗多德到达了他所关注的事情的核心，以及希腊人与异邦人的战争中某个主要参战方的本性与崛起。《历史》的一半篇幅几乎都用于解释波斯帝国的扩张，最后的三分之一讲述了希腊人如何击败波斯人，其开端之语同样激烈：恶的开端（ἀρχὴ κακῶν，5.97.3）。

至此，我将自己的提议和盘托出，史前的劫掠与整个吕底亚故事乃是全书的导言或入门（1.1-5.3与1.6-94）。[96]

---

[95] Pohlenz（1937）8与Immerwahr（1956）247认为，序言结束于1.6。这种观点没有考虑到组成古代序言的有限的形式性要素。

[96] 吕底亚逻各斯在波斯史之前就已经单独出现了，它被剥离出了波斯征战的编年序列，正如Jacoby（1913）337注意到的那样。这种独特性进一步佐证了本段作为作者方法的集中表达，而不仅仅是波斯叙事的一部分。吕底亚逻各斯展现出了一种新的真理，与波斯有识之士（logioi）的胡言乱语形成鲜明对比，这段历史对希腊人与异邦人之间的伟大战争有着重大意义。

相较之下，米底帝国仅仅是波斯史前史的一部分，而第一卷余下的部分，包括半神半人的居鲁士的出生、即位、征战与死亡，为波斯人突然发迹提供了一个必要的记述。几乎没有人认为，整个第一卷应当以导言视之，[97]虽然修昔底德以现今88页或者一卷的篇幅，波利比乌斯以两卷的篇幅，来记载那些与直接主题并无直接关联的事件。希罗多德并未那么明确地对书的中心主题划定范围，因此，要确定导言的范围很难。确实，直到爱奥尼亚叛乱的所有部分都可以被认定为理解希波战争之起因的必要的引导性材料，但到目前为止，理智的评论家可能会认为，这种分析已经产生了它想要的结果。现代的关于导言的相关性、合理归属与主题划分的概念并不适用于希罗多德的成就，但是我们已经看到了作者心中那个支撑第一个逻各斯展开的蓝图。

结尾

> 你一定要关注每件事情的结尾，看看它最终是什么样的。
>
> 《历史》中的梭伦 1.32.9*

---

[97] Fornara（1971）17-19认为，第一卷是最后写就的，它相当于现代作者阐释自己的"历史哲学"。这种观点没有注意到希罗多德在1.95处开始波斯史（或许更早1.75，甚至是1.46）时的步调与目的的转换。

我们已经研究了希罗多德历史写作的开端，现在我们要转而讨论结尾，尤其是所有手抄本中保留下的最后一页。希罗多德很注重"稽古学"与"尾言"（teleology），也就是历史进程的开端与结尾，以及对其有效的呈现。梭伦对克洛伊索斯所说的话被认为是整部《历史》的指归，它如此对人类智慧做了总结：σκοπέειν δὲ χρὴ παντὸς χρήματος τὴν τελευτήν, κῇ ἀποβήσεται（"必须考察每个事件的结尾是如何产生的"，1.32.9*；参考 7.157.3*）。[98]

《历史》中的每一个结尾都代表着另一个事件的开端。从一个主题过渡到另一个主题需要一些回顾、总结或停顿，总的来说，它们都是由以下的短语引导的：μέν νῦν, μέν δὴ 或者是 οὕτω μέν；通常情况下会有一个动词的过去完成时形态，比如，Λυδοὶ μὲν δὴ ὑπὸ Πέρσῃσι ἐδεδούλωντο（1.94.7，吕底亚人就这样被波斯人征服了……）。[99] 紧随其后的短语引出的就是一个新的人物，这个短语将前后相续的两件事拉入某种有意义的关系之中。

有时候，希罗多德会因为所讲述的故事过于异想天开或者难以确证，又或是无甚趣味可言而不耐烦地终结一个话题。这种情况下他通常使用第三人称的命令式来表达对这些话题

---

[98] R. Lisle "Thucydides 1.22.4" *CJ* 72（1977）342-7 分析了 σκοπεῖν 在修昔底德那里的类似用法。这个词既有一种选择的意味，也有一种通观的含义。

[99] 仅第一卷，参考 68.6，130.3，174.1，191.6，214.5。另，例如，3.15.4，3.26.1，3.97.1，3.159.1，7.234.1，8.126.1 与 Rosaria Munson（1983），尤其是 25-120。

的厌恶：χαιρέτω[100]，ἐχέτω[101]，或者是最常见的εἰρήσθω[102]：ταῦτα μέν νυν επί τοσουτον εἰρήσθω（这件事就谈这么多吧）。12例中有6例跟神话有关，4例与自然史有关，只有一例是有关历史的（克洛伊索斯），另一例所述的是一个习俗，即玛哥斯僧可以杀害除了狗和人以外的任何动物。他很突兀地抛下这个话题，说道："这就是一个古代风习，就这样吧！"（1.140.3, de Sélincourt）这种表述比通常使用的εἴρηται（比如，7.153.1，"关于阿尔哥斯人的事情，就说到这里了"；但即使这个词也能表达作者情绪，比如2.120.5，"我这么听了，我也就这么说了"）更加情绪化。这些结尾的程式表达都在提醒读者，作者在场，他对听众所听所见有掌控的权力。它们出现的地方乃是作者认为故事应当结束或者故事已经足够丰满的时候。与之相反，修昔底德则将本来由其时历法（calendrical approach，比如，2.68.9-69.1，"这些就是夏天发生的事，接下来的冬天，雅典人……"）有机联系起来

---

[100] 2.177，荷马与《塞浦路斯纪》(*Cypria*)；4.96.2，撒尔莫克西司的神祇。有时候希罗多德也会不耐烦。

[101] 1.140.3，一个令人厌恶的波斯传统。希罗多德曾在"事情的中间"(in medias res)中途停下，因为他的题外话拉得太远了："有关罗德庇司（Rhodopis），我就说到这里。"（2.135.6）

[102] 共出现9次：1.92.4，克洛伊索斯的献祭；2.34.2，尼罗河；2.76.3，埃及动物学；3.113.1，阿拉伯香料；4.15.4，阿利司铁阿斯（Aristeas）；4.36.1，许珀耳玻瑞亚人（Hyperboreans）；4.45.5，欧罗巴；4.199.2，库列涅人（Cyrenaic）的丰收；6.55，柏修斯的后代。作者似乎认为他离题太远。

的事件予以切块处理。[103] 但这位年轻历史学家的这种机械性原则虽然在年代上很靠得住，却很难跟进，且缺少文学性。希罗多德的方法更为自然，即便这是另一种技巧，它也使得听者很容易跟上讲述者的节奏，也使读者能紧随主线且免受题外话的不断干扰。

希罗多德的结尾有时是一些机械性的标签（比如，4.82 与 2.135.6），但更多情况下，它标志着事件的重要性（1.214.5，7.107.2，8.13），尤其是在事件的最后阶段（比如，1.45.3 与 1.119.7），或者最常见的，它是对之前行动的总结（比如，1.14.1，τὴν μὲν δὴ τυραννίδα οὕτω ἔσχον οἱ Μερμνάδαι，"这样，美尔姆纳达伊家取得了僭主的地位"；参考 3.75.3）。即使是最为简省的结尾方式，如"就是这样"（4.82，τοῦτο μέν νυν τοιοῦτο），它也是指向前方的，这种结尾后面一般会有一个分词或者一个依附性的分句，如在这个例子中，分句就是"下面我接着讲述我开头说的那个故事"（ἀναβήσομαι δὲ ἐς τὸν κατ' ἀρχὰς ἤια λέξων λόγον）。基于此，很多批评家认为希罗多德并没有完成这部作品，因为这种被用来介绍下一年事件的编年体式的程式——"在那一年就没有发生别的事情"——出现在了书的最末，而这个结尾对于所记述的事件来说并不算一个优秀的结尾。[104]

---

[103] 这位雅典人也将自己的存在降格为第三人称**程式**，似乎作者另有其人（例如，2.70.4，"这些事情发生在冬天，战争的第二年结束了，修昔底德将其记录了下来"）。

[104] Pohlenz（1937）164-7 讨论了 6.42-3，9.41 等，紧随 Jacoby（1913）372-9 之后；Immerwahr（1966）145 与注释 188 讨论了这个问题。

修昔底德的《历史》尾卷遗失，因此，关于系列事件的结尾技艺，我们能找到的最佳比较对象就是修昔底德对个体的评判，[105]以及安不拉西阿（Ambracia）和米卡列苏斯（Mycalessus）的人民及雅典人在西西里的**悲惨遭遇**（3.113.6，7.30.3，7.87.4-6）。[106]这些篇章强调，史家要获得精准的数据几乎不可能，并且着墨描述城邦在受难后立刻引发的恐慌与低迷士气。这些篇章大部分集中于惨重的人员及壮丁伤亡。请允许我引用原文对西西里灾难的总结："所有的敌军（雅典人及其同盟）都被俘虏，数字很难准确，但不会少于七千人。这是这场战争中最大的一次行动（ἔργον...μέγιστον），至少在我看来，也是我们所知的传述中希腊人最大的一次行动（ὧν ἀκοῇ Ἑλληνικῶν ἴσμεν），对于胜利者来说，这是最大的荣光（λαμπρότατον），对于失败者来说，这是最大的灾难。雅典人被彻底打败，全军覆灭，他们遭受了巨大的痛苦；陆军与海军均被击溃，没有什么东西或者人幸免于难，几乎没有人得以重返故乡。"

---

[105] 关于所谓的诸如铁米司托克列斯、伯利克里、布拉西达斯（Brasidas）与尼基阿斯（Nicias）等个体的"墓志铭"，"对能力与性格的直白评判"，参考 H. D. Westlake *Individuals in Thucydides*（剑桥，1968）5-19，尤其是 16-17，在那里他对希罗多德与修昔底德的写作实践进行了比较，及 D. Lateiner "Nicias' inadequate encouragement"，*CP* 80（1985），尤其是 208-13。

[106] 还有许多其他的对人或国进行回顾式的评判与总结：例如，梅洛斯（Melos）陷落之后，德洛斯人（Delians）迁移之后（5.116.3-4；8.108.4）；另参考 D. Lateiner "Pathos in Thucydides"，*Antichthon* 11（1977）42-51。

这样一种高度凝练的总结既满足了一些古人的文学期望，也满足了许多现代人的文学期望。希罗多德《历史》中的结尾多是另外一种形态（不如称其为"古风"），比如，在叙述完温泉关战役的最后一天之后，作者静默地怀念了战士的**英勇**（aristeia）及为了纪念阵亡将士而镌刻的铭文（7.226-8）。还有另一处不那么为人所知的例子，即埃吉纳人（Aeginetan）兰彭（Lampon）对帕乌撒尼亚斯在普拉提亚一战中的战功的夸赞，它的功能乃是作为战争的后记："克列欧姆布洛托斯（Cleombrotus）的儿子啊，你成就了一件极为伟大与光荣的事业（ἔργον... ὑπερφυὲς μέγαθός τε καὶ κάλλος），你挽救了希腊，因为你的勇猛（κλέος μέγιστον），神赐予你比我们所知道（τῶν ἡμεῖς ἴδμεν）的声名都要大的声名。"（9.78-9）伟大的事业，伟大的人值得拥有声名，限制性从句（"知识的限度"）对这个声名加以限制，却很奇怪地扩大了这种声名——两处结尾都有这个特点。战争的参与者对其战功进行评估，并且也呼应了作者对帕乌撒尼亚斯的看重（9.64），这一意见忽略了之后对他叛国罪的指控。[107] 这个技法也鼓励读者自行对其所读到的东西进行意义评估。

这个意义既包含浩大的事功，也包含高尚的道德。在赞美完胜利者之后，兰彭继而建议，以砍下玛多纽斯首级的

---

[107] 帕乌撒尼亚斯性格中其他讨喜的方面：9.80.1，88，76；参考8.3.2。参考 Ch. Fornara "Some aspects of the career of Pausanias of Sparta"，*Historia* 15（1966）257-71。另一个安静的结尾：温泉关战役后薛西斯与戴玛拉托斯的一席温和的对话（7.234-5）。

第1章 一种新文体，一种新修辞

方式报列奥尼达斯（Leonidas）斩首之仇（tisis）。但是这个想法被帕乌撒尼亚斯与希罗多德认为是亵渎神灵的，是"异邦"人才做得出来的，因为胜利本身就是报复。这样残忍的行为不会为希腊人增光。这个对话包含了赞美与更值得赞美的对赞美的回应，希罗多德以此又一次强调希腊的一种优越性（当然，这并不常见），即其对界限的敬重，对战败者的宽容。

希罗多德比修昔底德更勤于对事件进行比较与评判，并提出明确的见解，他又为什么不以再次重申（比如，7.20.2-21，στόλων γὰρ τῶν ἡμεῖς ἴδμεν πολλῷ δὴ μέγιστος οὗτος ἐγένετο［在我们所知道的远征军当中，这支远征军是最大的一支］）战争的宏大来结束全篇呢？如果我们能够恰当地找到他的主题，并且对其毫不声张悄然结尾的朴实无华的风格有所了解的话，或许就能够找到答案。全篇的主题从头到尾都不仅仅是波斯战争本身，还有人类的成就，希腊人与异邦人的伟大事功，尤其是他们互相对立的原因。如果他最后将注意力集中在战事上的话，前面冗长的对参战方的文化与社会的描述将会一无是处，毫无光彩。

种种迹象表明，《历史》已经完成了作者本初设想的目的，虽然这个假设无法被证明。玛西斯特斯的妻子的故事中有着浸染着欲望的后宫诡计以及残暴的身体蹂躏与死亡，它们与巨吉斯（Gyges）的故事前后呼应，彼此平衡。这两个暴君戏剧性的故事挑战的都是"亲友"的忠诚，两个故事都包含了作者亲证的人物的厄运，都充满着血腥，都有一种可笑但悲剧性的自由选择与被迫就范的无奈。[108]

这两个关于宫廷生活的阴森叙事与希腊人在免于暴君统治之时的温和习性形成了鲜明的对比（但是，雅典人也有残暴之时，参考5.87；9.5，120.4），在这两个叙事的外围乃是欧罗巴与亚细亚之间的接触与不义，以及阿尔塔乌克铁斯（Artaÿctes）对希腊圣域的报复性蹂躏（9.116.1）。这个暴君的仆从被逮捕之后被希腊人送上钉板。而他在《历史》中被处死的地方就是那个传说中第一个死在亚细亚人手上的欧罗巴人普洛铁西拉欧斯（Protesilaus）受难之地。在这个地点，这场民族与民族之间，甚至是大陆与大陆之间的纷争就开始了，这里也是薛西斯后来建造他那渎神的桥梁的地方。阿尔塔乌克铁斯为波斯社会结构所提倡的滥用权力做了最后的典范式的补充。[109]一轮逾越结束了，另一轮雅典从陆上、海上进入亚细亚的逾越开始了。从公元前479年起，雅典人宣布，小亚细亚沿岸的居民由他们来管理、掌控与保卫（9.106.3）。对于一个自公元前440年起开始写作的希腊东部的人来说，这个时刻标志着旧时代

---

[108] 参考 Wolff（1964）55-6 = Marg 673-5；Erbse（1956）220。Wolff（58 = Marg）将玛西斯特斯的故事作为全书表达中心主旨的"基石"（Schlussstein）；Waters（1971）82-5 的辩驳稍显无力，他认为这个故事太过含混，没什么教育价值，而且出现得太晚，因此不配"基石"的名号。在他从书中隐去之前，玛西斯特斯的地位再次得到了确认，将其从刀下救出的哈利卡那索斯人克谢那戈拉斯（Xenagoras）得到了丰厚的回报。

[109] Bischoff（1932）82-3 = Marg 686.

的结束,新时代的开始。

维拉莫维兹(Wilamowitz)认为《历史》一书"一定"继续写到了提洛同盟(Delian League)的建立。这个想法成了学术界的怪事之一,因为,虽然"在抽象中一切皆有可能"(Meyer),但是希罗多德的风格与其他叙事中的种种迹象都表明此书已经完结。[110] 阿尔塔乌克铁斯/普洛铁西拉欧斯的故事简短且与战争无太大关联,这引起了修辞学家的不满,因为他们认为,一部历史的结尾应当有一个提供确切文学高潮的重大事件,应当对之前的写作有一番完整的总结,而《历史》中却不见这些基本组成,这使得现代的结尾观念颇为苦恼。但是,古代批评家却没有人提出此类见解。事实上,正如我上面主张的那样,历史进程中的最后这个场景确实为两块大陆之间的战争画上了一个时代标记。下面我们来讨论最后一章,尾声。

虽然希罗多德选择将历史记述停留在公元前479/478年,修昔底德从这个时间点接续写作,但公元前5世纪的爱奥尼亚人深知,米卡列(Mycale)之战标志着一系列针对波斯帝国战事的开始:"就这样,爱奥尼亚再次背叛了波斯。"(9.104)这些战事并不见于希罗多德的《历史》。公元前479年与其说是一个界限,不如说是一个停顿,虽然胜

---

[110] U. Von. Wilamowitz-Moellendorf《亚里士多德与雅典I》(柏林,1893)26;Meyer II(1899)217 = Marg 679-80,注释2;参考 Meyer IV/1(1939)227,注释1;Jacoby(1913)376。Schmid-Stählin 1/2(1934)595-7 提供了更早的一些书目。

利的势头的确改变了两块大陆纷争的性质。阿尔铁米西亚（Artemisia）一脸苦笑地对薛西斯说："在你和你全家安全无事的时候，希腊人就必须常常为保全他们自己的性命进行战斗。"（8.102.3*）斯巴达人优利比亚戴斯（Eurybiades）与希罗多德（8.108.4；8.3.2）都颇具前瞻性地提到，为了亚细亚的财富要继续与波斯人作战。希罗多德早先提到了波斯人在欧罗巴设置太守职位，种种迹象表明他并无打算继续关注这些职位的存续与灭亡（7.106-7）。那位将大流士至阿尔塔谢尔谢斯（Artaxerxes）三代联系起来（公元前522—前424年）的思想家回避了虚假分期及历史边界的问题，虽然其记载需要一些指示。[111]

并没有什么明确的证据能证明希罗多德打算将叙事进行到拜占庭的陷落、帕乌撒尼亚斯的奇异举动与提洛同盟的建立。如果一个人赞同普兰兹（Pohlenz）的看法，即"行为在形式与内容上并不存在什么真正的结尾，正如我们有理由从希罗多德的全部文学技巧中期待看到的一样"，他必须回答伊玛瓦尔（Immmerwahr）的问题：除此之外希罗多德还能怎么展示自己的理念（即战争与敌对的国际关系的连续性）？[112]我们可以假想另外一种叙事结尾的方法，但是希

---

[111] Pohlenz（1937）175-6. Fornara（1971）82（注释10）在史家的时代划分上持相似意见。

[112] Pohlenz（1937）177；Immerwahr（1966）145（注释188），8-9，52. 其他赞同这个结论的人：Bischoff（1932）78 = Marg 681；Myres（1953）299-300；Fornara（1971）37（注释1）81. 并不是所有的学者都恰当地将叙述的历史事件的结尾（9.121）与尾言区分开来。

罗多德的解决方法有其历史与文学逻辑。他选择在伦理高潮与带有艺术性与象征性但"并非不科学"的事件之后结束自己的叙事序列。例如，格罗特（Grote）、梅耶、《剑桥古代史》与波恩（Burn）等都是这个路数。《波斯与希腊人》一书中后 40 年的亚细亚-希腊关系仅占 11 页，篇幅短小的原因并不在于希罗多德与修昔底德对此并无详述，而在于冲突本质的重大变化。

历史上最伟大的战争以希腊人携带战利品回转希腊收尾（9.121），但是**展示**的结束乃是在一章之后，即居鲁士向波斯人建言：贫瘠之地使人成为王者，富庶之地使人成为奴隶。居鲁士并不是《历史》中的第一位统治者，但是在希罗多德看来，正是由于其对小亚细亚的征服，旧希腊与亚细亚的大部分地区的决定性冲突才不可避免。因此，尾记中的波斯人面临的选择——自由与艰辛，抑或奴役与奢侈——返回到了自由的主题与"对希腊人的不义行为（1.5.3）的开端者"（一系列相互关联的持续战事的遥远本源）这个故事。

《历史》中的最后一段乃是尾记，它讲述了居鲁士对波斯前景的悲观想象，对波斯人是否应当离开自己贫瘠的故乡犹豫不决。这个段落极富表现力地回应了许多之前的选择、决定、事件，并且全书以此告终。阿尔塔乌克铁斯的惩罚正好出现在居鲁士最后一次亮相之前。因为在这个对话中，阿尔塔乌克铁斯的祖父阿尔铁姆巴列司（Artembares）是居鲁士的对谈者，[113]我们可以大胆相信，这两个故事本身就要合在一起讲述。这两个故事都与放纵和帝国主义这两个互不相容的东西相关。最后一段话本身是一种对历史的预测，但是其作为文学定位（literary placement）是为了让作者与读者对过去进行一番回顾。就像开篇回溯历史但却面向波斯战争一样，结尾止于公元前479年，却稍稍回溯了一下历史，为的是向我们暗示波斯如何一步一步陷入如今的窘境。它利用读者阅读到的成千上万的特殊事件所创造的意义之渊，简明扼要地总结了前面发生的事件。

此外，居鲁士推崇智者派们鼓吹的环境决定论，这在《历史》中已经不是第一次出现了。就像埃斯库罗斯《波斯人》中的大流士的鬼魂，失去王位的克洛伊索斯与普撒美尼托斯一样，居鲁士现在在《历史》最后的回顾中可以自由地抒发智慧了。他警告波斯人要避开那些温柔富贵之乡，因为住在那里（不是统治那些土地）会有损波斯人尚武的生活与民族性格。然而，波斯人却置若罔闻，他们的确迁移到了富庶之地尽享荣华富贵，结果就是波斯士气的败坏（参考，1.133.3-4，135；3.20.1-22，刚比西斯给埃塞俄比亚人的礼物及其反应）。桑达尼斯（Sandanis）小心翼翼地向克洛伊索斯讲述波斯人在居鲁士统治下简朴、贫穷但充满男子气概的生活（1.71.2*；参考71.4，89.2*）。戴玛拉托斯与特里坦塔伊克美斯

---

[113] 9.122.1：τούτου δὲ Ἀρταΰκτεω τοῦ ἀνακρεμασθέντος προπάτωρ Ἀρτεμβάρης ἐστὶ...（这个被钉在十字架上的阿尔塔乌克铁斯是阿尔铁姆巴列司的孙子……）

（Tritantaechmes）盛赞希腊人因为自然原因以及对物质财富和奢侈生活毫不关心的德性而导致的贫苦（7.102.1*；8.26.3*）。克洛伊索斯向居鲁士建议，通过把吕底亚男子都变成女人来斩断吕底亚人对波斯的威胁：鼓励人们穿着女性化的衣着，用音乐教育人民，经营小买卖，享受城邦生活（1.155.4*）。他关于如何使人软弱（成为奴隶）的建议乃是对居鲁士关于如何使人坚强（自由）的建议的一个补充。

希罗多德相信，波斯人失去了过往爱好自由的品质与男子汉气概，堕入奢华而轻浮的迷醉之中（7.135，210.2；8.68α1*，88.3；9.82.3*；参考7.102*对"贫困"[πενίη]的认可），尤其是薛西斯一朝（参考9.82，108-13）。《历史》就这样以居鲁士的预言结束了，因为波斯人向东方的扩张及其狂妄自大的失败——而不是希腊势力的增长——才是希罗多德的主要关注点与目标。[114] 希罗多德暗示，希腊人乃是永久平衡的施动者，他们坚定而理智地为自由而战。没有土地或人能够独霸生活的所有有利条件（9.122.3*，1.32.6*）。一个人或者民族获得的权力与财富越多，那么他们所种下的腐坏与灭亡的种子也就越多。在居鲁士的统治下，波斯人过着贫苦的生活，并因此获得了统治力。[115] 他们所做之事无

---

[114] Sinko（1959/60）18-20；Bischoff（1932）78-82 = Marg 681-6.
[115] 传说有时自相矛盾：波斯人在觊觎者居鲁士的统治下选择财富与安逸（1.126），而非聪慧的作为王者的居鲁士崇尚的那种简朴生活（9.122.3-4）。参考下文第7章末。吉本没有对此段的由来做什么评判，只是在他的那本《历史》1.110处批注道："有时候，抹杀时空容易，而且显得奇妙，我们在其中还能感觉到某种传奇色彩。"

一不成，以至于他们的欲望在没有限制的情况下定会带来灭顶之灾。

薛西斯帝国衰落之后，希腊势力上升：**车轮**（κύκλος，1.207.2）就这样转动起来。但是，即使对薛西斯来说，生活也还在继续；那个关于其兄弟玛西斯特斯的妻子与女儿的可悲故事指向的乃是暴君的厄运与死亡，但作者却存而不论。同样，对普拉提亚一战之后帕乌撒尼亚斯的未来与攻占赛司托斯（Sestos）之后伯利克里的父亲的计划，作者也未置一词。规避雅典帝国主义引起的主要事件的讨论并不是由赞成国家将其意志加诸他人的偏见导致的[116]（这与希罗多德《历史》的主旨是相违背的），而是出于其任由读者自行解读历史教训的意愿。静默之处发出轰响。波斯的侵犯已经结束，但是"异邦人与希腊人的伟大事功"及其悲剧性错误继续着，但也仅仅是车轴上的车轮无可察觉的一次震动罢了。

因此，我认为，以居鲁士结尾的尾记乃是得其所、得其志的。[117]这个戏剧性的逸事为我们提供了一个休止点。如果这个故事并非用来结束全书，那么我们很难解释为什么

---

[116] 参考 R. Meiggs *The Athenian Empire*（牛津，1972）4-5, 375-6：希罗多德对雅典政制进行了一番冷嘲热讽；他批评了爱奥尼亚远征；他认为，公元前479年攫获的霸权乃是名不正言不顺的（5.97.2-3；8.3.2）。参考 Fornara（1971）44-53, 79-80。

[117] 并没有文本证据可资表明，《历史》末尾处遭到了损毁，或者此段非比寻常。再者，长篇尾言在史诗与古风时代的希腊文学中是十分罕见的：参考 Immerwahr（1966）9, 43, 52-3（注释27），145（注释189）。

它在这里出现。它简短明了地对人类的事功做了一番回顾，与希罗多德开篇的陈词遥相呼应，并且以一种庄严的方式再次重申了全书的中心主题：自由的价值，谦逊的故土与关注自己的事；人类在面临诱惑时的盲目引起的可怕教训，犯错以及为之受难的不可避免性，还有无处不在的帝国野心。波斯人新近炮制的关于帝国主义的宏大教训极为讽刺地以其帝国创立者的成功口诀告终。波斯人对他的警告置若罔闻，希罗多德暗示，这不会是人类历史上的最后一次。

导言向我们许诺，全书将会为希腊-波斯战争的缘起做出一个解释。除去两次入侵本身，《历史》中的所有叙事都是这个问题的答案，但其答案却不是一个单一的原因，或者是一组原因。全书最后那个"传说式"的故事才是原因所在，它不是一个逻辑的论证，也不是一个提纲挈领式的分析，而是一个与主题相关的故事性的总结。财富与暴政会增殖物品与人臣——简而言之，权力——但它最终会腐败与摧毁那些享用这些东西的个体与集体。薛西斯对希腊人的兽性进犯乃是对无辜民众的不义。进犯本身抓住了希腊人的想象力，但是更为关键的进犯的原因（αιτιη）虽然对希腊人来说不那么光彩，但它不仅持续地在希腊人**身上**起作用，而且，在薛西斯被冠以自卫的名号之后，在希腊人**内部**也起作用了。因此，αιτιη超越了希腊人的自鸣得意，它邀请所有人群参与讨论。本书第三部分关于界限、两极与叙事结构的讨论会使这个判断更加具体。

结语

ἱστορίης ἀπόδεξις（对研究结果的展示）在本书中意味着作者自己对过去事件、对所见的人，以及他们的事迹和在他时他地的信仰与习俗的创造性整塑。与君王们树立起来的行为与纪念建筑相较起来（比如，1.207；2.101-2；2.148.2），希罗多德书写历史为个人的尊严正名，并且为人们提供了一种逃离政治认可与人的转瞬即逝的存在的路径。习俗（nomos）乃是万物的君主（3.38.4；参考7.152.2）——明白这个真理的人已经半身脱离了其所在社会的枷锁。这些有特权的少数人中就包括希罗多德，还有那些愿意通过《历史》而从狭隘观念的暴政中被解放出来的人。[118] 习俗的偶然性与多样性并不会对其自身的可靠性予以否定，希罗多德比智者们理解得更深，因为每个社群都有适合自己的习俗。希罗多德并不排斥分歧。事实上，希罗多德相信，维护这种多样性，保有人类的这种差异及其产生的摩擦，能够促进自由人与制度的发展。民族自治与法治（而非人治）乃是他所敬仰的人类政治领域的奠基石。分裂，内战，甚至是军事上的反抗都促成了欧罗巴自由的繁荣（参看第八章）。养护通过地方自治而获得的地方

---

[118] 参考 Cook（1976），尤其是 45；Redfield（1985）117-18。希罗多德从未直白地表达过，他已经超越了自己的价值判断与社会（哈利卡尔那索斯、多利亚、爱奥尼亚与希腊）。希腊优越性及证明其的迫切欲望或许是作者着手写作这部历史的最强动机所在。然而，他不断地转换比较的视角，这证明他是没有民族中心主义偏见的。

认同感会福泽全人类。

另外,希罗多德还认为,个人声名(κλέος)也值得记载(序言,7.220.2,4;9.78.2*)。希罗多德"对研究结果的展示"(ἱστορίης ἀπόδεξις),如同"对事功的展示"(ἀπόδεξις ἔργων)一样,创造了一个超越时间与存在的纪念丰碑,这个丰碑将其与那些凡人及无名无姓、无甚功绩的法老(2.101.1)区分开来。希罗多德的声名更为高远,因为如果没有他的记载,那些王侯将相的名字也将湮没无闻。希罗多德记述新近的历史事件,就像史诗记载古远年代的事件一样:纪念杰出的人类功绩。[119]

希罗多德记载的是希腊人从未遭受过的灾难,这场灾难威胁到了他们的政治独立与社会机能。他对那些受到威胁的东西极为珍视,因此也对其再三强调。其中包括精神自由,表达自由,关于人类制度的相对主义视角,对人类精神与身体的界限的求知欲,对处在物质引诱与武力威胁下的人类尊严、法律及自由的敬重。这次创伤性的进犯激起了人们留下对战斗方及其世界的记录并以之为念的欲望。希罗多德因此创制了一种非虚构式的、有结构的分析性文体形式,历史——一种有价值的,保存转瞬即逝的记载的文学手段。就像他笔下那个不出众但是有着鲜明特点的人物一样,希罗多

---

[119] Erbse(1956)211;Drews(1973)19,137。普律尼科司的《米利都的陷落》引来了愤怒、审查与罚款。他的《腓尼基妇女》与埃斯库罗斯的《波斯人》虽然非常成功,但鲜有模仿者。这种政治宣传的形式昂贵而且危险,很快就被弃之不顾了。

德拯救了这个珍贵的主题,并且向我们展示这个主题的超凡脱俗与精妙无比之处(1.112.1, ἐκκαλύψας ἀπεδείκνυε...μέγα τε καὶ εὐειδὲς)。

Part Two The Presentation of His Research: The Historian's Power

第二部分

史家的力量:研究成果的展示

导　言

　　历史真理对于历史学家来说总是一种飘忽不定的抽象，除非它是所有学科公认的一个知性标准。历史-批判的方法（更不要说时下的哲学与文学运动，如现象学、阐释学与结构主义）已经意识到，不同时代需要或者认可，对过去的不同记述和阐释。希罗多德创造了历史意识，这使得他当之无愧地被冠以"天才"的名号，但是希腊历史写作与西方思想史的研究者则有理由对他的方法进行详细解说，对其成熟的知识论做出阐释，而许多人则认为，此书所有的无非是草草记下一些故事的幼稚与毫无区判的方法。

　　第一部分考察了一种新的文学体裁的诞生，这种体裁所依靠的材料毫无疑问是史前的口头传统与更近的荷马史诗，但其在忠实记载新近事件上却是十分严肃认真的。作者对自己研究过去事件的有意识方法有着明确的表述，加上无意识的习惯，这些都是我们研究其历史方法的宝贵财富。

　　这一部分考察的是历史学家如何处理真实性、可靠性与准确性的问题。同样，我们将从有意的省略、故事讲述者之间的分歧以及作者本人对书面材料的质疑开始，我们将所有直言不讳的表述列成清单,并且讨论背后的指导性原则。这个部分的论点为,希罗多德在前人传统的基础上发展出了一套新的在"合理"的真理观念指导下整合对真实事件进行不同叙述的方法,因为从根本上来说,他试图保全的事件乃过往之事,这是不争的事实。这个重构历史的新方法——对新近事件自律地搜集、甄选与呈现,以及自觉地对记忆进行明辨,结果就是人类新近过往的世俗性意义的诞生。

这些章节将会展示其方法的特点,[1]以及研究的进程,从而反驳那些认为他的作品乃是口头传述的大杂烩或者是对古风时代的宗教滥俗程式原封不动加以照搬的论点。希罗多德很少声称自己找到了唯一真实的记载;相反,他总是邀请读者参与到寻求真相的过程中。过去对于沉迷于自身的当下来说是一个有力的抗衡。这种开放式的方法没那么随意,没有修昔底德那么理性,但并不因此低人一等。与普遍法则相较起来,他更爱好独一性(singularity),在整合意见与可讨论的事情的时候,他总是从具体的特殊事件出发。这种复调叙事的大度表明了他对人类知识不可更改的主体性的宽容与

---

[1] 显而易见,希罗多德并不是一位专攻知识论者,他对形而上学理论也不感兴趣。他提及的为数不多的早期哲人有泰勒斯与毕达哥拉斯,而他们也是为历史而现身,并非哲学。阿那克西曼德、阿那克萨戈拉(Anaxagoras)与其他人的某些观念被提及,但姓名被隐去。然而,W. Nestle *Vom Mythos zum Logos*(斯图加特,1942^2)505-13 及其他学者试图追溯某些哲人与智者(普罗泰戈拉与希庇阿斯尤甚)的影响轨迹,他们发现,公元前5世纪的思想兴趣包罗万象,彼此互相借鉴,毫无门户可言。关于阿那克西曼德的影响,参考 Diels *Vors* 12 B 1 与 3.109.2: τίσιν ἀποτίνειν,及参考 6.72.1, 84.3;8.76.2。

认可,以及他在经验与知识领域的框架下对相对主义的认同。虽然这个新的文学主题的内在法则和他对人类经验的新的阐释通常含混不明,甚至有时难以捉摸,但是将当下对过去事件的描述进行分析与整合乃是作者一以贯之的初衷,而并不是可有可无的题外话。就像他所说的,当某个具体问题的信息不明确时,他想要了解那些现有的证据能告诉我们的东西(θέλων δὲ τούτων πέρι σαφές τι εἰδέναι ἐξ ὧν οἷόν τε [ἐστιν], 2.44.1)。

没有人能够清晰地说明希罗多德的假设与原因,因为他从未对自己的方法做出一番综合且系统性的描述;再者,散见于四处的只言片语不仅很容易遭到误读,而且也会被认为与全篇主旨甚至是它们出现的那个片段的主旨不合。希罗多德心甘情愿被称作弄虚作假、平庸无能的史家吗?修昔底德及之后的史家仅仅阐述了在《历史》中或明或暗的历史批评原则,这个意见在历史写作者那里极为罕见。[2]

为了替自己申辩,他三次表明把自己听来的东西记下来,但并不是照单全收,以扫除那些他人所谓轻信人言的指控(2.123.1;4.195.2;7.152.3)。那些出现在大篇幅杂多文本中的明确程式化的预警(caveats)时常受到忽略,有时候甚至被人们用以说明,希罗多德将自己所听到的全都写进《历史》,因而他只是三百多位讲述者的速记员而已。这里,我

---

[2] 例如,Verdin(1977)75;Hunter(1982)18, 93,及第六章,虽然其意涵与此处的有所区别。

们将以讨论其显而易见的遗漏（第2章）来反驳后一种观点，进而为其添加别的故事版本正名（第3章）。本部分的最后一个章节（第4章）讨论文学论争的希腊遗产及处理他人关于过去事件与当下习俗的意见的新方法。

对希罗多德的材料的研究是无法穷尽的；例如，对他游历及使用铭文的情况的分析性考察至今未见于学界。再者，我并未对其所记录材料所属的民族、"数据"，对数字的使用，抑或是逻各斯这个词本身（这些东西往往表明了作者的夫子自述或方法论问题）制作图表和做出分析。正如注释中提到的那样，这些研究很有价值，也有了颇多的研究成果，但它们并不是我们目前关注的重点，我们当下的研究重点在于说明作者发现和揭示关于过去事件的最好的现有版本，以及将其展示的原创性与完整性记录在案的意图。

他确定历史真理，并且将可知事件与那些仅仅是可能发生过的事件、天方夜谭及可证的错误描述区隔开来的方法，和他将客观陈述与那些虚假的、振振有词的陈述区隔开来的技巧，都是无前例可依的，也就是他之前的历史写作者的理论对他来说并无教益可言。但是他的标准又绝非横空出世、不合规则，也不是他那个时代的人共有的，因此，我们无法将他的方法称为未成型的、不合规的，抑或是时代共有的。在我们预料之外的是，东方与希腊的考古学进展已经坐实了那些《历史》中记载的有名有姓的人物，地理与制度，虽然时间空间越远，他记载的可靠性与准确性就越差。他穷尽一生考察、确证、质疑自己所见的风土人情，并且事必给出一种关乎人类的解释，这乃是杂而不纯的历史论究一大精妙进展。

但是，当时空遥远，往事历载湮没不彰之时，史家也时而感到力不从心。[3]希罗多德在可行之时多采用一种自觉的批判与独立判断的方法（γνώμη καὶ ἱστορίη, 2.99.1），但是通常情况下，他也别无选择，只能将听到的传闻记下来，同时阙疑之，哪怕有些一眼看去就是不经之谈（比如，2.1123.1；3.9, 116.2；4.16.1-2, 25；6.137；7.15, 152）。薛西斯的进犯对于作者来说已经是近乎半个世纪之前发生的事情了，因此，他必须要更倚重口头与书写传统，而非自己的亲身体验。即使是这样，希罗多德也自创出许多甄别有价值的信息与街传巷谈的方法。对于那些无法亲见的事件，作者通过以下方式表示自己的怀疑、谨慎与拒绝的态度：显而易见的遗漏，多重版本，以第一人称代词和动词以及表示怀疑的小品词和副词表现出的异议，以及（我们在第一章看到的）诸如直接引述与警告之词（gnome、doxa等）等与传述保持距离的技巧。

希罗多德与修昔底德对哲人与寓言家理性思考的反动合情合理，但这种反动对确定历史真实的事后分析的重要性估

---

[3] H. Barth "Einwirkung der vorsokratischen Philosophie auf die Herausbildung der historiographischen Methoden Herodots", *Neue Beiträge zur Geschichte der alten Welt*（柏林，1964）173-6，注意分词结构在可信传述上的使用（例如，1.214.1；5.9.1）以及不定式在不可信传述上的使用（例如，1.170.1；6.117.3）；参考注释17与库泊的文章。

计过高。这种研究历史的方法本身就有缺陷。[4]之后的那位史家试图在人类行为与政治事件中寻求恒久性的东西,他抛弃了不可完全了解的早期历史,而且出于各种原因,记载与分析这些不可知的历史并不是他目标所在。希罗多德的初衷则不同。他试图挽救那些人们亲见的历史,使其免受情感的感染,不被普世化与粉饰成史诗。希腊人总是试图将事件上升到超越历史的领域,在那里,历史不再是参与者口中那种杂多的、现实的、混乱的东西,而是变得超拔而完美。在希罗多德的记述中,伟大的成就出自卑劣的初衷,一个事件会有两面,不同的参与者会有不同的视角。为了将过去时代的成就记载下来,他创制出了一种方法,这种方法对那些可以验证的东西明辨之,将那些不可验证的东西记载下来并附上自己的提醒。希罗多德与事件及传述者既亲近,又疏远。

这种方法时而经验主义,时而忠实记载所听所见,它创造了第一个基于历史信息对不同时空的人类境况的系统描述。《历史》也是以希腊文写作的篇幅最大,并或许是难度最大、原创度最高的作品,它也是一个知识性的奇葩,后代读者对它既有欣赏也有误读。我们目前讨论其中的一些本质性的创新点就足够了,稍后(第10章),我们会比对研究他与后代史家的异同。

---

[4] Schepens(1975)81-93. "亲眼所见":2.29.1, 34.1;3.115.2;4.116.1;参考 8.79.4*, 80.1*;修昔底德 1.22.1-2;5.26.5;波利比乌斯 3.4.13;12.25h4;20.12.8. 荷马笔下的奥德修斯也更偏好亲见,而非道听途说:《奥德赛》,8.491。

第2章

选择:显而易见的删减

前一章简要地说明了希罗多德的研究与历史书写的本质。每一位史家都为自己的研究领域设定一个界限,希罗多德也出于方便为自己的主题设定了一个范围。已经有研究讨论过在希罗多德眼中什么东西值得被收入书中,[1]但是还没有学者研究过在希罗多德眼中什么东西不值得收入书中,他会在什么时候以及为什么保持沉默,抑或为什么他会有意识地抹除对某些事件的记忆。共有两大类:一方面,史家的展示(apodexis)受到证据与蒙昧的限制;另一方面,有时候,他会不愿收入宗教性的事件,并且,因为事件不具备历史意义或者他厌恶重复,抑或是拒绝为恶劣之人作史,他会对某些东西予以不录。作者的有意沉默对我们理解作者认为什么东西有必要或者适于讨论颇有裨益。

因为希罗多德的写作原则模糊不明,我们很难确定希罗多德的写作范围。与修昔底德(1.22)和波利比乌斯(12.25e)不同,除却那个不断出现的表态(他将自己听

---

[1] Jacoby(1913)379-92; Pohlenz(1937)59-73; Myres(1953)73,民族志主题表览; Immerwahr(1966)17-46; Drews(1973)47-69, 77-84, 134-5; Cobet(1971)42-82.

到的东西记载下来，但不会照单全收，2.123.1；2.130.2；4.173；4.195.2；6.137.1；7.152.3），他极少将自己的方法和盘托出。[2] 然而，听众当然不必一字不漏地听取史家所闻之事；[3] 史家也不会心如所愿地了解自己意欲了解的所有事情。在2.19处，作者讲述自己为尼罗河的独特性质而询问祭司及其他埃及人。但祭司与其他埃及人皆不知其缘故，他的好奇心（prothymos）与细致的研究（historeon）最终一无所获，虽然在另外的地方，细致的研究给他带来了尽管不尽真实但却满意的结果（ἐπιμελὲς γὰρ δή μοι，2.150.2）。

研究希罗多德的选择性，普遍手段乃是研究其选择的主题与原因："伟大非凡的成就"（erga megala te kai thomasta）。巨吉斯*的混酒钵"值得记述"（1.14.1），以弗所与萨摩司的希腊神庙"值得记述"（2.148.2），吕底亚人阿律阿铁司（Alyattes）与波斯人居鲁士的某些行动与两座埃及神庙的特质"值得讲述"（1.16.2；1.177；2.99.4；2.137.5）。[4] 至于居鲁士，希罗多德告诉我们，他将会略去

---

[2] How与Wells（1912）I 35认为这一断言表达的是一种意识，即"他的真理标准是不充分的"。其目的就是要预先阻止那些有关可信性的指控。参考Verdin（1971）1-53。

[3] 参看Glover（1924）68与3（他知道"什么不值得书写"）；Myres（1953）178；Solmsen（1974）17注释48。参考狄俄尼修斯 *Epistula ad Pompeium* 3，U-R 771。

[4] 参考Barth（1968）93-110考察θῶμα与其他相关的语汇。Drexler（1972）28-57为我们提供了一个有用但不完整的清单。Ἄξιος λόγου：1.133.2，2.138.2，4.28.2，8.35.2，8.91。Ἀξιοπήγητος：5.57.3（仅为贬义）；2.70.1。

* 原文为克洛伊索斯，有误。

关于他的那些圣徒传式的传说与无关重要的战役，从而集中在信史与更加关键的战役上。《历史》中，希罗多德总共三次向读者解释自己为什么要将自己听到的关于这位传奇人物的故事记载下来（1.95.1，177，214.5）。

序言之后，写作的主题便无须赘述。希罗多德的历史包罗万象，这使得现代人难以将其主题抽象出来。然而，希腊人与异邦人的事件、成就与冲突，这些主题虽然在序言中已经得到确定，但是在看到历史记载的跨越度或者是特别的空白时，我们还是会措手不及。他在1.5.3声称"无论大的还是小的城邦都要记述"，这一方面反映出他的循环历史观，另一方面反映出一种反潮流的倾向，即，那些在时人或者后人看来不重要的事情之中其实蕴含着巨大的能量。从纲领性的陈述中我们无法推测出这些主题，但从文本中我们可以一睹其真容。

为什么希罗多德将征服腓尼基的相关历史略去不记呢？[5] 有些重要事件略去不记，乃是因为与主题无甚直接关涉，例如，两个对希腊构成威胁的异邦力量爱特鲁里亚（Etruria）与迦太基的历史、爱奥尼亚殖民史等。迦太基人的历史从头到尾都遭受冷落，这要么是因为希罗多德的游历未达此地，要么是因为对其多加描述会威胁到《历史》的重头戏。特洛伊战争与公元前479年之后的希腊-波斯关系乃

---

[5] Sayce（1883）xv；Drews（1973）71之处，兼并腓尼基人并不需要什么戏剧性的行动。腓尼基人的臣服，我们知之甚少。

是东-西冲突的主要时刻，但这些部分要么被减缩，要么被忽略，这是因为前者在"人类"历史的范畴之外，后者处在希罗多德结束全篇之后。希罗多德对这些话题都饶有兴味，但篇幅有限，出于方便的考量，他不得不对手头的材料进行剪裁，有的予以保留，有的予以删减。

《历史》中那些没有言明（inexplicit）的删减无法列成清单。[6]通常情况下，那些与其构想的主题无甚直接关联的事件，他都只是一笔带过而已，如克洛伊索斯与除了斯巴达之外的城邦结盟（1.77.1-3，82.1），克洛伊索斯征服除了以弗所之外的亚细亚希腊城邦（1.26.3），居鲁士的强大给他带来的改变（参考，1.46.1）。当雅典第一次进入《历史》中时，希罗多德才勉强提及了雅典制度史的许多细节，并在之后将所讲述之事与之关联起来（1.59-64）。

下面这个部分则另辟蹊径，考察希罗多德明确省略的那些东西。这种省略分为两类：其一，出于作者的历史写作方法被迫省略的东西；其二，出于作者的偏好被省略的东西。前者建立在可用信息与必要信息的基础上，后者则是那些要么本身不可知，要么无关紧要，要么是作者认为没有纪念价值而有意不录的东西。

---

[6] 有意的沉默，这种艺术手段引导"听众比较希罗多德的故事篇幅的长短"，它展现出"反讽、同情、矛盾与悲剧"，但是略去这个主题并不局限于那些界限清楚或者可资证实的事件。参考 Fornara（1971）61 ff.。

研究问题

普遍的无知[7]

希罗多德对边界颇有兴趣：自然的，政治的，知识的。在他游历四方的地理调查中，他总是会访查那些临界点，临界点之外，信息不再有用可靠。埃塞俄比亚的南部，印度的东部，包律斯铁涅司（Borysthenes）河的北部，直布罗陀（Gibraltar）以西，这些地方的信息充其量都是想象罢了。尼罗河与包律斯铁涅司河的信息来源不明。比如，希罗多德在尼罗河问题上承认："关于这条河，我所做的叙述，是我尽全力所能探索到的东西了。"（2.34.1；同样，4.16.2）他无法找到关于大陆的名称与边界的解释或者记载（4.45.2），但是他对希腊人关于这些主题的态度与他对希腊人关于埃及的态度一样，是充满鄙视的（2.45.2）。第二卷与第四卷所含的地理信息最为丰富，其中他的无奈坦白也最多，一个典型的例子就是他对欧罗巴之事所生的感叹："至于欧罗巴，则的确没有一个人知道它的东部和北部是不是被大海环绕着（4.45.1）。"至于那些未曾亲见的地方，他不会对其记述的真实性进行评论（2.29.1；3.115.2；4.16.1；唯一使用αὐτόπτης［亲见者］这个词，除了两处直接引语外）。还有一种类似的隐微表达谨慎的方法（2.66；3.101.2，107.2；4.30），这在其动物学（2.73；3.105.1，116.2；4.25.1，192.3）中所见最明：τοσαῦτα μέν νυν θηρία, ...ὅσον ἡμεῖς ἱστορέοντες ἐπὶ

---

[7] 这种划分适用于本章末的清单。

μακρότατον οἷοί τε ἐγενόμεθα ἐξικέσθαι（野兽是这样的多，我们如不尽力调查，是不可能知道它们的底细的）。[8]

某些作者坦白承认自己无知的段落还需要进一步明确。在 2.126.1 处，希罗多德承认，在可憎的岐欧普斯（Cheops）怂恿女儿卖淫这件事上，祭司"的确（δή）并没有告诉他确切（γέ）的钱数"。在这件事情上，无知是鄙弃这个故事可信度的显明伪饰。有时候，他会为了供读者参考提及自己信任的那个故事版本，例如，关于悌摩克塞诺斯（Timoxenus）的背叛，他说："至于他是如何与阿尔塔巴佐斯（Artabazus）勾结起来的，至少我不知道，因为没有人谈过这个事情，但结果如何，下面我来说一说（8.128.1）。"有时候，他会承认自己对某些事情没有了解，但他会大胆猜测一番，例如，普拉提亚之役之后，战争中最卖力的士兵得到了多少战利品（9.81.2；类似，8.133）。在 9.32.2，希罗多德指出，没有人知道玛多纽斯希腊联盟的人数，因为没有人计算过。虽然他猜测有五万人之多，但是需要注意的是，希罗多德从不会毫无根据地胡编乱造。希罗多德喜欢描述，也喜欢列举，喜欢给出故事背景，也喜欢提及人物姓名。这就是他的方法与风格。记载新近的历史时，希罗多德力求精准；在转述民间故

---

[8] 关于知识论上的沉默，参考 Meyer（1899）II 253（= Marg 13）的简短评论。希罗多德的谦逊与前苏格拉底时代和希波克拉底作家中的某些相合：例如，《论古代医学》(*De vetera medicina*) 1、《论人性》(*De natura hominis*) 1、《论呼吸》(*De flatibus*) 5、《论膳食》(*De victu*) 1.2, 4-5，并参考 Lateiner（1986），Golver（1924）3，67-8。

事与传说的时候,那种精准掺杂着虚构,这乃是一种有趣且无害的消遣。希罗多德的坦诚既是修辞式的,也是知识论式的。

无法确定之事

比起对无知的坦白更常见的乃是对不确定性的坦白。人们可能对一些事情确有了解,但其中仍有质疑,或者是细节仍不堪推敲。希罗多德一点都不偏听误信,他很谨慎,虽然不像修昔底德(或许是赫卡泰乌斯)那样对逻各斯完全嗤之以鼻,因为他对自己的先验观念深信不疑(比如,潜水员司苦里亚斯[Scyllias],8.8.2)。逻各斯本身就是过往事件(ta genomena)、值得留存的人类事件和观念以及文化产出品的一部分。他的世界充满着奇幻;对于历史科学来说,赫卡泰乌斯的刚愎自用比希罗多德杂收广闻更无益处。这种关于不确定性的例子在地理志与民族志中比比皆是。一个上佳的例证便是对尼罗河水现象的解释。还有的时候,希罗多德会直言坦白某些历史事件没有任何历史信息可循。比如,斯基泰人的人口,薛西斯陆军的人数,希罗多德都坦白查考无据(4.81.1;7.60.1;参考 2.75.1)。在计算薛西斯的大军人数时,他小心翼翼地说(7.185.1,参考 9.32.2):"我们必须猜猜看了。"还有一处,他告诉我们,因为时间久远,并无可靠证据存世:佩拉司吉人(Pelasgians)与伊撒哥拉斯(Isagoras)的身世(1.57.1;οὐκ ἔχω φράσαι[我无法明确指出])。有时候,他会暗示我们,讲述者会因其偏私阻碍史家的判断：为什么埃吉纳人没有与雅典人开战？海战中哪些爱奥尼亚人是勇猛的，哪些是怯懦的（5.86.2；6.14.1；参考 6.82.1，克列欧美涅斯在阿尔哥斯的故事；6.137.1，佩拉司吉人被赶出阿提卡）？有时候，他坦诚地承认无法知道某人的动机（7.54.3，薛西斯在海烈斯彭特的祭祀），或记载中存在空白（1.160.2，引渡帕克杜耶斯［Pactyes］*的报酬；7.26.2，军队装备竞赛中受到薛西斯赏赐的太守）。

"明确地了解"（εἰδέναι ἀτρεκέως）当然是最可欲的，但是在 ἀτρεκ- 这个词干出现的 54 例中，大多数时候，希罗多德都在谈自己所知的确定性有局限。伊斯特（Ister）河的北部居住着什么人，没有人明确知道详情（5.9.1）。克列欧美涅斯是否可靠？哪个雅典人在马拉松战役中释放了信号？没人知道。玛多纽斯尸体一事（9.84.1-2），没有人知道他是由谁埋葬的，虽然听说很多人称自己埋葬了玛多纽斯，很多人还因此受到了奖赏。

有时候，在那些一唱三叹的篇章中，希罗多德也会表达自己对于所记述之事的信心。[9]他将祭司们讲述的前普撒美提科斯（Psammetichus）时代的埃及史——也就是希腊人到来之前的埃及史——与我们"有精确知识"（2.154.4）的

---

[9] 4.152.3，"希腊人中我们最了解的人"。7.152.2 断言的是针对人性的某些知识，而不是历史事实的知识。Fornara（1971）21-2，注释 34，注意到从第二卷与第四卷中某种系统化的"闪避"到对第六卷与第七卷中**某些**陈述的证伪存在着一种渐进的成熟。

* 原文作 Aristodicus，有误。

时代比照对观。这位刨根究底的传述者一定让那些对"埃及人的伟大荣耀"夸夸其谈的人心生抗拒,对那些乐于见到人耳根软的人也敬而远之:撒伊司城雅典娜圣库的主簿"说他对于尼罗河的水源知道得十分清楚的时候,我觉得他是在跟我开玩笑(παίζειν, 2.28.2)"。[10] 1.140.1处讨论波斯习俗,很明显,希罗多德放下手头已知的东西,转而讨论那些不熟悉的东西。有时候,他还会直接对某些记述进行反驳:"至于我本人,我不能相信这个说法(涅乌里司[Neuri]人每年都要有一次变成狼),虽然如此,它们依旧这样地主张,并且发誓说这样的事情是真的。"6.43.3处,希罗多德反驳了那些不相信欧塔涅斯倡导"民主政体"(3.80.1)的人,其论据令对手瞠目结舌,即叛乱之后玛多纽斯在爱奥尼亚建立起了民主政体。个中逻辑不能使人满意,但其论争焦点与方法值得我们注意:关于过往事件的真相可以通过辩论显现出来。对关于过往的知识进行检视,真相或许会浮出水面。

当下的流变

因为不宜深究而被抛弃的话题与那些因缺乏资料而被挑拣出来的话题有重合,但前者在当下却值得关注。这种情

---

[10] 财务官也许并没说,尼罗河源自埃烈旁提涅(Elephantine)南部的第一处洪流。更有可能的是,希罗多德误解了埃及人为河流不同段命以不同名字的传统。关于此,参考Myres(1953)153,Wainwright(1953)104-7。

况与希罗多德一贯对唾手可得的事情表示质疑的态度是相悖的。代表性的语句出现在《历史》开篇那个劫掠与反劫掠的传说结尾处：οὐκ ἔρχομαι ἐρέων（不再多说了，1.5.3）。然而，与其拒绝神话（比如，4.36.1）的态度相一致的是其对米诺斯及其他"在真正的人类时代"（波律克拉铁司是其中最先获得制海权的人，3.122.2；参考 2.15.3）之前的人的故事的厌倦。他两度对毫无益处的话题挥手说再见（χαιρέτω，2.117，荷马与《塞浦路斯纪》；4.96.2，撒尔莫克西司是人还是神）。更多情况下，他仅仅指出故事的荒诞性，比如，凤凰一事（ἐμοὶ μὲν οὐ πιστὰ λέγοντες，"这在我看来是不可信的"，2.73.3）[11]，抑或是提出自己的质疑，例如海伦是否是特洛伊战争的缘起？腓尼基人是否环绕非洲航行（2.120.3；4.42.4）？虽然希罗多德对事件的历史判断通常是"不确定"（non constat），但尽职尽责的调查者还是会将自己听到的各种各样的奇谈怪论记载下来（2.123.1；2.130.2；4.173；4.195.2；6.137.1；7.152.3）。他与这些海客奇谈保持距离的方法多种多样，[12]包括使用不确定性的表达语句（4.187.3，一种奇怪的疗法），将观点归在他人身上，并时常以反讽式的 δῆθεν（比如，9.80.3，愚人的黄金）或 δή（4.191.4, ὡς δὴ λέγονταί γε ὑπὸ Λιβύων）来揭露其荒谬性。还有的地方，作者请读者自行判断（2.146.1，关于狄奥尼索

---

[11] 类似的篇章，参考 1.182.1；2.121 ε 1；3.116.2；4.42.4；5.86.3；7.214.2；8.119；8.120；参考 Powell *Lexion*, πιστός 词条。
[12] Glover (1924) 67. 参考以上，22-23。

斯），或者以反问句终了。

反问句还有一个功能，即将作者从不能确定的事情中解放出来。全书共有30个希罗多德向读者发出的问题，[13]其中八个出现在埃及逻各斯中，这也不奇怪，因为大众对于宏大与神秘的东西兴趣最浓。埃及极大地改变了希罗多德与希腊人对时间、习俗、宗教与民族中心主义的看法。此卷的主题多于两个，这在其他卷中是不多见的。尼罗河的强力与源头，埃及人的宗教信仰，古代历史，赫拉克勒斯的力量，异邦妇女的鸟语，岐欧普斯金字塔的花销等，这些都会激发作者发出疑问，当然，这种疑问也是一种陈述，比如"如此虔敬的埃及人怎么会以人作牺牲呢？！他们不会的"（2.11.4，两次；22.2；15.2；45.2；45.3；57.2；125.7）。有一处，希罗多德假想了一个对话者，从他的口中提出问题进而显示埃及有多少希腊瓮罐（κοῦ δῆτα, εἴποι τις ἄν..., 3.6.2）。希罗多德在开始列举之前使用了史诗诗人常用的那种惊诧："亚细亚的哪一个民族不曾被薛西斯率领去攻打希腊呢，除去那些巨川大河之外，哪一条河的水不是被大军喝得不够用了呢？"（7.21.1；参考《伊利亚特》1.8, 2.484ff.，等）暗示的答案是否定的，但是这个技巧值得我们注意，因为它本身是怀疑或者是引起注意的方式。身在埃及的历史写作者依靠普通希腊人的常识使其反问语句有效。向读者展示其调研结果

---

[13] 修昔底德只有两处：7.46.1；8.96.2。参考 Lang（1984）37-41 对希罗多德与荷马史诗中的反问句的比较。

的史家通过没有答案的问题使人意识到他写作任务的广度。反问句乃是对无可动摇的陈述的一种伪装。

沉默

对探索宗教事务的厌倦

第一类被删减的事项涵括的乃是史家无法追根究底、说清道明的那些历史话题。第二类则是需要谨慎对待的那些话题。虽然希罗多德详尽地讲述过很多宗教信仰与人类的宗教实践，但他从未自负地讨论过神迹与关于神的"事实"。他也从未对异邦民族的宗教信仰表现出不屑。在宗教秘仪上，他也对祭司的沉默保持尊敬。例如，对撒伊司的奥西里斯秘仪（Osiris' mysteries at Saïs）与德墨忒尔的厄琉息斯秘仪（2.171.1-2），希罗多德保持了一贯的沉默，要么因为他对这些秘仪深信不疑，要么因为（这个更有可能）神秘的宗教学说与仪式于其主题——无论是转瞬即逝的（埃及文明与征伐）还是延续持久的（人类成就）——并无助益。提及这样的"秘仪"是不恰当的，或是"不敬的"（2.47.2, 86.2, 170.1），这为避免跑题提供了很好的由头。在 2.51.2 处，希罗多德提及了萨摩特拉开人（Samothracian）的秘仪，讲述的方式很明显暗示作者对此事颇为了解，但他却未置一词。从 2.3.2 与 65.2 这两个纲领式的段落中，我们可以一瞥希罗多德对与神相关的话题（τὰ θεῖα πρήγματα）保持谨慎（除却万不得已的情况）态度的原因。这个大类并不仅仅限于"神秘"的东西；神学、神话、神的心理等都不在序言设定的主题之内，即 τὰ γενόμενα ἐξ ἀνθρώπων, ἀνθρώπια（人类的成就）。

希罗多德经常提及神的名字及对其的信仰，第二卷尤甚，但是他却很少提及干涉人类事务的神。[14] 如同修昔底德一样，希罗多德会在地理信息之后加上一个神话传说（比如，7.193.2,197,198.2；参考修昔底德，2.68.3；3.88.3；4.24.5；6.2.1），但是这位爱奥尼亚人的写作却没有像赫卡泰乌斯那样在地理志与谱系志之中加入冗长的神话探究。他对神话惜墨如金，但他并没有像修昔底德那样有理有据、坚决彻底地抛弃 τὸ μυθῶδης（神话）。

希罗多德没有大篇幅地向我们介绍希腊与异邦的神灵，因为关于神灵的故事很难理性化，也没有确凿的证据与体系能够辨明它们的真假（οὐκ ἔχει ἔλεγχον，"无须反驳"，2.23，解释地理现象与诗人的编造）。希罗多德总结说，"关于神的事情，任何地方的人都知道得一样少"（2.3.2），也就是说，所有人都有慰藉自己的信仰与仪式，但这些信仰与仪式经不起客观真理的检验。希罗多德对这些特殊知识敬而远之，不会对其浓墨重彩地予以渲染，这并不是因为他有宗教信仰或恐惧，抑或是觉得这些东西与其文学主题不相配，[15] 而是

---

[14] Myres（1953）51。希罗多德8.13处尤波亚海岸发生的暴风雨可能是一个例外。即使是在那里，希罗多德报告的是一个结果（舰队数量齐平）而不是解释暴风雨的原因，他也并不认为风暴与人们的祈祷之间有什么因果关系（Linforth［1928］214）。进一步参考以下讨论希罗多德式因果论的第9章。

[15] 参考 Sourdille（1925）289ff. 试图修正 Linforth（1924）269-92 的结论；参考 Linforth（1928）201-43，尤其是202，240。

出于林弗瑟（Linforth）所说的"历史写作原则"。那些希罗多德无法证伪的东西，那些没有坚固证据的话题，都不能构成作者所理解的那种历史的材料。苏迪尔（Sourdille）所说的虔诚的"宗教顾虑"或许全无道理可言：企图将与俄耳甫斯主义、毕达哥拉斯主义以及狄奥尼索斯相关的那些希腊与埃及的神秘学说掩盖在沉默之中，这与文本的证据并不一致。[16]提及奥西里斯（2.48.3）就会谈到狄奥尼索斯，但是希罗多德的谨慎是一以贯之的。说到埃及逻各斯，希罗多德就必须谈到宗教事务（2.3.2, 65.2 ἀναγκαίη [有必要的]），因为他想要证明埃及人在希腊人之前就已经有了崇拜狄奥尼索斯的仪式（49.3）。[17]伊西司（Isis）、荷鲁斯（Horus）与奥西里斯的神灵奇异的特性在此并无甚关联；作者时而将奥

---

[16] Sourdille（1910）第一章，（1925）301-4。希罗多德七次明确略去了"圣说"（holy tale, 2.46, 47, 48, 51, 62, 65, 81）。奥西里斯（Osiris）仅仅以名号出现：2.42.3, 144.2（两次），156.4。Sourdille（1910; 1925）假说的这种缺陷使得我更加偏好 Linforth（1924）280-2,（1928）240-3 的观点，即"个人的偏好而非宗教顾虑"——证据的性质而非虔敬——决定希罗多德对材料收录与否；参考 οὐκ εἰμί πρόθυμος（我不愿意），τὰ θεῖα πρήγματα（神灵之事），τὰ ἐγὼ φεύγω μάλιστα ἀπηγέεσθαι（我非常不愿意讲述）。神话处处都在，充满奇幻色彩，又缥缈不定。Lechenaud（1976）认为，希罗多德致力于理性与人类自治，并在怪力乱神之事上保持谨慎态度。

[17] 沉默的两处例外：2.43-5, 4.8-10（赫拉克勒斯），与 2.142-6（埃及神灵"出现"在大地上的时间已经消逝）；Linforth（1928）207 扩展了他早期的论点，（1924）288-92。作者需要以对神灵故事的反驳进而寻找一条编年路径的时候，神话就会出现——希罗多德认为，希腊意识已经存在了16000 年（Linforth[1924]292；或者是当神参与人类事务的仪式或为人所熟知的故事即将被载入之时（参考 Linforth[1926]13-15）。

西里斯的名字隐去（61.1,86.2,132.2,170.1-2），但他并不是一贯如此。萨伊斯（Sayce）的论点乃是，希罗多德没有提到奥西里斯的名字，因为他在"作记录的时候并没有听到这个名字"，这也是19世纪晚期浮夸的苛刻批评的代表[18]。希罗多德避开了那些没有证据的故事。但也有特例，在人们相信有神灵参与的人世之事上，希罗多德采纳那些更加世俗化的版本。他追随的是色诺芬尼（Vor 21 B34，参考35）："没有人见过，也不会有人能够知道关于神的确切真理（to saphes）……"还有阿尔克迈翁（Alcmaeon, Vors 24 B 1）："那些看不见的与有死的东西，神灵对其有着确切的知识，而人有的仅仅是猜测。"

戳破口口相传的希腊神话的漏洞对于希罗多德来说是一种乐趣。他说，那些神话是比他所在的时代早四百年的荷马与赫西俄德编造出来的（2.53.2）。他不惜笔墨地对赫拉克勒斯的功绩大肆书写，这是为了显示希腊人对于过往的无知。他对神灵的存在并不怀疑，他所怀疑的是人类对神灵的知识（50.2）。他对神灵的描写通常是对可见崇拜的特殊性进行记录。他刻意避免详述神灵恒久与隐秘的本质及其传

---

[18] Sayce（1883）xxvi. 他的序言称，希罗多德经常捏造故事，传达一种"有意为之的虚假"，"明目张胆"地造假，他笔下的东西都是些"希腊游手好闲之辈与波斯帝国的混血向导"间流传的"传说"（Märchen）罢了（xxvi-xxviii; xii, xxxi）。这种严厉却不失根据的批评今天依然还能看到；参考 Fehling（1971）散见各处，Armayor（1978）49-73 与（1978b）45-62，或者更温和的 West（1985）285, 294-5, 302-3。

奇的行动。[19]皮里皮戴斯在山上偶遇了潘神,关于这个故事,希罗多德叙述时语带质疑,这也是他持保留态度的一个上佳例证(6.105.1)。希罗多德解释道,这个故事来自长跑能手与雅典人的讲述,紧接着,他以间接引述的方式讲述了这个故事中令人生疑的部分,从而转移自己的文责,这个间接引述中呈现出来的就是库泊所说的"确定形式叙事中的间接引述侵入式不定式"(oratio obliqua infinitive intrusive in finite-form narrative)。这个不定式动词与引起间接引述的那个动词没有语法上的关联(κελεῦσαι [命令], 6.105.2;参考3.105.1; 5.10; 6.54)。在故事的末尾,希罗多德语带讽刺地说:"雅典人认为他们说的这件事是真的,因此当他们的城邦得到安定繁荣的时候……"(6.105.3;参考7.189.3)[20]另有一例可资证明希罗多德对怪力乱神之事敬而远之。玛哥斯僧念咒祈祷,终于使得玛格涅希亚(Magnesia)的风暴停了下来——或者是因为别的原因停下来的(ἢ ἄλλως κως, 7.191.2)。

尽管如此,希罗多德偶尔还是会记载一些神灵拂乱人间之事。但这个清单很短:克洛伊索斯受到神灵的报复(1.34.1);作者以习语请求神灵与英雄的庇佑(εὐμένεια, 2.45.3,仅此一例);两处神意显现(岐奥斯 [Chios],

---

[19] Linforth(1924)273. 关于宗教问题上明显的沉默,参考 How 与 Wells I 158;及 Linforth(1924)281 与(1928)240,在宗教沉默问题上,他提供了《历史》的 13 个片段。2.45.3 的收录堪疑。
[20] 参考 Cooper(1974)71-2.

6.27.1；德洛斯［Delos］，6.98.1）；希腊与波斯舰队旗鼓相当乃是天意（8.13）；采纳波提戴阿人（Potidaean）的解释，认为潮水是波塞冬派来惩罚不敬的波斯人的（8.129.3）；米卡列盛传的关于希腊军队在普拉提亚的大捷乃是神意（9.100.2；参考 1.174.4-5，9.65.2）；对德尔斐神迹大篇幅进行描述（8.37-9）。尽管如此，他很少为历史事件做出神话解释，而是更强调人的作用，对于他相信乃是历史的事件，总会提供与人相关的或政治的起因解释。他不愿意深究普拉提亚的德墨忒尔圣域之内没有波斯人丧生之奇事（thoma），这也说明了一条原则，即对那些说不清道不明的事情，他宁愿保持沉默，但如果在不得已的情况下，他也会依靠机关降神（9.65.2）。神灵的意志与自然的秩序并不相悖。[21] 在偶然性陡然降临的时候，在人类的理智无法解释的时候，在现有解释寸步难行之时，这个无所不包的抽象的中立名词 τό θεῖον（与神相关的）就派上用场了（1.32.1*；3.40.2*，108.2；7.137.2；9.101.1）。[22]

其他关于剔除的历史写作原则

希罗多德偶尔会声明，他不会呈现手头的某些材料，不是因为这些材料真假难辨，而是因为这些材料与他的逻各

---

[21] 7.137.2 处，虽然希罗多德并不反对 τὸ δίκαιον 与 τὸ θεῖον，他还是将正当与神意做了对比。
[22] Linforth（1928）尤其是 218-37，专章讨论 τὸ θεῖον。

斯不匹配。[23] 历史并不是要海纳百川；某些东西用在别处更有价值。[24] 史家放下手头的叙事，并称自己要对另一件事详加叙述——有意的删减通常发生在这些地方。这种修辞上的节制映衬装点了那些真正重要的事件：无关轻重的巨吉斯的行为，居鲁士的小规模征伐，除阿尔铁米西亚之外的那些领军队长，如此种种都被更加重要的历史事件代替了（1.14.4，177；7.99.1；还有 8.85.2）。同样，他对自己的笔墨也颇为吝惜，只记载了一件有趣的吕底亚传统（nomos），居鲁士的幼年生活只记载了一个真实的版本，淤沙堆积的河流只记载了两条（尼罗河与阿凯洛司河［Acheloüs］），330 位大兴土木以留下存世痕迹的法老他只记载了两位，还有那个捕杀鳄鱼的上佳故事（1.94.1［参考 1.196.1 与 1.196.5］，1.95.1，2.10.3，2.101.1，2.102.1，2.70.1）。

巴比伦的小米与芝麻作物长得又高又大，以至于那些

---

[23] 参考 Drexler（1972）62-4，其中有个更短的清单与讨论。在列举希罗多德的种种兴趣之后，Drexler（73）总结道，他对"那些与'历史'毫无关涉的事件"感兴趣。这种说法乃是将车置于马前，或德来克斯勒（Drexler）置于希罗多德之前，以决定历史是什么，什么东西的历史才是有价值的。我着手的这项研究偏向于接受希罗多德写作的那种历史。参考吉本，《罗马帝国衰亡史》，第 48 章末：在 60 位皇帝之中，只有有德的克姆内奴斯（Comnenus）及少数恶劣者值得提及；"帝国那一大群人中的剩下者也只能等着被后代遗忘了"。

[24] 这或许是对他信誓旦旦要写亚述（Assyrian）逻各斯（1.106.2；1.184）但却未能实现的一个可能解释；还有，G. Rawlinson 的版本（1860；纽约，1893）192，注释 1，关于 1.106；Stein，1（1901⁶）xlvii；Huxley（1965）207-12；Drews（1970）183，注释 7；同上（1973）92-5, 191-2，注释 194，对这个问题也有很好的阐释。作者在提与狄杜玛（Didyma）献祭时实现了自己的诺言（6.19.3，1.92.2 与 5.36.3）。

没有亲眼见过的人根本不会相信（ἀπιστίη πολλή，1.193.4）。因此，虽然希罗多德知道它们的高大程度，[25]但还是没有对其加以详述。这种以抑扬之（praeteritio）的方法并不是因为害怕产生分歧；3.80.1、6.43.3、6.121-4 这几处，希罗多德对自己的意见可能造成的论战大肆煽风点火。这种修辞技巧为他关于异域的知识锦上添花，同时其写作也不会因为太过琐屑而被人诟病。这种修辞是一种向读者发出的邀请。

还有一些信息虽然史家可能很熟悉，但因为太过无趣而被史家略去：大流士臣属的贡税，关于骆驼的人尽皆知的常识，盖披拉人（Gephyraeans）无法享受的雅典公民的权利，薛西斯部下的波斯将领的名字（3.95.2、3.103、5.57.2、7.96.1）。没那么琐碎但仍然不宜录入的，戴尔波伊人（Dephian）提美西铁乌斯（Timesitheus）的勇猛（5.72.4）乃是一例，波律克拉铁司之惨死乃是另一"不宜重复"之例（3.125）。[26]

这种增删添减的克制在作者对早期雅典的历史记载中最为明确："我现在要记述那些值得记述的事，即，雅典人在脱离僭主之治的桎梏之后到爱奥尼亚反叛大流士之前所做的与所经受的……（5.65.5）。"[27]在 6.55 处，希罗多德在

---

[25] 如果希罗多德从未东游至巴比伦的话，这个陈述顶多也就是有失真诚。关于希罗多德的游历，参考 Drews（1973）79-80。
[26] 3.125.3. How 与 Wells（1928）在此处认为，野蛮（barbarity）与文学是不相称的，但是他们指出，4.202.1 并未失之含蓄。1.119 与 9.112 在理解上也很困难。很可能的情况是，使人受尽侮辱的刑罚并没什么独特之处。
[27] Myres（1953）176ff. 列举了与雅典政制有关的其他段落。请注意，这个限制性语句（ὅσα...ἀξιόχρεα ἀπηγήσιος...φράσω）证明希罗多德并不所听即录。

谈到伯罗奔尼撒半岛的"埃及化"时戛然而止，这另有原因；因为他人的叙述业已完备。[28]换句话说，希罗多德希望记载那些值得记载但又没有人谈论过的东西。他的收录原则使得每位读者都摸不着头脑，如果我们坚信他的书写有着某种一贯的"宏大计划"的话，就必须对某些篇章进行详细阐发。

还有一处隐性的删减需要做出解释：在温泉关之役的叙事行将完结之时，剩下的斯巴达人的命运已成定局，希罗多德此时介入，说道："在这次苦战当中，英勇奋战的列奥尼达斯倒下去了。和他一同倒下去的还有其他知名（ὀνομαστοὶ）的斯巴达人。由于（ὡs）他们的德行功勋，我打听了他们的名字，此外我还打听到了所有（καὶ ἁπάντων）他们三百人的名字（7.224.1）。"[29]为什么希罗多德费力去打听那些人的名字，并且在此处还提到了自己的努力，但最后却没有将自己调查的结果收入书中呢？这些自由的公民是自愿选择与前来奴役自己的庞大军团作战的（7.102.2*，104.4*）。戴玛拉托斯说，"不要询问他们的人数"，这里他极为讽刺性地用了与希罗多德询问那些人的姓名与数量时使

---

[28] How 与 Wells（1928）在此处，与 Macan, IV-VI（1908）lxxxiii 注释一道，认为这种对重复他人话语的行为的沉默并不见于《历史》中的其他地方。没有真正的证据支持这一论点。

[29] 参看 Pohlenz（1937）92 注释 4。帕乌撒尼亚斯（3.14.1）记载了带有这些人姓名的一处石碑。豪（How）认定，希罗多德"弃用了自己的知识储备"。C.德瓦尔德在给我的一封信中暗示，这种以抑扬之（praeteritio）受制于篇幅长短，在这里长篇地记载姓名显然是不合适的。

用的相同动词（pynthanomai［询问］）。对于暴君薛西斯来说，这些问题仅仅是出于好奇，而对于有史以来最伟大的战争的最伟大的行为——至少是象征性的[30]——的记载者来说（我认为），这乃是一种神圣的使命。那些身为暴君奴仆的将领的名字无足轻重（7.96.2），但是，尽管斯巴达三百壮士的名字不存于世（在没有现代附录的情况下），希罗多德还是不厌其烦地问取他们的名字，并且敬告读者自己的所作所为。这是史家的致敬，他们因其"伟大的壮举"而获得的荣誉可谓实至名归。

个人的厌恶

希罗多德偶尔会使用一种修辞性的虚构，说自己将某事记载下来是被迫的。有时候是迫于逻各斯本身[31]，有时候乃是抽象的必然性[32]，有时候逻各斯使之不必拘泥于文本关联

---

[30] 没有哪场战役比之更加着重地凸显希腊勇气与东方专制和财富之间的对比。其中的伦理意义在列奥尼达斯身上得到了彰显，他是一位荷马式的英雄，"勇气可嘉"，"绝对价值标准的首要代表"（Immerwahr［1966］262-3）。

[31] 1.95.1；2.3.2，65.2；9.65.2 等。ἡγεμόνες, τῶν ἐγώ, οὐ γὰρ ἀναγκαίη ἐξέργομαι ἐς ἱστορίης λόγον, οὐ παραμέμνημαι（7.96.1，他们的名字我不会记下来，因为这对于我的历史研究来说，并不是那么关紧）。他们是奴隶，而不是兵士，比起以前，他们没么有价值了（7.96.1）。再者，叙述这些人的名字也不是作者的意图，如同关乎埃及诸神的事迹以及雅典人为希腊做出的服务一样。

[32] 2.22.4，24.1；5.62.1，67.3；7.96.1，99.1，139.1。参考 Pohlenz（1937）56-8 解释，希罗多德——而非更早的赫卡泰乌斯——是如何在写作中发现统领全篇的主题的。

性。[33]有两处，希罗多德却告诉读者他**不会**将自己熟知的事情讲述出来，这既不是出于宗教原因，也不是出于历史书写的原则。埃及人为史家提供了一种可供借鉴的"除名诅咒"（damnatio memoriae）先例。埃及人甚至不愿提及可憎的岐欧普斯与凯普伦（Chephren），且据说以皮里提斯（Philitis）这位牧羊人的名字称呼金字塔，为的就是抹除他们对法老的可怕记忆。希罗多德继承了这个传统，他说，自己知道是哪个德尔斐人秘密地在克洛伊索斯的献祭上刻上"拉凯戴孟人奉献"的字样，但他不会说出来（ἐπιστάμενος...ἐπιμνήσομαι, 1.51.4）。同样，那个扣留撒塔司佩斯（Sataspes）的阉人财富的萨摩司人的名字，希罗多德也知道，但他故意将其忘记（ἐπιστάμενος...ἐπιλήθομαι, 4.43.7）。在这两例中，伟大事迹的记录者选择对这些卑鄙低下的罪行不予记录，任其湮没无闻。这是对记忆的反其道而行之（ἐπιμνήσομαι, 1.5.4，14.1，177*）。道德偏好，甚至是预期之内的批评，并没有让希罗多德保持沉默。暴君与僭主的重大罪行总是被记录在册。在以上两个例子中，故意使一个小的邪恶行为湮没无闻，这也是至关重要的。心中有大丘壑的史家挥墨必有的放矢，或拒，或迎。他选择采用哪些材料、弃绝哪些材料，都反映了他对可靠知识及其源头的认知，以及个人的考量。

[33] 4.30.1；7.171.3；参考 6.18.2。
* 原书希腊文引文有误，且原文章节为 14.4，有误。

目录清单

研究问题

希罗多德告诉读者有三种情形：（A）材料匮乏；（B）可靠度不够；（C）话题不值得深究。B 与 C 有时有重合。

     A 普遍的无知

1.2.1	史前劫掠者的名字
1.47.2	德尔斐对克洛伊索斯的回复的余下部分
1.49	克洛伊索斯从阿姆披亚拉欧斯（Amphiareus）神托所得到的回答
2.19	尼罗河特性的原因
2.28.1	尼罗河的源头
2.31	叛离普撒美提科斯者南边的土地
2.34.1	关于尼罗河源头的有限知识
2.126.1	岐欧普斯女儿的身价
4.31.2	对斯基泰人居住地以外的地方缺乏知识
4.40.2	印度以东有什么
4.45.1	欧罗巴以西、以北：海洋？（参考 3.115.2）
4.45.2	大地的名字与边界
4.53.4	包律斯铁涅司河的北部（第聂伯河）
4.53.5	包律斯铁涅司河的源头
4.180.4	欧赛埃司人（Auses）比希腊人更早使用头盔？
4.185.1	直布罗陀以西的族群
7.153.3	铁里涅司从何处获得圣物

第 2 章　选择：显而易见的删减

9.32.2　玛多纽斯希腊联军的人数

9.81.2　普拉提亚之战后战利品是否分给了希腊人？

B　无法确定之事

1.57.1　佩拉司吉人所讲的语言

1.160.2　引渡帕克杜耶斯的报酬

1.172.1　卡乌诺斯人（Caunians）的语言与卡里亚人（Carians）的语言谁像谁？

2.75.1　蛇骨的数量

2.103.2　塞索斯特里斯（Sesostris）的斯基泰住民

3.98.2　关于东印度的知识有一部分是确实的，余下的乃是猜测

3.115.1-2　欧罗巴的尽头

3.116.1　北欧的黄金

3.122.2　史前米诺斯的传说及其他

4.16.1　斯基泰人居住地以外的地方

4.17.2　涅乌里司人以外的地方

4.18.3　昂多帕哥伊人（Androphagi）以外的地方

4.20.2　美兰克拉伊诺伊人（Melanchlaini）以外的地方

4.25.1　阿尔吉派伊人（Argippaei）以外的地方

4.81.1　斯基泰人的总人口

4.197.2　利比亚只有四个已知部族，其他部族未知

5.9.1　莱茵河流域的色雷斯人以外的地方

5.66.1　伊撒哥拉斯的身世

5.86.2	埃吉纳人不清楚为什么自己没有与雅典人作战
6.14.1	海战中哪些爱奥尼亚人是勇猛的，哪些是怯懦的？（οὐκ ἔχω ἀτρεκέως συγγράψαι）
6.82.1	克列欧美涅斯的话是真是假？
6.124.2	谁最先在马拉松举起盾牌作暗号？
7.26.2	在萨尔迪斯谁因为装备最佳而得到了薛西斯的奖赏？
7.50.2*	薛西斯谈未来的不可知性（参考 1.32.7*）
7.54.3	薛西斯在海烈斯彭特献祭的动机
7.60.1	薛西斯的军队数量（参考 7.187.1）
7.111.1	据我们所知，色雷斯的撒妥拉伊人从未受到奴役
7.185.1	薛西斯欧罗巴战士的数量
7.187.1	薛西斯麾下人与畜的总数
7.189.3	波列阿斯（Boreas）相助雅典人
8.8.2	司苦里亚斯是怎么到希腊的
8.87.1	其他人在萨拉米斯是如何作战的
8.87.3	阿尔铁米西亚与卡林达人（Calyndian）之前就有冲突吗？
8.112.2	其他岛屿有没有向希腊人交钱？
8.128.1	悌摩克塞诺斯是如何背叛波提戴阿的
9.8.2	斯巴达何以在波斯第二次进攻阿提卡中保持冷静
9.18.2	波斯骑兵包围波奇司人（Phocians）

9.84.1-2　谁埋葬了玛多纽斯？很多人表示是自己；希罗多德表示不清楚

B　附录：明确知道的事情

1.140.1　希罗多德关于波斯人的确切知识

1.140.2　希罗多德至少知道玛哥斯僧的风俗

2.28.2　确实的知识，其实是讲述者的"玩笑"

2.154.4　普撒美提科斯以来的埃及史

3.80.1　反玛哥斯僧人讨论未来政体（参考 6.43.3）

4.152.3　巨大的商业利润

5.54.1　更多关于波斯帝国版图内路程的确定信息

6.43.3　玛多纽斯废黜爱奥尼亚的僭主，建立了民主制（着重强调）

6.124.2　有人举起盾牌作为暗号

7.214.3　埃披阿尔铁司（Ephialtes）是波斯军队的向导

C　当下的流变（免除文责）

1.5.3　希腊异邦对立的开始

1.75.6　原来的哈律斯河（Halys）是否流干了？

2.73.3　对凤凰传说的质疑

2.117　荷马与《塞浦路斯纪》：话题被撤下

2.120.3　对史诗版本的不信任

2.123.1　对埃及的各种细节有质疑，但"他们就是这么说的"（对 2.122 的回应，在这里，他自己的

	沉默遭到破坏）
2.130.2	不知道埃及巨大女性塑像究竟是哪些人，但希罗多德把"传说"记载下来
2.146.1	关于狄奥尼索斯，读者自可各取所需！
2.167.1	希腊人蔑视手艺人是从埃及人那里学来的吗？
4.42.4	不相信腓尼基人绕非洲航行
4.96.1-2	撒尔莫克西司是人还是神？话题连同逻各斯一道被撤下不提
4.105.2	希罗多德不相信涅乌里司人会变成狼
4.173	利比亚人讲述普叙洛伊人（Psylli）是怎么灭亡的，希罗多德表示怀疑，但是"他们是这么说的"
4.187.2	对于利比亚游牧民族的习俗，作者坦言无知
4.187.3	炙烤孩童头部血管，希罗多德坦言无知，但还是将传言记载下来
4.191.4	将自己与利比亚动物故事撇清关系（参考4.192.3）
4.195.2	迦太基人传述的淘金的故事：希罗多德将自己听到的写下来
6.137.1	佩拉司吉人被雅典人赶出阿提卡得到了印证？希罗多德将自己听到的写下来。
7.152.1	是否有阿尔哥斯使节到阿尔塔谢尔谢斯那里去并不清楚
7.152.3	阿尔哥斯人在波斯战争中的所作所为，希罗

多德将他听到的写下来

8.133 为什么派米斯（Mys）去请示神托：οὐ γὰρ ὦν λέγεται（没人说起；也就是没有传述。）

C 附录：**叙事**（而不是演说）中的反问句

κοῖον

7.21.1 哪一条河的水不是被他的大军喝得不够用了呢？

κόσος

2.125.7 岐欧普斯金字塔的耗费

κότε（nil）

κου

2.11.4 哪个海湾能够不被尼罗河的淤泥填满呢？

3.6.2 希腊人在埃及的瓮被处理到哪里了？

κως

1.75.6 人们是怎么渡过哈律斯河的？

2.22.2 如果尼罗河来自热的地方，它又怎么会是冰山融雪形成的呢？

2.45.2, 3 埃及人怎么会将人当作祭祀？

2.45.3 赫拉克勒斯作为**凡人**是怎么杀死成千上万埃及人的？

4.46.3 游牧的斯基泰人怎么能是不贫穷与不好战的呢？

τίς, τί

2.11.4　什么将阻止尼罗河改变河道？

2.15.2　哪个人类民族是最古老的？

2.57.2　鸟怎么会用人言呢？

7.21.1　薛西斯没带在身边的人是谁？

沉默

希罗多德出于（A）宗教（B）历史书写（C）个人的原因，选择对已知的事情保持沉默。这些分类并不彼此排斥。

A　对探索宗教事务的厌倦

2.3.2　希罗多德并不急于记述埃及的神灵之事（τὰ θεία）；(ὅσα δὲ ἀνθρωπήια [至于人类之事]，参考 2.3.2, 2.4.1 与序言)

2.46.2　对潘神山羊形象的来由并不乐于提及（οὔ μοι ἥδιον ἐστὶ λέγειν）

2.47.2　不适合（οὐκ εὐπρεπέστερος）提及为什么在祭典中不应当屠杀豚，虽然希罗多德知晓其中原因

2.48.3　为什么狄奥尼索斯祭日上的人像有着巨大的生殖器，这其中有着宗教上的理由

2.51.2　萨摩特拉开人的秘仪；参考 51.4：佩拉司吉人的"神圣故事"

2.61.2　伊西司祭的仪式；讲述它会有不虔敬（ὅσιον）之嫌

2.62.2	"点灯"之夜为什么特别：一段"圣话"
2.65.2	涉及神灵（τά θεία）的事情，希罗多德是不愿谈及的（程式化的表述）
2.81.2	不能穿着羊毛的衣服下葬有一个宗教上的传说
2.86.2	涂抹面部［奥西里斯］；讲出这些人的名字是不"合法的"
2.132.2	埃及人为没有被指明的神［奥西里斯］的名字哀悼：不会点出与此事相关的神的名字
2.170.1	［奥西里斯］在撒伊司的墓穴；谈及其中神的名字是不"合法的"
2.171.1-2	［奥西里斯］的受难；希罗多德知晓秘仪的细节，但保持了沉默
2.171.2	德墨忒尔秘仪除了可以被讲述的部分之外全都予以保密
6.53	希罗多德略过了柏修斯的神圣祖先；没有确切的信息
9.65.2	对一桩令人惊奇之事（θῶμα）保持沉默；如果他必须对神灵之事做出解释，会发表自己的意见

B 其他关于剔除的历史写作原则

1.14.4	希罗多德略去（παρήσομεν）关于巨吉斯的一些小事
1.94.1	吕底亚人只有一件有趣的习俗，除此之外他

	们与希腊人无差异
1.95.1	三个关于居鲁士的故事被略去
1.106.2	亚述逻各斯（参考 1.184）
1.177	希罗多德略去（παρήσομεν）关于居鲁士的一些小事
1.184	其他的亚述国王将会在他处提及
1.193.4	巴比伦芝麻与小米的高度（ἐξεπιστάμενος μνήμην οὐ ποιήσομαι...ἀπιστίην）
2.10.3	除却尼罗河与阿凯洛司河之外的形成冲积滩的河流并没有被提及
2.70.1	关于抓鳄鱼一事，只有最佳的才会被记下来
2.101.1, 102.2	希罗多德略去（παραμειψάμενος）了毫无大成就的 328 位埃及法老的名字
2.123.3	那些声称灵魂转世是希腊人想出来的人；名字被略去
3.95.2	希罗多德略去了大流士财政总收入的零头（ἀπιεὶς οὐ λέγω）
3.103	希罗多德并没有将希腊人知晓的关于骆驼的事情一齐写下来（οὐ συγγράφω）
3.125.3	波律克拉铁司被残杀一事不值得记述（οὐκ ἀξίως ἀπηγήσιος）
4.36.1	希罗多德拒绝载入阿巴里司（Abaris）的故事
5.57.2	盖披拉人在雅典并不享受的那些市民权利不值得记述

5.65.5 （暗示）许多雅典人的事迹是不值得记述的

5.72.4 希罗多德能够列举提美西铁乌斯在膂力与勇武方面的伟大成就（τοῦ ἔργα χειρῶν τε καὶ λήματος ἔχοιμ᾽ ἂν μέγιστα καταλέξαι）

[6.19.3 穿插叙述狄杜玛（Didyma）的祭品（1.92.2；5.36.3）]

6.55 希罗多德略去（ἐάσομεν）在希腊的埃及人的故事，其他人已经有所讲述

7.96.1 希罗多德略去（οὐ παραμέμνημαι）波斯将领的名字；说出他们的姓名没有必要

7.99.1 略去其他波斯太守的名字；没有必要予以列举

7.213.3 希罗多德许诺在后面的历史中会提到阿铁纳迭斯（Athenades）杀死埃披阿尔铁司的原因

7.224.1 战死温泉关的三百斯巴达将士姓名全知；希罗多德也知晓，但并未——列出

8.85，2 歼灭了希腊船只的三段桨船的统帅名字只列出两个，其他均被略去

9.43.2 希罗多德知道关乎波斯人的神谕，但略去了其内容

C 个人的厌恶

1.51.4 希罗多德知道是哪个德尔斐人在克洛伊索斯的礼物上刻上拉凯戴孟人的字样，但他并没有说出他的名字（ἐπιστάμενος τὸ οὔνομα οὐκ ἐπιμνήσομαι）

4.43.7 劫掠阉人的萨摩司人，希罗多德知道他的名字，但故意将其忘掉（ἐπιστάμενος τὸ οὔνομα ἑκὼν ἐπιλήθομαι）

参考 2.128 埃及人为了不想起残暴的法老，故意用牧人的名字称呼金字塔

第 3 章

多重版本:读者的自主性

修昔底德为后世古代史家建立起处理新近事件的原则:不能随意采纳讲述者的故事版本,也不能采纳那些仅仅听起来合理的东西,他的书写必须建立在仔细比对亲历者的不同报告的基础上,因为记忆与忠诚(更不要提战场上有限的视角了)经常会制造出彼此矛盾的故事版本(1.22.2-3)。这些明确的准则并没有受到后代史家的反对或者反驳,尽管不同的史家有各自的处理历史的方式。这个方法给现代批评家出了一个难题。总体说来,那些提供史料的人的名字、地位与民族等信息修昔底德是不予收录的。我们也因此无法对其史料来源做出评论。我们只能选择相信他。再者,他极少将事件的不同版本或者他认为有用的那些随意的评论记载下来。[1]修昔底德书中的演讲会让读者感觉事件可以有多重解读,但这些篇章也反映出战时的政治紧急状态与预测的需

---

[1] 8.87处乃是显见的一处例外,修昔底德在这里考察了为什么腓尼基人从未跨越至阿斯盆多斯(Aspendus)以西,这引起了极大的争议。参考 D. Lateiner "Tissaphernes and the Phoenician fleet", *TAPA* 106(1976)267-90;修昔底德关于提撒菲尔涅斯悬而未决也无法解决的困惑导致了诸多猜测。

要，以及历史书写的诸多问题。

关于重构即便是新近发生的事情的历史之可能性，修昔底德表现出比他人更加悲观的态度。那些缺乏或者没有见证者的时代，他会警示读者注意其准确性有限（比如，1.1.3，20.1，21；6.2.1），希罗多德也一样（参见第5章）。他对早于自己百年的历史的评论颇少，此乃有意为之（比如，1.89-117，6.53-9）。他的这种方法论上的谨慎态度可以读作是对希罗多德的批评，因为他试图在随风消逝的记忆上重构至少一个世纪的爱琴文明。希罗多德对他能找到的历史材料进行了检视，包括亲见者的讲述、街谈巷议、口头传统及有形的纪念碑等。修昔底德极为确定地认为，构建过往历史的原则一定与构建当代历史的原则不一样，但是他的评论与写作又极力反对希罗多德的方法———一种与俄弗鲁斯及其后裔使用的那种书斋历史完全不同的方法。

本章旨在探讨希罗多德保全人类成就的一个工具：将不同讲述者的不同故事版本都记载下来。这种技法并不意味着作者对这些材料丝毫没有批判的态度。本章的第二个目的在于检视作者明确指出各个故事及讲述者各自的可信度这个方法。作者或许是通过筛分口头传统来达到接近真理的目的；[2]就像现代的人类学家一样，他或许认为即使在那些充满偏见的叙事与虚假的故事中，也能找到有价值的材料（比

---

[2] 参考 Verdin（1970）183；Fornara（1983）47-8。Drabo-Peschanski（1985）109 与 125 注释 11 将修昔底德的"单声部"与希罗多德的"多声部"做了对比研究。

如，7.152，阿尔哥斯人）。即使在虚构中，史家也能找到文化的含义与历史价值。他对故事进行真假辨别的手段多种多样。无论荷马史诗中的故事有多么虚假，它们对于希腊人都是真切的，且塑造了希腊人的信仰与传统。尤其是在处理上古历史的时候，希罗多德清醒地认识到，要在同一个事件但多个彼此冲突的版本中鉴定真伪是很难的。

虚假或者偏颇的历史也含有宝贵的真理，也能保存那些启人神智的虚假见解。真实性仅仅是诸多历史准则中的一个。历史是人的思想，也是人的所作所为。因此，薛西斯回转亚洲（8.118-19）[3]，撒尔莫克西司的行为（4.94-6），这些故事虽然希罗多德都表示质疑，但他还是决定将它们收入书中。在这里，戏剧效果与主题功用存在的地方，怀疑主义就没有立足之地。薛西斯成功返回小亚细亚，贵族们下了船，这时，希罗多德才说，这个故事他是完全不信的。[4]

我们这里不会将希罗多德表达确定性、偏好与怀疑的方法简化成一个简易明了的体系。我们也不会涉及他呈现多重版本的最重要的渠道，演说者的直接陈述中的不同意见，以及玛多纽斯、薛西斯与阿尔塔巴努斯关于讨伐希腊人事宜

---

[3] Verdin（1970）194. 参考 Benardete（1969）4-5。
[4] Pearson（1941）344. 希罗多德身上并不见塔西佗那种对多重版本的恶意使用；Schmid-Stählin 1/2（1934）630 注释5。在8.118-19中，对 logos legomenos 与侵入式间接不定式的使用表明，希罗多德从一开始就是持怀疑主义态度的。

的争论。彼此冲突的故事版本使得读者明了人物的不同动机与策略，以及他们看法的代价与结果。[5]叙事最终会对某一位发言者的话表示支持。接下来的分析将为读者提供一个多重版本的清单，多重版本的不同类型，以及作者特殊进路的意图。这个清单可以用不同的标准分成不同的类型：希罗多德的信仰与怀疑，选择与悬搁，以及历史的、逻辑的、琐碎的／虚构的不同版本。我们还会考量作者选择收录不同版本的史学写作意义。

希罗多德在125处使用了多重版本（参看章末的清单）。其中包含不同信息源头的相异记录，信息源头中相冲突的分析，以及源自作者自己分析而得出的多重版本。这个清单**不**包括：（1）细微的差异（一种必要的含混）或是那些希罗多德选择回避某些误导读者与无法确认的精准描述的地方；（2）讲述者对事件的不同讲述（本章的主旨）；（3）希罗多德对他人的分析进行的驳斥。最后一类包含那些希罗多德听来的故事的分歧，以及自己的分析产生的分歧与新的猜测。比如，他时而认可已有的猜测（比如，4.11.1；7.220.3），时而又补充自己的看法（比如，参看注释［15］）。

1. 细微的差异指的是，某些行文之处，故事性胜于真知，因此会有些许偏差，这仅仅在形式上属于该主题。归在

---

[5] 关于这个问题的最新研究，参考Solmsen（1974）7-24，Lang（1984）18-21，52-8，155注释3。

这一类下的语句有：腓尼基人到达阿尔哥斯或波律克拉铁司将戒指扔到水中后"五至六天"；或梭伦抵达克洛伊索斯的宫殿后"三到四天"；戈尔哥（Gorgo）的年龄"或八或九"，盗取拉姆普西尼托司财富的贼人拉开两三只革囊的脚。同样，居鲁士试探波斯人，让他们带着镰刀开垦18—20斯塔迪昂（stadion）的阿坎托司（Acanthus）荆棘地，此乃另一例。

有时候，出于现实地域的差异，希罗多德对某些东西很难给出一个准确的测量，只能尽其所知地给出答案：尼罗河水面定会升高"16**或者**15肘"；埃及妇女的尸体会在她们离世"三天**或**四天"后到达木乃伊制作者那里。[6]这些差异从历史的角度上来说都是无关紧要的，这些数据也显示出史家暂时离开了准确记载数据这个领域。

有时候，多重版本被记载下来，但会立刻遭到驳斥，因为其事要么不紧要，要么无法探究。叙事一边回避徒劳无功的谜题，一边往前行进。这就是希罗多德所说的那种事件："事件就这样发生了——或是以另一种我们不知的方式（ἄλλως κως，其他方式）发生的"——归在这个类别下的事件包括"劫掳"伊娥，以及对埃及人的干燥法的详细叙述。"荷马**或者**更早的诗人"发明了俄刻阿诺斯这个词；普里阿莫斯看到"他的两个**或者**三个，或者更多的孩子死在战场之

---

[6] 1.1.3；3.42.1；1.30.1；5.51.1；2.121.1；1.126.1；2.13.1；2.89.1. 参考 Fehling（1971）155-67，"典型的数字"（Typiche Zahlen）。

后"就立刻交出了海伦,这些例子都同理。

希罗多德在无法获知准确信息的时候也会做出一些模棱两可的判断。在说到薛西斯的海军人数时,他假设每艘桡船上有80人,这个数目可能"多些**或**少些"。[7] 修昔底德也以同样不可避免的方式对进攻特洛伊的希腊人进行了估计(1.10.4-5)。这些也不会列在下表之中。

2. 希罗多德很少谈及自己收录不同版本的原则,即便是谈及,也不会深入。在阿尔哥斯人是否派出使节到苏撒(Susa)这一问题上,希罗多德表示质疑:"我的职责是把我所听到的一切记录下来,虽然我并没有任何义务来相信每一件事情,对于我的整个逻各斯来说,这都是适用的。"(7.153.3)埃及人传说狼为祭司带路,在对这个故事表示质疑之后,他告诉我们,"在我全部的逻各斯中,我的原则是不管人们告诉我什么,都把它记录下来"(2.123.1)。普叙洛伊人(Psylloi)在荒漠中丧生——大概是这样吧,但是"我是按照利比亚人的传说叙述的(4.173)"。库劳伊司岛(Cyrauis)上的少女有一种奇特的挖掘金沙的方法——"我不知道这是不是实有其事,我只是把人们传说的写下来而已。不过,所有的事情都可能是真的;因为我亲眼在札昆托斯(Zacynthus)见过[类似的事情](4.195.2)"。佩拉司吉

---

[7] 1.5.3;3.24.2;2.23;2.120.3;7.184.3。其他的例子,请参考3.33,7.191.2。

人被赶出阿提卡是否正当,"我没法说,我只能把人们传说的记录下来(6.137.1)"。"请允许我把我听到的东西记录下来。(2.125.5)"

以上收录的仅仅是那些表达最为明确的关于方法的评论,但是这些评论并不足以成为方法本身。希罗多德喜欢将某些问题留给读者自己去判断(3.122.1; 5.45.2),即使是那些一眼看去就十分荒谬的村野巷谈,他也会将其收录。他所做的乃是保存当下的传说记录,而不是强制性地为自己的历史加上诸多阐释,甚至是一个理性化的、经过测试的"上佳版本"。他时而对两个版本都详加叙述(1.75.3-6,3.86-7,7.150);时而对一个版本详加叙述,而对另一个没那么可信的版本约略概述(2.2.5, 21; 3.45; 7.3);时而不掺杂任何别的版本(比如,1.95.1)。对于那些炮制神话的、奇迹性的,或者是过于狭隘的版本,希罗多德则予以删减(1.95.1; 3.2, 16.5-7; 5.86.3)。[8] 一个典型的例子就是薛西斯进犯之前阿尔哥斯人的行为(7.148.2-152.3);他记述了一个阿尔哥斯人的版本(附加上 καίπερ [尽管] 这个警告语,149.1),继而是一个希腊人的版本(有另一个为某些希腊人述说的故事支持 [συμπεσεῖν], 151),最后是一个简短的恶意的版本。对历史不确定性的表达,对政治偏见的评论,以及对多重版本并不意味着真实性的担保,这些都使得第二个严肃版本的

---

[8] Groten(1963)79-87,尤其是 87(最末段)。参考 Jacoby(1913)399-401; Schmid-Stählin 1/2(1934)629-31。多重版本的部分清单: Drexler(1972)58-9; Myres(1953)18。

可靠性立刻受到限制（152）。

希罗多德可以明确地做出选择，如居鲁士的降生与死亡（四个已知版本，1.95.1；多个已知版本，1.214.5），也可以含蓄地做出选择，如他时而叙述多个版本但不予置评，而其中一些明显受到时人的争议。[9]面对多重互相矛盾的版本，他有时不会表现出自己的偏好（不明确：5.44-5；6.137），但总体来说，他的选择还是颇具眼光的（2.146.1；3.9.2；4.11.1，77.1；8.94.1-4，119）。

关于希罗多德与故事版本之间的距离，读者不必通过希罗多德直接对故事做出否定来判定。通过侵入式的间接动词不定式或者在第一序列中的 ὅτι 与 ὡς 结构中使用祈愿式，希罗多德可以在不对多重版本予以否定的同时，表达反讽、怀疑、质疑。这种文字辩论的句法技巧从对尼罗河鱼群迁徙原因的带有怀疑的报告（2.93.4）和萨摩司人与斯巴达人对克洛伊索斯的混酒钵瓶的消失的对立记述（2.93.4）中可见一斑。萨摩司人的记述中有着明确的直陈式，而斯巴达人的陈述中则有着充满怀疑与反讽的祈愿式。[10]希罗多德以一种

---

[9] 这项研究并不包含那些信息来源多重且一致的叙事，例如，1.23；2.75.4，147.1；2.99.2（？）；4.12.3（ξυνὸς ... λόγος），105.2，150.1，154.1；5.54.1（阿里司塔哥拉斯与现实），87.1；7.151；8.94.2。在这里我们可以看到，希罗多德很看重这个历史书写原则，因为这种原则将彼此水火不容的材料整合到一起，并且使之升华成具有历史真实性的东西。再者，这些篇幅的存在也证明了作者当初寻求多重版本的努力。

[10] 指示性的 ἀπέδοντο 与祈愿式的 ὡς...ἀπελοίατο...ἀπαιρεθείησαν 相对。另参考 3.87；9.82，以及 Cooper（1975）29-34 绝妙的分析。也请参考上文第 1 章讨论库泊侵入式间接不定式（1974）。

可辨的句法习惯与传述保持着明确的距离,但同时又不缺乏礼数。

对某些东西的无知是智慧的一大组成(Nescire quaedam magna pars sapientiae est)。希罗多德时而对事情尽信无疑,这种情况下,如果其他故事版本也有益有趣的话,他也会予以收录。在信息不足之时,他也会敞开真理之路,坦然承认证据不足,难以确定真相。[11] 当作者做出选择之时,其结果也是不可预测的。他所记载的居鲁士的生与死的故事应该是希罗多德从四个或者是更多故事中选定的,这不禁让我们想象那些被舍弃的版本该多么滑稽可笑。

3. 关于个人动机的"逻辑可能性"既不归于某个特定资料来源,也不会被细加考量。美伽克列斯(Megacles)的女儿,佩西司特拉托斯(Pisistratus)的新婚妻子,"起初他的妻子隐瞒了这件事情[她与丈夫进行了不正常的交合],但是过了一段时间,不知道因为她的母亲问(ἱστορεύσῃ!)了她还是什么别的原因,她把这个事情向母亲说了……(1.61.2)"文中并不见母亲的行动,但是希罗多德表达了自己的无知,并且对美伽克列斯如何得知这件事情做出了猜

---

[11] 例如,参考 1.173;2.103.2;3.116.1;5.86.2;6.14.1(似乎因为偏见而无法理解);8.8.2-3, 87.1(不可理解);9.18.2, 84.1-2。希罗多德很少仅凭预估(ἐπεικάσαι)而做出猜测,如在普拉提亚对抗玛多纽斯的五万希腊联军(9.32.2),但有时候事件确实湮没无闻,爱莫能助,那只能做出推断了。希罗多德在历史性猜测上也用 eikazo(猜测),如 1.34.1;2.104.2;7.239.2(如果真实的话)。

测。历史空白被一种可能的动机填补了。这些逻辑可能性为历史书写弥合虚构与真实历史之间的鸿沟提供了空间。这些满足重大历史目的的猜测性动机还见于其他叙事，例如，塞索斯特里斯远征的目的，阿玛西斯与希腊交往的动机，阿尔克西拉乌斯（Arcesilaus）对神谕的解读，戴玛拉托斯在温泉关战役之前与斯巴达通信的动机。[12]

与政治有关的叙事中还有一种更重要的多重叙述（参见第9章）。与修昔底德一样，希罗多德有时会区分真正的政治缘起与政治托词。[13]虽然希罗多德尚未将自己从非政治与超政治的因果律中解放出来，但是历史时期中（即自克洛伊索斯始）的重要事件，无一没有政治动机，无论其中掺杂了什么别的因果律。[14]如果说作者对特洛伊战争并没有做出什么政治上的解释，那是因为上古事迹湮没无闻，难以搜寻。修昔底德基于现实政治（Realpolitik）天才地重构了阿伽门农联军（1.9.3），但是，同希罗多德一样，他也没有费尽心机地将远古战争的缘起理性化。希罗多德却很可笑地解释了特洛伊人坚持作战的原因：并不是为了海伦，而是他们别无选择，因为海伦并不在特洛伊城内（2.120.5）。但是希腊人却并不听信特洛伊人的说辞，洗劫了特洛伊城！这可能是对早期历史书写者对特洛伊战争理性化与道德化的反讽。

---

[12] 2.103.2; 2.181.1-2; 4.164.4, 7.239.2.
[13] 刚比西斯：3.1.5 与 21.2；大流士：4.1.1 与 118.1；6.94.1；薛西斯：7.8*, 138.1。
[14] 同样，de Romilly（1971）；与之相对，Wardman（1961）。

希罗多德使用埃及人的传述与荷马抗衡，以表达自己的一个观点，即某种超自然的力量会平衡国家之间的恩怨情仇。在这里，很遗憾，作者暂时地与历史要限于新近人类时代这一设定相悖了。

希罗多德时常沉迷于"如果某事发生了，事情将会怎样"这样的假设，并且勾画出历史的新格局。这就是希罗多德的多重历史与想象性构建。这其中包含简单的设想，比如，如果普撒美尼托斯当初没有干涉政治的话，他将会在波斯宫廷中安享晚年。这其中也包含对与事实相反的假设的宏大历史建构，例如，科西拉人如若没有加入希腊舰队，如果玛多纽斯的军队与雅典海军融合，玛西斯特斯如果逃脱则其叛乱可能会成功。[15] 这些未成的历史性假设的决定性结果由一个限制性的语句予以强调，即，"τά περ ἄν καὶ ἦν"（事情的确会是这样）。有若干例证可供参考。如果色雷斯人能够联合起来的话，没有哪个民族能与之抗衡。如果温泉关战役中那两位罹患眼病的士兵都逃离战场或者是参加战争的话，那么那个唯一的"幸存者"的命运就会不同了。如果阿布戴拉人（Abderites）被迫为薛西斯的军队提供一日两餐而非一日一餐的话，他们就得离开故土遭受苦难了。[16]

阐述得最为详尽的假设性语句出现在希罗多德对雅典

---

[15] 1.191.5；3.15.2；7.168.3；8.136.3；9.113.2；参考8.119，对非理性的讽刺。在第三段与第五段，作者强调了自己以第一人称代词与动词对重构性想象力的使用。
[16] 5.3.1；7.229.2；7.120.2.

的称颂中。[17]希罗多德强调，如果雅典人没有对希腊人保持忠诚的话，希腊人的事业早就失败了，在这14行的解释中，ἄν这个假设性的语助词出现了11次之多。"如果雅典人离弃自己的国家，或者向薛西斯投降的话，那么**就**没有任何人想在海上和国王对抗了。因此，如果没有人在海上和他对抗的话，我认为在陆上**就**要发生这样的事情。虽然伯罗奔尼撒人在地峡上修筑了不是一层，而是好几层城壁作为他们的屏障，斯巴达人的同盟者还是会离开他们，直到最后只剩下他们自己。他们的同盟者离开不是自愿如此，而是不得已的，因为这些同盟者的城市一座座地被异邦人的水师攻陷了。既然这样地被孤立起来，他们就势必得对敌人大战一场并光荣地战死。这就是他们会遭到的命运，否则在他们看到希腊的其他部分都站到敌人一面去的时候，也就会和薛西斯缔结城下之盟了（ἄν，两次）。无论上述哪种情况发生，希腊都是会给波斯人征服的。因为，当国王制霸海上之际，我看不出在地峡上修筑城壁会带来什么好处。但实际上，如果说雅典人乃是希腊的救主的话，这便是十分中肯的说法了。"这个假设枝蔓缠绕，充满想象，结构复杂，这也显示出希罗多德对主要且复杂的历史问题的把控能力。他不是一个传述者、传声筒，不是轻信他人的人，或编年纪事者，而是一位思考军事策略、民族性格、政治权宜之计及历史想象等诸多事宜

---

[17] 7.139，散见各处。以下乃是对希罗多德文本的演绎。也请参考 Solmsen（1974）24-7。

的分析家。

希罗多德会收录哪些故事及其多重版本呢?又是出于什么目的呢?他不是被动地受到孩童般的好奇心牵引的,他的叙事都有所思量。关于凯姆米司(Chemmis)浮岛的故事"如此精彩,希罗多德绝对难以将其弃置一旁",持这种意见的批评家完全误解了希罗多德的写作方法。[18] 虽然逐个辨明他收录的每个故事的动机不甚现实,但我们还是可以发现他对前辈赫卡泰乌斯的批判(1 *FGrHist* F 305);他那种时隐时现的对例外于自然法则的事件的理性怀疑(参考 7.129.4);他语带欢乐地转述地方奇异的神话式的原因论——阿波罗和阿尔忒弥斯是在另一个浮岛上诞生的,而非德洛斯岛;第二卷中关于希腊神话与宗教的埃及缘起的主题。这些施加于其叙事的有意为之的动态影响促使他将自己听到的故事记载下来,无论他怎么强调自己与这些故事的真实性之间的距离(例如,2.156:λέγεται ... αὐτὸς μὲν ἔγωγε οὔτε ... εἶδον, τέθηπα δὲ ἀκούων εἰ ... ἀληθέως ... λόγον ἐπιλέγοντες οἱ Αἰγύπτιοι φασὶ ... ἐν τῇ νῦν πλωτῇ λεγομένῃ νήσῳ ... οὕτω λέγουσι)。现代读者之所以认为希罗多德怪诞,不是因为其缺乏学科意识,而是因为他的兴趣过于驳杂。

---

[18] Lloyd(1975)146 及其他,但他对悖论(paradoxography)进行了一番很好的评判。Immerwahr(1966)325 有力地反驳了"大杂烩的观点"。Lang(1984)1-17 讨论了讲述故事的方法与希罗多德叙事的逻辑。

希罗多德为自己设定的一个义务是将自己所听到的故事记载下来，但并非所有的故事。[19]巨吉斯的故事，他只记载了多重版本中的一个。作为开卷第一个故事，其结构与主题的重要性（幸福与管好自己的事情）较之其他无甚价值的版本更有意义，而且这也是对无形无限的材料的一个限制，对序言的一个阐释。序言的结尾开启了对克洛伊索斯的历史叙事，即第一个对希腊人犯下罪行的君主。[20]主导主题的存在也由题外话得到旁证（προσθήκη 与 παρενθήκη，4.30.1，7.171.1）。这些词语暗示了某种相关性标准的存在，有些例外需要加以阐释，如玛多纽斯为自己关于征服希腊的演说所加的话，德尔斐神庙为给阿尔哥斯人的神示加上的给米利都人的神示（7.5.3，6.19.1）。希罗多德将这些言语行为作为题外话（parenthekai），是为了将中心主题与外围事件、关键事件与那些仅仅是有所关联的有趣的事件区分开来。但是，多重版本并不是题外话，而是对未得到确证的东西设置一个必要的警告。

多重版本源自两个相对立的动机中的一个，"在多重版本中辨明真伪抑或是强调其中某个版本的优越性"，"尤其是在作者急于否定某个受到大众欢迎的传统之时"。[21]例如，

---

[19] 与之相反，Jacoby（1913）350；另参考 Hignett（1963）32。
[20] Wolff（1964）58 = Marg 678.1.5.3 也呈现了希罗多德写历史时关于相关性与历史性的最初标准。这种编年界限暂时被逾越了。
[21] Hignett（1963）32 与 Jacoby（1913）473ff. 一道援引修昔底德 2.5.6 与 1.20.2 作为史家被迫采纳多重版本的两种动机的例证。

关于多里欧司（Dorieus）是否参战一事，他并没有在叙巴里斯人（Sybarite）与克罗同人（Crotoniate）的叙述中做出选择，而关乎阿尔克迈翁家族（Alcmaeonidae）在马拉松战役中的清白，希罗多德则在不同的意见之中做出选择（5.44.2-45.2，尤其是末尾处；6.121-4）。对于许多历史叙事而言，希罗多德判定的标准是其事实性。有些故事可靠（πιστά 或 πιθανά），有些故事则空洞苍白（μάταια）。[22] 持不同意见的人可以被量化（3.120.1：πλεῦνες, οἳ ἐλάσσονες），而他们的意见可以被认定为非常可信，较为可信，没那么可信，或不可信（1.214.5, 3.9.2, 2.123.1 与 3.3.1；参考 3.56.2, 2.2.5 与 118.1）。但或然性或可读性对于希罗多德是否收录故事来说并不是决定性的。

希罗多德甚至为了保存关于人类习俗、信仰与制度的知识而收录那些明显有误的信息。[23] 但收录并不意味着赞同。修昔底德会严肃地省略探究的过程，只呈现那些经过自己检视过的结果，而希罗多德则不时会明确自己信息来源的场所（2.3.1, 28, 53.3, 54.2），讲述者的姓名（不常见：2.55.3, 3.55.2, 4.76.6, 8.65, 8.66.6, 9.16.1），民族缘起（常见，例

---

[22] 虽然希罗多德回避了神学问题，因为他并不认为它们与他写作的《历史》（2.3.2）相匹配，但神性故事也有不同程度的礼遇（例如，1.182.1；2.145.1, 146.1）。关于神的自己的猜测在他的笔下显得如履薄冰（例如，2.56.1, 120.3：εἰ χρή τι τοῖσι ἐποποιοῖσι χρεώμενον λέγειν，"如果史诗诗人值得参考"）。参考 Darbo-Peschanski（1985）118。
[23] 赫拉克利特认识到了在神性事务上的怀疑主义的危险：ἀλλὰ τῶν μὲν θείων τὰ πολλά...ἀπιστίῃ διαφυγγάνει μὴ γιγνώσκεσθαι（Vors 22 B 86）。

如，1.20，8.38-9）。[24]这样的脚注是不能被证实的，但是它们确实可以帮助学生评估传述事件的可信性，一窥信息来源的本质，包括产生对历史进行不同阐释的活的当地传统与政治纷争。因此，希罗多德对证据有一定的操控。他与修昔底德对与证据相关的不同问题都有不同的解决之道。修昔底德对自己问询的人物、地点与时间等皆保持沉默，这可不是什么美德。对研究的展示（apodexis histories）对希罗多德来说意味着自己担当史家（histor）的职责：观察、呈现、比较，对不同的意见进行真假判别。[25]希罗多德的方法至少从对信息来源的批评与多重视角的角度上来看是值得称赞的。他对不同的意见敞开胸怀，邀请读者积极参与、介入，甚至是批判。他对已彰显出来的那些永恒真理保持怀疑，认为一切的事情都可资讨论。在他看来，自己的假设仅仅是最佳的可行假设，而不应当把其他的那些叙述仅仅当成偏见而予以删减或舍弃。[26]

目录清单

1. 当"希罗多德 v 他人"这个对立出现的时候，希罗多德总会提出一个假设或者偏好。（这与"希罗多德做出选择"

---

[24] 清单请参考 Jacoby（1913）398-9；Lloyd（1975）83，140，第三章，见于各处；Darbo-Peschanski（1985）110。
[25] 参考 Myres（1953）9，Evans（1968）16，引用《伊利亚特》18.501；23.486。
[26] 参考 Darbo-Peschanski（1985）121-4。

不同,因为这样说,似乎显得他不是参与论争中的一方。)

2. 调查的终结标记意味着希罗多德没有找到足以否定其他版本的可信版本,虽然有时候他的偏好已经显而易见(例如,1.70.2-3;7.191.2)。

3. 被希罗多德提到的多重版本的特定来源会予以表明。通常,他仅仅说"有的人这么说,然而有的人那么说"。

4. 被标明为"方法"的段落显示的是希罗多德对多重版本的概论。

5. 有"假设"出现的地方,希罗多德都会提供"那么情况则会是……"——一个与事实相反的假设。这也是一种未被实现的多重可能。

多重版本

  第一卷

2.1   波斯人 v 希腊人:伊娥被掳

5.2   波斯人 v 腓尼基人:伊娥被掳

5.3   方法:其他版本:伊娥被掳

19.2   阿律阿铁司请示神托:是自己的想法还是他人的意见?

51.3   希罗多德 v 拉凯戴孟人:克洛伊索斯向德尔斐献祭,而非拉凯戴孟人

61.2   美伽克列斯的女儿是否被问起她与佩西司特拉托斯的房事?

65.4   有些希腊人 v 拉凯戴孟人:斯巴达政制是德

	尔斐还是吕库尔戈斯之果？
70.2-3	（及 3.47.1）拉凯戴孟人 v 萨摩司人：给克洛伊索斯的礼物是被劫走的还是被卖掉的？
75.3	希罗多德 v 大部分希腊人：克洛伊索斯渡过哈律斯河
86.2	为什么居鲁士将克洛伊索斯置于柴堆之上：最初的虏获物，许愿实现，抑或是测试神灵的护佑？
95.1	居鲁士早期生平的四个版本；希罗多德选取了最不离奇的那个
122.3	库诺（Cyno）：养母而不是母狼；希罗多德做出了选择（并且拒斥了一个广为传播的错误版本）
171.5	卡里亚人 v 克里特人：卡里亚人的自治
172.1	希罗多德 v 卡乌诺斯人：卡乌诺斯人的自治
182.1	希罗多德 v 伽勒底人：神降；希罗多德选择否定
191.1	居鲁士的巴比伦计谋：他的主意还是他人的？
191.5	如果巴比伦人识破了波斯人的偷袭（假设）
214.5	居鲁士之死：希罗多德选择了"诸多版本中最值得信任的"

第二卷

2.5	埃及祭司 v 希腊人：普撒美提科斯的人类学；

	希罗多德做出了选择
3.1	孟菲斯的祭司 v 底比斯的祭司：哺育婴儿
4.1	埃及 v 希腊历法：希罗多德认为前者更为准确
16.1	希罗多德 v 爱奥尼亚人：埃及的地理特征
20-4	希罗多德 v 某些希腊人：尼罗河的源头与流量差异；三种错误的解释（理性的、传说式的、可信的）以及希罗多德自己的陋见
28.2, 5	希罗多德 v 埃及主簿：尼罗河源头的深度
54-7	都铎那神庙的建立
55.1	埃及 v 都铎那人：关于神庙建立的不同版本
56.1	希罗多德 v 都铎那人：论会说话的鸽子
63.3	希罗多德 v 埃及人：械斗的伤亡
103.2	塞索斯特里斯的军队：被派遣的还是被遗弃的？
106.5	希罗多德 v 某些看见过雕像的人：是美姆农（Memnon）还是塞索斯特里斯的雕塑？
116-17	《塞浦路斯纪》v 荷马的《伊利亚特》与《奥德赛》：帕里斯的漫游。不同的记录印证不同的作者
118-19	希腊人 v 埃及人：海伦与特洛伊战争
118.1	希罗多德 v 希腊人：特洛伊战争，其本质及对它的记载
120.1-2	希腊人 v 埃及人：海伦曾在埃及吗？希罗多德做出了选择

123.1　处理神迹的方法：埃及人 v 希罗多德

125.4　金字塔的修建：一个杠杆还是许多杠杆？可能有两种体系

131.1　美凯里诺斯（Mycerinus）女儿：自然的痛苦还是乱伦？

131.2-3　墓穴中雕塑脱落的手；希罗多德做出选择

134.1　希罗多德 v 希腊人：罗德庇斯是否建了金字塔？

145.1-46.1　希腊人 v 埃及人：诸种神灵的年代；希罗多德做出了选择

175.5　撒伊司石料弃之不用：工匠的呻吟（先兆）抑或是工匠的死亡？

181.1，2　阿玛西斯与希腊女人拉迪凯（Ladice）的婚姻：外交需要抑或是对希腊女性的色欲？她的父亲是巴托司（Battus），抑或是阿尔凯西拉欧斯（Arcesilaus）*，又或是克利托布罗斯（Critoboulus）的女儿？

第三卷

1.5　（及 3.21.2）刚比西斯的帝国主义：出于愤怒还是贪婪？

1.5-2.1　波斯人 v 埃及人：尼太提司（Nitetis）是阿普

---

*　作者遗漏掉了这个人物。

	里埃司还是阿玛西斯的女儿？希罗多德做出了选择
2.1	希罗多德 v 埃及人：刚比西斯的母亲为何人？
3	刚比西斯愤怒的根源：另一个版本；希罗多德做出了选择（并拒斥此版本）
9.2	骆驼抑或是生牛皮管：希罗多德做出了选择
15.2	如果普撒美尼托斯能安分守己（假设）
16.5-7	埃及人 v 其他人：被鞭打的是阿玛西斯的尸首抑或是代替品？
24.2	埃及人对尸体进行脱水：是埃及人的发明抑或其他？
30.3	司美尔迪斯之死：源于打猎还是淹水而亡？
32.1-3	希腊人 v 埃及人：刚比西斯的妹妹之死是因为她的眼泪还是莴苣？
33	刚比西斯的疯狂：是源于阿庇斯（Apis）抑或是其他？
45.1	流放的萨摩司人是否去了埃及？
45.3	流放的萨摩司人是否打败了波律克拉铁司？希罗多德做出了选择
47.1	（1.70.2-3）斯巴达人 v 萨摩司人：斯巴达人前来是为了帮助还是惩罚？
56.2	斯巴达离开：失败还是假币？希罗多德做出了选择
80.1	希罗多德 v "某些希腊人"：反抗者是否讨论

	了政体？
86.1-87	大流士的马嘶鸣是因为牝马的位置还是欧伊巴雷司摩擦过牝马阴部的手？
116.1-2	希罗多德 v 其他人：独眼的阿里玛斯波伊人（Arimaspians）并不存在
120.1-121.2	波律克拉铁司或米洛巴铁司（Mitrobates）羞辱了欧洛伊铁司？
121.2	波律克拉铁司忽视使者是出于故意还是偶然？
122.1	方法：波律克拉铁司的死随你信哪一个故事

第四卷

1.1	（及 118.1）大流士进军斯基泰人：复仇还是扩张？
5.1	（参考 8.1，11.1）希腊人 v 斯基泰人：论斯基泰人的起源
5.1	希罗多德 v 斯基泰人：塔尔吉塔欧斯（Targitaeus）的父亲是凡人，而非神明
6.2	希腊人 v 斯基泰人：斯基泰人的名字
11.1	希罗多德 v 黑海地方居住的希腊人：斯基泰人最初来自亚细亚
42.4	希罗多德 v 腓尼基水手：绕行利比亚时，太阳会在其北边
45.2	希罗多德 v 希腊人：大陆的边缘
77.1	斯基泰人 v 伯罗奔尼撒人：阿那卡尔西司

（Anacharsis）之死。希罗多德做出了选择，认为希腊人的版本乃是无稽之谈

81.1　　斯基提亚的人口：版本各有已见

95.1-96.2　盖塔伊人 v 居住在黑海附近的希腊人：撒尔莫克西司是人还是神？希罗多德悬搁判断

103.2　　斯基泰人的牺牲：船员的尸体是被推下悬崖的？

147.4　　卡得莫斯登陆铁拉（Thera）：是出于喜欢还是其他

150.1　　铁拉人与拉凯戴孟人论巴托司

150.1，154.1　铁拉人关于在利比亚建殖民地的记述中唯一可信的

154.1　　铁拉人 v 库列涅人：有关巴托司的传说

155.1　　希罗多德 v 铁拉人与库列涅人：讨论巴托司的名字来由

164.4　　阿尔凯西拉欧斯对神托的错误阐释

167.3　　阿律安戴司（Aryandes）远征利比亚：并非出于复仇而是为了扩张。希罗多德做出了选择（参考 7.138.1）

195.2　　方法：（参考 2.123.1，7.152.3）少女用羽毛淘金？希罗多德将自己听到的写下来。这种事情是可能的，他在札昆托斯就亲眼见过类似的事情

第五卷

3.1	如果色雷斯人能够统一,那么他们将是最为强大的国度(假设)
9.3	希罗多德 v 自称是米底人移民的昔恭纳伊人(Sigynnae)。悠长无尽的岁月中,任何事情都可能发生,但希罗多德仍旧表达了自己的疑惑
10	希罗多德 v 色雷斯人:极北的土地没有蜂
41.3	克列欧姆布洛托斯与列奥尼达斯是双生子吗?
44.2-45.2	叙巴里斯人 v 克罗同人:多里欧司是同盟吗?
57-59	希罗多德 v 盖披拉人:他们不是埃列特里亚人(Eretrians)而是塔那戈拉人(Tnagraeans)
63.1	雅典人声称这些人贿买了佩提亚;暗示了德尔斐的拒绝(?)
85.1-86.1	雅典人 v 埃吉纳人争论关于雅典入侵的缘由
86.1	雅典人 v 埃吉纳人:一艘船抑或是多只?
86.2	为什么埃吉纳人要躲避战争:计划还是软弱?
86.3	希罗多德 v 埃吉纳人:神像并没有奇迹般地跪了下来
87.2	阿尔哥斯人 v 埃吉纳人:击溃雅典人的是阿尔哥斯人还是神力?
88.1	雅典服饰起源于卡里亚(Carian),而非爱奥尼亚;希罗多德做出了选择

第六卷

14.1	爱奥尼亚人 v 其他爱奥尼亚人：哪些爱奥尼亚人在拉德海战中是勇猛的？希罗多德无法理清
52.1	拉凯戴孟人 v 所有的诗人：斯巴达国王
53	拉凯戴孟人 v 希腊人：斯巴达国王
54	希腊人 v 波斯人：柏修斯的族谱
75.3	大部分希腊人 v 雅典人 v 阿尔哥斯人：克列欧美涅斯之死；三个版本
82.1	克列欧美涅斯关于进军阿尔哥斯的话真假与否
84	拉凯戴孟人 v 阿尔哥斯人：克列欧美涅斯之死——醉酒还是疯癫
121-4	希罗多德 v 有些雅典人：阿尔克迈翁家族并没有在马拉松战役中发出信号
134.1	帕洛司人（Parians）关于米尔提亚戴斯（Miltiades）之死的记述（唯一权威版本）
134.2	米尔提亚戴斯到帕洛司神庙的目的何在：偷窃还是色欲？
134.2	米尔提亚戴斯在帕洛司神庙受伤：扭了大腿，跌伤了膝头？
137，尤其是 1，4	赫卡泰乌斯 v 雅典人：佩拉司吉人被赶出阿提卡

第七卷

3.4	薛西斯是以阿托撒的权势还是因戴玛拉托斯的建言而登上王位？希罗多德做出了选择	89
35.1	薛西斯给海烈斯彭特烙上烙印，并鞭打之？	
54.3	薛西斯将黄金盏投入海烈斯彭特，是奉献还是赔偿？	
55.3	薛西斯跨越海烈斯彭特是最后一个渡过的还是夹在军队中间？	
120.2	如果阿布戴拉人不得不向薛西斯军队提供两餐（假设）	
138.1	薛西斯的目标是雅典还是整个希腊？希罗多德选择了真正的目标，而非借口	
139.2	如果雅典被永久抛弃，抑或是米底化（假设）	
139.2	如果没有海军在海上与薛西斯抗衡（假设）	
139.3	如果拉凯戴孟人阻断了地峡（假设）	
149.3-150	阿尔哥斯 v 希腊人：波斯使者是否去过阿尔哥斯？	
152.1	阿尔哥斯人 v 另一版本：阿尔哥斯人是否要求薛西斯入侵希腊？	
152	方法：阿尔哥斯人的立场——希罗多德将自己所闻记录下来，但并不一定会听信。传述一定是有偏私的	
153.3	铁列涅斯是取得还是购买了圣物？希罗多德	

	别无其他信息
167.2	腓尼基人 v 其他人:阿米尔卡斯(Hamilcar)是如何消失的?
168.3	如果薛西斯攻克希腊人,柯尔库拉情况将会如何(假设)
189.3	波列阿斯是否回应了雅典人的请求?
191.2	波列阿斯是否终止了玛哥斯僧奉献的牺牲还是另有他情?
214	悬赏的不是欧涅铁斯(Onetes),而是埃披阿尔铁司的头颅;希罗多德做出选择
220.1-2	为什么列奥尼达斯在温泉关打发走联盟者;希罗多德做出选择
229.2	如果两个斯巴达眼疾病人都留下或者都离开(假设)
230	阿里司托戴莫斯(Atistodemus)幸存下来是因为他有恙在身,还是因为出使在外?
239.2	戴玛拉托斯对斯巴达的态度是友好还是敌对?希罗多德做出选择(eikazein)

第八卷

8.2-3	司苦里亚斯是乘船还是潜水到希腊人那里去的
22.3	铁米司托克列斯是要争取爱奥尼亚人还是引起他们的怀疑。希罗多德重构之

54	薛西斯命雅典亡命者到卫城上奉献牺牲，这是因为梦还是自己心有余悸？
84.2	雅典人v埃吉纳人：萨拉米斯一役，谁先引起战端？
87.1	哪些希腊人与异邦人在萨拉米斯海战中表现英勇？记述有差（参考94.4）
87.3	阿尔铁米西亚突击卡林达人战船：出于敌意，早有预谋，还是偶然发生？
87.4	雅典三段桡船转开对付别的船只去了：是因为统帅以为这是希腊船还是因为其以为这是一只倒戈为希腊人作战的异邦船
94.1, 4	雅典人v希腊人：柯林斯人在萨拉米斯海战中的行为；希罗多德做出选择
116.2	比撒尔提亚（Bisaltan）国王要么是枉顾父亲的命令，要么是想看看战争的场面
117.2-119	薛西斯是从海上还是陆地上归还的
136.3	如果玛多纽斯争取到了雅典海军（假设）
136.3	玛多纽斯派遣亚历山大去雅典：出于政治还是神托？

第九卷

5.2	雅典人吕奇戴斯（Lycidas）是赞同还是接受了贿赂？
18.2	普拉提亚一战中，波斯人对波奇司人的阵型：

	是帖撒利人（Thessalian）之请还是测试勇气？
74	梭帕涅斯（Sophanes）的锚：是真的，还是系在铠甲上的？
84.1-2	普拉提亚一战玛多纽斯的尸首呢？是被谁埋葬的？
91.1	列乌杜奇戴斯（Leutychidas）问萨摩司人的名字是征兆还是出于神意？
95	戴伊波诺斯（Deiphonus）是埃维尼乌斯（Evenius）的儿子吗？
98.4	（参考 8.22.3）列乌杜奇戴斯的话是为了引诱爱奥尼亚人，还是为了引发他们的怀疑
113.2	玛西斯特斯如果能够逃到巴克妥利亚（Bactria），他将使国王受到更大损害（假设）
120.4	处死阿尔塔乌克铁斯：是在架桥那里还是玛杜托司（Madytus）

第 4 章

争议：希罗多德对材料来源的使用

历史学家总是修正主义者。他们挑战业已被接受的关于历史的观点。即使作为历史的创始人，希罗多德也是这样，他与前代人和当代人都存在分歧。他经常挑战那些博学的意见，普遍的信仰，诗人，虽然他的主旨在于"保存与尊重而非批评"。[1]

希罗多德认为，要想打捞关于过去的可能知识，就必须对证据严格审视（2.21, 45.1, 44.1：σαφές τι εἰδέναι ἐξ ὧν οἷόν τε ἦν）。他强调，收集二手资料、文本及多重版本的方法有局限且可能发生错误。他忠实地传述这些故事，并且在有能力的时候对确已发生的事情做出良好判断。他的逻各斯是真的（ἀληθής），在于它没有**扭曲**现有的故事。[2] 他承认人类会犯错（6.14.1, 8.87.1），也一再承认自己没有办法对细节加以详述。他对在某些问题上我们是否能够得到真理持怀疑态度（1.5.3, 57.1；2.2.2；7.152，等），即便是列出了现有的证据之后（1.1.5, 2.45.1）。在处理极为缺乏材料的历史时，宣

---

[1] Momigliano（1961/2）186-97 = Studies 212.
[2] Starr（1968）348-59 =（1979）163-74. 参考同上（1968b）107ff.；Dewald（1983）.

判事实不清是一种历史书写的美德。然而，希罗多德在他的材料面前并不是束手无策的，我们马上会讨论这个问题。

希罗多德经常与其他的希腊人，历史散文书写者（logopoioi），大众认知以及城邦偏见等意见相左。相较于异邦的信息，他对希腊人的信息更持怀疑态度，[3]这大概并非其本意，因为异邦人的信息更难检视。我在这里并不是要解决这些地理或者历史的争端。事实上，关于这些问题，有时候希罗多德本人有理，有时候其论辩对手更有理，有时候甚至是双方都没理。以下简短的讨论及之后的清单是要展现那些论争的要点，尤其是对书面材料的批判，以及论争集中的领域。

在早期希腊写作者那里，正如海德尔（Heidel）所说："'历史'事实如果存在的话，被视为一种公共财产。想想那些在亚里士多德《政治学》中被提到的（真实的或者是假想的）历史事实吧。他几乎从未提及信息来源……"[4]只有在表述受到挑战的时候，我们才会发现引用的存在。将业已接受的关于历史的信息不加注释地放入自己的行文之中是古人的常见做法。即使在观点受到挑战的时候，作者也通常不会表明其行文出处。能够印证这种文学惯例和希罗多德与权威进行激烈争辩的例子有：他对希腊人绘制简明地图所付出的

---

[3] Pearson（1941）348.
[4] Heidel（1935）134，注释3；Parke（1946）80-4. 修昔底德在一处提及了赫拉尼库斯（Hellanicus），1.97.2。他从未提及希罗多德，或如赫卡泰乌斯或叙拉古的安提俄库斯（Antiochus）的名字。希罗多德的书面资料，参考 Jacoby（1913）392-419 与 Drews（1973）166，注释91-2。

代价的嘲笑；他对希腊人不愿相信波斯人有能力讨论政府形态所发出的嘲讽；对希腊人关于尼罗河源头的知识一笔带过地否定。[5]他正确地指出，关于阿那卡尔西司的故事乃是一个希腊笑话（πέπλασται［捏造］*，4.77.2）。他纠正希腊人在民族与地理上常犯的错误以及其他一些他认为从历史上来说十分幼稚的观点，例如在温泉关为薛西斯军队做向导的人的身份。[6]

史家（histor）这个名词描述的是这样一种人，他在意见相左、党同伐异之时向人们揭示真相。希罗多德使用了这个词的动词词根"去询问、调查"，和其抽象名词"询问、调查"来描述他自己的行为。我们可以将其调查分为四部分。他尤其喜欢检视、评判、纠正他的杰出前辈赫卡泰乌斯在地理与编年史上所犯的错误。[7]他热切地保存当地的记述，并且分民族明辨之，并佐以希腊人的书面材料，但他的真正目的乃是解释这些材料的不足。诗人作为历史事实的第三类来源在希罗多德那里常常受到挑战与嘲讽；最受尊崇的荷马

---

[5] 埃及财务官的话，他认为是在开玩笑（ἔμοιγε παίζειν ἐδόκεε φάμενος εἰδέναι ἀτρεκέως，"在我看来，当他说自己知道实情时，他似乎是在开玩笑"），因为他知道，正如他观察到的那样，尼罗河的源头远远不止在第一处洪流那儿（正好在埃烈旁提涅南部）。Wainwright（1953）105认为，这段的误会是由语言不通造成的。

[6] 4.36.2与42.1；3.80.1与6.43.3；4.52.5；4.77.2；4.109.1；7.214.2。

[7] Jacoby（1912）2679.How与Wells 2.145；G. Lloyd（1975）86；参考F. W. Walbank（1962）1-12，尤其是1-3，作者在这里简短地讨论了希腊历史写作中的争辩问题。

* 拉泰纳原书中作πέπαισται，系笔误。

与赫西俄德一经提及便受到批判。[8]他的最后一类材料来源乃是东方的口头传统，纪念碑上的铭文以及档案文件，但是希罗多德对这些异邦材料的了解是十分有限的。

论争有几种认定的方式。有时候，我们可以认定论争者。Οἶδα αὐτός（我自己清楚）通常暗示着某种争辩（比如，1.5.3；参考1.131.1，140.2；2.17.1，156.2）。[9]有时候，这个语句和类似的Οἶδα ἐγώ（"我知道"）这样的语句仅仅是要强调希罗多德的第一手知识或者研究（比如，1.20，7.224.1），抑或是削减自信（比如，4.17.2，18.3，20.2；7.111.1）。更多情况下，这些语句被用以否定他人的观点，以便自己展示更为可信的历史（比如，2.17.1；7.214.2）。[10]还有一些标志性的论争语句，诸如δοκέω（"我认为"），κατὰ γνώμην τὴν ἐμὴν（"据我所知"）（比如，2.63.3，4.53.5，9.65.2；2.26.1，4.59.2，5.3.1；参考9.71.2）。第一人称代词或动词不一定意味着明确的对立观点；它也可能是以一种修辞的方式表示其严正的欢快意图，例如τῶν ἡμεῖς ἴδμεν（"我们所知道的"，比如，1.6.2，1.94.1，9.64.1）。

---

[8] How与Wells在4.29处奇怪地宣称，"希罗多德使用荷马证明一切，就如同我们的祖先使用《圣经》一样"。预言式的与碑铭式的诗行（如，8.77, 7.228）以及以诗写就的传说（如7.189.1, 191.2, 197, 198.2）并不在研究的范围之列，因为前两者的诗性乃是与其重要性相关的，而第三者则是因为，其公元前5世纪的形式并不为人所熟知，且它们在历史中是作为非历史性逻各斯被呈现的。

[9] 更多例证，请参考Powell Lexion，οἶδα词条。及Wardman（1961）140-1。

[10] Sayce（1883）xxii；Parke（1946）80, 84；Appfel（1957）87-9。

赫卡泰乌斯

希罗多德写作之际几乎没有什么相关著作可供参考。他指名道姓点出的散文书写者只有一位,即赫卡泰乌斯。但是在一些不具姓名的争吵中,我们也有理由怀疑他的参与。[11]这些论点通常加诸某些希腊人,或者是爱奥尼亚人,又或是某些特定的人与城邦之上,[12]甚至是有些博学的异邦人上,尤其是埃及人(参考本章章末的论争分类清单)。在其他情况下,书面的或者是口头的来源可以根据λέγεται(据说)及其他类似的表述予以谨慎的推测。在不说明散文来源方面,希罗多德为后来的希腊史学实践开创了先例。

修正主义本身乃是一种修正传统记载的欲望,我们可以将其视为爱奥尼亚启蒙中的一个推动力。色诺芬尼批评毕达哥拉斯,赫拉克利特批评色诺芬尼(*Vors* 21 B 7;22 B 40)。破坏性批评似乎是"一个历史的症状"[13],这从赫卡泰乌斯的序言到其继承者那里都能看到。事实信息与解释性的假设总是向改正、争论与反驳开放的。直到公元前3世纪的

---

[11] 参考,例如,Parke(1946)80-92;参考狄俄尼修斯《论修昔底德》(*de Thucydide*)5。司库拉克斯(Scylax)的著作从未被提及,但他的成就则未被遗忘(4.44.1);参考 *FGrHist* 709 T 3。关于赫卡泰乌斯,参考 Walbank(1962)1-2 提及雅各布评论 *FGrHist* 1 F 302。诗人的姓名经常被提及;参考 How 与 Wells I 21 注释 2。

[12] 以民族呼之背后常常隐匿着某个特定的作者;参考 Jacoby(1913)402-3。

[13] 参考 Josephus《反阿皮翁》(*Contra Apionem*)1.15-18(3);D. H. Fischer *Historians' Fallacies*(纽约,1970)299-300;von Fritz(1967)I 178。

提迈伊乌斯那里，对前辈的攻讦才变成了希腊历史学写作的一部分，因为早期的写作者不期望也不愿意他们的听众对前辈的著作了如指掌。[14]

在那些具姓具名的来源中，希罗多德最常反对的就是赫卡泰乌斯，[15]因为他是可资取代的权威，而且，他们的差异超越了某些具体的问题，如埃及岛屿与动物的本质等。就我们目前所见的残本来看，赫卡泰乌斯乃是传统信仰的怀疑者，一个聪颖的写作者，一个有洞察力的行脚者，一个实用主义者。他的作品乃是"理性主义与奇思妙想的混合物"，并且将民间传说与游历四方的人耳闻的故事整合得更为人性化。赫卡泰乌斯将这些故事予以主题化、因果论化、理性化，但它们还是那么怪诞。当这些故事与赫卡泰乌斯的或然性常识标准或者是伦理便宜性相遇的时候，证据就显得无足轻重了。[16]

很多人认为，希罗多德游历四方的目的是通过分析来证实或者是反驳那些地理与纪年信息，以及赫卡泰乌斯与其他人的民族学论述（参考，例如，2.16-19，29，43-5，尤其

---

[14] Parke（1946）82-4.
[15] 希罗多德毫无更改地从前辈那里借鉴抄袭，这乃是陈旧的观点，Sayce（1883）xxix 与 Heidel（1935）尤其是 116-17 已经很清楚地表达了，现在早已被抛弃。Heidel（117）称希罗多德对其前辈的批评为"一个二流无知的批评家的吹毛求疵"。另参 von Fritz（Hardt 1958）22；同上（1936）322。希罗多德的民族志多来自赫卡泰乌斯，这种假设又死灰复燃，参看 O. K. Armayor，例如，（1978c）7；（1978b）45-62。
[16] Drews（1973）17-18；Lloyd（1975）135-7.

是44.1）。[17] 赫卡泰乌斯的 ὡς μοι δόκει ἀληθέα（在我看起来是真的）这一语句将批评意识带入到历史之中，而且，他以这种方法扩展了之前那种易受到科学探究影响的逻各斯的狭窄领域。[18] 他的这一思想模式摧毁了希腊宗教与史诗中许多前后矛盾的可笑的故事（λόγοι πολλοί τε καὶ γελοῖοι），但却并没有产生什么积极的效果。赫卡泰乌斯的经验主义是任意、偶然的；他没有能力开出创造历史知识的手段。

希罗多德对前辈的理论动机很感兴趣，因为这些观念与解释为他提供了可资反驳的东西。他对过于规则化的反驳有时候也会使得他与真知擦肩而过。类似地，他还对阿那克萨戈拉与赫卡泰乌斯的先验地理构建嗤之以鼻（2.20-3；4.36.2, 42.1）。[19]

希罗多德标志着人类在经验与历史辩论上的一大进步。他对那些神话写作者（例如，1.5.3）的无时间与伪精度都予以驳斥，因为他们未曾也无法增添新的信息（historie）。他

---

[17] Von Fritz（1936）315-40；同上（1952-4）200-23。
[18] T. Krischer "ΕΤΥΜΟΣ und ΑΛΗΘΗΣ"（两个希腊文词都有"真"的意思。——译者注），*Philologus* 109（1965）173；Laserre（1976）116-18谨慎地注意到，赫卡泰乌斯在《谱系》（*Genealogies*）中的进展完全是负面的，但是他在《地理研究》（*Geographical Researches*）中却开出了一种正面方法。
[19] 然而，这种方法的使用也不是一以贯之的（例如，伊斯特河/多瑙河的水道问题：2.33.2-3；参考4.36.1，他对叙佩尔诺提亚人［Hypernotians］的反驳，抑或是以正确的经验方法得出错误的结论（例如，3.115，埃利达诺司［Eridanus］；4.42.4，太阳至赤道以下；4.8.2，环绕世界的海，注意 ἔργῳ δὲ οὐκ ἀποδεικνῦσι）。

对人类知识的界限这一事实极为欣赏，并且以纪念替代怀疑，以理性约束替代盲目信仰。最为重要的是，他超越了赫卡泰乌斯对不可思议之事的常识理性化，所用的方法就是将新近历史事实与远古英雄神话遥相比对。[20]

希罗多德与赫卡泰乌斯兴趣相投：两位都是游历四方之士、地理学家，保存下很多当地与异邦的神话，异邦文化爱好者——至少以希腊人的标准来看是这样。[21]但是，因为希罗多德认为自己的作品又新又好，他直白地对前辈提出了批评，认为他（及其他作者）在漂流岛、一眼格里芬等问题上弄虚作假，"哗众取宠"。[22]

赫卡泰乌斯的名字共被提及四次，其中两次是作为文学权威（2.143.1, 6.137.1）。但隐而不显的情况更多，有时候以爱奥尼亚人作掩护，有时候更加隐秘一些。比如，赫卡泰乌斯 F 305（Stephanus of Byzantium）提道："在布托（Bouto），勒托神庙附近有个小岛，名为凯姆米司

---

[20] Finley（1965）288；Drews（1973）10, 17, 19, 137；参考 Meyer（1899）II 252（=Marg 12）。然而，在某些地理问题上，他也过度系统化与理性化，而不是经验主义式的，尤其是第二卷与第四卷（参考 von Fritz［1936］326-7）。他的埃及调研乃是对赫卡泰乌斯式的高度理性化的反动，最终成就了一种态度，这种态度对以下之事谨慎处之，甚至有所提防：奇谈怪志，涉及非自然存在的村野闲谈（例如，3.116.2, 4.36.1），以及超自然故事（例如，8.37.2, 77）。

[21] Momigliano（1961/2）186-97 = Studies 212. 虽然对其逻各斯写作理论与历史颇有微词，希罗多德还是赞扬了作为政治家的赫卡泰乌斯；Fränkel（1962/1975）343；Benardete（1969）152。

[22] 参考 Walbank（1962）4，虽然他低估了杜里斯（Duris）与蒂迈欧之前对文学形态与历史方法的批评。

(Chembis),于阿波罗乃是神圣的。该岛在水面上四处漂浮、游动。"[23]此处无甚理性,仅仅是偏听误信罢了。希罗多德回应道(2.156.1-2):"这个岛位于布托神殿附近一个宽而深的大湖上面,埃及人说它是一座浮岛。在我自己看来(αὐτὸς μὲν ἔγωγε),我从来没有看它漂浮起来过,根本也没有移动过(πλέουσαν, κινηθεῖσαν)。我怀疑它是否真的能够漂浮,如同我听说的那样。"他接着讲述了埃及人的话,但很明显,他自己是不接受的(2.156.4-6)。这些段落在文本与征引上都是那么接近,虽然说我们只是恰巧保存下来赫卡泰乌斯对漂浮岛屿的记录。赫卡泰乌斯的愚昧也在埃及祭司对他的反驳中得到了不点名的批评。赫卡泰乌斯宣称自己之前十六代乃是神,而祭司们的345个反例却让他困惑不解。[24]

露骨的批评在希罗多德那里并不常见,但即使出现过,我们也不应当视而不见希罗多德对那些地理-编年家的材料的仰赖。例如,他对伊斯特河的源头很确定,但这并不是

---

[23] 参考 How 与 Wells I 24-7,附带清单在 24-5;Lloyd(1975)84-139;"爱奥尼亚"即"赫卡泰乌斯式的"(Hekataios),此论点参考 Jacoby(1912)2628。Fränkel(1962/1975)344 对赫卡泰乌斯的风格有所评论:"他的清单自成一体。"

[24] 希罗多德是从赫卡泰乌斯的书中了解到其尴尬的处境吗?或许,赫卡泰乌斯在其《谱系》的导言中说明了这一点;它不大可能出自《环游世界》(*periegesis*, Drews[1973]13;149 注释 40,与之相对的意见有,Heidel,Pearson 等;171 注释 33)。此种对赫卡泰乌斯时间分段不明晰的批评并没有阻止希罗多德在其他地方将列奥尼达斯的先祖认定为英雄赫拉克勒斯,且其先祖距列奥尼达斯仅 900 年之遥(2.145.4),或 20 世之前(7.204)。这样说来,应得的荣誉与英雄谱系目录比"简单的"年代学要重要得多。

基于他的实地研究。他对西欧地理知之甚少，以至于他根本不接受大西洋的存在，但是他说，伊斯特河发源于凯尔特人居住的地方和披列涅（Pyrene）城附近，凯尔特人居住在赫拉克勒斯之柱之外（2.23，33.3；参考4.49.3）。希罗多德的满满自信及其对描述大西洋的地图绘制者（4.36.2，2.23，3.115，4.8.2）的批评暗示我们，他阅读过赫卡泰乌斯写作的关于凯尔特人及其领地的《环游世界》，并且扭曲（抑或是修正）了部分信息。[25] 希罗多德在尼罗河源头及其与大洋之间的关系问题上显示出来的攻击性表明，赫卡泰乌斯再次成了他的目标，因为我们知道，这位米利都人对这个问题有所著述（2.20-2，4.8.2；*FGrHist* 1 F 302）。以上所说的就是希罗多德对赫卡泰乌斯不具名的借用，这已经足够使我们假设希罗多德所参考过的其他书面材料的存在了。

希腊人的观点

当地的爱国者

我们在第3章已经见识到，处在竞争之中的城邦往往对同一事件的记述有不同的版本。这种地方性偏见在《历史》中很常见，就如同他为萨拉米斯海战中的柯林斯人辩

---

[25] 这个问题的详细讨论及对早期文学的征引，请参考 Pearson（1934）328-37。Wardman（1961）141 莫名其妙地认为希罗多德之所以得以**否认海洋**与锡岛的存在是拜其研究所赐。Lloyd（1975）138-9 为希罗多德文本中受益于赫卡泰乌斯的篇章列出了一个清单。

护,驳斥雅典人对柯林斯人逃跑的控诉。在这个观点上,他得到了其他希腊人的支持(8.94.4)。然而在几个片段之中,希罗多德的观念似乎无人唱和,其最终的语调也变得极为激进。

纳乌克拉提斯的希腊圣域归属于他所列出的九个希腊城邦:"如果任何其他城市也声明神殿有它们的一份,那它们便是要求根本不属于它们的东西了。"(2.178.2)如此这般,希罗多德似乎认为,其他的一众城市不应当分享阿玛西斯的特权——诸如埃吉纳、萨摩司以及米利都等。这样一来,在马拉松之战中以盾牌向波斯人发出信号一事就绝不是阿尔克迈翁家族的人干的。"但是盾牌是出现了;这是不能否定的;它确实发生了!但是是谁干的,我并不能多说。"这里他承认信号一事确实发生了,但究竟是谁做的仍然存疑。考虑到薛西斯对希腊独立的威胁,他说:"这里,我被迫向大家揭露一个大部分人不愿意听到的真相,但是它在我看来是真实的,所以我不会有所藏匿……那些说雅典人乃是希腊人救星的人都不会错过这个真相。"通过使用与事实相反的论证,他为新近不受欢迎的雅典人做出了辩护。对这种可能性的逻辑分析佐证了他的论点。他还分析那些中立的希腊城邦:"伯罗奔尼撒七城邦中剩下的那些,除却我业已提到的,在战争中都保持中立。但是如果可以自由表达的话,我们可以说,通过保持中立,他们也被米底化了。"与某些希腊人(写作者)的立场不同,他坚称,反玛哥斯僧的叛乱者的确讨论了诸多不同政体的优点。[26]文学策略产生修辞性的重点，但希罗多德认为这些论点激发出来的矛盾也同样严肃。[27]他对证据做出评断，并且会在重大的历史问题上选择立场。

希腊地理

希罗多德使用地理材料，但是也会对其进行一些基本但有用的批评。这也是他使用自己辩论技能的领域。他时而过于轻信，时而过于多疑。[28]他对印度挖金蚂蚁的故事似乎还能接受（3.102.2-3），但对漫长的极地之夜的混乱叙述，锡岛的存在（3.115.1），甚至是北海却极尽批评之能事。其原因乃是对其分析方法的逻辑应用：他所遇到的人之中没有见过的（οὐδενὸς αὐτόπτεω γενομένου，115.2）。

腓尼基人说，在绕行利比亚的时候，太阳在他们的右手边（4.42.2-4），希罗多德对此嗤之以鼻。出于某种难以揣摩的原因，希罗多德在地理与民族志问题上的怀疑态度前后

---

[26] 2.178.3；6.124.2；7.139.1，5；8.73.3；3.80.1与6.43.3。Nancy Demand在"Herodotus' encomium of Athens：science or rhetoric？"一文中认为，史家使用与事实相反的论证在逻辑上是不充分的。她将它们视为一种修辞上的装饰。
[27] 这些文段的内在张力的一个标志在于每个段落都重复了一个关键词：μεταποιεῦνται（三次），ἀληθές，κάτημαι，ἐλήχθησαν等。
[28] Pearson（1941）335-55强调了前者。他并不认为句法技巧是为了质疑（参考第1章与第3章），而是注意到，希罗多德在历史问题上比地理问题（348）更加明显地具有怀疑精神。Von Fritz（1936）试图以一种分析或追根溯源的方式解释这种抵牾，这也是继承自Jacoby（1913）352-60的一种方法。参考下文注解［29］。

不一。地理志写作者认为地球是一个圆圈，阿里玛斯波伊人只有一只眼睛（3.116.2），这些希罗多德都不相信。以我们的标准来看，他功过参半，但是他的经验主义的方法却是可靠的：历史学家倾向于否定那些无法被可见资料佐证的断言。同样的道理，他也倾向于将神话与历史话语区分开来，虽然不是将历史话语与地方传说区分开来（1.5.3，2.120.1-2，3.122.2）。他对奇迹也极为不满（比如，5.86.3.7，7.166-7），但是他却记载了很多对于某个事件来说极为关键的那些活的传统（logos legomenos，2.47.2，62.2，81.2；7.167.1）。在证据缺乏之时，希罗多德会保留自己的判断，或者是将所有的传述都留给理性批判（比如，2.5-10.2，3.115，8.119-20），但他对这种批评的局限心知肚明。

全书中希罗多德对地理证据与理论篇幅最长的批评乃是对埃及尼罗河的记载。其记载很好地显示了史家在地理问题上鉴别真伪和辩论的方法，也就是在问题仍待经验研究予以回答之时。

埃及地理乃是希罗多德用以证明希腊人之愚昧及其**历史**之不足的重要话题。第二卷是全书批评色彩最浓的一卷。[29] 他对尼罗河的解析式记载带有强烈的争辩意味，这

---

[29] Fornara（1971）15-21 认为，第二卷是最先写作的，其他人认为，这一卷是最后写作的。von Fritz（1967）I 177-81，455-60 认为，这乃是希罗多德从追溯赫卡泰乌斯的脚步，从一位修正主义地理志学家成长为一位具有怀疑主义精神的原创史家的关键一步。A. R. Burn 在其为 de Sélincourt 的翻译（1972²）19-21 所做的序言中判定，章节顺序问题是无法解决的。

也是存在着众多关于此问题的材料的结果。他使用了反问句（11.4），基于**归谬法**的论争（15.1），对计算上的无知的指控（16.1），一种戏剧性的否定（Ἰώνων γνώμην ἀπίεμεν，我们将爱奥尼亚人的观点放一边，17.1），对**出于个人**动机的解释的批判（20.1）："有些希腊人，为了取得富有智慧的令名，便试图对洪水加以解释……"所有这些都从另一个角度证明了之前存在一种更广为接受的记述。在对埃及的地理界限（ὅρος）正确记述（ὀρθῷ λόγῳ）这个问题上，"爱奥尼亚人"所提供的证据与论据远远不够（2.17.1）。关于此事的神谕对于支撑希罗多德的意见来说也是十分单薄的（18.1）。尽管希罗多德费尽心机（πρόθυμος），但是尼罗河的水流情况还是无法了解（πυθέσθαι）。他在列举出希腊人对尼罗河源头的三种解释（20）之后，又在证据与逻辑的基础上对其进行细致分析（比如，基于较强论点的论证 [a fortiori]、与事实相反的假设，20.3）。第二种解释，也就是赫卡泰乌斯的解释，被希罗多德弃置一旁，因为它过于"耸人听闻"，且不是科学分析的结果（θωμασιωτέρη, ἀνεπιστημονεστέρη , 21）。任何仅仅基于不可见的东西（ἀφανές）的解释（μῦθος）都是不可信的，因为这种解释无法反驳（ἔλεγχος, 23）。同样的道理也适用于荷马：它是一种虚构（εὑρόντα），而不是事实（ἐόντα, 2.23；参考 109.3）；一种经过装饰的制作（ποιηθέν, 3.115.2），而不是一种科学观察。

阿那克萨戈拉的解释是，南边的融雪是尼罗河水流的来源，希罗多德认为这个解释，"可能是听起来最可信的，但却是最为可笑的"（22.1；参考狄奥多罗斯［Diodorus］1.38.4=*FGrHist* 646 F 1［4］；*Vors* 59 A 42［5］, 91）。希罗多德使用证据、逻辑、与事实相反的假设（μαρτύριον, 三次在非真实条件句与可能从句中使用 ἄν）对这些假设一一驳斥，但是在信息不足之时，希罗多德只能受限讨论可能性的问题（λογίζεσθαι, οἰκός, ὡς ἡ ἀνάγκη ἐλέγχει, 22.2, 4）。在观察无法派上用场之时，这些就是他在地理问题上使用的论辩方法。

其他的希腊作者与普遍信仰

对有益历史的追索更重要的点在于希罗多德对历史传述的批判。他对过往事件信息的考察方式包括对比、逻辑追问、可能性与多重假设。对于希罗多德没有明确拒绝的故事，我们很难假设希罗多德就对之予以接纳——这点与修昔底德不同。他对或然性的使用展现出自己利用材料的方法。

在可信材料缺乏、历史事件湮没无闻之时，史家就转向了或然性或可能性（τὸ οἰκός），也就是我们的感官与经验所教会的我们对世界应该予以期待的事情。

基于经验与建立在经验之上的历史或然性的概念，希罗多德对这些都予以驳斥：将士在战场上的猝然消逝，大陆间的战争是由劫掠妇女而起（7.167.1；1.1-5, 2.120.2-3）。但他还是将这些故事记载下来了，因为依据或然性，怪诞的事情不一定不会发生。这些传述中至少还包含着值得记下来的某种大众信仰（3.9.2）。与那些专注于自己的写作而不关注故事语境的史家不同，希罗多德与不大可能的事件和传述动机都保持着距离（θωμάζω：8.8.2, 7.153.4, 4.30.1, 7.125；λέγω δὲ τὰ λέγουσι αὐτοὶ Λίβυες, 4.187.3, 173.3；οὐκ οἰκότα：5.10, 2.22.2, 27；οὐ πιστά：5.86.3, 1.182.1, 7.214.1, 8.119 等）。

τὸ οἰκός（或然性）或许为我们提供了一个将真实核心与虚假构建区分开来的方法，但是通常情况下，事情是很难有定论的（比如，6.14.1）。在这些情况下，希罗多德选择放弃。τὸ οἰκός 或许促使希罗多德拒绝接受波斯人出现在福基斯（Phocis）之后的那些奇迹，但是，在这个特定的事例中，挪移的巨石（8.39）的存在使得希罗多德无法从其物理学知识出发做出判断。[30] 换句话说，受到青睐的分析方法力压普遍经验法则。

对于那些需要引起注意的错误，他予以收录，但是更多情况下，他将更多的心思放在对材料的取舍上。对希罗多德来说，**拒绝并不意味着不予以收录**，因此他的历史书写并不排斥读者与其抵牾。这是一个开放的对话过程。

关于辩论性十足的第二卷我们还可以进一步发挥。在这一点上，他与赫卡泰乌斯最为相似，因为对于那些"无聊"与"可笑"的赫拉克勒斯在埃及的逸事（45.1），希罗多德同样无法容忍。他所陈述的似乎是希腊人的普遍意见

---

[30] Müller (1981) 307-10.

（opinio communis），希罗多德语带讽刺地称之为"神话"。[31]同样，他对希腊人在尼罗河三角洲、特洛伊的传说及罗德庇司（Rhodopis）的历史等事上的俗见也颇为不屑。[32] 希腊人对神的知识是"在不久之前才形成的，大胆来说"（53.1）。希腊人关于特洛伊战事的版本，希罗多德认为是"虚假的"（μάταιον，2.118.1；参考3.56.2）。普撒美提科斯的人类学经验也同样"虚假"。有些希腊人——希罗多德没有点名批评——错误地将埃及人的灵魂转世学说纳为己有（2.5；123.3）。希腊人对埃及人的普遍误解使得希罗多德的研究更加有意义，当然，这也激起了他的辩论欲望。

并不是所有来自希腊人的资料都遭到希罗多德的否定。自普撒美提科斯开始，希腊人与埃及人的商业活动越发频繁，埃及历史才变得有据可查。诸如赫卡泰乌斯等希腊人编纂的王者名单可靠性不足，因此，希罗多德不厌其烦地将其他作者已经充分记录下来的那些传说与事件记载下来。[33]《历史》的写作证实旨在表明写作者对常见记述以及口头甚至书

---

[31] μῦθος这个词仅仅在此出现一次，在此它是"愚蠢的"（εὐήθης），在23节处，它用于"既无证据也无反证"（ἔλεγχος）的对俄刻阿诺斯的记述。

[32] 2.5.1："有眼睛与常识的人都会觉得这件事很明确，即使他事先对此毫无所知。"这段对埃及地理的评论可能征引自赫卡泰乌斯（参考 FGrHist 1 F 301）。17.2："如果我们遵循古老的希腊看法的话。"118.1："我问，希腊版本是否是毫无根据的。"134.1-2："那些认为罗德庇司乃是妓女的希腊人是错误的；他们在我看来似乎不知道此人。"

[33] 2.154.4；6.53；6.55.

面记述之可靠性与持久性的谨慎态度。[34]

希腊诗人

希罗多德常常提及诗人的姓名,但从未褒奖过他们所记事实的真实性。当希罗多德谈论希腊-东方的冲突的时候,诗人们集体缺席了。史家在全书中引述荷马与赫西俄德共13次,引用其他诗人与诗歌8次,前者中的12次,后者中的6次,都出现在前四卷希罗多德更依赖与渴望文学资源之时。但是,即使是在这种情况下,他将诗人作为历史资源来引述都是极为罕见的。希罗多德不但认为,史诗诗人荷马与赫西俄德建立起了众神神谱,而且认为荷马还首创了"欧凯阿诺斯"(Ocean)与许珀耳玻瑞亚人,似乎还捏造了特洛伊故事![35]之后的希腊诗人,如埃斯库罗斯,随意地将埃及的宗教智慧据为己有,或者是依据自己的意图,编造了埃利达诺司河(Eridanus)或者是假想的欧凯阿诺斯河的名字。[36]

诗人们编造而非研究(εὑρόντα ἐσενείκασθαι)。希罗多德采用了色诺芬尼的讽刺技艺(尤其是 *Vors* 21 B 10-12)来嘲笑那些将诗人视作真知的传达者的希腊人。他认为,相较于精确的东西,诗人更加偏好虚华(εὐπρεπής)的东西(比

---

[34] Pearson(1941)342-8;参考 Jacoby(1913)398-9 所列举的共同体与个人的资料来源清单。
[35] 2.53.2;2.23;2.118.1. 参考 Verdin(1977)53-76。
[36] 2.82.1;2.156.1;3.115.2;4.13.1.

如，2.23，2.116-17，3.115.2）。在诗人那里寻求历史信息乃是缺乏常识的体现：如果交还海伦就能够避免一场战争杀戮的话，没人会将她留在手边。[37] 修昔底德也认为史诗信息不可靠（1.9.4，10.3；6.2.1），希罗多德对其更为不屑一顾，但还是用其构建可能的历史假设。希罗多德与修昔底德都相信米诺斯的存在（1.8.2；参考10.3，11.2，12.3），[38] 但是，希罗多德认为了解此人并无价值，而修昔底德则用这个故事支撑历史中的海上霸权之影响这一中心理论。两种方法各有所长。希罗多德有一处征引荷马并赞同他的观点，所记之事与动物的犄角相关，而荷马被视为牲畜专家。当史家将其引述称为"所述不假"之时，其口气即便不是玩笑式的，也是居高临下的。

当希罗多德声称斯巴达人在本邦的双王制度问题上与所有的诗人都有分歧之时，他所指的并非诗人不可信，而是斯巴达传说诡诞（6.52.1）。他对那些谱系学传统（诗歌与散文）也没什么好感。对斯巴达人的反驳是一种基于较强论点的论辩（a fortiori），甚至连诗歌这样立不住脚的来源都无法

---

[37] 2.116.1；2.120.3. 希罗多德作为对荷马在历史问题上最为无情的批判者：Neville（1977）4-7。抒情诗人受到的待遇则好些；虽然抒情诗人主观性较强，但他们是为自己的经验与共同体发言。参考 Verdin（1977）65。

[38] 参考 Gomme（1956）1.9.4；Pohlenz（1937）7 在他的翻译中为1.5.3 加上"神话时代"，也以此解决了证史的问题。希罗多德将米诺斯放置在英雄时代，而非历史时代（1.171-3 [τό πάλαιον]，3.122.2 与 7.171.1），但他相信这位人物确实存在过。

为斯巴达源起传说提供支持（参考6.53.1）。紧接着，他对柏修斯的家谱嘲笑了一番：他到底是希腊人、埃及人，还是亚述人（Assyrian）？最后，他选择终止这个话题（6.53-5），显性的原因是他人已经对此做了调查，隐性的原因在于英雄身世本身就不是批判性研究的题中应有之物。再者，当雅典人征引荷马来跟盖隆（Gelon）较劲时（7.161.3；《伊利亚特》2.552），这个辩驳显得十分无力，而盖隆简洁幽默的回答则暗示了他的嘲讽。总的来说，诗人旨在娱乐，而非探索历史真理。希罗多德征引诗人，是因为诗人们是蜚声泛希腊世界的权威，在他们那里保存了有趣的传统（有时乃是仅有的），但他们并不能用以证实历史事实。希罗多德的这一观点是在前人基础上跨越出的一大步，而在修昔底德那里进一步完善，因为，修昔底德认为，诗性证据必须受到"拷问"（1.20.1，3；参考6.53.2）才能产出有用的信息。

来自异邦的权威意见

希罗多德惯于使用异邦人的资讯。仅凭那些口头的、书面的、纪念碑的、自然-地理的资料来源的庞大数量与多样性，我们就会受到触动。"迦勒底人说"，"阿拉伯人说"，当这些民族的名字呈现出来的时候，我们几乎可以假定其信息是来自口头传统了。他游历至埃及、腓尼基、黑海，亲身了解异邦文明、当下的动态与过去的历史。他将自己看到的、听到的记载下来，有时候还会基于互相冲突的可见证据或者或然性给出自己的意见。比如，他拒绝采纳埃及人对尼罗河源头的记述，凤凰的存在与习性，凯姆米司漂浮岛等有待调查的事情，[39] 他从未表明自己阅读到了异邦人的文献，或者自己会说异邦的语言。考虑到他在语言上的笨拙（1.139；6.98.3），这对其声名不可不谓一件好事。既然他不懂那些语言，他当然也就没办法请教波斯人，阅读其他的书面材料。归在波斯"智者"名下那些最初的、细枝末节的记述立刻被全然否定，取而代之的是对希腊-东方冲突的非神话式的记述。大量征引不同材料的目的当然不是通过权威而加以劝服，而是通过戏仿娱乐读者。

亚细亚的书面与口头材料

除却希腊人以外，似乎只有波斯人和埃及人能够为希罗多德提供书面材料。斯基泰人以北，没有任何聪明才智的表现，那里也没有产生过任何有学识的人士（4.46.1）。从书面材料角度来说，这个结论也适用于其他地方。即使存在书面材料，对当地活的传统的观看（*opsis*）与调查（*historie*）在其方法中仍起着主导作用，除非希罗多德是个骗子。[40] 像利比亚、斯基泰与印度这样位于边缘的地方，如果缺乏书面材料或者是希腊人无法阅读的话，希罗多德更倾向于讲述其当下的传统与风土人情，部分原因在于，这些传统可以在某种程度上被证实或者证伪；它们所依靠的乃是观看——这一

---

[39] 2.28.2；2.73.1, 3；2.156.2. 参考 Dandamayev（1985）92。
[40] Jacoby（1913）416.Sayce（1883），Armayor（散见各处），Fehling（1971）认为希罗多德从头到尾都是虚构。

调查的首要标准。[41]

阿契美尼德王朝的波斯文献可供公众与私人使用。独裁者的帝国宣传目标乃是当下与未来的臣民，而非他国的史家。[42]希罗多德的某些重要结论中也有着一些幼稚的错误。希罗多德引用波斯智士（Περσέων...οἱ λόγιοι，1.1.1-5.2），这似乎暗示我们他使用了波斯的书面历史材料。但是，我们到今天也没有发现存在波斯书面编年志的证据。波斯石刻也出奇地少。

希罗多德关于米底人与波斯人生活与历史知识的来源，我们很难尽知。[43]他提到了自己的个人观察（1.131.1，140.1-2），自己听到的波斯人的传述（1.95.1，133.2；3.1.5，105.2；7.12.1）；有一次还提及了波斯石刻（3.88.3，

---

[41] Verdin（1977）62.

[42] 参考，例如，Cameron（1955）77-97，尤其是82，85；Drews（1973）31，158-9，注释43-4；R. T. Hallock *The Evidence of the Persepolis Tablets*（剑桥1971）1-3,8-9；Lewis（1985）102-4,108-11；West（1986）考察了《历史》中所有的铭文证据，并在298—302页讨论了《历史》中提到的11处东方碑铭。Dandamayev（1985）92通过比对埃拉米特（Elamite）泥板证实《历史》中所出现的无数的近东的姓名、机构与事件等基本准确。

[43] 参考 Jacoby（1913）414-15, 423-4；在419-67处，他分析了《历史》中逻各斯的出处。Sayce（1883）xx，Meyer（1899）231，Bury（1908/1958）66-8认定这些是书面材料；J. Wells "The Persian Friends of Herodotus" *JHS* 27（1907）37ff =（1923）95-111；Drews（1973）28-31及注释82-3；Lewis（1985）102-6为我们提供了一个很好的回顾。Helm（1981）85-90；H. Tolman "The historical and the legendary in Herodotus' account of the accession of Darius...", *TAPA*38（1907）xxiv-xxvi；A. Kuhrt "A brief guide to some recent work on the Achaemenid Empire" *LCM* 8（1983）146-53；仅存一百个波斯碑铭，全属官方；Dandamayev（1985）93。

4.87.1-2，4.91）；他提到了以上说到的智士；但更多情况下，他的资料来源是很难确定的（比如，3.1，4.1，5.1，7.1，9.84.1）。那个逃到雅典的波斯贵族佐披洛司（Zopyrus）可能为希罗多德提供了很多关于波斯历史的故事（3.160.2），尤其是叛乱者的姓名与"制度大讨论"（3.80-3.87），以及其祖父在其中起着关键作用的巴比伦陷落（3.150-50）。[44] 单其个人，他确实可以算作"波斯来源"。希罗多德关于近东的纪念性建筑物（比如，巴比伦神庙，1.181），埃及与波斯的宗教（比如，多神教，对谎言的憎恨及愿意保护外邦神的王者，1.131-8，3.65；参考 Ezra 1.2）等的传述都被证明是准确无误的。

还有一类证据隐藏在希罗多德对大流士20个贡税区与呈贡（3.89.1-97.1）及薛西斯的兵力（7.61-99）的记录背后。我们有理由猜测在这些信息的背后隐藏着一份书面的材料，因为这些信息与今天存世的波斯文献完全相符。[45] 他对国王通道（5.52-3）的描述详细到驿馆之间的距离，这也似乎证明希罗多德能够接触到相关文献记载。关于古代近东最好的民族志就是希罗多德的文学传述了。还有另外一组对波斯人的记述不得不提，那就是所谓的希罗多德为温泉关-阿尔铁米西昂战役中的波斯军队写作的平行日记。[46] 但是，这

---

[44] Wells（1907）对此有很好的详细论述。
[45] 例如，参考 Burn（1962）6，94，109-12；Raubitschek（1961）59-61 并没讨论异邦之事；Lewis（1985）113-17；Dandamayev（1985）94-6。
[46] Burn（1962）395-6 对此有充分地总结；Hignett（1965）379-85。

些信息可能来自服务薛西斯军队的希腊将领。无论这些信息是怎么获得的,希罗多德从不与这些管理性与勤务性的资料来源相悖。他无法系统地对这些信息进行批判,也没有理由和意图这么做。他对资料一网打尽的精神实堪褒奖,但是其在资料来源上的松懈也让我们想起古人不同的征引原则。

埃及的有识之士

埃及社会可视古迹众多,其对希腊文化的影响也极为深远,自然,埃及人也影响了希罗多德的历史观念。埃及人为希罗多德提供了批判希腊中心主义与希腊文学前辈的历史性权威。没有人在保存记忆上比埃及人更为繁复;孟菲斯的祭司们非常博学,太阳城(Heliopolis)的祭司更甚。[47] 他们对记时法(2.145.3)及历法(2.4.1)的精熟赢得了希罗多德对其古代历史的记载的信任(墨涅拉奥斯,2.119.3;"人类"历史,2.143.1),但他并没有对这些故事照单全收。

埃及人关于自己历史的知识震撼了希罗多德,希罗多德为希腊与埃及并存的传统找到一个更为古远的埃及源头:"我还不能同意,这些风俗习惯或其他任何的事物是埃及人从希腊人那里学来的(ἄλλο κού τι νόμαιον)。"[48]

---

[47] 2.77.1, 2.5, 3.1(λογιώτατοι).他传述了一处埃及碑铭,2.106.1。
[48] 2.49.2-3. Kleingünther(1933)53 称,在希罗多德那里,希腊人永远是只输入不输出。Wikarjak(1959)表示反对,但并未提出反驳,因为他的例子乃是在于首先做出什么事情的希腊人,而不是最早的人。希罗多德因此忽略了希腊人的创造性。

他逐渐确信,希腊文明中的许多东西都有一个更加古老的源头。他认为,基于异邦的证据,希腊人必须承认别人对自己的影响。第二卷为我们呈现了某些异邦人令人惊异的事功。对整本书来说,这个逻各斯的结构性目的在于记载另一场波斯人的帝国征战,但同等重要的是,这个记载纪念的是埃及人的成就,它为世界历史提供了一个新的纪年法,并且展示出异邦文化对希腊文化的贡献,描绘出希罗多德是如何与众口相辩驳的。

辩论乃是希罗多德历史方法的一部分。他有更正错误的义务。他想向他的同胞们展示他们是如何克服艰难又是为何赢得战争的。通过向他的当代人展示如何在城邦的动态力量中获益,此书既是对历史变化的记录,又是对它的贡献。他认为,希腊人最善于适应新形势与新信息。这种流动的文化相对主义意识应该受到褒奖(参考 3.38 与 7.152.2)。要从自我中心与文化狭隘中挣脱出来,希腊人必须学会批判地吸收异邦人的观念。因此,虽然他除却明晰真理($ἀληθείη$,例如,2.106.5,4.195.2,7.139.1)之外从未为争辩正名[49],但他的材料批评方法(source-critical method)也是对希腊人在政治与思想上的独立所做的贡献,因为当时的世界充斥着臣服于君主的臣民,充斥着狭隘的观念,而希罗多德的思考方

---

[49] Powell(1939)略去直接引语中的例子,并给出了以下的词语数据。希罗多德《历史》中,$ἀληθ$- 共出现 54 次,$ἀτρε$- 共出现 8 次,$ψευδ$- 共出现 17 次。这些词语的分布需另行研究,但是这些数字表明,希罗多德对真实性的追求并不是想当然的。

式则有助于希腊人通过挖掘有用的真理从而自主把控自己的政治前途。[50]

希罗多德愿意把与自己相悖的观念统统记载下来,他似乎有种保护性的心态,更少对历史进行破坏,不像赫卡泰乌斯开篇便对希腊信仰展开嘲讽,或者如修昔底德那般很少记载民间传统(比如,1.20-2,6.54-9)或多重版本。希罗多德《历史》中相悖的记述数量再次证明了他对材料的根本尊重。

在与其他作者的争论中,希罗多德的集中点是在历史问题上,但有时候文学与当下的政治事件也会掺杂进来。希罗多德并没有展现出个人的敌意;赫卡泰乌斯尽管受尽指责,但还是被尊称为政治家。[51]《历史》中论争的数量与种类可以凭以下的清单一瞥究竟。论争使得行文活泼有趣,又同时表明他所见的诸种材料。他论辩的修辞态度乃是保留、展现他人信仰而非压制的另一证据。在希罗多德这里,历史书写开始以理智与开明的心态试图去理解政治背后的动力,而非旨在建立一个官方的、偏狭的关于过往历史的权威版本。

---

[50] Redfield(1985)117-8.
[51] 在这点上,希罗多德与波利比乌斯有所不同;参考 Walbank(1972)11-12;Fornara(1983)100,112-15。克列欧美涅斯与铁米司托克列斯等为数不多的历史中的人物篇幅十分有限,这乃是希罗多德对错误材料缺乏认定的结果。

希罗多德笔下论争目录清单

以下数页所列举的乃是与希罗多德记载明确有异的作者、文献或者是口头材料。这份清单揭示了希罗多德的独立品格与《历史》中无处不在的论争与修正。

赫卡泰乌斯

赫卡泰乌斯是希罗多德最重要的信息来源。他也是唯一被记名的散文作者。*= 提及他名字的篇目。

1.56-8　希腊人的种族（参考 *FGrHist* 1 F 119）

1.146　爱奥尼亚血统的纯正性（？）

2.2.5　普撒美提科斯与埃及人有多古老

2.5.1　埃及，"尼罗河的礼物"（参考 F 301= 阿里安《远征记》5.6.5）

2.16　三分世界（参考 2.15.1，3）

2.21　海洋围绕大陆流动（参考 F 320b）

2.23　关于欧凯阿诺斯的神话（mythos）没有反驳的必要

2.69　鳄鱼

2.70，71，73　鳄鱼，河马与凤凰（参考 Porphyry T22, F324; Suidas, T1; Hermogenes, T18）

2.120　特洛伊战争（？）

*2.143.1, 4 作为散文作者的赫卡泰乌斯是靠不住的，且是无知的；参考 T4，F300；（逻各斯写

作者[logographos]首先出现于修昔底德 1.21）

2.156.2　凯姆米司，漂浮的岛屿（F 305）
4.36　　　许珀耳玻瑞亚人（Hyperboreans，F 36）
*5.36.2　赫卡泰乌斯，一位谨慎的历史学家（T 5）
*5.12　　赫卡泰乌斯，一位谨慎的历史学家（T 6）
*6.137.1　佩拉司吉人悬案；赫卡泰乌斯表示怀疑（F 127）

希腊人的观点

当地的爱国者

当地爱国者颇有一些自以为是的记载，有些是需要修订的。

2.178.3　某些城市不合理地觊觎纳乌克拉提斯圣域
6.14.1-2　十一艘船只留在原地作战
6.124.2　并没有阿尔克迈翁家族的人在马拉松战役中以盾发出信号
7.139.1，5　雅典人的贡献受到褒扬（参考8.3.1，雅典对希腊文化的贡献受到肯定）
8.73.3　某些伯罗奔尼撒人被米底化了
8.94.1，4　雅典人与柯林斯人辩论柯林斯人在萨拉米斯海战中的角色
9.85.3　埃吉纳人在普拉提亚的坟茔乃是后来修建的

其他的希腊作者与普遍信仰

其他希腊作者及一些普遍信仰需要纠正（*= 地理写作事宜）

1.140.1-2　某些希腊人质疑波斯的丧葬习俗

2.2.5　　　希腊人之中还流传着许多关于普撒美提科斯的荒唐故事

2.10-14*　埃及土地的来源

2.15.1，3*　爱奥尼亚人（=赫卡泰乌斯？）宣称只有三角洲地带是埃及，剩下的是阿拉伯，或者是利比亚

2.16.1*　　如果爱奥尼亚人在大陆划分问题上是正确的，希腊人与爱奥尼亚人无所增益；希罗多德的意见，参考 2.17.1

2.17.1 & 2*　爱奥尼亚人、希腊人：他们在埃及的土地问题上都犯了错误

2.20.1-27*　有些希腊人名令智昏（解释尼罗河洪水）

2.45.1　　希腊人在埃及的赫拉克勒斯问题上毫无根据（ἀνεπισκέπτως）的言谈

2.53.1　　希腊人是新近才对他们的神有所了解的

2.118.1　　希腊人论伊利昂与特洛伊战争（墨涅拉奥斯）

2.123.3　　有些希腊人将灵魂转世学说据为己有

2.134　　　有些无知的希腊人认为罗德庇司建了一座金

	字塔
2.154.4	普撒美提科斯之后,希腊人成了埃及历史的最佳来源
2.156.6	埃斯库罗斯关于阿尔忒弥斯诞生乃是源自埃及的
3.38	nomos 的相对性与力量:普罗泰戈拉
3.80.1	希腊人怀疑,曾有一场关于波斯政体的辩论(以及 6.43.3)
4.8.2*	希腊人论革律翁(Geryon)与欧凯阿诺斯的本质
4.36.2*	嘲讽希腊人无根据的地图绘制者(以及 42.1)
4.44.1*	司库拉克斯(Scylax)被派遣去探索印度
4.52.5*	没有希腊人知道尼罗河的源头
4.77.2	希腊人编出阿那卡尔西司的故事是为了娱乐(πέπλασται)
4.109.1*	普遍的希腊人的错误:认为布迪诺伊人(Boudini)是盖洛诺斯人(Geloni)
5.54.1-2*	阿里司塔哥拉斯所述行程被修订
6.53-54	多利亚国王名录:希罗多德指出其缺陷(53.2)
6.55	希罗多德略去其他(希腊人)所写的
7.20.2-21.1	薛西斯的远征乃是前所未见的
7.214.2	有些希腊人错误地认为,埃披阿尔铁司在温泉关一役中并非叛徒
8.77.1-2	希罗多德为某些神谕的真实性辩护

8.120　阿布戴拉人错误地认为薛西斯逃回时并没有解开自己的腰带

除却赫卡泰乌斯之外的散文资料

除却赫卡泰乌斯之外的散文资料是可能存在的，但希罗多德并没有指名道姓。以下的例子是最为可能的。

卡戎（Charon）　　（IIIA, *FGrHist* 262）1.107；6.37；
　　　　　　　　　参考 *FGrHist* 4 T 12
尤阿贡（Euagon）　（IIIB, 535）4.58-61, 2.134（？）
司库拉克斯　（IIIC, 709）4.44.1, 2.8.3, 2.17.3-7
克桑托斯（Xanthus）（IIIC, 765）1.94.2；参考 *FGrHist*
　　　　　　　　　70 F 180；1.107；*FGrHist* 765 T 5

普遍存在的公共意见（opinio communis，均来自第二卷）：2.5.1（来自赫卡泰乌斯？）；2.17.2；2.45.1；2.118.1；2.134；参考 2.23。

史诗诗人

史诗诗人的意见绝不能被认定为历史事实，但有时候希罗多德也将他们为人熟知的观点呈现出来。

2.23　　荷马发明了欧凯阿诺斯，或者是另一位诗人
2.53.2　荷马与赫西俄德创制了希腊神话；并不存在更早的诗人（2.53.3）

2.82.1	荷马与赫西俄德化用了埃及的宗教发明
2.116-17	在海伦的故事上，荷马偏向于某些"恰当的"（εὐπρεπές）版本，而非埃及人的版本
2.117	荷马并非《塞浦路斯纪》的作者，但这两个话题就到此为止！
2.118.1	希罗多德满怀希望地在埃及询问，希腊对伊利昂传说的记载（= 史诗）是真是假
2.120.3	我们能相信也必须相信史诗诗人吗？不
3.115.2	埃利达诺司河，属希腊名字，乃诗人编造出来的
4.13.1	阿利司铁阿斯（Aristeas）被福波斯附体（φοιβόλαμπτος）
4.29	荷马论羊，总算说对一次（ὀρθῶς εἰρημένον）
4.32	赫西俄德与荷马（如果是荷马的话）说到过许珀耳玻瑞亚人，除此鲜有提及者（参考4.36.1）
6.52.1	斯巴达诗人不具备权威性（与国王相关）
7.161.3*	雅典人引述荷马证明（参考《伊利亚特》2.552），但这种论争是苍白的（参考9.26以降的神话）

其他诗人

鲜有其他诗人被提及。他们多作为故事或行动中的参与者出现，而非历史主角。阿契罗库斯（Archilochus），

1.12.2；阿利昂（Arion），1.23-4；萨福，2.135.6；埃斯库罗斯，2.156.6；品达，3.38.4；阿那克列昂，3.121.1；奥伦（Olen），4.35.3；荷马诗与悲剧合唱，5.67；阿尔凯乌斯（Alcaeus），5.95.1-2；西蒙尼德斯，5.102.3，7.228.4；梭伦，5.113.2；普律尼科司，6.21.2；拉苏斯（Lasus），7.6.3。

异邦的硕学之士

异邦的硕学之士（λόγιοι）衬托出希腊人自大与舛误。希罗多德多次引用近东、埃及的"权威"以证实他的异端编年法或历史解释。

明确引用的亚细亚资料

1.1.1，2.1，4.3 与 5.1-3　关于东－西方冲突的源头，波斯人与腓尼基"权威"的意见

4.46.1　除却阿那卡尔西司，黑海区域没有智者

埃及的有识之士

饱学的埃及人映衬出希腊人在历史知识上的虚伪。

2.2.5　孟菲斯祭司有许多历史事件要向希罗多德讲述

2.3.1　黑里欧波里斯人（Heliopolitans）是最了解埃及的人（*logiotatoi*）

2.4.1　埃及人比希腊人更懂历法

2.4.2	埃及人在命名神灵、祭坛、神庙、雕塑等事情上都更胜一筹（参考 2.52.3-3）
2.49.2	美拉姆波司（Melampus）从埃及人那里所学甚多，介绍到埃及仅仅做了一些小小的改变
2.49.2	并非偶然；埃及人与希腊人对狄奥尼索斯崇拜的相似性
2.49.3	埃及人并未向希腊人学习任何 nomos
2.73	希罗多德不相信黑里欧波里斯人对凤凰的描述（§§1，3，4）
2.77.1	埃及人记载详细，对人类历史最为了解
2.118.1	在特洛伊战争这件事上，埃及人比希腊人更具权威性
2.119.3	希罗多德接受埃及人讲述的关于墨涅拉奥斯的故事
2.123.2	埃及人首先开出了灵魂转世学说，而非希腊人
2.145.3	埃及人在编年上非常细致
4.180.4	埃及人向希腊人展示他们发明的盾牌与头盔

第三部分

Poiesis：希罗多德如何让历史事实有意义

导　言

过去隐含着众多隐秘的事实，并不是每个人都能够物尽其用。每一个传述会根据作者的问题、信仰与局限来选择材料，组织结构。要制造历史就要先勾勒出历史的形态，然后为构建起的现实提供内在结构支撑。Poiesis 这个希腊文词的意思是有目的性的创造与支配——区别于发现和单纯地罗列清单，这个词可以用在与戏剧、史诗、雕塑与陶瓶相关的论述中。[1] 本篇考察的乃是表述与支撑希罗多德所构建的历史图景的四个体系。这四个体系不是唯一的，但我相信它们是最为重要的。它们将希罗多德的认识论具象化为一种可供其他研究者参考的思想工具。所涉及的问题如下：将《历史》中的诸多组成部分粘连在一起的是什么？时间、界限、民族志与政治行为的抽象范式将《历史》中的原材料组织整合成一个包罗万象与可理解的叙述形式。这些就是接下来四

---

[1] Kitto（1966）259-61，290-2，320-1. 以下参考书目是讨论希罗多德"诗学"的部分书籍：Gomme（1954）73-115 = Marg 202-48；Fornara（1971）35，72-3；Lang（1984）；以及 Timothy Long *Repetition and Variation in the Short Stories of Herodotus*（Frankfurt 1987），此书在 176-92 处比较了希罗多德的写作技法与阿提卡悲剧的写作技法。

章的主题。

纪年法在历史作品中的重要性不言而喻,但是我们要在第5章强调希罗多德对正确日期给予的关注(在一个缺乏百科全书、普遍历法与历书的世界)。我们不仅仅需要考量他对纪年法局限的清楚认识,也要考量他的纪年法本身所固有的局限。

除却使用相对与绝对日期来较为明显地勾连叙事,史家使用的更为隐形的方法还有特殊词语、主题、象征、隐喻、看似边缘的主题与一再出现的形而上学观念(包含超越存在的缺席与在场、自然力、人类行为中的伦理联系等)。希罗多德之前的非虚构性散文作者似乎从未使用过这些要素来构建一个长篇的阐述;他对这些强有力的连接手段的把控得益于荷马史诗。我们可以将这些元素称为诗性的或是形而上学式的,但是在希罗多德之前,并没有史家能够自如地使用它们。第6章将会讨论自然与人类事务中界限的概念。

民族志在历史成为一种文学文类之前既已存在,因此我们在《历史》中如果发现了它们的影子也不足为奇,但是它的意义已经超越了希腊文学中业已认定与接纳的那种对日常生活中"他处"的单纯迷恋。环境决定论的学说我们已经在医学作者那里有所见,某些智者也对民族差异有所阐述,逻各斯写作者也搜集了不少经济、社会与政治的素材,这些种种都影响着希罗多德的历史行为的概念。环境、地理、经济状况与政治结构会影响一个民族的发展与思想。文化内部和与他者相冲突的行为模式或许可以解释希腊人与异邦人之间战争的原因。民族志对解释历史结果有所助益，我们会在第7章谈论它的作用。

个人、制度与民族中的行为都有范式。希罗多德观察到了东西方民族的暴君的某些通性。他对过往历史的"解读"产生了其作品中最受认可的组织叙事的技法之一，即暴君与暴政的诞生与衰亡。除此之外还有没那么被看重的第三卷的"制度大讨论"，这个讨论简要地为我们叙述了民主制、寡头制与君主制三种政治形态的缺点与优点（参见第8章）。

与《历史》中的其他戏剧化事件一样，希罗多德坚信大流士登基前的这场波斯辩论有着历史基础。这场辩论的历史性虽然有限，但是这种历史有限性是放置在一个描述可能政体的演说的戏剧场景之中。这些描述为出现在"优先场景"之前与之后的历史叙事奠定了结构基础。他对民族独立性、法制与自治这些价值观念的信仰也促使他不断地从不同角度叙述历史共同体对这些价值观念的发展与维持，继而在这个优先场景中再次为平等（isonomia）疾呼。事实上，他认为，最后两个标准比制定法律的群体的比例更重要。

我们如果对这些组织技巧做一番考察就会发现，这些杂乱无章的素材与信息被希罗多德整合成了有意义的讯息。这种微观的研究是为第四部分做准备，第四部分研究的是《历史》中的阐释以及希罗多德在历史事件中寻找到的意义。最后第10章将会总结希罗多德的历史学的独特成就以及为何我们要将其历史写作单独拎出来讨论。最后一部分，希罗多德史学的独特性,从内部来看将会被描述成一种新的因果论,这种因果论用于解释历史事件;从外部来看,这种独特性为读者提供的视野比后代史家能够呈现或选择呈现的视野更宽广。然而,这种历史成就也为后来关于史学竞赛之标准的辩论与共识提供了基础。

第 5 章

纪年法的地位

> 我在许多规划与尝试之后才偏好以国家谋篇布局,我现在依旧喜欢这样做:表面上看这忽视了年代学顺序,但这一切缺憾被趣味性与清晰性弥补了。
>
> 吉本《回忆录》

对于大部分历史学家而言,年代顺序提供了最为明了的文本组织原则,但对希罗多德来说却不是这样。年代研究对他与其他历史学家一样必要,但对他的历史研究的组织结果来说却不尽然。本章讨论的内容为记载时间的不同方式,《历史》中相对与绝对时间的目的,以及它们如何从属于一些更加重要且有意味的组织原则。其中会考察叙事的缓急,依照时间顺序的关于人与国族的记叙之间的空白,那些因为材料多寡而被区隔的历史划分,以及一个关键事件(薛西斯对希腊半岛的进攻)。

对于希腊人来说,无论他们比希罗多德早还是晚,写作的文类是什么,过往的事件都主要为道德榜样与平行事件提供了方便的参考。荷马的特洛伊战争,修昔底德的"稽古篇",德摩斯梯尼的演说与亚里士多德的《修辞学》(1.4.9，12-13=1359b-60a)都是如此。生活中过往的特定事件被认为比诗中的更为缺乏普遍性(《诗学》第九章=1451a37)，尤其是背景被设定为遥远的神话时代的史诗，虽然史诗中会有一些假模假样的精准日期。阿基里斯与忒修斯似乎比关于过往的事实更能照亮现实。公元前5世纪的希腊共同体仍然没有史家——如果存在的话——赖以构建年代学的公共档案，甚至是执政官名录。[1] 甚至从某个特定的点开始的普遍计时方式和传统都还没有出现。希腊人只了解当地与泛希腊的传说以及新近事件。但是这种相对无物可查的状态并没有阻止每个城邦的统治阶层创立——而非忠实传承——"值得纪念"的历史事件，即所谓的传统。埃及、希腊以及其他地方的口头传统仰赖那些有权(崇拜、世代相传的职位等)、有势(社会的、经济的与政治的)的人去塑造。修昔底德对这种情况了然于心，因此认为那些当地的传统从根本上就是有问题的(1.20.1, 3; 6.2; 6.54.1)。他对自己所参与的战争之前的关于任何事件的详细历史描述都予以怀疑(τὰ γὰρ πρὸ αὐτῶν...εὑρεῖν...ἀδύνατα，1.1.3)，尤其是那些一个世纪以前的(1.20.2)历史事件，且包括波斯战争中的以及之后五十年的历史事件(1.12.1, 97.2)。[2]

---

[1] Jacoby (1949) 397 注释 45。另参考以下注释 [8]。
[2] 修昔底德再三提醒我们，人类是如何轻易地就会误解过去 (1.20.3: πολλὰ δὲ καὶ ἄλλα ἔτι καὶ νῦν ὄντα καὶ οὐ χρόνῳ ἀμνηστούμενα [有许多别的事情现在也随着时间被遗忘了])，他对公元前479年到公元前431年（转下页）

时间概念作为区分现在、过去和将来的手段，在希腊人意识中早已有之。[3] 荷马史诗中的卡尔卡斯"知晓过去、现在与未来"（《伊利亚特》1.70；参考赫西俄德《神谱》38）。史诗的背景是过去，但是这个过去是与游吟诗人所处的当下明确区隔开来的。诗人颂赞英雄人物的伟大事迹（《奥德赛》1.338；《神谱》99-101）。赫西俄德需要缪斯给予灵感颂赞过去那些事件（《神谱》32；《工作与时日》1）。同样，荷马也强调缪斯的神性知识以及自己的愚昧：ἴστέ τε πάντα/ἡμεῖς δὲ κλέος οἶον ἀκούομεν οὐδέ τι ἴδμεν（[缪斯]你们通晓一切，而我们则道听途说，毫无知识）（《伊利亚特》2.485-6）。[4] 这种对缪斯的召唤或许是一种程序上的俗语，或者是一种必要的提神之言，但这样的解释并不能否定这一召唤过程的意义与严肃性。英雄的伟业无法仅仅通过人类的调查得以呈现。准确讲述那些前往特洛伊的将士的姓名在人类的能力之外，甚至诗人也为自己开脱。

希罗多德的前言表现出一种焦虑，即那些值得纪念的新近的人类事件与成就或许很快就会湮没无闻（*exitela*, *aklea*）；[5] 他自己调查的结果或许也暗含了这种关切。现代

（接上页）的记述有多么潦草，年代学有多么不清晰，其中又有多少遗漏（Gomme [1956] 365-89）。就像所谓的"稽古篇"，历史写作的目的在很大程度上是服从于关乎当下这场战争的叙事。

[3] Momigliano（1966）2 =（1969）14 认为，这点非常必要。
[4] 当下人的知识在这里与 kleos（诗人耳闻的那些声名与传闻）被区分开来。
[5] Jacoby（1913）333-4；参考 Drews（1973）137。参考品达《尼米亚颂诗》（*Nemeans*）4.6；7.13-16。

的一句习语说:"当下必须记在纸上,要么是现在,要么是尽快,否则,未来的史家将无计可施。"[6]正如希罗多德选择散文作为其文字中介,这立刻将其与前辈诗人区分开来,他的主题与目的也使其与历史继任者有一定距离。修昔底德认为,事件在发生之时不被仔细研究的话,那我们将永远失去拥有关于那个事件的精准知识的机会(1.1.3;20.1.3;21),但是很遗憾,希罗多德并没能那么早出生(公元前520年),不能够亲身经历所有他所选择纪念的那些重大事件。证据的本性迫使史家根据所拥有的不同种类的素材及时间跨度采纳具有不同历史可信度的故事版本和诸种计时方法。《历史》中,东方君主名录、实体的纪念碑与碑铭、希腊本地的传统等混杂难分,其年代学也颇受质疑,但总体上说,其一致性与合理性还是比预期的要好。[7]

直至公元前5世纪末,希腊世界还极少有带确定日期的记录,仅有一些无甚效用的保存过去的方法,更不要说还原历史了。即使是雅典这样极为重视纪念与公共性的城邦,直到公元前5世纪末也还没有中央档案馆,甚至其行政长官的名录也不会早于公元前425年[8],这个时间是希罗多

---

[6] Finley(1965)292.

[7] Mosshammer(1979)108,110 注意到希罗多德在调研中发现的许多时间冲突。

[8] Jacoby(1913)405;同上(1949)171,360 注释49;397 注释45;White(1969)42;E. Posner *Archives in the Ancient World*(剑桥,1972)102-7,附带有早期的书目;Alan Boegehold "The establishment of a central archive at Athens" *AJA* 76(1972)23-30;Finley(1965)292;参考 Josephus(转下页)

德公开自己作品的最可能的时间。在希罗多德之前，在前历史书写时代，我们极少发现用于或者能够保存新近事件的动机与原因的知识的证据。诗人色诺芬尼问道：米底人来的时候你多大岁数？他试图用个人经验来回忆那场灾难。这种自传性的语句经常使用，这也显示出希腊人普遍缺乏一个年代学体系，或者对年代学普遍缺乏关注。[9] 同样，克洛伊索斯的故事离作者并不遥远，这个故事在希罗多德的时代以及后代的文学与艺术中都是一个广受欢迎的主题，它也是《历史》的主题之一，用作表现人类无常与突降灾难的范式，但这个主题并不需要一个确切的日期，更多的是对起因与结果的阐释。还不满一百年，其败亡的日期就被世人忘记了。[10]

《波斯志》(Persica)与《希腊志》(Hellenica)残篇很

（接上页）《反阿皮翁》(Contra Apionem) 1.19-22（4）。Hammond（1955）382, 390-1 与 R. Stroud "State documents in archaic Athens", *Athens Comes of Age*（普林斯顿，1978）20-42，尤其是 34 页以降。此文认为，最先的两位史家是能够大量接触到执政官清单与有时间记载的史料的，但是该文并没有详尽地解释，为什么这两位史家并没有大肆使用。哈蒙德认为，早期两位史家的纪年方法与心中的考量大致相同。Mosshammer（1979）17, 86, 88, 326 注释 6, 92-7 清楚地阐释了这个问题。

[9] *Vors* 21 B 22. 参考西蒙尼德斯 F 77（Diehl）。色诺芬尼也为克罗丰（Colophon）与埃利亚（Elea）的建立谱写过诗篇。这种开创故事（ktiseis）是纪事学（horography）的一个分支，其中混杂有传说、家族荣誉、虚构与事实等，并不一一求真。这种远古的作品，虽然包含有历史研究的成分，但并不是希罗多德或者我们所说的历史（Drews [1973] 10-11, 40-2, 49, 148 注释 28）。

[10] Strasburger（1956）137-8 = Marg 700-1.

难有所阐发。[11] 米利都的狄俄尼修斯存在与否仍在争论之中；吕底亚人克桑托斯可能在希罗多德之后发表了《吕底亚志》(*Lydiaca*)；朗普撒库斯的卡戎（Lampsacene Charon）、卡里亚的司库拉克斯（Carian Scylax）可能写作了一些关于民族、地理或者以至于包括波斯战争的一些事件，但是从这些作品的残卷与普鲁塔克对希罗多德的批判来看，他们那些一度广为人知的作品几乎没有为希罗多德的批评家们提供任何批评资源以挑战其主题划一的记述。[12]

很多的神话、历史关系与地理人物志都记录在谱系志、地理志、地方志与民族志之中。这些文类的意图并不是解释新近事件中的不同力量是如何较量的；它们最多只能算是好古之作，其中的神话元素，无论它们在现代研究者看来如何前后矛盾，都比新近历史更为重要。当它们收录非神话、非虚构素材的时候，其中也会记载当下的民族与地理，附带历史注解。

希罗多德并没有为我们提供任何精准日期。在唯一一处谈到雅典执政官执政之年的地方，他也并没有明确那个事

---

[11] 残篇请参考 *FGrHist* IIIC 687, 765, IIIA 262 与 IIIC 709。Drews（1973）第二章似乎试图以这些证据延展出一个结论，即波斯战争（31，作者所加的斜体）为希腊史学写作的形成有催动作用，他认为，赫拉尼库斯（！）、卡戎、狄俄尼修斯与司库拉克斯均在希罗多德之前公开过自己的注释，且都涉及波斯战争，他们的历史写作并不仅仅是对波斯帝国或王者功业（res gestae）的简单列举。参考 Fornara（1971）25-7。

[12] 参考 Jacoby（1913）468；Pearson（1939）27, 128-34, 145-7；Drews（1973）23-36, 100。Pohlenz（1937）21 与 von Fritz（1967）78 删去了狄俄尼修斯。

件的季节、月份与日期。另外,这种因地而异的计时形式明确统管的事件仅仅有两件(薛西斯跨越两大陆,8.51.1;玛多纽斯进攻阿提卡,9.3.2),因此,他并没有将这个具体的时间点定为其他时间的参照点(虽然很多其他的时间可以由此推测出来),就像修昔底德设置时间参照点一样(2.2.1:阿尔哥斯祭司,斯巴达监察官,雅典执政官执政之月;再者,三十年和约与波提戴阿战争,以及季节)。[13] 关于希腊各地不同的历法带来的问题,修昔底德已经为我们有所勾画(5.20.2),且修昔底德十分关注建立一个绝对与精准的年代学体系。希罗多德与修昔底德大概都想避免使用现存的纪年体系,因为各地的纪年体系不一,这还证明另一件事,即早期史家所能见到的有时间记载的材料十分稀少。如果我们要说,雅典执政官的名字,卡利阿德斯(Calliades),被用到记载薛西斯攻占雅典(8.51.1)这一雅典最黑暗时刻的叙事中,是为了向读者提供一个精准的年代

---

[13] 希罗多德与修昔底德(2.2.1)均提供了他们前瞻后顾所依靠的参照时间。8.51.1 提到了 480 年雅典执政官卡利阿德斯,并且为薛西斯抵达阿提卡定下了一个雅典时间(以及——与之相对的——三个月前跨越海列斯彭特的时间)。在 2.53.2 处,希罗多德似乎自行为荷马与赫西俄德确定了一个相对时间,即在他之前 400 年。在对爱奥尼亚叛乱的描述中,季节等编年暗示与相对时间激增:6.42, 43, 46。关于这个问题,参考 Jacoby(1913)404-5;How 与 Wells(1928)I 附录 14;von Leyden(1949);Strasburger(1956)=(修订版)Marg 688-736;White(1969);Shimron(1973);Sacks(1976)集中考察薛西斯的进攻。480 年 10 月发生的日食(9.10.2-3)为我们提供了一个精准的日期,但这并不是为希腊人准备的一个时间表达。1.74-5 与 7.37.2 发生的日食,希罗多德记载的时间有误;参考 How 与 Wells;Mosshammer(1979)263-5。

学记录的话，这难免显得时代错位。[14]更加可信的一种解释是，参与者常常以一种纪念公共经验的民间传说式的程式向希罗多德这位口头传统的保存者讲述历史。需要我们做出解释的是某个特定时间的出现，而非其他时间的缺席。

对于早于公元前550年这个时间的那些不可信的希腊传统，希罗多德无计可施，且对此心知肚明（比如，2.53.1，2.143.4；3.122.2；7.20.2）。英雄、诗人、事件等也会被标明时间，但也都是记个大概。在公元前6世纪，偶然出现的数字（庇西特拉图传统，1.62.1，5.65.3）或含混不明的指涉，并不能将宗旨明确，这些宗旨通常是混乱且完全没有时间记号的（比如，雅典与埃吉纳之间的第一场战争，5.82-7），抑或是令人晕眩的（比如，培利安多洛斯与萨摩司的关系，3.48）。希罗多德意识到，自己并没有能力对前人在年代学上的那些重构性努力进行评判或修订，又或者，他并不认为这项工作那么紧要，也可能两者兼有。因此，在他的作品中，历史时间与诸多繁杂又不成体系的传统谱系学，传说中的断裂与同一，构建的国王名录（如吕底亚人），以及某些事件比其他事件早一两个世纪等诸如此类的陈述相互碰撞冲击。[15]

从年代学精准性的角度上来看，爱奥尼亚叛乱为《历史》做出了区隔。在这个事件之后，希罗多德便克服了确定时间这个根本的困难，从而为重大事件建立起了准确的相对

---

[14] Jacoby（1949）360注释49；参考Gomme（1956）3注释1。
[15] Mosshammer（1979）108，111。

年代学，虽然这种年代学仍然是散乱与繁杂的；例如，米利都的陷落据载是在叛乱发生后的第六年（6.18），但叛乱本身的时间并不确定。[16]对马拉松之役与薛西斯的远征的记述为我们提供了更多可循的标记。[17]

布满全篇的混乱纪年并不是希罗多德的错，这乃是原始技术与爱琴海世界对新近历史与世俗年代学缺乏兴趣的结果。希罗多德使过去重现光彩，并且以一种提纲挈领的方式将其统一起来。他将保存人类记忆创立为一个问题，并且为后继者铺平道路。[18]

总体来说，希罗多德的日期与事件是不准确的："在此时"，"与此同时"，"在此之后"，"直到今天"，"今天依旧如此"。有时候，他甚至完全不给出任何时间暗示，或者仅仅给出事件序列，或者是使用一些含有不确定时间的语句，比如"此时与之前亦是如此"（τοῦτον δ' ἔτι τὸν χρόνον καὶ πρὸ τοῦ, 5.83.1）。[19]

---

[16] White（1969）42-3 将 5.28 视为分界篇章。Hammond（1955）386-7，Strasburger（1956）152-4 = Marg 723-5，R. van Compernolle "La date de la bataille navale de Lade" *AC* 27（1958）383-9 讨论了确定叛乱的时间难点。

[17] 希罗多德在克洛伊索斯之前的重大事件上少有精准的时间描述，为的就是不误导读者。这也使得当代史家十分头痛。例如，爱奥尼亚叛乱，参考 Burn（1962）198；柯林斯僭主制的时间问题，参考 Sealey（1976b）53-5；Mosshammer（1979）第二部分。

[18] Jacoby（1913）472；Hignett（1963）33；Mosshammer（1979）92.

[19] 参考 Fränkel（19602）；参考 3.125.4-126.1：欧洛伊铁司在"波律克拉铁司死之前不久就陨落了（χρόνῳ δὲ οὐ πολλῷ ὕστερον）"。事实上，后者死于刚比西斯在位时期，前者则死于下一任国王大流士在位时期，但是，什么时间，什么间隙，何人在位，这些都不是希罗多德的主要关注点所在。

《历史》中共有31例,希罗多德声称某人(或某事)是"我们所知的第一个(第一件)"。[20] πρῶτος τῶν ἡμεῖς ἴδμεν(我们所知的第一个)这个短语也暗示我们他在年代学研究中所取得的成就,为那些缺少这句就显得不合时宜的故事正名。这些纪念性的语汇标志着年代学知识上努力的终点,也标志着一个值得纪念的历史性突破的起点。从正面的角度来看,这个短语暗示我们,希罗多德相信,支撑其"展示"(apodexis)的乃是历史证据(而非诗性灵感与奇迹传奇)。从负面的角度来说,这种修正也提醒读者,作者与其信息来源之间存在巨大距离,所追溯的事件越久远,相关的资料也就越不足。[21] 波律克拉铁司故事最后的那个注解阐释了这个短语的使用意图(3.122.2):

> 因为,波律克拉铁司,据我所知,在希腊人中间是第一个想取得制海权的人;当然,这里是不把克诺索斯人米诺斯和在他之前掌握过制海权的任何人考虑在内的。在可以称之为人类的这一范畴之中,波律克

---

[20] Powell *Lexicon*,参考 οἶδα 1 词条。这个短语在传述的演说中出现过三次。在希罗多德的修辞中,这个短语有时候仅仅用于强调或者是限制最高级。对"颂赞式"(celebratory)的转折的讨论,参考 Macan(1895)与注释9,Shimron(1973),Munson(1983)86-96。

[21] 这也与希腊人无处不在的追根溯源的欲望相符合:πρῶτος εὑρετής(第一创造者);Kleingünther(1933),尤其是46-65讨论希罗多德的部分。

拉铁司可以说是第一个这样做的……[22]

波律克拉铁司在希腊海上霸主史中的地位是与人类范畴之外、史前的米诺斯以及前米诺斯时代（这个词语含混不明）或后米诺斯时代而希罗多德无甚了解的其他海上霸主相比较的。同样在6.53.2，希罗多德强调，他不会超越柏修斯的凡人祖先以追索其先祖。他提到关于神灵与英雄的传说的时候，大多是为了对希腊信仰提出反驳（2.120，43.2，45），但他更愿意避免提及它们（2.3.2，117末）。对事件的年代学标记（2.53，143.1），希罗多德总是表现出不屑，因为他对纠缠可用信息的东西毫无好感。

对于传说时代，"希罗多德自己完全不在乎其是否有一以贯之的年代学"，考虑到其材料来源，这种说法也十分明智。关于神话时代，修昔底德似乎心中已经拥有了一套业已成型的谱系年代学作为参考标准，这个年代学可能是由赫拉尼库斯编制的，希罗多德在写作《历史》之时还未见到。[23] 希罗多德对神话年代学并无兴趣（历史原因在2.45，141-6，6.53.2有所阐发），其记载的神话故事也是前后无序的，所

---

[22] 塞林科特（De Sélincourt）的翻译，稍作修订。修昔底德对米诺斯的历史性问题并没有表现出强烈的怀疑（1.4，8.2）；Gomme（1956）110；Legrande（1932）39。
[23] Mitchel（1956）58，52，68. Mitchel认为，所有修昔底德在"Archaeology"中的时间都自这部作品而出（53）。Hammond（1955）382，396认为，希罗多德与修昔底德为波斯战争之前的时段都做了文学编年学，且他们的算法是彼此呼应的。

有的时间标志仅仅是当初讲述之时所附带的。他很少对神话故事前后矛盾与混乱不堪的年代计算提出批判。在考察史前与历史事件上,他并没有个人的或借用来的综合体系,且他在行文中16次使用代际来模糊计时。[24]在这种情况下,信息都是不精确的,这种"诚实的不确定性"也反映出希罗多德及之后的史家手中所有材料的情况。

"精心编织的波斯战争年代学与神话时代的散漫年代学"相较而观,我们可以看出,希罗多德对什么可以纳入年代学研究范畴,什么仅仅运用文学笔触处理即可,而不需要大费周章将神话、传说与民间故事强行炮制为一些无意义的、迂腐的、在精确度上难以企及的故事是敏感的。[25]

对编纂当下事件的纪年者修昔底德来说,准确与一以贯之的年代学标记十分必要,但这个体系对于前代写作者来说是很难想象的。[26]他对"这种[当下的]年代学研究的关联

---

[24] Mosshammer (1979) 108-9.
[25] Mitchel (1956) 61, 64, 66-67, 引文出自53, 其中还有以世代计时的例证。Mitchel 正确地否定了所谓的希罗多德使用固定时限的世代纪年法(33 1/3 年或者40年);参考同上64-66, 反对诸如 D.W. Prakken "Herodotus and the Spartan king lists" *TAPA* 71 (1940) 460-72。Mosshammer (1979) 105-7, 328 注释25否定了剩余的那些坚持认为希罗多德的年代学前后一以贯之抑或是建立在谱系学基础上的理论。
[26] 希罗多德也以季节划定时间(6.43.1, 7.37.1, 等等),且提供了精确的数字与年际间隔(6.18, 31.1, 46.1; 7.1.2, 4.1, 7, 20.1, 22.1, 等等),甚至是天数:例如薛西斯从萨拉米斯返回海烈斯彭特耗费45天。Pohlenz (1937) 198-9 认为,希罗多德在年代学上是修昔底德的教师。

性"并不是没有了解,[27]但他将自己的主要精力放在了从神话、萨迦、传说、民间故事、纪念建筑与历史传统中剥离出历史事件上。[28]希罗多德传达的"是一种对时间的感觉,而非体系"。[29]他以相对时间对其宏大设计中的主要事件进行编排,比如,爱奥尼亚的第一次、第二次、第三次征战(1.28,169.2;6.32);巴比伦的征战(1.191.6;3.159.1,参考3.56.2,138.4)等。在对美尔姆纳达伊与阿契美尼德王朝的统治时间的记述中有一些系统年代学的痕迹,9.121很奇怪地开了后代编年史框架的先河(这可能是从编年史家那里借鉴来的,或者是添加上的):καὶ κατὰ τὸ ἔτος τοῦτο οὐδὲν ἐπὶ πλέον τούτων ἐγένετο,"这一年并没有什么别的事情发生"。[30]希罗多德《历史》中其他编年史痕迹的缺席也使得史家是否接触过公共档案与文学编年史这个问题迷雾重重。"编年主义"以年代学为框架形式;赫拉尼库斯、修昔底德及其最杰出的继承者(史称俄克西林库斯[Oxyrhynchus]的史家及色诺芬《希腊志》第一篇)的篇章组织原则也是这种"编年主义"。希罗多德认为,如若勤加探索,新近与遥远历史乃是可想望且可能的。他的工作是突破性的,写作的乃是关于那些臣服于波

---

[27] Gomme(1956)2-3,以及注释 2;参考 Strasburger(1956)131 = Marg 692;Mosshammer(1979)88。
[28] Strasburger(1956)130-1(= Marg 691),160-1(= Marg 735-6).
[29] Lattimore(1958)18.
[30] Macan(1908)828 认为此处是伪造;Powell(1939)79-80;Hignett(1963)457。编年陈述也有对应(6.42.1;9.41.1,107.3),这得到了 Immerwahr(1966)145 及注释 188 的辩护。

斯人的民族的历史;他将希腊城邦及其与东方王国所知的往来史记载下来;基于其在埃及的经验,他发展了赫卡泰乌斯在人类时间范畴问题上的发现(对希腊人来说),这个时间范畴大大超越了之前希腊人对时间的概念。因此,他不仅仅为他的同胞提供了一种比其前辈能够或者试图提供的更为正确的年代学框架,而且通过"同步性相对主义"(synchronistic relativism)使其更可用也更有用。[31]

每逢遇到重大非凡的场面,作者就不惮麻烦,不吝惜笔墨,为读者详详细细地描绘出来。倘若几个年头流逝过去,其间并没有发生什么值得大家注意的事情,作者不怕让这部历史出现一段空白,就不去评论什么,而兼程前去描写重大事件……这样,读者在阅读本书时如果发现某几章很短,某几章又颇长;有的只记载一天的事情,另外的又包含经年累月的事;总之,如果他发现这部历史有时似乎停滞下来,有时又如风驰电掣般疾行,请不要感到奇怪……因为事实上我是一种新的写作领域的开拓者,我可以任意制定这个领域内的法律。我把我的读者看作我的子民,他们必须相信并且服从这些法律。

亨利·菲尔丁《弃儿汤姆·琼斯的历史》第二卷第一章

---

[31] Mosshammer(1979)111.

如同小说家一样，史家必须对材料进行分拣选择，并且要决定如何对场景与事件进行布局，而不是像新闻记者或者纪年家那样必须给每天、每月甚至是无甚重要的时间填补上事件。再者，史家需要采纳一种时间进程的步调，这取决于他的研究前后跨度是一天还是一个世纪。在这个方面，修昔底德采纳的夏季与冬季这个令人不安的时间框架乃是一种文学退步，就像狄俄尼修斯评论的那样（《论修昔底德》9, U-R 335-8），因为他所使用的相对严苛的地志与年代学区分让人很难理解。[32] 他的科学创新保存了时间的精确性，但这是以读者的阅读舒适度为代价的。例外（比如，3.68.3普拉提亚神庙）极少。它们要么琐屑，要么提供综合评判。[33] 在修正狄俄尼修斯线性历史叙事上，修昔底德著作的第三卷为我们提供了一个很好的例子。希罗多德时而也会打断自己的叙事，但这并不是系统的，而仅仅是为了解释所叙述的事情，就好像培利安多洛斯与其子吕柯普隆（Lycophron）的故事打断了对伯罗奔尼撒入侵萨摩司的记叙是为了解释柯林

---

[32] Carolyn Dewald *Taxis: The Organization of Thucydides' History, Books ii-vii*（伯克利大学1975年博士论文）为我们提供了一个修正过度简化的修昔底德文本组织结构的版本。他精心编织的因果论与关系论的体系及时避开了狄俄尼修斯的纯文学批评。

[33] 修昔底德对人或者城邦的评断包括伯利克里，2.65.5-9；雅典，2.65.10-13；布拉西达斯，4.81；尼基阿斯，7.86；普莱斯托阿纳克斯（Pleistoanax），5.16；亚西比德（Alcibiades），6.15；雅典对德克雷亚（Deceleia）增强防御的影响，7.28。参考拉泰纳"Nicias' inadequate encouragement (Thuc.7.69.2)" *CP* 80（1985）208-13。

斯人的参与一样。[34]

步调问题关乎中心主题的展开与中等重要事件进程的节奏。这需要作者时而前瞻，时而后顾（《历史》中有但很少，比如，戴凯列阿［Decelean］之战，9.73.3）。[35]在处理埃及问题上，前后跨度长达10000年，历经300位法老的历史被严肃地一带而过（2.100-1），因为这段历史并没有留下什么值得纪念的东西。薛西斯征战埃及说来应该与刚比西斯的征战以及大流士占领巴比伦一样有趣，但希罗多德也只是一带而过（7.5.1，7）。他对巨吉斯、阿尔杜斯（Ardys，在位49年）与克洛伊索斯（在位14年）的统治的叙述也仅仅集中在一两件事情上。希罗多德很可能手中有更多的素材，[36]但他将自己的叙事限定在原初目的之内：纪念与解释新近希腊历史上出现的决定性事件。"这种新的主题需要一种新的方法……希罗多德依据自己的定义选定主题。"呈现有意义的新近历史这个主题概念将希罗多德与其他的纪年家与民族志写作者区分开来，因为后者的写作受控于其所写

---

[34] 从文本的角度来看，第三卷50-53小节处在44-56节之内，后者又是波律克拉铁司虐待臣民（44-59）这一更大故事的一部分，而44-59又是"萨摩司逻各斯（19-60）"的中心。

[35] Lang（1984）1-17分析了叙事中的前进与后退；希罗多德对《历史》的指涉，见Powell *Lexicon*，参考logos 4eβ；对478年之后的事件的指涉，参考Jacoby（1913）230-2；Schmid-Stählin 1/2（1934）590注释9；Fornara（1981）。

[36] Drews（1973）51与169注释17如此暗示，但是居住在亚细亚的希腊人一定知道得比这个更多。参考Lydian Xanthus 765 *FGrHist* IIIC FF 1-30，尤其是8，12，14，19；以及Pearson（1939）第三章。

作主题文类中的年代、统治与流程。希罗多德的写作视野更为宏大，因此他对历史事件有增有减。相较于长篇的细节来说，读者通常对缺失的信息更加敏感，但尤其是在最后三卷之中，对细节的详细描写经常拖慢事件的进程以至静止。[37]

我们也不应当对希罗多德在早期或者新近历史中留下的空白产生误解。马拉松战役与温泉关战役之间的雅典历史几乎空白，这就是一个很好的例证。米尔提亚戴斯死后，希罗多德就没有花过大篇幅讨论雅典历史了，因为他的原初目的并不是要构建雅典城邦史。[38]再者，现代碑铭学、考古学以及现存的古代文献证明，除却拉乌利昂（Laureion）的银矿脉与其收入的分配之外，这时期的雅典在国际上并无甚影响。后两个事件希罗多德确实提到了，即在铁米司托克列斯首次出现并且引导公民大会立法间接"拯救了希腊"（7.143-4）的时候。[39]我们很难想象希罗多德除了自己写下的东西之外别无所知；情况应该是，他将自己认为与"展示"密切相关的东西写了下来。对关键事件的选择也解释了他为何推迟

---

[37] 此段引文，参考 Fornara（1971）34-5。这乃是希罗多德选择的问题。

[38] 这是一个关键性的宪政发展节点，如通过抓阄选取执政官（《雅典政制》22.5），但这与希罗多德的主题无关。参考 How 与 Wells 讨论 5.69.1，6.51，尤其是 6.109.2；以及 P. Karavites 的 "Realities and appearances, 490-480 B.C.", *Historia* 26（1977）129-47。

[39] 希罗多德对铁米司托克列斯并不是毫不赏识的；Fornara（1971）69-74；观点与之相对的有，Burn（1962）283；Hignett（1963）37；A. J. Podlecki *The Life of Themistocles*（蒙特利尔，1975）71 与 230 希罗多德词条；R. J. Lenardon *The Saga of Themistocles*（伦敦，1978）。

讲述某些其他重要事件。也正是因为如此，被大流士派往斯巴达与雅典以求取"土和水"的使者遭到杀害的故事并没有在恰当的时机出现（6.48-9），而是被推迟到了薛西斯使臣的故事时才被讲述出来（7.133-7）。[40]

希罗多德非纪年（non-chronological）方法的另一个特色是，他时不时地将带有象征意味的非重要人物重新拉到聚光灯下。比如，我们大致浏览下修德（Hude）的人物名录（Index Nominum）就会发现，克列欧美涅斯王[41]，僭主库普赛洛斯（Cypselus）与波律克拉铁司，宠臣阿尔塔巴努斯[42]与阿尔塔巴佐斯的故事时隐时现。他们不像披提欧斯（7.27-39）、列奥尼达斯（7.204-39）、托米丽司（Tomyris, 1.205-

---

[40] 参考 Sealey（1976）。希罗多德在 6.19 与 6.77 两处推迟了后半段似是而非的德尔斐神庙的内容。他推迟之，但从未为亚述（Assyria）与埃披阿尔铁司提供任何记述（1.106.2, 184；7.213.3）。另参考 5.22.1 与 8.137 讨论佩尔迪卡斯（Perdiccas）的后代；1.75.1 及 107 以降讨论阿司杜阿该司；2.38.2 与 3.29 讨论洁净的埃及祭祀；6.39.1 及 103 讨论奇蒙（Cimon）之死；2.161.3 与 4.159.5 以降讨论阿普里埃司的利比亚远征。与前几卷之间的互文，参考 How 与 Wells II ad 5.36.4。

[41] 希罗多德对克列欧美涅斯的记述并不简短，也并不是断断续续的（他在四卷中都有出现）。那些别有心机意欲贬损斯巴达国王为即将到来的战争做出的准备，却站在失败者多里欧司与叛变者戴玛拉托斯一边的叙述者，扭曲了很多信息。后者的家宅地处特洛阿司（Troad）的王室土地之上（色诺芬《希腊志》，3.1.6），或许为希罗多德提供了很多素材；参考 Lewis（1985）105。近 30 年的强有力的统治者不应当被描述成缺乏男性气概与"在位不久"（5.39.1, 48）。参考 How 与 Wells II 附录 XVII, "Sparta under King Cleomenes" 347-53；Burn（1962）283；P. Cartledge *Sparta and Laconia*（伦敦，1979）143-54。

[42] 参考 How 与 Wells II 276-7, 8.126；源自波斯的材料概观，参考 Lewis（1985）散见各处。

14)那样因为有着历史或者审美上的重要性而得到专篇对待。灵活处理年代问题通常是为其提纲挈领的主题服务,这也使得希罗多德能够处理在事件、空间、重要性上大相径庭的材料。

"在如何整合《历史》各部分的问题上,希罗多德必须要找到一种连接原则,而非年代学(因为年代学不能解释任何事物)。"[43]希罗多德有时会以链条的方式呈现事件,但有时候,对于那些次要的叙事来说,他会为之设置一个围绕着某个中心主题的事件簇。其中的历史逻辑我们必须予以推断。这种"环状"、非线性的年代学技法有个很好的例证,即依附于首个波律克拉铁司叙事(3.39-60)的诸多故事:僭主的指环;将城内会反叛波律克拉铁司的人派去埃及;流亡者与斯巴达结盟;埃及国王阿玛西斯赠送的胸甲;柯林斯人对萨摩司人的仇恨;对培利安多洛斯及其子与柯尔库拉的详尽叙述;斯巴达人围攻失利;波律克拉铁司贿赂斯巴达人的谣传;萨摩司流亡者占领昔普诺斯(Siphnos,以及昔普诺斯的财富与德尔斐神庙的神托);萨摩司人定居在克里特的库多尼亚(Cydonia)以及后来受到的奴役;最后就是世界闻名的萨摩司人的伟大工程。所有这些事件都是由萨摩司人这一主题连接起来的。这里,除却极为模糊的时间暗示,年代学几乎没有影子,因为主题乃是,萨摩司人本质上是流

---

[43] Immerwahr(1956)227。直至希罗多德的时代,还没有出现绝对纪年法:Mosshammer(1979)17, 92。

亡者。[44]

除却吕底亚历史的戏剧性安排之外，还有一种常见的整合主要部分的年代学方法存在，波斯帝国的扩张就是一个例证。克洛伊索斯的故事或许是最后写作的（虽然我们无法证明这一点），就像作者会在简介中明确说明自己的方法一样。[45] 克洛伊索斯的故事还通过作为地理文化中介的吕底亚及政治连接者克洛伊索斯介绍了其他的主要力量（波斯、斯巴达、雅典）。希腊人对克洛伊索斯很熟悉，但对居鲁士却不是，这也使得《历史》的开篇更加容易。从克洛伊索斯时代起，互相关联的事件就开始增多了。希罗多德一重启对克洛伊索斯败落之后居鲁士的征战的叙事（1.141.1，重启 92.1），爱奥尼亚人就向斯巴达人求援了（141.1，152.1 处重启）。斯巴达人拒绝了，但派出间谍搜集居鲁士的计谋与考察爱奥尼亚的情况（152.2）。斯巴达人对波斯及其决策毫无所知，居

---

[44] 波律克拉铁司与萨摩司逻各斯（Samian logoi），参考 Immerwahr（1957）；Mosshammer（1979）290-304。

[45] Fornara（1971）18 认为第一卷是在阐述一种"历史哲学"。这样的语句在那些将其视为"传统智慧的大杂烩"的人看来似乎言过其实了。例如，参考 J. R. Grant 对弗纳拉文章的评论，Phoenix 26（1972）92-5。真理在乎两者之间。第一卷或明或暗地向我们展示了，过往历史中的事件总会在后来的历史中找到对应，因此，范式功能（paradigmatic function）是合理的，甚至是必然的。希罗多德对待遥远过往的态度并不是原创性的（除却希罗多德频频提出的历史性警告 [historical caveat]），但对过往事件的文学范式的建立与对历史事件的思想拔高则创立了一种全新的历史思维。因此，第一卷中的"哲学"与调查的前提相比没那么关键，与希罗多德其他卷中（尤其是政治分析占主导的第七卷至第九卷，参见第 9 章）的事实编排相比也没有那么具有革命性。

鲁士王对斯巴达也是如此。在斯巴达使者带话给居鲁士不要攻击爱奥尼亚后，这位君主无奈之下还要问自己的侍从，斯巴达人是怎样的人，他们又有多少人数（153.1）。年代学逻辑再次让步于戏剧冲突与充满蔑视的修辞（1.153.1，如同克洛伊索斯与梭伦，或叙达尔涅斯与斯巴达使者）。此时，调停者并不存在，但希罗多德转而介绍波斯征伐的年代学序列。戏剧逻辑在与主要叙事线索不冲突的时候会取代纪年序列。[46]这种主题为重的方法使得文本能够脱离线性序列。对年代序列的违背强调了主题下的例证叙事，希罗多德为填补进主要文本的非历史性的逸事都给出了开端与结束的标志。[47]他在时间内部来回穿梭，不应当因为不符合现代历史

---

[46] 参考狄俄尼修斯《致庞培乌斯信札》3（= 773-4 U-R）；以及 Gomme（1954）75-6，讨论喜美拉（Himera, 7.166-7）战役在《历史》中的奇特布局，它远在萨拉米斯战役（8.83-96）之前，而这两场战役是在同一天发生的。

[47] 有时候，稍具模糊性的精确时间也意味着传说的存在。例如，希罗多德告诉我们，在特洛伊战争发生之前很久，阿尔哥斯王的女儿就"在腓尼基人到达的第五天或第六天"被掳走了（1.1.3；参考波律克拉忒斯指环的故事，3.42.1）。同样，梭伦在到达萨尔迪斯的"第三天或第四天"参观了克洛伊索斯的宝库（1.30.1）。这种精确性都是传说才有的，而非历史，希罗多德用这些细节装点故事，也仅仅是不想让读者认为其故事中的其他事真具有历史真实性（参考3.14.1, 52.3）。托马斯·麦考莱的"History"（爱丁堡评论［1828］重印，载于 Fr. Stern 编辑的 The Varieties of History［纽约，1956，1973］）74 注意到了这种过度的细节化，但是并没有从中得出正确的推断。这种虚构的全知与一看便知的虚构故事的时间相似（"因为，大流士七天七夜辗转不安"［3.129.3］），且与薛西斯开疆拓土的编年信息并没有什么相同之处（例如，7.31, 192.1, 8.15.1）。Fehling（1971）155-67 中有一章"Typische Zahlen"认定其中这些许多数字都是虚构性的，并提出了其阐释原则：（转下页）

学传统而受到读者的嘲讽。[48]

希罗多德似乎将希腊-安那托利亚关系分为三个部分。依据是他处理不同时代的故事的方法与某些方法论的声明。在希罗多德看来，只有三代以前的知识是可靠的，也就是自克洛伊索斯始，希罗多德之前100年（约公元前545—前425年）。这种年代起始点经常由一个动词引出（oida, idmen：1.5.3，1.6.2，3.122.2，7.20.2等）。某些基于纪念碑铭与多方共有的传说的可靠资讯业已存在了100年或者150年，但是这些信息来源并不可控，且无法证实。例如，这个时代包括巨吉斯、居鲁士的早期生平，以及梭伦。早期时代

（接上页）"细节使人相信"（Detail macht glaubwürdig'91，有一个小节讨论"Die Tricks der Lügenliteratur"）。他认为，希罗多德有意识地以明知是自己想象的产物构建出一种精确的幻象（180-1）。古代作家笔下的真实性往往仅仅意味着另一种虚构性的叙事手法（Erzählkunst），多重版本是另一个说服性的手法（10-16, 180-1）。费林（Fehling）的文学研究乃是对崇拜式的希罗多德研究的一个矫正。他与阿玛约对希罗多德的看法现在被认为颇为古怪，但从本质上却是与古代以及19世纪批评家们的看法是一致的（1-3, 10），例如，吹毛求疵的Sayce（1883）与H. Panofsky "De historiae Herodoteae fontibus"（博士论文，柏林，1885）[我未亲见]。我们需要对这些历史写作假设做一番彻底的批判；以下注释[57]所引的W. K. Pritchett的著作或许能为我们开个好头，另参考Lewis（1985）104-6。

[48] Starr（1966）24-35，尤其是27。在其对尼罗河淤泥、狄奥尼索斯与其他希腊神灵的古老程度，以及维内提人（Veneti）的观点中有一种爱奥尼亚式的历史视野（2.15.2, 49.2, 53.1；5.9.3）。希罗多德频繁使用"直到我所在的时代"或"甚至是直到当下"等语句，这意味着，希罗多德对历史中的连续性与变迁心中有数。与之相反的意见，参考Wilamowitz *Reden und Vorträge* II（1926⁴）220ff.= *Greek Historical Writing*（牛津，1908）6；How与Wells I 437ff.。

为希罗多德提供了很多传说（legomena），有些可信，有些没那么可信。[49]神话、英雄与史前历史包括赫拉克勒斯、米诺斯与铁拉司（Theras，4.147-8）。在7.20.2处，他将这三个时间段区分得很清楚，希罗多德称，薛西斯的军队乃是他所知道的远征军中最大的一支，比大流士的斯基泰人军队更大（约公元前510年，历史间隔［Spatium historicum］可靠，参考3.122.2），比追击奇姆美利亚（Cimmerians）的斯基泰军队更大（约公元前600年，在吕底亚美尔姆纳达伊王朝统治早期，参考1.15，该段历史有部分可信资料存世），比希腊人攻打特洛伊的军队更大（约公元前1240年，参考2.145.4），比早期美西亚人（Mysian）与铁乌克洛伊人（Teurcian）进攻欧罗巴的军队更大（κατὰ τὰ λεγόμενα，此史前历史只有传述可依，无法证实）。

这种历史的阶段划分使得史家对历史传述能够做出不同等级的区划；这在民族与民族间也有不同。因此，克洛伊索斯乃是确切**知道**的（οἶδα，ἴδμεν）第一个侵犯希腊人的东方人，所知的来源乃是可靠的传述者、亲见者或其子孙，及

---

[49] 希罗多德文本展现出的对过去历史的怀疑主义被修昔底德的光环遮盖了，但将他与赫卡泰乌斯做一番比较还是恰当的。这位原创史家（proto-historian）以批评希腊人的故事及其矛盾开端（F 1；参考Fornara［1983］5-6），但是他又颇为自信地、不那么前后一致地（FF 15-17）以一种将神话理性化并假设神话时代与历史时代之间有着连续性的方式重建了所有过去的时代。希罗多德很反感前辈的轻言轻信，如赫拉克勒斯的传说（FF 25-7）与神灵（F 305）等。《历史》中仍然频繁出现的怪力乱神的故事或许乃是他对其杰出前辈一贯的敌视态度的一部分（参考Gomme［1956］110）。

其所作所为（erga）。巨吉斯劫掠希腊城邦乃是希罗多德建立起的第二个历史阶段（1.5.4与1.6.2；1.14.4）。[50]虽然这段历史没有那么大的可信度，但是巨吉斯向德尔斐神庙奉献的礼物仍然存世可见（参考2.99.1），这也算是除米达斯（Midas，1.14.2）外已知（ἴδμεν）的第一个异邦人提供的纪念物。[51]希罗多德对可见物件历史意义的认识补充了口头传统缺席时历史信息的空白。

希罗多德对克洛伊索斯之前的安那托利亚事件粗略处理，例如，吕底亚的美尔姆纳达伊王朝，他的历史区分对我们理解此事颇有助益。对巨吉斯征战的叙述或许稍显不足，[52]但是若要填补这个叙述，作者则可能需要编造一些事实，或者是接纳一些不可信的信息。对于希罗多德来说，美尔姆纳达伊王朝主要是作为克洛伊索斯的荷马式谱系存在，因为他相信，可靠的历史知识仅仅关乎人（τὰ λεγόμενα ἐξ ἀνθρώπων, τῆς ἀνθρωπηίης γενεῆς），且不应当超越个人见闻

---

[50] Shimron（1973）45-51通过区分这三个时段试图解决Jacoby（1913）338引出并被Wardman（1961）136不完全解答的问题。修昔底德也使用了三段分法（1.1.1，3），但是他的分隔方法不一样，且对头两个时期（τὰ γὰρ πρὸ αὐτῶν καὶ τὰ ἔτι παλαίτερα，"那些战争之前的事情与那些更加远古的事情"）的某些具体事件无甚信心（相较于那些关乎历史进程范式的可信假设来说）。所有的细节都是可疑的；所有的事实都值得存疑（1.21.1）。

[51] 希罗多德对可见的足以证实历史人物与事件的实物情有独钟：阿利昂的雕塑（1.24.8），德尔斐滚落的巨石（8.37.3, 39.2）。他对目见（opsis）的坚持并没有使得他对无稽的事视而不见，参考Müller（1981）散见各处；Raubitschek（1939）222。

[52] How与Wells1.14.1。

或者见证人讲述之外。[53] 研究者在书面记录缺乏之时，只有仰赖祖辈口口相传的个人经验以研究具体历史。

年代学如同原因论一样，当它用在遥远时代，其技法与可信度存在不同。[54] 因此，在史前特洛伊人与阿司杜阿该司、克洛伊索斯的故事中，我们看到的最多的主题有 tisis（复仇）、phthonos（嫉妒）与 nemesis（报复），政治分析几乎没有，而在大流士与薛西斯的故事中更多的是帝国主义与策略上的必然性。埃及逻各斯中的双重时间段划分将埃及历史中的普撒美提科斯时代划分为没那么可信与较为可信两个部分（2.154.4）。区分的原则仍是一样的，即证据的可信性，但是划分的时间与原因与对希腊的划分不一致。在埃及，可见的有时间标记的建筑物的存在，即希腊移民者的到来，对这位希腊研究者来说是有决定意义的（参考，2.147.1）。

希罗多德对薛西斯进犯的年代学记录非常准确，这也让我们不禁推断，存在着一个"记载波斯军舰日常活动的日记"及一个关于普拉提亚战争的日记。[55] 存在着

---

[53] Von Leyden（1949/50）89-104 散见各处（92-7 = Marg 169-81）。他为希腊人设定了 200 年的历史时期，这并不算太长（95）。另参考 White（1969）47-8 历史知识的三代跨度。这个历史时段对于有记载可循的埃及人来说开始得有点早，对没有文字的色雷斯人来说有点晚。

[54] De Romilly（1971）336-7.

[55] Burn（1962）339；Hignett（1963）34，456 与附录 V 与附录 XIV；von Fritz I/1（1967），205。或许美伽比佐斯大将之子佐拔洛司就带有这样的"日志"；Burn（同上）109。色诺芬尼（*Vors* B 8）知道哈尔帕哥斯攻占爱奥尼亚的时间，但对其生日却仅知大概。参考 Lewis（1985）105-6。

第 5 章 纪年法的地位

一个精心制作与准确的时间序列。考虑到希罗多德其时，历法尚未成熟且历法因地而异——更不要说更早的年代了，他总体上的准确性是十分令人震惊的。年代学上的相互引涉更暗示，希罗多德做了大量的研究。基于这种研究的叙事也是站得住脚且可信的。他意图达成的那种同步（attempted synchronisms）的精确性（7.206.1；8.26.2；9.3.2，100.2）[56]对我们当下的研究而言比不上它本身存在的重要性。即使希罗多德的年代学需要修订，其半体系化的材料还是为现代时间体系奠定了良好的基础。对于那些具有决定意义的关键事件来说，他亲自寻访见证人，追索记载资料，探访战争发生地，在这上面，他受到的（短暂）时间间隔的限制最小。[57]因此，希罗多德对公元前480年

---

[56] Hignett（1963）449，455-6.关于波斯自温泉关到萨拉米斯入侵中的时间交叉指涉，请参考 Sacks（1976），散见各处。

[57] 地志学家认为希罗多德在没有地图的年代已经比他的前代人做出了更大的努力。例如，哈蒙德的若干研究；Burn（1962）380：“笔记很谨慎，但是他没有时间或者动机离开［温泉关的］大路”；414；535；"希罗多德么清晰地为他那个时代的人确定下［普拉亚］战场的方位"；又如，史家 Hignett（1963）129：对温泉关的"细致描述"。当然，他也有犯错的时候，如尤波亚的形状，或是温泉关方位（Burn390；Hignett129）。另请参考 W. K. Pritchett *Studies in Ancient Greek Topography*（伯克利与洛杉矶 1965-82）I-IV，尤其是 I 83-121 对马拉松、萨拉米斯与普拉提亚的讨论，IV 176-285 对温泉关与希罗多德记载真实性的讨论。这位严厉的批评家的总体结论是，希罗多德明确了温泉关地区的大部分特征（177），这也意味着希罗多德确实是亲身前往调查的（210）；他在地理问题上会犯错误，但并不是有意欺瞒（178 注释 7, 238-42）；他并不如现代作家相信的那样离谱，既不是粗心大意之人，也不是一个玩弄唇舌的骗子（281）。地志学与考古学证实了希罗多德的部分记述，（转下页）

到前479年之间的战役记载乃是其年代学研究的成功典范。

对希腊人来说,"一切都是与历史的观念相对的",希罗多德捕捉那些转瞬即逝的事件,为的就是获得一种有序的历史知识,而在其同时代的人看来这堪比登天,抑或是一种徒劳(参考修昔底德1.1.3,20-1)。[58]年代学考察在希罗多德那里成果累累。它否定了一些人的时间观念,并且明确地将自己的叙事节奏表达出来。记忆转眼就烟消云散,希罗多德为此辗转多地实地调查。他构建历史的新方法与对庞大繁杂的材料进行历时研究的方法乃是对思想史的一大贡献。然而这些因为隐而不显而常常遭到误读的方法必须从其文本实践中予以抽丝剥茧,而且这些方法在文本中必定因时而异。构成有关城池、帝国、神灵、战争、人类智慧,以及断断续续的独立历史哲学的断言之基础的诸多形而上学阐释使得《历史》更有可读性,但这并不是其独创性之所在。希罗多德的许多观点都是来自前文字时代的遗产。时代需要对希腊人与异邦人之间冲突的原因、时间与过程做出一番新的解释,这也催动了一种新的思想尝试。无论这种尝试的结果是一个警戒世人的训诫,另一种观看世界的方式,一场戏剧娱乐,一个政治心理学的研究,抑或是一个地理学调查,希罗

(接上页)甚至是关于斯基提亚的(253)。对总督辖地的记述也越来越多地在研究中得到了印证。参考,Burn(1969)109, 120ff.; D. M. Lewis *Sparta and Persia*(Leiden 1977)第一章,及52-3;作者同上(1985)116。

[58] 此段请参考Finley(1965)282-302,尤其是283-6,294-5。另参考柯林武德(1946)20-1; 26-9; Starr(1968)557-77,尤其是57-60。

多德总会回到主题,即希腊人与异邦人值得纪念的事迹,以及新近战争的原因。接下来的三章将会探索他是如何整合这些事件的。

第 6 章

界限、礼法与逾越:《历史》中的结构概念

《历史》展现出实验文学常有的那些问题:它们缺乏明确的连贯性、可读性与一致性。《历史》有着无可比拟的信息量,且缺乏对方法与目的的明确说明,因此希罗多德的观念与态度一直模糊不清。希罗多德对偏远地方与陈年往事的记述一方面是为了挑战与他同时的希腊人的民族偏见与概念局限,另一方面也是为了永恒地记载下希腊人与异邦人的成就。他的目的是双重的,也是冲突的,这更加使得其行文与主旨含混不明。《历史》有着清晰可辨的思想脉络,惯用的比较标准,相关性与重要性的概念,历史写作的观念与关于伦理与因果关系的观点,但它缺乏一种统筹性的理论,一种约束性的思想体系,甚至是一种通观全局的隐喻。这些"法则"及这种语言从根本上来说能够对研究"不可预测"的事件的历史学有所助益,但通常也会有所阻碍。

直到最近,历史学家们才从那种颇具说服力但却约束人们思想的罗马帝国的"衰亡"隐喻中逃离出来。他们现在充满欢欣地讨论"系统的变迁",甚至是"有益的混

乱"。[1]"显明的命运"及其他类似的流行语是隐喻式的也是形而上学式的,它们业已创造了国策及历史学著作。国家作为活的有机体这个意象,"身体政治",如动物意象或者是人形怪兽(如霍布斯的利维坦),对政治与历史中的话语有益有弊。亚里士多德将阿提卡悲剧描述为对生命达至成熟的进化。波利比乌斯机械性地假设罗马必然会有衰老死亡之日这一"自然成长过程"。[2]古代的批评家并没有对这些文学策略的隐形权威做出评判。在话语中,我们无法逃离隐喻,但是现在的哲学与文学的批评家们已经提醒读者对这些隐喻的力量保持敏感。历史学话语从一开始就在许多语境下运用隐喻了。

希罗多德并没有某种统贯全篇的意象或者观念,因为不同的现象需要不同的描述与解释。但是,有一个一再出现的意象,它关心的是自然的、社会的与伦理的界限与分寸。这些松散的概念体都与nomos这个多重指涉的词语相关,它能够帮助我们定义《历史》中的动力。

在这里我将检视希罗多德文本中三种设置界限的方法:第一种,地理界限,对这些界限的逾越及相关的隐喻;

---

[1] P. Brown *The World of Late Antiquity*(London 1971)38。吉本的"贯穿性隐喻",参考 L. Braudy *Narrative Form in History and Fiction*(普林斯顿,1970)215-16。"分期"有扭曲事实之虞,亦有善益之功。

[2]《诗学》4 = 144a14-15;波利比乌斯 6.9.10-14;参考 K. von Fritz *Aristotle's Contribution to the Practice and Theory of Historiography*(Howison Lecture 1957), *University of California Publications in Philosophy* 28/3(伯克利与洛杉矶 1958)128。

第二种，以女性为主题及她们口述的非常事件的民族志背景，"常态"的相关社会与文化背景，私人领域与历史活动的主线之间的差异对比，以及战争、革命与政变（1.5.3，140.3；4.82；5.62.1；7.137.3，171）；第三种，与界限相关联的伦理原则，"关心你自己的事"这一准则，以及无视礼法准则所引起的全家覆灭及国家衰弱的后果。这三种不同的观念彰显了不同民族的礼法（nomoi），不仅证明了民族的多样性，而且更重要的是，它们证实了作者的一个信念，也就是，某些稳固不变的东西超越了民族的差异性。

"界限""逾越"与相关隐喻

希罗多德并没有在布局全篇时使用某种单一的观念或者是隐喻，从而使其成为一个简明的范式或者是使其屈尊于史诗的模板之下。但是，正当领域及其界限，逾越界限导致的失败，这些在文本中都有一再出现的概念与隐喻，它们在全篇中都有对应。正当界限与逾越这些概念在早期文学中也有明确的对应，如在前苏格拉底时代的哲人那里（比如说阿那克西曼德F1；赫拉克利特FF94，120；巴门尼德F8）及埃斯库罗斯的《波斯人》中。

每一个领域都有地理上的界限。领地界限这一概念存在于狮子、蜂蛇、鸟、蚂蚁及其他生物的动物王国之中。那种叫作伊比斯（Ibis）的鸟会阻止翼蛇飞出阿拉伯（2.75.3；5.10；7.126）。许多植物，如没药、桂皮、棉花与乳香都在异国有着特定的领域（3.106-7）；其他更为低等的植物地理范围则更大些,橄榄、大麦、葡萄等(1.193等)。任何超越了界限或者有着非比寻常本性的东西都是令人惊叹之物,也就是thoma,它们都值得被记录下来,如骆驼的有趣特性(3.109, 109.3)。[3]同样,在人类的领域,所有的人与民族都必须保有其本性与领土,并且看护自己的家庭与财产。

异质的有分别的大陆区域与板块必须分别对待,否则会产生混乱。正因如此,在《历史》开篇希罗多德就写到,波斯人相信亚细亚是波斯人的财产,欧罗巴是希腊人的财产(1.4.4)。在《历史》接近结束的时候,希罗多德前后呼应,再次重申亚细亚是属于波斯人的,与希腊人无关(9.116.3)。薛西斯试图将这两个相异的领域连接在一起,最终以希腊人将那些曾经短暂而灾难性地连接欧罗巴与亚细亚的铁索残片献给神殿而终结。[4]欧罗巴与亚细亚本应该各有畛域,这也是埃斯库罗斯《波斯人》的中心真理。希罗多德当然对历史悲剧十分熟悉,悲剧与历史在很多方面相合,又在很多方面存在差异。我们关心的是异质领土的概念与试图统一两者的悲剧结局。[5]

---

[3] 参考 Barth(1968)93-110。除却 3.106-14 的动物学与植物学之外,其他集中于第二卷关于动物的讨论包括猫、狗、鳄鱼、河马、水獭、凤凰(2.65-73)、鱼、蚊虫(2.93, 95)、蚁、骡及非洲的特有动物(3.102-5; 4.30, 192);对植物的记述有百合、蓖麻、树胶与大麻(2.92, 94, 96; 4.47)。边界还影响了有害物种的繁衍数量(3.108-9)。

[4] Immerwahr(1956)250;同上(1966)43。

[5] 希罗多德提到,埃斯库罗斯(2.156.6)借用了埃及的阿尔忒弥斯神话;他对埃斯库罗斯的借鉴:Hauvette(1894)125-6;Aly(1921)146 注释 1, 168ff., 173 注释 1;Pohlenz(1937)121;对埃斯库罗斯版本的(转下页)

埃斯库罗斯——希罗多德常常与之呼应——的《波斯人》中，波斯皇太后讲述了自己做的一个梦，梦中两个女儿正在波斯国王的指导与控制（ζεύγνυω，190）下分割领地："一个分得希腊人的领地，一个分得蛮族的领地。"妇女们争吵不休，薛西斯则命令她们像马一样拉马车。波斯王傲慢地将嚼子放置在她的嘴里，但是那个多利安妇女却拼命挣扎，毁坏了马车与轭杆（ζυγὸν，196）。驾车者薛西斯跌倒在地上。这个梦预示了此剧的历史功能，轭杆与缰绳的象征明确指涉性别与帝国的约束力。埃斯库罗斯还提及这两个女性与种族之间由来已久的积怨（188）。这种试图将已从自然那里区分出来的领域置于一人控制之下的行为在此剧中失败了，就像在希罗多德那里，薛西斯佯装希腊是其领地的一部分，由普里吉亚（Phrygian）人佩洛普司（Pelops）开辟，这人乃是其现在臣属的祖先（7.8γ1*；参考克洛伊索斯与波斯人迥异的习俗［moirai］：1.73.1，75.2）。[6]

埃斯库罗斯所用的意象不仅仅是勒紧的轭杆与缰绳，还有压制性的封锁：连接博斯普鲁斯海峡（Bosporus，72，

（接上页）萨拉米斯海战的讨论，参考 H. D. Broadhead *The Persae of Aeschylus*（剑桥，1960）322-39；Kitto（1966）74-101 在"How intelligent were the Athenians"一章中为悲剧家剧作中的历史真实性做出了辩护。

[6] G. Devereux *Dreams in Greek Tragedy*（伯克利，1976），"阿托撒的梦"3-20，详读10-11。另参考Schmid-Stählin 1/2（1934）569-72，详读 569 注释 7；Chiasson（1982），悲剧笔法的回响及其使得薛西斯成为一位悲剧式人物的不断重现。Schmid-Stälin 对悲剧对历史写作的影响评价过高，例如，他认为 7.46-52 的对谈乃是"一次悲剧式的合唱"（ein tragische Chorlied，570，注释 12）。

130，191，722，736等）就是要封锁流动的水域，暴虐地对待神灵就好像神灵是他的奴仆（723，745-6，749-50），甚至是他的牲口。虽然ζεύγνυω这个动词通常情况下表达的意思是连接，在7.8β1*与γ3*两处，薛西斯对边界的藐视已经暴露无遗，但希罗多德对这个动词的使用乃是其对正当领域（proper realm）系统性关注的一部分。薛西斯被描绘成一个威胁神明与凡人特权的人，他说："如果我们征服了雅典人及其邻居……我们就会展现出（ἀποδέξομεν，这是个王者专用词），波斯的领土与宙斯的天界相接了，因为，如果我们得到你们的助力把整个欧罗巴的土地征服，把所有的土地并入一个国家，则太阳所照到的土地便没有一处是在我国的疆界之外了（7.8γ2*）。"

薛西斯在此成功地羞辱了宙斯、太阳、天空、大地与海洋，还有他的随从。从自负的居鲁士（1.206.1*）到首先"计划将这边的大陆（亚细亚）与那边连接（ζεύξας）在一起以便攻打斯基泰（Scythia）人"的大流士（3.134.4*），再到再次行动的薛西斯，波斯人一直试图将波斯人的领地与宙斯的天界相连接（7.8*）。[7] 希罗多德相信，他们失败了，其中原因就包括他们对正当领域及边界的漠视。

希罗多德以预言般的证明反对搅扰自然，变陆为海

---

[7] 参考Cameron（1955）83引用居鲁士陶柱（第22行），上面写到居鲁士是"整个世界的统治者……整全的王者，伟大的王者，有力的王者……世界四角的王者"。如果这篇铭文属实的话，那么这就为薛西斯认为自己只是在遵循民族习俗的声明提供了一个考古基础。

（1.174.3-6）。佩提亚称："如果宙斯愿意的话，他早就会使它（克尼多斯，Cnidus）变成岛屿了。"因此，细心的读者会注意到，之后薛西斯准备挖掘阿托斯（Athos），还有其在海烈斯彭特上架设桥梁，这些事情都不会有什么好的下场（7.22.1等；7.34-6）。薛西斯因为河水毁掉了他的第一座桥梁便鞭打作为边界的河流。"河流作为边界并不仅仅是出于地理的考量"[8]，还有道德的深意。它们提供了一种选择，一个没有回头路的标点，且"跨越河流总是入侵者傲慢暴力（hybris）的象征"。[9]哈律斯河是克洛伊索斯战功的边界，多瑙河是大流士战功的边界（4.99.1-2，134.3*）。希罗多德称，波斯人比其他任何民族都崇拜河水（7.35.2*，1.138.2*）[10]，因此，薛西斯鞭打其所谓"污秽与咸腥的河流"的伦理越界的罪过就更加深重了。

地球上的任何东西都有自己的界限；没有什么是无边的（ἄπειρον）。唯一的例外也只是一种对当时尚且是未知领域的夸张描写，即多瑙河与高加索平原以北的区域（5.9.1[Bekker：ἄπειρος]；1.204.1）。每一个领域都是由边界

---

[8] Solmsen（1974）5，注释10，追溯至Immerwahr（1966）84，注释17与293，Immerwahr追溯至von Scheliha（1931）。参考后者的专著第11页。
[9] Immerwahr（1966）293。这非常有纲领性。例如，参考1.191；2.124.2；5.11.1；5.23.1；8.25.1（后四个乃是海峡而非河流）；5.52.2，77.2，83.1；6.2.2，5.2，70.2（两次）；9.6（两次）等。
[10] Von Scheliha（1931）99-100.薛西斯对自然的暴戾也有前例，如塞索斯特里斯对着尼罗河放箭的无礼（ἀτασθαλίη，2.112.2；7.35.2）。

（οὐρός）划定的。有时候边界是一种不可逃避的自然法则，如一个人生命的边界（1.32.2*，216.2），或者是欧洲狮的领地（7.126），或者是日食（1.74.3）。人类就是无法逾越这些边界。更多的时候，希罗多德的"边界"乃是政治地理学的脆弱产物，比如说将自然的标志物用在政治划分之上，如哈律斯河是区隔波斯帝国与吕底亚帝国的边界，幼发拉底河是区隔奇里启亚（Cilicia）与阿尔美尼亚（Armenia）的边界。他还不辞劳苦地为我们介绍"自然"边界，比如，埃及、欧罗巴、尼多斯人（Cnidians）与米哥多尼亚人的边界（2.17.1-2；4.45；1.174；7.123.1等）。阿蒙神殿的神谕解决了埃及的领土之争（2.18）。希罗多德援引神谕试图说明，边界并不仅仅是一个便宜之计。当说到底比斯（Thebes）与普拉提亚之间的边界乃是人造（6.108.5-6）而非天然的时候，他似乎觉得这些屏障很难保证永久和平。《历史》的开篇章节（1.1.1-5.2，特别是1.4.4）为我们讲述了希腊与亚细亚之间的仇恨与分隔的地理原因，而在尾声处，他又为勇武自由的波斯人划分出一片属于他们的等待征服的地理区域，这个区域远离那些温和的奴隶所在的富饶之地。无论这两类框架式的章节有何种其他的意味，它们共同关涉的问题就是自然边界逾越它们将带来恶果。

希罗多德称，波斯人将距离实体化为一种政治价值。波斯人统治着与他们相邻的民族，并且允许相邻的民族统治那些更远的相邻的民族。而这仅仅适用于这样的人群：这个民族"最尊重离他们最近的民族，认为这个民族仅次于他们自己，离得稍远则尊重的程度也就差些，以此类推；离得越远，尊重的程度也就越差"（3.89.1；1.134.2）。

希罗多德运用ἕκας（远处）的不同形式来传达一种关于跨越边界的训诫概念，指的是毫无自知之明、跨越边界的危险行为。希罗多德极为庄重地记载下进攻利比亚（Libya）的阿律安戴司的军队与进攻欧罗巴的玛多纽斯的军队所达到的西方最远处（4.204；9.14），ἑκαστάτω τῆς Λιβύης / τῆς Εὐρώπης（最远至利比亚的埃乌埃司佩里戴司城），这个短语即是对战功的一种褒奖，也为必定要退回这一"灾难"埋下伏笔。这种程式化的表述所标记的就是不应被忘却的边界，一个不仅仅是地理意义上，还是人类事功意义上的边界。

阿尔塔巴努斯向薛西斯进言："[希腊的]土地就是你的敌人。如果在进军的途中没有任何东西阻挡你的话，则你在前方茫茫一无所知的土地上向前行进得越远，土地也就越发表现出是你的敌人。你总会被前方的事物所欺瞒……随着时间的推移，随着领土日益扩大，你会越来越饥馑。"（7.49.4-5*；参考埃斯库罗斯《波斯人》792）刚比西斯在欠缺粮草的情况下愚蠢地带着自己的军队"向大地的边缘处进发（ἔσχατα γῆς）"（3.25.1）。他无法认识到自己权力的边界，无法认识到自己的自大狂妄。

边界不应该被逾越，但它们确实被逾越了，且对边界的逾越乃是历史性事件的起因，这个起因是必要的，有时候也是充分的。薛西斯跨越海烈斯彭特(尤其是7.34-6,53.2-57.1)就是《历史》中描述最为完整、最为著名的人类越界的例证,这种逾越既是地理意义上的,也是伦理意义上的。[11] 大流士跨越多瑙河是更早的一个例证,其中,河流与桥梁将波斯人与其进攻对象连接起来,这也是对边界的危险进犯的一个例证(4.99.1-2,118.1,140.4)。

在普拉提亚,跨越阿索波司河(Asopus)是另一个具有象征意义的逾越。占卜者告诉希腊人,他们如果只取守势的话,则能旗开得胜;如果渡过阿索波司河首开战端的话,则会战败(9.36)。玛多纽斯也收到了同样的讯息,就这样双方僵持了近乎30天(37.1,40)。接着,玛多纽斯心烦意乱,无意再等,带着军队跨越了阿索波司河,然而就像当初预言的那样,他战败了(59.1)。记载详尽又冗长的预兆事实上凝缩了双方的世俗策略困境。除却神谕之外,希罗多德还不遗余力地记载了波斯与希腊军队的调遣。

希罗多德认为双方都有逾越边界的行为。在似是而非的神话逻各斯(1.1-5)叙述中,希腊人也分有责任,在非神话的历史序言(proem)中,两方都难逃责任:希罗多德谈到的是那场希腊人与波斯人"开始互相攻打"的战争。虽然这种不义是由克洛伊索斯开始的,是由波斯人接续的,但有些希腊人也将波斯战争归咎到自己身上(1.5.3;6.98.2;5.28,97.3)。熟悉希腊的弱与蛮族的强的读者会对

---

[11] 参考 Immerwahr(1966)84,293;埃斯库罗斯《波斯人》65。

φιλοβάρβαρος（对蛮族/异邦友好的）这个带有敌意的特定词语（epithet）心生疑惑，但又不至于产生不悦。

跨越（διαβαίνειν）这个标志着盲目的帝国冒险活动的不详动词最后一次出现是在希腊人向北驶往阿比多斯（Abidos，9.114.2）时。之后，斯巴达人便回转斯巴达，而雅典人则"跨越"赛司托斯并且将其包围。正是在这个节点上，希腊人开始了一系列攻击活动。赛司托斯当然是在欧洲，但是这次跨越标志着一个防守的希腊到主动进攻的雅典的转变，这对于公元前430年、前420年，或者前410年的爱奥尼亚人、雅典人，抑或是其他希腊观众而言都有所意味。

διάβατος 与 διάβασις 这两个词并不见于任何一位早期作者。因此，希罗多德使用它们必定有特定用意。伯维尔（Powell）在其辞典中将它们译作"可越过的"与"跨越"，但如果我们将其置于上下文之中来看就会发现这两个词有着更明确的意指。前一个词在《历史》中共出现过4次，其中3次都与军事攻击与侵略有关（1.75.5，191.2，3）；后者共出现了7次，其中6次也有同样的意指，有3次指的是薛西斯跨越海烈斯彭特（希腊大陆与蛮族间最重要的标志性屏障，1.205.2，208；4.7.1；7.54.1；8.51.1，115.1）这场灾难性的入侵。总的说来，11次中有9次都指涉的是帝国入侵，进攻对象有波斯人、巴比伦人、玛撒该塔伊人（Massagetae）、斯基泰人（Scyths）与希腊人。这些词语通常会跟 ἐπί 连用以强调其敌对与逾越之意。在希罗多德之前就已经在文献中出现的διαβαίνειν在《历史》中总共出现89次。这个词的出现几乎都跟军事与入侵相关（与ἐπί连用：1.208；6.64；7.10γ1*），不仅如此，其中若干次指的是极为紧急的军事进攻（1.208 三次；4.118.1；7.35.2*；9.36）。与那个单纯的ζευγνύειν一样，作者在帝国入侵的语境中重复地使用这个词必定有其用意。总的来说，这个动词及其衍生词指的是鲁莽的行为。埃斯库罗斯也说到大流士与波斯人未跨越水界就获得的大捷（πόρον οὐ διαβὰς，865）。即使9.114.2中出现的διαβάντες让我们想起帝国主义的早期形式，单单这个例证也足以证明希罗多德对米卡列之役数年之后的雅典城邦策略有所谴责。

希罗多德对赛司托斯（波斯在欧洲的最后据点）大捷之后雅典策略的态度曾饱受争议（9.114.2）。认可以下之事乃常情：收复欧洲土地，惩罚阿尔塔乌克铁斯，对波斯玷污雅典等城邦神庙、普洛铁西拉欧斯圣坛的复仇，解放凯尔索涅索斯（Chersonese）希腊人，从波斯手中夺回黑海供给线，将缴获的薛西斯大桥锁链献祭给德尔斐神庙。尽管如此，希罗多德会认为雅典人在亚洲土地上继续进行战争，并且自建帝国的行为是具备合法性的吗？

《历史》中公元前479年之后和表明史家的政治倾向与历史视角[12]的段落暗示我们，希罗多德的写作既指向未来，

---

[12] 弗纳拉的文章研究了这些问题。新近的研究，参考 J. A. S.Evans "Herodotus 9.73.3..." *CP* 82（1987）226-8，在此，他再次为雅各布所认定的424BCE辩护。

也指向当下。某些言语乃是针对那些经历过战争，或者是米卡列一战之后50年、60年仍在经历战争的人。

这个话题十分繁杂，并不在他的——或者是我们的——考察范围之内，但是《历史》末尾波斯人欧ος巴佐斯（Oeobazus，色雷斯人的人祭，9.119.1）的悲惨命运，波斯人阿尔塔乌克铁斯被希腊人钉在十字架上，这些都与更早的非人类行为（多数为异邦人的）遥相呼应。[13]雅典人对阿尔塔乌克铁斯的残忍和不同寻常的惩罚，与波律克拉铁司受到的惩罚和希罗多德对之做出的谴责（3.120.1，125.2），更与众多引发作者批评的事件相似。

在这个节点上结束《历史》叙事与希罗多德的政治学观念相关。这种结尾并不是不言自明的，即使阿尔塔乌克铁斯的故事可以在诸多层面上予以正名——编年学、象征与主题。战争叙事原本可以在米卡列之战胜利之时结束，即9.106.4，[14]但希罗多德选择了一个清楚地指向后继问题的更

---

[13] 大多数记载在案的令人发指的惩罚（以我们的标准来看）都出自波斯人之手——虽然不是居鲁士：刚比西斯（3.29-35）；大流士（4.84，6.32，7.194.2，但请参考3.130.4，155.2*）；薛西斯（7.39.3，238；8.140α*）。其中别忘了，阿司杜阿该司与阿普里埃司的疯狂行径（1.118-19，2.162.5）。这些独裁者也有宽恩的一面，例如，大流士对待美提欧科司（Metiochus），薛西斯对对待斯巴达祭祀俘虏（6.41.4；7.136.3）。参考Nylander（1980）；以下第8章，详看注释[38]。

[14] 虽然占领赛司托斯将波斯象征性存在埃翁与德拉贝斯克斯（Drabescus）之外的欧洲解放出来（7.106-7，修昔底德，1.98），但还有一些爱奥尼亚的希腊城邦尚未被解放。记述在赛司托斯取得的胜利对《历史》的结构与初衷比对希腊历史本身更为重要。

晚的时刻。这种超人式的对未来的沉默可以在诸多人物与行动上得到印证，最典型的就是后来臭名昭著的斯巴达的帕乌撒尼亚斯。

对阿尔塔乌克铁斯及其儿子的残忍惩罚（参考9.78.3*）再次将对礼法的僭越推到了希腊人这边。几页之前，自卫与虔敬在帕乌撒尼亚斯那里变成了侵略与亵渎的借口（9.79.1*）。阿尔塔乌克铁斯之死的"雅努斯"事件揭示的既是雅典的未来，也是希腊的过去，并且呼应了关乎发生在同一片土地上的东-西方之间的仇恨与愤怒的讨论（美狄亚与海伦：1.2-5；2.118-20）。这种向前看的历史序列在预示同样充满灾难的未来的可怕时刻结束（参考6.98.2）。由"越过"（diabainein）标记的大陆之间的"往还"暗示了另一个毁灭性的循环（kyklos）的开始。[15]

希罗多德对雅典于公元前490年与前480年取得的成就是心怀赞赏的，从那时起壮大的同盟与帝国从未受到他的批评。来自东爱琴海的希罗多德比我们更清楚地意识到，如果雅典在米卡列之战之后没有建立起以财政基底为基础的海军，小亚细亚及沿海岛屿就永远不会远离异邦人的控制，针对分裂的希腊的第三次波斯战争指日可待。他在推理性的篇什之一中指出，对希腊的征服是不可避免的（7.139）。在他

---

[15] 如同编年史叙事一样，整部作品以"雅努斯"场景结束（9.122），与《历史》的其他部分相对应，而不仅仅是序言（例如，对 θώματα 的回应）。参考 Krischer（1974）93-100 以及第一章最后一部分。

看来，对图里伊（Thurii）的殖民是可以接受的；[16]甚至波斯的扩张也并未被描述成一场十足的灾难（在爱奥尼亚，僭主制结束，民主制建立，6.43.3）。但是，如果说希罗多德乃是为伯利克里、阿尔克迈翁家族或是雅典帝国做喉舌的话，那就不合理了。[17]

希罗多德对斯巴达及其体制[18]的偏好与极端敬仰在其想象斯巴达人加入波斯人军队时动摇了（7.139.4），斯巴达

---

[16] 参考 G. de Ste Croix *The Origins of the Peloponnesian War*（伦敦，1972）34ff. 及参考书目；R. Meiggs *The Athenian Empire*（牛津，1972）411-12。希罗多德为数不多的对雅典人获得同盟领导权的评论并不是特别热切；8.3.2（πρόφασις），5.32（帕乌撒尼亚斯的波斯立场［Medism］）；另参考 H. Rawlings "Thucydides on the purpose of the Delian league" *Phoenix* 31（1977）1-8，尤其是 8；与罗林斯对修昔底德的态度相对，A. French 的 "Athenian ambitions and the Delian Alliance"，*Phoenix* 33（1979）134-41，尤其是 134。伊万斯（J. A. S. Evans）在 "The evidence of the encomium" *AC* 48（1979）112-18 译文中提出的建议，即 7.139 证明希罗多德对雅典人的行为是持同情态度的，应该受到驳斥。

[17] Legrande（1932）103 对 Jacoby（1913）357-60 的反驳并没有充足理由。相关文献的梳理可以另立单章予以讨论。Strasburger（1955）1-25（= Marg 574-608）质疑了希罗多德是否赞美雅典帝国，但是 Harvey（1966）254-5 认为，希罗多德有感的是城邦的历史成就及其必然结果。5.78 处的政治信条并不因为 3.81*, 5.97, 6.131, 8.3, 8.111 而动摇；参考 Fornara（1971）37-58。Dan Gillis 在 *Collaboration with the Persians*，Historia Einzelschriften 34（Wiesbaden 1979），尤其是 1-13, 45-58 认为，希罗多德是阿尔克迈翁家族的"家族史家"（58），这种指控更是无稽之谈。

[18] Macan 讨论 7.102.2, 209；Jacoby（1913）357；Fornara（1971）49-50；Forrest（1984）6-8。斯巴达在《历史》中的显要位置是必然的，如大部分强大但最为特殊的非专制希腊城邦一样。斯巴达乃是缺乏希腊模仿者的一个异类。在叙事中所占的角色与史家的欣赏乃是两码事，但是《历史》中的斯巴达需要单独进行研究。

第6章　界限、礼法与逾越：《历史》中的结构概念

不断使希腊联军与克洛伊索斯失望[19],他一次又一次地向我们表明,斯巴达体制(尤其是其王制)逐渐崩溃,执政官要么疯癫,要么腐败。斯巴达与雅典都不乏荣耀,因为希罗多德从来都是不偏不倚的,他深知,希腊在公元前480年如果没有斯巴达以及其他希腊联盟是不会存继的。《历史》的政治推动力支持双重霸权。其寓意在于,希腊人应该彼此尊重,心中常有界限。

《历史》更有可能是要探索随希腊与雅典军事胜利而来的悲剧后果,作者"认为当下所发生的事件乃是一桩彻头彻尾但完全无法避免的灾难"。当然,伯罗奔尼撒战争见证的是希腊城邦之间让人更为恐惧的厮杀(参考6.98.2,8.3.1),虽然我们不能认定,希罗多德业已认为或者笃信,伯罗奔尼撒战争乃是"帝国主义(雅典抑或是其他)败坏本质"的结果。很明显,他是为了记取过去,而不是谴责当下。[20]

在米卡列海岬附近的战争完胜之后,作者并未急于结束全书。全希腊展开了一场关于爱奥尼亚人归宿问题的讨论,伯罗奔尼撒人认为,应该将爱奥尼亚人移开(106.2-4,回应1.4.3-4对大陆的分划)。紧接着,希腊战舰发现,海烈斯彭特上的桥还没有等他们前来摧毁就已坏掉了(114.1)。

---

[19] Wardman(1961)148-9. 参考 1.83;1.152.3;6.106.3;8.144.4-5* 及 9.7β1*;9.7,9.8.1;9.102-3(?);9.106.2-3(对看 Meyer[1899]2,217,注释1[= Marg 679])。

[20] Fornara(1971)77,79-88,是篇好文,但被一些言过其实的表达毁掉了;与之相对,参考 Drews 对 Cobet(1971)的评论,在 Gnomon 47(1975)330;Waters(1971)69;Forrest(1984)7-10。

一旦威胁希腊的桥不在了,伯罗奔尼撒人及盟友就认为战争——至少是他们的——已经结束,于是就离开了(9.114.1-2)。除却一些收尾工作,欧罗巴现在从象征的层面与事实的层面上都已经远离波斯军队的威胁。然而,叙事依旧持续到了雅典人的独断专行最终引发小城邦的不满(117),雅典人对其他希腊人的攻击,以及向雅典(即雅典帝国)进贡的帝国贡金。诸如此类的强权政治(Machtpolitik)与权力的循环以及序言结尾处所阐述的道理(1.5.4)都是合拍的,甚至暗示了它们的存在。

希罗多德对界限与僭越概念的使用带有一丝对侵略战争与帝国主义的道德谴责。希罗多德认为,战争就意味着灾难。被遣往爱奥尼亚的雅典人与埃列特里亚人的船只以荷马式的语言被描述为"希腊人与异邦人的灾难的开始"。在希罗多德看来,德洛斯地震在某种程度上(κου)意味着三个世代的战争,这场战争将比过去二十世代(约七百年)的灾难还要多。当希罗多德赞扬雅典人在萨拉米斯战争之前谦让的态度时,他说:"国内不和之恶比团结的战争前线要糟糕得多,正如战争比和平更糟糕一样。"[21] 自然,清醒的国度所打的自卫战,如团结一致对付波斯人的希腊联军,就是正义且必要的。

雅典人几乎没有机会为自己谋利益(参考5.106.1;

---

[21] 5.97.3; 1.87.4*; 6.98.2; 7.104.3*; 8.3.1. 参考品达对战争的反对:残篇99(Bowra)。

6.135.1），至少在米卡列之战前是这样。斯巴达人为希腊所划下的界限太过狭窄，先是抛弃色萨利，保卫温泉关也不上心，接着又想在地岬修筑壁垒切断道路（7.173，220.1，235*；8.71-2），但之后还是在劝说之下不仅保卫自己的土地，也保卫同盟，但——至少是短暂的——希腊本土以及列乌杜奇戴斯（Leutychides）走得更远（9.90-2）。希腊人在面对达提斯（Datis）与薛西斯的军队时对自身合理界限的意识与其保卫自己家乡与土地的正当防卫，都成功地击退了波斯在公元前490年与公元前480年的扩张行为（5.97.2；6.109.3，6*；7.139.5；8.109.3*；参考1.152.3）。先是斯巴达人，紧接着是雅典人，他们在遵守领土界限上的失约（公元前479年之后）造成了与东方邻居的摩擦与冲突。希腊人能将波斯人赶出小亚细亚，希罗多德从未对此抱过希望。

希罗多德的论争或许有时候是形而上学式的，但是他为历史失败提供了充足的因果解释。[22]他的界限与僭越情结，时而在生物学意义上，时而在军事策略意义上，时而在政治意义上，时而在道德意义上，从未使其在理解重大事件上止步于此，而是暗示了某些在人类与自然之中的行动的潜在原则。希罗多德提供的是展示（apodexis）、记忆（memoranda）与比较（comparanda），而不是抽象的解释

---

〔22〕Jacoby（1913）482追随Hignett（1963）36，错误地认为希罗多德偏向神学式的而非历史式的解释。他们最喜用的例证——薛西斯进攻希腊——业已被证明乃是相反的证据了，即使是在那些万分强调《历史》的宗教性的史家那里。

与教条。读者不是被动受教的,而是被展示、被影响的对象。[23] 希罗多德言语与结构的"偶然"之中彼此呼应的历史事件互为阐释,因为,希罗多德的方法不是要说明为什么事件发生了,而是要说明合理的历史比较。

女性的主题

> 历史,真正的严肃历史……每一页中……王者的争吵……战争与瘟疫,但其中根本没有女性——真是无趣。
>
> 简·奥斯丁《诺桑觉寺》第1卷,第14章

女性在私人与公共领域的行为表现在《历史》中扮演着两种角色。妇女是家庭、门户与私人领域的象征,她们在西方历史书写中并没有什么地位,但是,在史学第一人的《历史》中她们却是共同体健康与否的指针。希罗多德从伊娥与坎达列斯的妻子讲起,这两位妇女似乎影响了历史的进程。妇女在《历史》中出现的频率出奇得高,有时是因为她们做出了什么非凡之举,其中有好有坏,有的是女王,有的是僭主,有的是独裁者的妻子,[24] 但总的来说,她们被提到

---

[23] Redfield（1975）43 论荷马。J. Cobet "Herodotus and Thucydides on war", *Past Perspectives*, I.D. Moxon 等编（剑桥,1986）,1-18,尤其是 12-14。

[24] 巴比伦的尼托克里司（1.185.1）,玛撒该塔伊人托米丽司（1.205.1, 214）,哈利卡那索斯的阿尔铁米西亚（7.99.1, 3）,这几位的头脑与谋略都受到称赞,最后一位为其 ἀνδρηίη（男性气概）而受到尊崇,这在希罗多德那里是个奇怪的矛盾。Dewald(1981)123-4 为我们提供（转下页）

是出于其在家庭与社会中的正常功能。希罗多德没有专门系统地研究女性，[25]但他确实提到了希腊习俗与期待之外奇异之地的妇女的习惯与习俗。这些习俗（nomoi）有的受到称赞，有的受到批评（例如，1.196.1，199.1；4.180.5），或者是录而不论。因为妇女关心的东西先于且通常在政治领域之外。她们通常为我们理解社会结构与习俗提供有用的一瞥。就像第2章提到的，她们出现在对异质文化民族志的描述之中，出现在戏剧性的叙事之中，在这些描述与叙事中，妇女

（接上页）了一个希罗多德《历史》中操纵权力的女性的清单。R. Munson《〈历史〉中的阿尔铁米西亚》，CA 7（1988）91-106讨论了阿尔铁米西亚为何是一个例外，她之于其他妇女就像雅典之于其他城邦。库列涅的培列提美（4.165.1）、埃及的尼托克里司（2.100.2-3）、波斯的阿美司妥利斯（7.114.2）则是因其暴戾而为人所知。

[25] 新近的妇女研究涵盖了历史的所有时代与方面，如Elise Boulding *The Underside of History*（Boulder, Colorado, 1976）；N. Broude与M. Garrard *Feminism and Art History*（纽约，1982）；P. H. Labalme ed *Beyond their Sex*（纽约，1984）。古代研究方面，例如萨拉·庞梅罗伊（Sarah Pomeroy）的冷峻研究 *Goddesses, Whores, Wives, and Slaves*（纽约，1984）；P. Grimal ed *Histoire mondiale de la femme I*（巴黎，1965）；最近，对某些种类的阿提卡悲剧中的妇女做的历史性梳理，*The Reign of the Phallus*（纽约，1984），尤其是第十三章"Sex among the barbarians"，讨论的就是与下面第7章讨论的两极性相似的东西；温·特雷尔（Wm Tyrrell）的神话学研究 *Amazons*（Baltimore, 1984）41-3，61-2讨论了有权势的妇女在《历史》中的角色问题。Pembroke（1967）1-35批评了某些对《历史》中的妇女所做的人类学式的观察，纠正了希罗多德的某些民族志断言，尤其是在母系社会问题上的；另参考M. Rosellini与S. Saïd所著"Usages de femmes et autres nomoi chez les 'sauvages' d'Hérodote" *ASNP* 8（1978）949-1005。对《历史》中的妇女做一番清单式的梳理，请参考Dewald（1981）93-127，尤其是122-5。德瓦尔德在105-6注意到了希罗多德身上的一种非希腊式的开放的观念，即妇女在异邦社会可以大展拳脚，大有所为。Sancisi-Weerdenburg（1983）重点讨论了《历史》对波斯妇女的刻画。

对习俗的背叛是历史故事的重要部分。希罗多德将正常范式与非凡的背叛结合在一起,创造了一种我们称之为社会学、人类学与历史学的学科组合。

希罗多德所描绘的东方女性比其他希腊历史学家描述的要公正客观很多。她们有尊严、有性格,有时候还决定历史的进程。除了口头与书写的故事传统以及个人的观察,埃及、巴比伦、波斯与希腊记载中几乎找不到关于东方妇女的历史书写。珀塞波利斯(Persepolis)浮雕中没她们的身影;也不见于阿契美尼德文学;碑文中也绝少有她们的名字。原始资料能为我们提供少许的确定信息,这也暗示我们,《历史》中描述的宫廷生活与女眷政治经过无心的扭曲:音塔普列涅司妻子的著名故事可能为我们提供一个在希罗多德转述之前的关于伊朗妇女的行为典范;玛西斯特斯妻子的故事或许会使得波斯一方对于其叛乱的叙述变得更加扑朔迷离。对波斯的记述已经被当作历史的核心运用到《历史》的结构需求之中了。[26]

对妇女的记述集中在前几卷,尤其是第一、二、四卷,她们或者单个,或者成群出现。在这些地方,对这些妇女的人类学好奇心达到了顶峰。希罗多德似乎总是认为,他的读者的视角乃是传统希腊(雅典?)男性对待女性的态度,即女性应当服从男性,且应该予以区隔对待。总体来

---

[26] Sancisi-Weerdenburg(1983)20-33 解释了这种扭曲的源头。关乎非希腊材料的应用,参考第4章、第7章,以及第8章注释12—14。

说，女性是男性的性对象，要么是粗糙地被等同于财产，要么是男性欲望的无助受害者。[27] 萨拉米斯的埃维尔顿（Euelthon）直白地表达了对女性传统傲慢态度，残忍的培列提美（Pheretime）提出要一支军队，而他只给她一只黄金纺锤与卷线竿（4.162.5）。

每个社会的习俗不尽相同。希罗多德，如同悲剧作家一样，通常对妇女展现出一种公允与积极的态度。妇孺有时候以社会价值与习俗的积极保卫者的形象出现，如坎达列斯的妻子、戈尔哥、卡里亚妇女（1.146）等。通过她们，我们可以再次确认某些特殊习俗的存在，无论是在人种志之内或者之外。礼法无偏袒地接纳习俗、文化与律法；它也定义了诸多不同的伦理边界，以及什么样的行为是可以接受的，什么是不可以接受的。礼法定义了我们之前阐明的那种逾越的边界内外的行为。[28]

---

[27] 将妇女视作身家财物，如海伦（2.114.2*，115.4*，118.3，119.1）；科斯的夫人（Cos，9.76.2*）。将妇女视作玩物，如埃塞俄比亚逃亡者的观点，希罗多德对此似乎并不赞同（2.30.4；以及 5.39.2*）。将妇女视作牺牲者（2.89.2；5.92η3*）[恋尸]；2.131.1 [美凯里诺斯被指控侵犯自己的女儿]；7.33 [阿尔塔乌克铁斯在圣域奸淫妇女]；5.18.5 [波斯人参加马其顿人的聚会]。参考色诺芬《希耶罗》1.26。

[28] 除了品达 3.38.4（= F 169）引文之外，参考俄克西林库斯纸草（*Oxyrhynchus Papyri*）2448，2-3 行，以及 2450，后者为这个一再被滥用的引文提供了某种上下文情境。在这些篇章中，品达，如同希罗多德一样，为暴力在人类经验中找到了一个栖身之所，但却没有给出人类行动的标准概念。我们仍然需要单独研究《历史》中的礼法问题；S. Humphreys "Law, custom, and culture in Herodotus" *Arethusa* 20（1987）211-20 讨论了关于品达纸草的问题，以及该词为希罗多德提供的解释性力量。Ostwald（1969）试图为这个政治与法律词汇找出其原初本意。

妇女，以及另一类旁观者，孩童，不仅仅代表并确认健康的标准；他们有时候也被描绘成历史施动者或——更常见的是——嵌套在故事之中的戏剧人物。地位卑微的"母狼"（Cyno）聪颖而又充满母慈，尼托克里司（Nitocris）与托米丽司都是贤达的君主，玛西斯特斯的妻子为自己的贞节拒绝薛西斯的逗引，阿尔铁米西亚乃是兼具政治智慧与思想的臣仆。托米丽司、刚比西斯的妹妹、音塔普列涅司的妻子、帕伊杜美（Phaidymie）、戴玛拉托斯的母亲，这些都是勇敢、理性与充满爱意的妇女，她们竭尽全力保全家庭或者民族。另外，孩童在《历史》中一贯都是正面的，如克洛伊索斯的哑巴儿子得到拯救，阿杜斯的骁勇，克列欧美涅斯的女儿戈尔哥向其父与王进忠言，还有库普赛洛斯（Cypselus）拯救自己命运的善良微笑。[29]

希罗多德，如同荷马与他的同代人欧里庇得斯一样，经常在戏剧故事中用妇女来映衬父权家庭与男性政治的毁灭性。毫无权力的妇孺传达的是人类的柔弱与困境，受难者的苦难，礼法保护门户与家庭的本责，以及备受挑战的社会价值取向。妇孺见证了私人领域的正向价值。[30]在公共领域，有一些巾帼英雄在波斯人建立起男性中心权力之前试图挑战

---

[29] 妇女：1.110, 185, 205-14；9.108-10；8.68-9, 87-8, 93, 101-3；3.32, 119, 68-9, 124；6.68-9。孩子：1.85.4；5.51, 92γ2-4*。参考本章第三部分分析《历史》中孩童的角色。

[30] M. Lefkowitz "Women's heroism"，载 *Heroines and Hysterics*（纽约，1981）1-11; "Influential women"，载 *Images of Women in Antiquity*，A. Cameron 与 A. Kuhrt 编（底特律与伦敦，1983）49-64。

波斯帝国主义，或者试图保住自己岌岌可危的地位，她们是托米丽司、尼托克里司、阿尔铁米西亚。《历史》中某些妇孺在危急关头挺身而出；她们要么助力，要么阻碍男性主角。就像神谕一样，他们对男性主导的叙事起着超越政治、反省式的评判与节制的作用。[31]

希罗多德搜罗异国女性的衣着、婚嫁习俗和与性有关的道德的材料。她们日常的行为举止通常与希腊妇女的行为准则相悖。但并不是对所有的异国习俗都保持开放的态度；虽然他总是述而不论，但并没有完全抛弃希腊人的准则，其相对主义并不是绝对的。他对性滥交，尤其是在圣地的性行为持完全否定的态度。[32]他写到，除了希腊人与埃及人，几乎所有人都允许这样的事情发生，他是一位一以贯之的相对主义者，坚称如果鸟兽公开在圣地交配，不洁的行为冒犯神灵，诸神也会予以阻止。他对巴比伦的圣妓传统与欧赛埃司人动物般（κτηνηδόν）的交媾行为深恶痛绝（αἴσχιστος，1.199.1, 5; 4.180.5; 1.203.2; 3.101.1）。说到埃及妇女在吊唁时袒胸露乳，并且其雕塑也常常如此之时（2.85.1, 130.2），希罗多德表现出一种希腊式的拘谨。对于那些异邦宗教仪式之中的交媾行为，希罗多德没有指责，但是在说到培利安多洛斯的恋尸癖和他扒光柯林斯妇女的衣服时，希罗

---

[31] 参考 Dewald（1981）95, 115。
[32] 2.64.1-2: ἔμοιγε οὐκ ἀρεστά（在我看来是不可接受的）；参考 4.180.5。希罗多德的记载显示出他对"圣妓"毫无了解；Pembroke（1967）4-5。对娼妓的否定: 1.94.1, 181.5-82; 对初夜权的厌恶: 4.168.2。

多德还是表现出厌恶之情（5.92η3*，参考1.61.1）。区别在于后者对希腊妇女礼法的亵渎。

希罗多德在描述政治中的妇女时带着希腊人的偏见。公共场合自信满满的妇女总是被描绘成怪物，就像在公元前5世纪他的同代雅典戏剧中那样。《历史》中的例子包括埃及的尼托克里司、培列提美、阿托撒与阿美司妥利斯（Amestris）。撒乌埃凯司（Zaueces）妇女驱车作战（4.193），埃及妇女举着男性生殖器游行（2.48.2），妇女参与政治总是怪诞的，至少在希腊人看来如此。

当王权落到工于心计的妇女手上的时候，腐败、不公，甚至两者都接踵而至。坎达列斯的妻子在《历史》的第一个故事里纠正了一个又一个错误（1.7-12）。阿托撒，居鲁士的女儿，刚比西斯的妹妹与妻子，大流士的妻子，薛西斯的母亲（3.31，68.4*，88.2，133.1），在波斯宫廷翻云覆雨。"我认为，薛西斯即使没有戴玛拉托斯的进言也能登上王位"，因为阿托撒即使在大流士在位期间也权倾一时（τὸ πᾶν κράτος，7.3.4）。

妇女也使用强权（ἀνάγκη）。坎达列斯的妻子催逼着巨吉斯做出决定；薛西斯的慷慨承诺迫使其违逆自己的判断屈从于阿尔塔翁铁。[33] 最后一个东方专制君主性放纵的故事为我们提供了一个典型的希罗多德式的间接展示"无节制男

---

[33] 坎达列斯的妻子：ἀναγκαίη ἐνδέειν（迫于必然）；薛西斯：παντοῖος ἐγίνετο οὐ βουλόμενος δοῦναι...（竭尽全力不给，1.11.3，9.109.3）。

性"与"受奴役的君主"的例证,这个"破坏风习"的母题在尾言(epilogue)中也出现了,贯穿全篇的自由与奴役的对立卒章显志。妇女手中的权力意味着毁灭。

妇女犯下的野蛮暴力行径备受希罗多德指责(比如,2.100.2-3, 131.2; 4.160.4)。《历史》中出自非复仇的理性欲望最为暴力的两个虐待狂乃是培列提美与阿美司妥利斯。前者将男性钉在木桩上,并割去他们妻妾的乳房,"钉在城墙上"(4.202.1)。她的下场也是罪有应得,浑身溃烂并且长满蛆虫(4.205)。阿美司妥利斯活埋了波斯名门子弟十四人,为的是替自己向传说中的冥神表示谢意(7.114.2)。波斯暴君的人殉是人性残暴的集中体现。而如果这些事情是妇女犯下的,其结果更为恐怖。薛西斯的妻子阿美司妥利斯出于嫉妒与愤怒,割下了玛西斯特斯的无辜妻子的乳房、鼻子、耳朵、嘴唇与舌头。这种愤怒是希罗多德《历史》对独裁制度的最后控诉。这两个妇女亵渎了礼法;在希罗多德看来,她们无疑是恶魔。这也凸显了史家的主题:专制产生暴行。

但希罗多德对独裁社会的谴责所针对的乃是所有专制主义中的结构性恶,包括波斯专制,而非一两个妇女的暴虐行径。家庭史,包括变态的性欲表达,决定着民族的命运,宫廷政治也影响国家策略。因为专制君主的权力不受控制,他注定要侵犯臣民(此处是妇女,3.80.4-5*)的私人生活。但是这种缺陷并不是皇家特有的,而是渗透到独裁社会的方方面面。波斯使者野蛮地将与之保持距离的妇女称作"于眼是一种折磨"。虽然出自习俗，主人禁止他们与妇女亲密接触，但这些波斯人还是一再做出不雅之举（5.18.3-4*）。对于希罗多德来说，专制独裁中的妇女太容易成为危险的性欲对象；在一个妇女被隔离在公共生活之外的法制国家，男女都能过得更好。她们的介入搅乱了理性的国策。

颇具讽刺性的是，阿托撒说道，大流士必须证明自己是一个男人，因为只有这个性别才是统治波斯人的唯一合法性别（3.134.2*；参考8.88.3）。不只是王室，其他异邦妇女在希罗多德笔下通常毫无个人荣誉（比如，1.94.1，4.172.2，5.6.1）。她们的臣服与自由（5.6.1或者4.172.2，176）与希腊人对妇女的"尊重"形成鲜明对比，而这种"尊重"则是坎达列斯、拉姆普西尼托司、美凯里诺斯、薛西斯与其他异邦人所缺乏的（1.8.3*，2.121 ε 1-2，2.131，9.110.3）。妇女在《历史》中表明社会的正常行为或者规范，抑或是可怕行径，同时，她们也暗示了一种文化受到外在的侵扰与内部的压力时的脆弱性。因此，俘获列姆诺斯（Lemnian）与卡里亚妇女及这些妇女向胜利者臣服标志着民族认同的结束，伴随着势如破竹的胜利攻势，波斯人也开始对这些民族的贵族妇女展开侵犯。

依据希腊人的男性中心主义，妇女通常被认为心灵与身体在本质上是软弱的，并且应当服从男性（2.102.5；6.77.2［神谕］；7.57.2［？］；8.88.3*）。即使是这样，有些妇女还是会打破习俗与期待，超越性别的限制。哈利卡那索斯的僭主阿尔铁米西亚在希罗多德的描述中拥有仅次于西顿的最出名的舰船，也是薛西斯的最好谏言者（7.99.1），她被描述为充满男性气概（λήματός τε καὶ ἀνδρηίης）。她兼具女性气质和男性气概。波斯人对人最恶毒的话语就是"比女人还糟糕"，然而，"女人"却是阿尔铁米西亚对萨拉米斯的波斯舰队的侮辱之言（8.68α1*；参考 88.3*；3.120.3*，9.20）。她预言并且解释了薛西斯的败亡。妇女在《历史》中随处可见，但她们很少具备阿尔铁米西亚的远见与历史意义。

与希罗多德不同，修昔底德仅仅一带而过地提到了六名女性。[34] 总体来说，她们主要是战争中无助的被征服者。有些故事阴森而野蛮，它们讲述妇女的流放（波提戴阿，2.70.3），对妇女的屠杀抑或是奴役（波提戴阿与柯尔库拉，3.68.2 与 4.48.4）。演说者也通常借妇孺之命运来鼓动士气（吉利普斯 [Gylippus]，7.68.2*；尼基阿斯，69.2*）。女性为被围攻的军队筑墙、烤面包，这是前所未有的，修昔底德也要为之做出解释（5.82.6；2.78.3）。在波提戴阿与柯尔库拉，妇女们扔掷石块与瓦块，这也从侧面说明了战争的残酷

---

[34] 阿尔哥斯的克里西斯（Chrysis）及其继任者法伊尼斯（Phaeinis，2.2.1 与 4.133.2-3，两者都有纪年目的）；希庇阿斯的女儿与妻子，阿尔切狄克（Archedice，6.59.3）与米丽涅（Myrrhine，6.55.1）；传说中的海伦和普罗克涅（Procne，1.9.1，2.29.3）；凶残的色雷斯人布劳洛（Brauro）助力杀死自己的丈夫，埃多尼斯（Edonian）国王（2.101.5-6，4.107.3）。参考 D. Schaps "The woman least mentione..." *CQ* 27（1977）323-30；D. Harvey "Women in Thucydides" *Arethusa* 18（1985）67-90。

与怪诞。[35]对于修昔底德来说，妇女在创造历史的过程中完全无一席之地。她们的作用很有限，通常是象征性的，用以暗示在公共行为与军事行动的正常界限被打破时产生的前所未有的危机情景（参考3.82-3的总结）。[36]

妇女为希罗多德的作品提供了一种视野。普通母亲、妻妾与女性后代代表着一种规度；她们的存在为读者设定了一个判断非常态政治与国际冲突的私人行为标准。但是，当妇女崛起的时候，她们通常面临着男性掌权者为之设定的困难。杰出女性会打破习俗的界限，为的是保护他人，抑或是如坎达列斯的妻子那样，婀娜多姿地倚靠在决定性行为的门槛上，站在通往危险世界的入口处。

历史中的伦理原则

希罗多德的第三类限度在于伦理。他的伦理观总体来说是告诫式的。他不说教，而是将自己搜集、选择与排序过后的历史信息再现出来。[37]这个世界力量间的平衡很脆弱，极易破坏（1.207.2*；3.106.1），这个平衡一旦被破坏，就

---

[35] 2.4.2，4；6.4，78.3；柯尔库拉，3.74.1；参考阿尔哥斯，5.82.6。

[36] 参考修昔底德1.103.3（伊托美［Ithome］）；2.27（埃吉纳）；3.36.2；4.123.4；5.32（司奇欧涅［Scione］），116.4（梅洛斯）；7.29.4（米卡列苏斯）。关于修昔底德对战争规则的态度，参考作者的文章"Heralds and corpses in Thucydides" *CW* 71（1977）97-106；D. Schaps "Women in Greek in wartime" *CP* 77（1982）193-213。

[37] How与Wells I 43以粗体抱怨道，"他的历史太过神学了"，但在下一句又把这种抱怨掩盖起来了。De Romilly（1971）314-15在这点上纠正了Hellman（1934）。

需要一种冥冥之中的规复之力，或者是通过 τίσις 达成的复仇，这种复仇乃是一些利己但是却遥指一个更宏大目的的侵犯性行为（5.56.1 [神谕]）。对于听众来说，相较于希罗多德起初创立的那种历史学原因论分析，这种报复（tisis）乃是一种更加便捷与熟悉地将事件连接起来的手段。这种平衡似乎是来自"神性预示"（3.108.2），尤其是在自然领域。在人类与历史的层面，每个社会的 nomoi 都为《历史》设定了可资也必须予以评断的标准。[38] 那些逾越自己的礼法或者违背他人的礼法的人，要么疯狂，要么愚昧，要么就是哲人式的，如同希罗多德邀请希腊人对自己持有的价值观进行评判一样。

作为一个文化相对主义者来说，希罗多德明确肯定了各个社会独特的习俗（3.38；7.152.2）。刚比西斯在家庭与外交上对"礼法乃是万物之王"的蔑视被希罗多德认为是一种疯癫。其中有些原则他认为是普世的，永不可践踏。这些公认的原则有"各得其分"（suum cuique，1.8.4*），及"管好自己的事情"。巨吉斯的虔敬有着自私的一面，但是希罗多德在此处通过一个过于人性化的戏剧人物传达了一个真理。对根本律法的侵犯会搅扰自然、社会与政治的秩序。逾越者经常会有灭族之灾。男性跨越界限之后，整个家庭（oikos）及其后代都会遭到灭顶之灾（παῖς παρὰ πατρὸς，

---

[38] Gigante（1956）115-28；Bernardete（1969）191-3；Cook（1976）39-43；Redfield（1985）117-18.

1.7.4；2.65.3，166.2；参考4.26.2）。这种民间传说式的警告在很多复仇（tisis）戏剧场景中都有其身影，复仇也是随处可见的希罗多德式的主题。

对私人财产，即丈夫对妻子的专享这一普遍律法的无视开启与终结了《历史》。[39] 最初，坎达列斯对其妻子的爱引诱他逾越习俗，迫使宠臣巨吉斯做出超越本分的事情：偷看他妻子的裸身。此时，作者立刻说道："每个人都应该做好自己的事情。"（σκοπέειν τινὰ τὰ ἑωυτοῦ.）这几乎是《历史》中出现的第一条格言，稍后这条格言会被广泛地运用到国际战争与帝国主义。坎达列斯很快失去了自己的领土、王朝、妻子、家庭与生命。[40]

在《历史》的结尾处，独裁者薛西斯违背了波斯关于乱伦的律法与习俗。在引诱了阿尔塔翁铁之后，他命令自己的哥哥玛西斯特斯离开自己的妻子。玛西斯特斯最初礼貌地请求，但最后还是拒绝接受王命。玛西斯特斯及其家庭为此付出了毁灭的代价。[41] 薛西斯对乱伦之恋的痴迷导致自己死在亲生儿子，也就是阿尔塔翁铁的丈夫的手下。

---

[39] Erbse（1956）220；希罗多德以暴君的任性作为开端和结尾。Wolff（1964）51-8 = Marg 668-78 对此及其结构功能有着精妙的分析。Immerwahr（1966）43："作品开端结尾都不是随意的。"在历史中，一切的分割，尤其是开端，在某种意义上来说都是任意的，但是希罗多德显然是别有用心的。参考本书第1章。

[40] 1.8.1, 4*；χρῆν γὰρ Κανδαύλῃ γενέσθαι κακῶς（坎达列斯是注定要遭受不幸的），1.8.2；1.12.2。关于格言，请参考 A. E. Raubitschek "Ein neues Pittakeion" *WS* 71（1958）170-2；及同上作者（1957）139-40。

[41] 9.108.1-2；9.111.4。

对他人财富的觊觎，无论这个目标是他人的妻室还是整个欧洲，只要违背了既定的社会与政治结构，最后也一定会走向灾难。

居鲁士与大流士的帝国建立起律法与秩序，继而繁荣起来。他们是谋略家，也是政治家。而刚比西斯与薛西斯这两位帝国继承者则更不安全，在治理帝国上也缺乏谋略。他们没有关注好自己的事情，而且错误地认为对周遭的妇女可以为所欲为，也可以任意地扩张领土，且认为这是命中应有之义（3.17.1；7.8*，尤其是 α1 处）。他们对性道德与宗教习俗的违背与其侵犯与败亡是相对应的。[42]

犯罪者的家庭被连根拔起、毁灭殆尽是希罗多德常常提到的一种后果（τίσις）。七位民族习俗的违反者在记载中都是**无子无后**，至少在男性一脉上是如此：阿司杜阿该司、刚比西斯、克列欧美涅斯、老米尔提亚戴斯、库普赛洛斯之子、司铁撒哥拉斯（Stesagoras）、奇蒙（Cimon）之子、传说中的波律包司（Polybus）与凯培欧斯（Cepheus）。梭伦将泰洛斯（Tellus）称为自己所见过的人中最幸福的，一部分原因在于其子孙俱在（1.30.4*）。这也点出了希腊人在

---

[42] 克洛伊索斯与米尔提亚戴斯所做的违背伦理的暴行（1.92.4，6.134）并没有完全被整合到边界侵犯这个主要的多面相的主题之中。他们对礼法的违背并没有像《历史》的其他地方一样被捆绑到一个主要的主题上，因为这些人在《历史》中的作用并不首先是作为亵渎的例证，而是作为功名带来的危险与跨越边界的愚蠢例证。

延续家庭香火上的焦虑，子孙绵长乃是泰洛斯的福报，恶人则会遭到家破人亡的报复（tisis）。五个膝下无子的历史人物因为所犯的罪过而受到谴责，其中有亵渎宗教、谋杀近亲、违背律法。阿司杜阿该司试图谋杀自己的孙子居鲁士，这违背了对血亲与继承的尊重，最后被赶下王位，监禁起来。[43] 刚比西斯则是恶贯满盈：与妹妹乱伦，[44] 谋杀亲妹，以及出于愤怒的帝国远征似乎是导致其无子（ἄπαις）的原因。[45] 因为希罗多德的敌意与偏见，克列欧美涅斯被载在位十分短暂，这不属实，但他身后无男性继承人一事则是真的。[46] 这些都是对其道德与政治"罪恶"的报复。老米尔提亚戴斯与其侄子均身后无子（6.38.1-2，134.2，135.3）。有些家庭毁于诅咒，至少希罗多德的访问对象希望如此。

阿尔塔乌克铁斯及其子受尽折磨，死于非命（9.120.4），

---

[43] 1.109.3*，130.3. 他对哈尔帕哥斯的惩罚乃是落在他的后代身上。哈尔帕哥斯的复仇事实上将总督置于阿司杜阿该司的位置，即居鲁士的创造者（拯救者）。

[44] 希罗多德注意到，他的妹妹与他同出，而且血缘之亲并不是一个波斯的习俗（3.31.1-2）。事实上，近亲结婚是琐罗亚斯德教司空见惯之事。

[45] 3.31.1-2，38.1，66.2. 无子之父：5.67.4；7.61.3。对比梭伦讲述的泰洛斯的多子之福（1.30.4*），还有那个"多子多福"（εὔπαις）的男人（1.32.6*）。

[46] 5.48；7.205.1；参考 How 与 Wells（1928）II app xvii 347-53，尤其是 347-8。我们或许可以加上培利安多洛斯、波律克拉铁司（参考阿玛西斯的"斩草除根"［πρόρριζος］）、伯利克里，还有其他等，但是希罗多德并没有这么做。

这也是其罪恶行径应得的报应。[47] 希罗多德在《历史》中确认复仇（tisis）原则，并且毫不掩饰地将香火延续问题与极恶之罪勾连起来。培尼克司（Phoenix）断子绝孙乃是神灵送来的惩罚，这也回应了荷马史诗的传统（《伊利亚特》9.453-7，492-5）。

孩童是一个家族的未来（7.224.2）；除了灭族之外，"灭门"（oikocide）当然是我们能想象到的最可怕的事情。[48] 阿司杜阿该司炖煮哈尔帕哥斯的儿子，这无意中终结了前者的家庭香火，当然这也是他反叛米底帝国投靠波斯人的原因。帕涅司不得不眼睁睁地看着自己的儿子死去并被当成盘中餐；列乌杜奇戴斯受到戴玛拉托斯母亲的诅咒，最后也是无子而踏上流亡之路，而后者则很明确地被认定为复仇（3.11.1；6.69.5*［对孩子的诅咒］，71.2，72.1）。

复仇往往会摧毁人类福泽。许多读者都已经注意到《历史》中那些被摧毁的豪门大户，从梭伦、阿玛西斯与阿尔塔巴努斯的话中可见一斑（1.32.9*，3.40.2-3*，7.10ε*）。

---

[47] ἀθέμιστα（不合律法，7.33），ἀτάσθαλος（邪恶，9.116.1）。他在圣地玷污了妇女，并且对自己的国王瞒报。在他被钉上十字架之前，他的儿子就被乱石击死。品达赞美荣誉的世代递存：《尼米亚颂诗》7.100-1：παίδων δὲ παῖδες ἔχοιεν αἰεὶ/γέρας（愿他们的孩子的孩子还享有这荣耀）；奥林匹亚 8.70-1：πατρὶ δὲ πατρὸς ἐνέπνευσεν μένος γήραος ἀντίπαλον（向父亲的父亲吹入那抵抗衰老的力量）。τίσις 作为一种希罗多德不是那么主要的解释事件的理论，参考 de Romilly（1971）318。

[48] 克洛伊索斯如此威胁过拉姆普撒科斯（Lampsacus，6.37，尤其是37.2）；πρόρριζος 一次用于一个人，一次用于这个城邦，一次用在人类之上（1.32.9*）。

斯巴达使者，美尔姆纳达伊人，阿契美尼德家族受难都是为了清除罪孽；斯巴达与雅典的望族（克列欧美涅斯、列乌杜奇戴斯、米尔提亚戴斯、佩西司特拉托斯的"家"[oikoi]），都因为或大或小的罪恶衰亡。希罗多德，或者他笔下的梭伦，两次暗示，恢复之前的秩序（status quo ante）乃是不二之道（1.5.4，207.2*）。这作为对当时历史事件的本质的观察并不是对古话的无脑模仿。铁米司托克列斯在萨拉米斯海战之前向优利比亚戴斯表明：当人们做出合乎道理的安排时，他们是最容易成功的，如果做出不合道理的决定，上天当然也绝不会附和人类的办法（8.60γ*）。在他那里，天道的运作并非不受到认可，但与人类被迫做出的抉择是无关的。希罗多德并未最终解决自由意志与非人类力量在人类事件中所扮演的角色的历史问题，这对他而言并不是什么值得羞耻的事。

《历史》中有两个微型戏剧明确地表达了"有债必偿"这一原则（οὐδεὶς ἀνθρώπων ἀδικῶν τίσιν οὐκ ἀποτίσει, 5.56.1 [神谕]）。帕尼欧纽斯（Panionius）通过阉割青年男子并将其转卖为阉人而大发横财。其中有个叫海尔摩提莫斯（Hermotimus）的人最后成了薛西斯最为宠信的阉人。有一天，他以高官作诱饵骗取了这位希腊人的信任。[49] 紧接着，他痛斥其犯下的"最为不洁的行径"，并且宣称，他身陷图

---

[49] 8.106.2-3, τὰ τέκνα καὶ τὴν γυναῖκα...πανοικίῃ（孩子、妻子……整个家宅）。注意直接引语的使用。

圉及之后遭受到的惩罚乃是神的安排,他强迫帕尼欧纽斯阉割自己的四个儿子,继而强迫这四个儿子阉割自己的父亲。希罗多德将这种惩罚称为"我们所知道的落在罪人头上的最为严厉的复仇(tisis)"(8.105.1,参考106.4)。这种行径是野蛮的,但是希罗多德并没有予以否定。他将其作为一种警示记载下来。

希罗多德(如同阿那克西曼德一样,12 Vors F 1)相信正义(Dike)的存在就是为了维持某种平衡,拨乱反正。"有债必偿"强调了"关心自己的事情"与"苟非汝之所有,虽一毫而莫取"的观念。[50]列乌杜奇戴斯国王讲述了广为流传的关于一个斯巴达人格劳柯斯(Glaucus)的故事(6.86α-δ*)。[51]格劳柯斯因为公正(δικαιοσύνη)而备受尊敬。有一个米利都人出于信任托他保管(παραθήκη)一大笔钱,因为他声名在外,而且斯巴达内政稳定,爱奥尼亚则危机四伏。格劳柯斯却并没有按照原先的许诺将托管的钱财还给那人的孩子。他询问德尔斐请求神示,佩提亚用以下的话(大意)指责他:"誓言有一个儿子,这是一个没有名字的向伪誓进行报复的人,他既没有手,也没有脚;可是他却迅速追踪,终于捉住这个人并把他的全家全族(οἶκος)一网

---

[50] 参考5.99.1, ὀφειλόμενά σφι ἀποδιδόντες(偿还自己所欠的债),雅典人援助米利都人;薛西斯对玛西斯特斯的愤怒:μάθης τὰ διδόμενα δέκεσθαι(你会学会接受给予你的东西,9.111.5*);参考1.158-60 投诚的乞援人。
[51] 这番话及其内置戏剧明晰了几个重要的事情,表明人类经验是有图示可循的。参考, L. Solmsen(1943)194-5;同上作者(1944)242, 253; Fornara(1971)22;Sayce(1883)xxv。

打尽。但是，那忠于誓言的人的子子孙孙（γενεή）却日益昌盛。"格劳柯斯于是将钱原数返还，但完全于事无补。史家通过人物列乌杜奇戴斯之口告诉我们史家恐惧之事："你们听我告诉你们，为什么我把这个故事讲给你们听。现在格劳柯斯的后代（ἀπόγονον）已经没有了，再也没有哪一家的名字叫格劳柯斯了。他和他的一切在斯巴达已经被连根拔起（πρόρριζος）了。"

在《历史》中，希罗多德在极为重要的叙事中使用了三次 prorrhizos（连根拔起）这个诗性词语：梭伦对克洛伊索斯的警告，阿玛西斯对波律克拉铁司的警告，[52] 还有此处。在所有的这些事例中，占有大量的财富是危险的；它会诱导人们走上贪婪之路，并且因此毁掉自己及其子孙。格劳柯斯的罪及其惩罚最终都指向一个伦理维度：准则，"由父及子"的道德准则，[53] 家庭及身家的延续，这一切都会在对义务的尊重遭到忽视之后消亡。

让我们总结一下：备受青睐的语汇（"边界"语汇、意象与隐喻）、妇女的主题以及不断重复的历史行为的范式所表达的乃是一种无处不在的边界及逾越的观念。希罗多德在研究历史的过程中发现平行事件与序列事件都有关联：一个事件堪比另一事件，渺小的回响也会导致大的震荡。希罗多

---

[52] 1.32.9*；3.40.3*. 克洛伊索斯自阿杜斯之后血脉便断掉了，且他并不认为自己的另一个儿子有帝王之相（1.34.2*；参考培利安多洛斯之平庸的儿子，3.53.1）。这个荷马史诗词语，参考 Aly（1921）91，注释 1。
[53] "父子一脉"（πάις παρὰ πατρός）：1.7.4；2.65.3；2.166.2。

德所认定的思想与行为的习俗和模式既是文化内部的,也是跨社会的。对观察与逾越的传述变成了一种解释的模式。历史解释就在伴随着反复出现的意象、主题与原则的相似事件中浮出水面。[54]

---

[54] 我要感谢 Ronald Stroud 在修订本章时给我提出的有益的建议。

第 7 章

从民族志进入历史

> 这位夸基尤特（Kwakiutl）印第安人对摩天大楼和车水马龙的街道无动于衷，却对那在时报广场展出的小矮人、巨人和长胡子的女人，对自动售货机，以及对装饰楼梯扶手的铜球表现出所有的求知好奇心。所有这些情况挑战了他的文化；并且，他试图在我们文化的某些方面中辨认出仅仅属于他们的文化。
>
> ——克洛德·列维-斯特劳斯《人类学的领域》

希罗多德的民族学研究帮助他更好地理解希腊人的美德与不足。全书前四卷以他者为镜像对希腊性进行批判，而异邦人在战争中的行径及雅典人演说（8.144.2*）中表现出来的希腊主义高潮则又将希腊性奠定为全书的基调。如同对希腊陶瓶上的人物线条的勾画总是先于渲染与上色一样，希罗多德丰富全面的民族志调查为其历史判断增加了不少说服力。同时代的希腊人对其文明的先进性自信满满，而唯独希罗多德对异邦文化与智慧表现出浓厚的兴致。他认为，只有疯子才会嘲笑他人多变的习俗（nomoi，3.38.2），但是即使是对于信奉相对主义的文化人类学家与史家来说，他们也只能以自己的教育与文化为出发点对他者性进行评判。但是如果评判者以一种高姿态，或者是对研究人类制度的功能性进路毫无了解的话，他的评判也将是无甚价值的。以自己的文化遗产为标准的有良知的研究者在评判他人的功过、成败、效率、精巧和科学等时则能超越狭隘的地方主义。

146   在评判当地讲述者这一点上，希罗多德并没有什么屡试不爽的方法，有时候为了追求新鲜的、对立的以及可堪比较的故事，他也会对准确的信息有所误读。文化之间的往来是他研究的动力。波斯帝国的迅速崛起也为希罗多德提供了一个探求为什么唯独希腊人的抵抗成功了这一问题的催化剂。与那位印第安游客不同，民族志学家试图以一种同情的观察方式研究那些自身文化中不存在的事物与事件，但是，与那位印第安人一样，他会发现自己对这种异质文化的探究终究还是为了满足自己的好奇心。本章将探讨希罗多德为何认为，对异邦人长篇大论，尤其是那些对其历史没有重要性的民族（印度人），或者是政治上软弱的民族（埃及人），能够达成其历史写作的中心目的。我们认为，希罗多德的动机在于为波斯战争中希腊人出其不意的胜利提供一种解释性的假设。礼法乃是根本原因所在。希罗多德不仅仅在解释历史是呈现因果律的，还会强调文化的两极性。作为一个希腊人，希罗多德常常对差异比对事件本身更感兴趣。

相较于对重要君王与战争的记述，希罗多德的游历

(θεωρίη)、分析与提问更能引得读者在读第一卷至第五卷的十七节这个民族志与地理志时做出比较。从这点来看，这些当下的现象使其分析得以可能，而历史记载则依靠他人的传述与记忆（ἀκοή，参考2.99.1）。他的资料很可能大多来自平民百姓，而非名门贵胄（δόκιμοι），如阿尔克迈翁家族、斯巴达王等。因为希罗多德无法见到实体的历史记录，而只能对比其对资料的回忆，后几卷中的战争叙事更加具有衍生性，而不如人类学、民族志甚至是地理志那么确凿。因此，极为矛盾的是，《历史》中我们认为最为重要的部分可能在希罗多德看来则没那么好。[1]

"就我们所知"这个短语在第一卷至第四卷中出现了24次，而在第六卷至第九卷中只出现了9次，[2]这并不是因为战争史更加确凿，而是出于另外两个迥异的原因。首先，前几卷讨论的事情都有可见（如金字塔）与不可见（如尼罗河的源头）之分，而后面几卷讨论的问题则大多不受经验的控制。再者，在民族志与地理志问题上，希罗多德几乎不会提供任何答案，且通常会直截了当地表明人类知识在这些方面的缺乏。因此，在这个术语的意涵超越其修辞学表征时，它强调的是民族志与地理志探究的或然性与局限性，这与历史

---

[1] Immerwahr（1966）315；Grant（1969）266-7；Cook（1976）48. 希罗多德在依靠其他口传材料时更有犹豫之态；参考2.99.1。然而，研究本身就需要各种历史方法。

[2] 参考Benardete（1969）154. 本章前半部分都征引的是第二卷，除非专门说明。

性或者时间性历史学(historie)是不同的。

从第二卷与第四卷精选的主题来看,希罗多德对最不希腊但却最值得记录的事了然于心。巴比伦人不用橄榄油而用芝麻油,不喝葡萄酒而喝棕榈酒,不种无花果而种体大量大的谷物;他们不依赖雨水而有自己的灌溉系统。他们的船是圆的而非尖的。红海(即印度洋的东北部)与地中海不一样,每日都会潮起潮落。埃及的土地肥沃,埃及人不费什么劳力就能取得大地的果实;埃及人的面包是用斯佩尔特小麦做成的,而非普通的小麦;他们也不种植葡萄。埃及的气候很稳定。他们每一种病症都有专门的医生。斯基泰人"种植谷物不是为了吃而是为了卖",这在旧时农作物贫乏的希腊是不可想象的。来自北方的寒风将地表与河水冻住。斯基泰人住的地方夏天下雨而不是冬天,"与其他任何地方都不同"。河流永远不会干涸,伊斯特河的水流量一年四季都不会发生变化。他们不养猪,房屋与庙宇都是用木头建筑而成的。斯基泰人极不愿意学习希腊的风俗;其奇怪程度与非洲阿司布司塔依人(Asbystae)模仿库列涅人的风俗不相上下。割礼对于希腊人来说比阉割更令人生厌与奇怪,希罗多德也经常提到它,[3]这也是民族的非希腊性中的一个明显的例证。

---

[3] 1.193.4-5; 2.11.2, 14.2, 77.4; 77.3, 84; 4.17.2, 28.1, 48.1, 63, 108.1-2; 2.36.3, 37.2, 104.2, 104.3-4. 阉割:参考 Powell *Lexicon* 条目 ἐκτομή, εὐνοῦχος。割礼是一个难以理解的习俗,但仍是自愿的,而阉割则是一种被强迫的伤害行为。

埃及人

关于埃及,希罗多德记载的民族志比历史更多;[4]他别无选择,因为通晓埃及传统的人手中只有一大串埃及法老的名字,但却对有历史价值的成就知之甚少(2.143.4;100.1,101.1-2)。这些人所有的乃是编年录而非历史。然而希罗多德所追求的并不是战争志、帝王录与反叛史,而是为理解其即将记载的战争提供一个序言(prolegomenon)。

希罗多德的民族学研究,主要方法是两极参照,尤其是在 2.1-99。[5]所有的希罗多德逻各斯都是民族中心的,希腊人在中间,从 1.1.1 发端(ἐπὶ τήνδε τὴν θάλασσαν)。这同样适用于对埃及人的记述。希腊人为《历史》提供了一个熟悉的参考标准,埃及人乃是文明人中的对立标准,斯基泰人则是野蛮民族中的另一种标准。克洛伊索斯这个希腊化的吕底亚人充当的是希腊人与异邦人的桥梁,但是埃及人似乎是一个文明的民族,但又与希腊人相对。"在大多数情况下,他们建立的习俗与历法是与其他人类相反的(ἔμπαλιν,2.35.2;埃塞俄比亚人也是如此,3.20.2)。"紧随这种民族学断言之后的乃是一连串具体的相对立的习俗和行为。同样,希罗多德自己也明确地在讨论尼罗河的独特性与埃及的独特气候之后重启了这个对立的话题:"埃及人的气候不同,其

---

[4] J. Vogt "Herodot in Ägypten" *Genethliakon W. Schmid*(斯图加特,1929),重印于 Orbis(Ereiburg 1960)11-46,散见各处(选段在 Marg 412-33)。

[5] 此原则在早期希腊思想不同领域中的重要作用,参考 H. Fränkel(1951^1)657-8=(1962^2)603-5(索引)。G. E. R. Lloyd(1966)散见各处。

河流的本性也与其他的河流不同（2.35.2；2.19.3）。"这些"对立"的特征就是"奇景"（θωμάσια）："我要继续叙述埃及的事情，因为它有着最令人惊叹的奇景，而且没有任何一个国家有这么多非笔墨能够形容（ἔργα λόγου μέζω）的巨大业绩。"[6]

对于意欲挑战希腊人自高自大的信仰与挑战普罗大众想当然的观念（参考2.10）[7]的逻各斯书写者来说，更大意味着更好。宏大的、对立的、特殊的、矛盾的东西对于希腊人来说都是"值得惊叹的"，而且我们相信，这些东西对希罗多德来说也有着强大的阐释力。刚比西斯威胁说要把埃及的一切事物都颠倒过来，[8]对于希罗多德的听众这估计会是十分逗趣的事情，因为在希腊人看来，一切事情从开始都是颠倒的。在三十五到三十六这两节列举26处埃及人的异人之处的长篇大论中，希罗多德总共提到11处埃及人与希腊人及其他民族不同的特色：其独特的气候与河流，他们的习俗，埃及人织布时纬线拉到下面，埃及的祭司剃发，在亲人去世时埃及人会留发，他们与畜类同住，认为大麦与小麦做

---

[6] 35.1，de Sélincourt 译；参考 A. B. Lloyd（1975）141-4；How 与 Wells I 179 在 2.35 处列举的其他古代作者的类似观点。

[7] 参考 Raubitschek（1939）217-22。纪念建筑的可信度乃是未见的奇谈无可比拟的。希罗多德对很多"高古"的埃及故事悬搁自己的判断，其中有尼罗河的源头、凤凰，以及女性曼农雕塑的身份问题（28.1-2，73，131）。

[8] 3.3.3*：τὰ μὲν ἄνω κάτω θήσω, τὰ δὲ κάτω ἄνω.（我要把上面的放在下面，下面的放在上面。）

的食品乃是不体面的（希罗多德荒谬的错误之一），埃及人是唯一割包皮的民族，其帆船的䉠孔在船内侧，他们从右往左书写。稍后，他又拉里拉杂地添加了许多类似的东西（比如，37.1，80.2，82.2，尤其是91.1）。我们不必在希罗多德对埃及人的区别对待上大做文章。事实上，他如此这般对这些差异紧追不舍，"被其与希腊之间的不同所震撼，以至于忘记了这些东西在埃及也仅仅是偶尔之事"，[9] 这反倒佐证了我们的观点，即希罗多德追索这些令人惊奇的事情，是为了说明一个主题，埃及人与其他民族——尤其是希腊人——处在文化的两极（35.1-2）。在这里和在现代民族志中，调查者往往会暗中给受调查者灌输一种模式，而受访者也会无意识地将这种模式返还给调查者：你若追索两极性，就会得到回应。希罗多德本来并不是要为埃及写作一个系统的历史或者民族学调查。正如波斯战争中取得的胜利帮助希腊人认识自己，希罗多德也期冀通过定义希腊的特质来了解战争意味着

---

[9] Wells 在 How 与 Wells（1928）I 180 对 2.35.2 的注释。再者，希罗多德对埃及人启发式的断言过于轻信："没有巴比伦人推翻这些荒谬的断言……"（Olmstead [1948] 320）他对埃及人的自我约束或许过于轻信了（同上，319）。他的某些错误似乎缘于在埃及停留的时间过短。结果就是，有限的观察导致了一切都大而化之。参考 C. Sourdille *La Durée et l'étendue du voyage d'Hérodote en Egypte*（巴黎，1910）5ff. 与 Spiegelberg（1926）14ff.。Lloyd（1975）61ff. 公正地批评了苏迪尔的某些研究结果。关于史家在埃及问题上总体使人保持敬意及其对埃塞俄比亚人可以原谅的疏忽，参考 M. Burstein《希罗多德与美洛埃的出现》（*Herodotus and the emergence of Meroë*）*JSSEA* 11（1981）1-5。参考下面的注释 [27]。

什么。因此，第二卷纯属娱乐这种说法大错特错。[10]"新与异"更能帮助解释"旧与同"。

定义需要描述、衡量、比对与反差。虽然希罗多德可能对埃及本身感兴趣，但是他对埃及人及其他非希腊民族的描述反映的也是人性，并且将希腊人独有的与他们共有或借鉴的分开来。第一卷与第四卷涵括南方、东方及北方的已知民族，虽然风习相远，但是都对人类总体有所贡献。极端的事物会映衬出温和节制的事物，以及气候、人类风俗与社会中的限度。希罗多德的地理志是人类中心主义的。只有关乎风习与历史之时，希罗多德才会对当地的地理感兴趣。非"家"之处即是"远方"，是时空中的他处。[11]

妇女在埃及的地位也是埃及人与希腊人不同之处的一个例证。在埃及，男织女市；女性用肩担东西，但男子则用头顶着东西；妇女小便时站着，男子小便时却蹲着；儿子没有抚养双亲的义务，而女性是必须抚养双亲的；女性穿着比男性更少；女性而非男性领着带有大型生殖器的人像，[12] 甚

---

[10] 例如，Fornara（1971）18-21，他认为"在第二卷之中**完全没有**道德与哲学的元素"（18，强调为原作者所加）。正如我们以下要看到的，没有哪一卷比这卷更"哲学"了。

[11] Immerwahr（1966）317；Pembroke（1967）29-30.

[12] 2.35.2-4, 36.3, 48.2. 人兽交被认为是奇异之事（46.4）。希罗多德很惊讶，自己不曾遇到过女祭司（35.4），并且将其记载下来，如同其他那些他没有或者无法解释的事情一样。女性在《历史》中出现了375次，在一至四卷出现的频率是六至九卷的两倍；Dewald（1981）92；Benardete（1969）148。在习俗与符号而非独特的政治行为占主导的人种志与戏剧性故事之中，女性在社会现实与个体心理上重新获得了某种重要性。

至产卵后回流的领队也是雌鱼（93.2）。

希罗多德尤其强调希腊人深受埃及宗教的影响，希罗多德认为，埃及人是世界上最虔敬的民族，他们很重视集会、游行与法事（4.2，37.1-5，5，58及其他）。希腊人关于神灵的名字与神话的知识，在哪里及如何祭拜和描绘他们，全都来自埃及人。[13] 神的历史与崇拜几乎都是埃及人教会希腊人的。[14] 只有两个民族（他声称）禁止在圣域进行性交活动。[15] 然而，希罗多德考察埃及宗教的主要目的在于解释两个民族在神话与崇拜上的差异，因为这些差异将会为我们展现两个文化是如何分道扬镳的。埃及人没有英雄神话，也没有半神半人（50.3）。埃及人非常畏惧神灵，他们的神灵及神灵的外表都是动物样态的（65.2-67）。家中有狗猫去世的话，他们会心神俱伤，比房屋遭到火焚更甚（66.3）。一只门德斯山羊（Mendesian goat）死亡，整个埃及地区的人都要去哀悼（46.3）。希罗多德对这些习俗感兴趣，仅仅是因为这些观念对于希腊人来说是十分异常的。[16]

对宗教的关注引出了不那么明显的一点：希罗多德对埃及生活与历史的很多方面都不欣赏。虽然埃及的历史源远

---

[13] 2.4.1，4.180.4，2.4.2与52.2-3。2.167.3暗示我们，希腊人对苦力的憎恶或许学自埃及人——抑或仅仅是人性使然而已。

[14] 2.156.6，49.2-3，123.2。参考Redfield（1985）。

[15] 43.2，49.2，50.1，51.1（赫拉克勒斯、狄奥尼索斯、赫尔墨斯），82.1；64.1。在尊重长者方面，只有斯巴达人能与埃及人媲美（80.1）。

[16] 此处对第二卷的分析受教于James Redfield：（1976）未刊布；（1985）97-118。

流长，且有着诸多令人惊叹的建筑物，[17]但只有一条埃及律法与一种埃及风习受到希罗多德的赞赏（177.2；64.1）。埃及人无法适应变化了的环境，或者变化本身。相反，他们将流动的河流改造成稳定的土地，这也是他们被习惯与荣耀固化的象征。

希罗多德在埃及所学甚多。除了建筑景观，还有数不尽的怪事，从谦逊的礼数、征兆的频率到神灵的年岁（80.2，82.2，145.1）在《历史》中都有详尽叙述。有时候他对待某些事情过于笼统（例如，妇女、饮食、衣着），但这乃是与其关注点紧密相关的，他的目的是描绘一个与希腊人不同的文明社会，从而将前辈们条分缕析的民族志转化为一种历史阐释。

希罗多德对两极性的追求使得其对那些极为普通的事情也惊讶不已。埃及人大小便在家里，而吃饭却在外面，用脚和面，却用手和泥（35.3，36.3）。出于挑战希腊人的傲慢的目的，希罗多德总是强调异邦的优越性，比如埃及文明、律法与宗教对雅典人的示范作用（177.2，171.2-3），其影响希腊人（58）以及如埃塞俄比亚人等其他民族的方式（30.5）。

埃及人对于时间性事物的知识让希罗多德异常着迷。埃及文明古老久远；埃及人精心保存关于祖先的记忆，他们为此创立的历法也使得了解埃及历史成为可能（2.1，4.1，

---

[17] 142；35.1；参考 148.2，3.60。

142）。这种世间少有的对历史的认知与尊重帮助希罗多德发展出属于自己的世俗时间规度（11.4），这为研究人类历史奠定了基础。希罗多德自埃及人那里获得的时间与文化视野让他更有底气对狭隘的观念展开批判，这也部分地解释了为什么第二卷是《历史》中最有烟火气的一卷，这一卷四处可见第一人称单数人称代词，这与其他各卷是不一样的。[18] 第四卷因为对希腊世界的事件只字不提而与第二卷最为接近，但是在第四卷中，欧洲与非洲的**未开化**社会也是希腊人的极端对照。

埃及人的奇景与美德并不足以使史家对他们的政治生活缄口不谈。他们的制度在很大程度上受制于地理，我们在下面会谈到。埃及人是文明开化的，但他们不是自由的，甚至无法享受公民的权利与义务（147.2）。如同大部分国家一样，他们的物质与精神文化与政治自由无甚关联。他们受困于习俗。与斯基泰人完全不同，埃及人对异邦人的观念习俗与技艺避之不及（4.76.1，2.77.1，80.1，91.1，79.1："他们采用祖宗之法 [νόμοι]，别的完全不予采纳"）。他们的习俗保证了内部团结，但是也决定了其政治命途与征服（千年的内部征服以及当下的对外征服）。他们的最后一任独立君主与之后的觊觎者都要依靠外国雇佣军发动战事或者求得保护

---

[18] Benardete（1969）对希罗多德记载的埃及挑衅性的研究被忽略了。参考 Redfield（1985）。第二卷中的火药味源自于他的逻各斯书写者前辈们对那个充满奇幻色彩的国度的浓厚兴趣——他的辩论有目标——以及那个国度所提供的自主自治的希腊的镜像。

（152.5，154.3-4；163.1；3.4.1，11.1等）。他们受奴役的命运不是偶然，而是其地理、繁荣的农业及影响，以及固守成规的民族性格共同作用的结果。

有个观察也可以证明这个观点："埃及人称所有讲其他语言的人为异邦人。（158.5）"颇为讽刺的是，这种态度与希腊人和波斯人的自视甚高无甚区别（1.134.2），但更重要的是，希罗多德将希腊人和波斯人的成功归结于他们的适应能力（1.135.1）。他观察到，这两个民族都乐于向别的民族学习新的东西，并不故步自封、墨守成规，不像埃及人那样出于对历史的尊崇而与现实越离越远。希罗多德直言褒奖因适应性而功成名就的波斯人（1.135），至少是在衣着甲胄等小事上如此，但在《历史》中，希腊人才是真正敞开胸怀接纳传统与制度的民族，那些独出机杼的人也多有成功之举（佩西司特拉托斯、戴谟凯代司、米尔提亚戴斯、铁米司托克列斯）。

礼法主别，它滋生的是态度与期待。再者，它也为一个社会提供了评判其他社会的标准。礼法这个"万物之王"乃是一个脆弱的君主：将一个礼法与另一个进行比较使得王权的基础成为问题。要明白礼法的力量就要与之保持距离，拥有研究的必要态度。[19]史家的美德，以及希罗多德笔下的希腊文明的美德，乃是对异邦智慧的接纳。他批判那种认为

---

[19] Cook（1976）45.

一切源自希腊人的观念,[20]他的写作也证明了,希腊人与其他民族并无二致。他认为,希腊人在思想与宗教上都属于后来者(2.53.1),但是希腊人兼收并蓄的能力造就了独树一帜的希腊文明。

希腊人的重要发现,即礼法的相对性,或许是伴随着波斯人的突然闯入及各民族在爱琴海周围陆续落脚产生的。紧随色诺芬尼(21 *Vors* B 16)的传统,赫卡泰乌斯与希罗多德首先认定了礼法是由地理决定的这一观念,继而希罗多德将其上升为一种历史阐释的原则。乍看上去难以理解的异邦礼法变成了一种答案,一种解释历史事件的方式。交缠错杂的两极性、环境因素,以及关于礼法限制历史行动的观念,如同任何一种历史阐释体系一样,都会有着极简化与复杂化的问题,但是这种新的理解散乱事实的尝试标志着西方史学写作的第一步。

波斯人

希腊人的美德与缺点的参照点并不仅仅是埃及人。希罗多德不厌其烦地记载民族志,其目的在于为"希腊人 vs 异邦人"的对立关系赋予历史意义。他常常褒扬异邦人的习俗(比如,将波斯男性与男性儿童分开来),波斯的某些惩罚措施(1.136.2-137.1),巴比伦人与埃涅托伊(Venetic)选

---

[20] 参考 Kleingünther(1933)52-64。例如,梭伦与雅典人决定借鉴埃及律法,并且要将其延续下去,因为埃及律法是一项有益的发现(2.177.2)。

择妻室的智慧（1.196），巴比伦人治疗疾病的习俗（1.197），埃及人对神庙区域内性行为的禁绝（2.64-65.1），要求报告财产的埃及律法（2.177.2），斯基泰人的大麻蒸汽浴（4.75.1），以及斯基泰人避免被征服的方法，他称之为"我们所知道的最为有才智的人类发明"（4.46.2）。[21]希罗多德对异邦礼俗的先进性是首肯的，且对希腊人声称的原创智慧颇多批评。虽然他并没有暗示希腊人应该采纳这些礼俗，但是它们为批评希腊习俗提供了参照物。[22]

比起其他民族，希罗多德对波斯人欣赏有加。比如，他不遗余力地记载了波斯人对勇猛将士的崇敬（7.238.2），以及那些波斯伟人的行动与性格（比如，玛司卡美斯

---

[21] 这些异邦律法 Benardete（1969）11 有所讨论；Schmid-Stählin 1/2（1934）565-6。

[22] 普鲁塔克《论希罗多德的恶意》（*De malignitate Herodoti*）11-19，收录于《道德论集》（*Moralia*）856E-858F，称其为"偏好异邦人的"（philobarbaros），这点并不错，但是因此谴责他不为希腊的荣耀发声则是不对的。普鲁塔克作为善变者，从来不关心希罗多德研究近东历史及民族志的原材料与动机所在。他严厉地批评希罗多德对海伦在特洛伊战争中所扮演的角色的质疑，批评他为布西里斯（Busiris）人牲的指控辩护（2.45），批评他指控墨涅拉奥斯的屠杀行为，批评他反对波斯人对希腊人的鸡奸，批评他认定希腊人的宗教来自埃及，批评他否定希腊神话，批评他攻讦赫拉克勒斯、多利亚国王、七圣贤的祖先，批评他慢待阿尔克迈翁家族、温泉关的斯巴达人（！）、柯林斯人、雅典人、爱奥尼亚人等等。在声色俱厉的批判之中，他还毫无逻辑地指责希罗多德污化人们对非希腊人诸如克洛伊索斯、戴奥凯斯（Deioces）与居鲁士的记忆。希腊作家或许会如此霸道与偏狭，但希罗多德从来不是这样的。普鲁塔克这篇令人疑惑的文章从来没有注释本详尽研究过其语调、意图以及来源。参考 G. B. Philipp 'Aἄλλος οὗτος Ἡρακλῆς, zu Plutarchus, *De malignitate Herodoti 13/14,857C-E Gymnasium* 89（1992）67ff.。

[Mascames，7.106]、波该司[Boges，7.107.2]）。1.131-41中对当时波斯人的刻画为我们展现出一个天真、隐忍，比希腊人更为潇洒的民族，他们不仅仅是高贵的野蛮人，还是骁勇善战、率真无邪、敢于说真话的正直民族，是贫瘠土地孕育出的清醒的马背上的征服者（1.71.2-3*，136.2，3.15.2-3与9.122）。即使对于鲁莽的薛西斯，希罗多德也时有褒赞。这位英俊威严的独裁者（7.187.2）在生死存亡的时刻声称，男人必须要勇敢行动，否则"你将一无所成"。幸运偏好勇敢的人，他认为，伟大的事业一定有巨大的风险，波斯人就是这样达到权力与财富顶峰的（7.50.1-3*）。玛多纽斯很早就迎合了薛西斯的雄心壮志（7.5.2，7.9γ*），希罗多德认为，薛西斯是被建功立业的欲望驱使的："根据我用猜测的办法所做的判断，薛西斯是出于傲慢（μεγαλοφροσύνης）才下令挖掘［没有必要的阿托斯运河］的，因为他想显示自己的威力并且给后世留下足以纪念（μνημόσυνα）他的丰功伟绩的东西。"（7.24）事实上，波斯人在争取民族自由、勇气与适应性及军事成就上与希腊人最为相似。

然而，这种对波斯民族性格的褒奖却与其对个别的波斯独裁者的描述不尽相同。这些波斯独裁者，无论其美德为何，他们都选择在毫无理由的情况下对穷困、边远、原始且通常是殊死抵抗的民族展开攻击：例如，居鲁士之于玛撒该塔伊人，刚比西斯之于埃塞俄比亚人与阿蒙人（Ammonians，3.26），大流士之于斯基泰人（4.83.1）与雅典人，薛西斯之于希腊人。这些人各有其命——或遭受侮辱，或罹难，或暴死，为他们所发动的无德无义的战争。我们不必对这个假设多加辩解，[23]很明确，希罗多德对波斯帝国的尊崇，及其对波斯礼法的鼓励或者要求帝国不断扩张（7.8α1-2*，薛西斯；7.11.2*；参考伯利克里在《伯罗奔尼撒战争史》中的言辞，2.62.3*，63.2-3*；亚西比德，6.18.3*）的这种论点的呈现，并不能为波斯人独裁专制允许或者要求的经济压榨、政治奴役与社会侮辱正名。专制主义通常建立在恐惧与强力（参考7.103*）之上，这个关键点在很多细节上都有暗示。试举一例，下令鞭打在《历史》中都出自独裁君主之口（16处）。[24]其中12次来自波斯君主，7处出自薛西斯。第七卷中这种号令尤其密集（22.1，35.1，54.3，56.1，103.4*，223.3），这与斯巴达人的"自由"与自动自发形成了鲜明对照。薛西斯估计会辩解道，人要么进攻，要么臣服（7.11.2*），但是，在希罗多德看来，薛西斯与玛多纽斯的这种基于"复仇"与"自卫"的合理化辩解仅仅是帝国扩张的借口罢了。最后，波斯人因为自己的错误而被打败（就像一位修昔底德式的演说者所说的那样，1.69.5*），这不是一个偶然，而是缘自其政体中固有的缺陷。

对波斯人不因一罪而获死之风习（1.137.1），希罗多德赞赏有加，但《历史》中却着墨甚少。事实上，君王违背这

---

[23] 参考 Cobet (1971) 158-68，与 R. Drews *Gnomon* 47 (1975) 329-34 的书评；另 Immerwahr (1966) 31 注释48。
[24] 明显的强调主人对奴隶的绝对权力的例外（4.3.4*），以及佐披洛司比肩主人权力的献身（3.154.2，157.1 与 155.2*）。

些习俗而未受或者不受惩罚，这也在书中屡次出现。再者，波斯人以诚实为荣（1.136.2，138.1），但是阿玛西斯却以充满阴谋（δόλῳ）的和约算计巴尔卡（Barca）人（4.201），前后矛盾，令人发笑。比波斯人对理性与正义的无视更加骇人听闻的乃是其君主对公义犯下的罪恶。刚比西斯爱上了自己的妹妹，逆着习俗（οὐκ ἐωθότα；θεσμοί，仅此一处），传唤王家法官们，问他们是否有哪一条律法（nomos）可以允许自己与妹妹结为姻亲。答案是否定的，但有一条法律规定"波斯君主可以为所欲为"（3.31*；nomos 在这节中出现了六次）。刚比西斯有次大发雷霆，意欲杀死克洛伊索斯，但是刚比西斯的仆从们将他藏匿了起来，因为他们深知国王脾气难测；之后他确实再次传召克洛伊索斯，当发现这位谏言者仍然活着的时候，刚比西斯很高兴，但最后还是处决了那些没有遵守其指令的仆从（3.36.5-6）。

　　希罗多德深信，刚比西斯是个疯子（3.29.1，30.1，37.1），而薛西斯则过度自信。大流士大体还算清醒，但是对于救治自己的戴谟凯代司，他赐之以黄金枷锁（3.130.4），这也足以让人不寒而栗了。薛西斯的统治也同样怪诞。吕底亚人披提欧斯为人慷慨，成为薛西斯的座上宾，因此而日益富贵。披提欧斯因为年纪老迈，向薛西斯询问能否留下五子中的一个以备养老，这位阴晴不定的君主立刻怒火中烧，下令将其深爱的长子一分为二，并且在道路的右旁与左旁各放一半尸体，为的是惩罚这位恬不知耻的"奴隶"。考虑到往日的善行与好客之举（xeinia, 7.27-8, 38-9；参考 4.84，大流士性情的反复无常），薛西斯赦免了这位老父亲。薛西斯在海战失败之后仓皇逃离希腊本土（这个故事乃是希罗多德以为不实的多重版本之一），船长报告船载超重，只有大臣们跳下海去，他的命方可保住。大臣们谨遵圣命跳下船去，薛西斯得以续命。在船靠岸之后，薛西斯赏赐给船长一顶黄金冠，但随后立刻砍下他的头颅，因为众多波斯贵族殒命于此（8.118-19）。这个故事虽然希罗多德并不相信，但是借它我们可以一窥希罗多德的专制"正义"何谓。[25] 逸闻的内在意涵比其真假更重要。

独裁统治在文明社会与非文明社会都有影响；独裁会渗透到礼法之中，是集权政治的一个反映。独裁与节制处在两极，独裁违反了希腊共同体中生长出来的规则；王者的时代早已过去，僭主被认为是一种时空错乱，或者是一种被强加的咄咄怪事。埃及人一定要有法老在位方可生活；米底人及之后的波斯密谋者在自愿的情况下服从过往的支配，后者甚至接受大流士耍的花招；但是希腊人永远不会自愿忍受暴君的强迫（2.147.2；1.96-8, 3.83.1, 85-8；5.92.η5*, 1.164.2, 5.49.2*）。随心所欲的统治与奴役没什么区别（比如，2.1.2, 172.5；3.83.3, 155.2*；5.66.1；7.102.2*, 135.3*；156.2），与做富裕的奴隶相比，希腊人更愿意过贫苦但自治的生活（比如，7.102.1*, 135.2-3*, 8.144.1*）。对暴君的负面刻

---

[25] Benardete（1969）4-6, 78-9，以及第三章讨论了这种忠诚的异邦"正义"的矛盾之处。

画与戴玛拉托斯（他乃是非政治性的无冕之王）在温泉关向薛西斯的进言中对"暴君"的正面使用形成鲜明对比："一个不受限制的暴君（δεσπότης），即律法（νόμος），统治着斯巴达人，他们惧怕这位君主比你的臣民惧怕你更甚（7.104.4*）。"这位前君主在此强调了波斯人背后的恐惧与使得斯巴达人坚守战场的礼法之间的区别。

《历史》中的各民族都十分珍爱礼法与正义（1.96-7中的米底传说很好地阐明了这一点），但是暴君们出于自己的私欲肆意破坏这些恼人的传统习俗与制度，就像欧塔涅斯发出的警示一样，以及刚比西斯与薛西斯，坎达列斯与克洛伊索斯，培利安多洛斯与克莱司铁涅斯（Cleisthenes）身上所展现出的那样（3.80.5*, 3.3.3*, 31.2; 7.238.1-2; 8.109.3*; 1.8.4*, 10.3; 1.76.1-2, 92.4; 5.92η; 5.67-8）。佩西司特拉托斯乃是一个特例，因此希罗多德对其善行做出特别说明（1.59.6；但是参照61.1），但是其态度依旧：暴君只会败坏，而不是遵守习俗、律法与正义等社会基础。

斯基泰人

希罗多德对斯基泰人大书特书，因为他们与希腊人、埃及人及其他民族均不同。虽然在排斥外邦民族习俗上与埃及人类似（4.76.1, 80.5），但在其他诸多方面，斯基泰人在地理与组织上都与他们极为不同（4.29, 59.2等）：他们居住在寒冷蛮荒的北部；称自己为世界上最年轻的民族；他们的神灵没有形象，总体上也不进行区分；他们居无定所；

以游牧（φερέοικοι）为生，没有纪念建筑，没有城市、城墙、神庙，几乎没有神灵，没有智者，也没有什么值得惊异之事。[26] 简而言之，这些异邦人没有历史，且除却他人的描绘之外，希罗多德对于他们别无书面资料可查。除了河流之外，这些人没有任何值得惊异之事（θωμάσια，4.82），无论是自然的还是人为的。[27] 他们的无特色就是特色。在居住地、饮食、性与埋葬的习俗等事上，他们为希腊城邦等共同体提供了对立参照物。

伊斯特河（或多瑙河）从长度、水量与入海口数量上来说是唯一可以与尼罗河媲美的河流。这条河还要更大一些（2.33.2-34.2；2.10.2 与 4.47.2-48）。这是将斯基泰人与其他

---

[26] 4.28, 5.1, 46.2-3, 59.1-2, 46.1, 82. Schmid-Stählin 1/2（1934）566 过分强调了希罗多德对斯基泰人的尊崇。

[27] 他们没有可见的纪念建筑，也没文字记载，也不侵犯他人，这使其在希腊人和罗马人看来极为神秘。苏联人对斯基泰人坟墩的挖掘逐步为我们揭露了他们的物质文化，但他们的种族、品性与语言依然是个谜。参考 K. Meuli "Scythica" *Hermes* 70（1935）121-76（121-31 = Marg 455-70）以及更早的参考书目；*From the Lands of the Scythians*（纽约，1975），纽约大都会艺术博物馆的一次陈列的目录；Armayor（1978b）45-62；参考第 5 章注释 57。阿玛约（Armayor）对希罗多德游历的研究回到了赛斯（Sayce）与黑德尔（Heidel）（现代）的严苛批评脉络，他试图说明，希罗多德的研究并不建立在翔实与可靠的调查之上，而是充满了欺诈与隐瞒。Schmid-Stählin 1/2（1934）632 注释 1-2 为我们提供了一个可能的舛误的清单。阿玛约总结道（在这里，以及在另一处讨论希罗多德是否去过埃及的文章中 [1978 59-73]），希罗多德从未访问过他所描述的那些区域，他仅有的"证据"乃是一些传奇式的文学、艺术与口传的材料。阿玛约与 Fehling（1971）颇为怀疑地将希罗多德自述的那种研究认定为毫无根据的断言、无价值的担保、与虚构文类相匹配的逻各斯书写谎言。

民族进行比较的开始。希罗多德认为（2.33.2-34.2），尼罗河与伊斯特河可以对观，且在很多方面，斯基泰逻各斯与埃及逻各斯互为镜像。

总体说来，相较于埃及逻各斯所暗示的（4.16-24），希罗多德对斯基泰文化的描绘展现出居住地与习惯之间的一种更加微妙的因果关系。气候与地形对于人类智慧来说既是考验也是机遇。斯基泰人在遭到波斯人侵袭的时候很好地利用了自己得天独厚的自然优势，并且受到了褒赞（4.46.2-47.1；参考 7.49.1-2*，7.102*）。文明、炎热、丰沃、富庶的埃及沦为了波斯人的臣属，而野蛮、寒冷、贫瘠、匮乏的斯基泰却成功地抵挡了波斯人（参考 7.50.4*）。[28]他们特殊的礼法解释了他们的历史行动；他们的历史行动也展现出他们的特色与习惯。希罗多德对他们的礼法的转述被重新表述为一种对其功与败的解释。

虽然很难确定大流士对斯基泰人的侵犯时间，但希罗多德的描述与东欧地理及时间不合，而且，希罗多德的地理有时候甚至是自相矛盾的。一旦读者认识到希罗多德手中的

---

[28] 同样，利比亚没有纪念建筑，没有政治意识（4.167.3，197.1），受控于严酷的自然。波斯对希腊的进犯也在未达成之前触碰到了边界。如同在欧洲一样，波斯军队的最西边界也是被划定出来的（4.204；9.14）。关于伊斯特河、尼罗河与希罗多德作为一位史家的发展的关系，参考 von Fritz（1967）1.60-5，143ff。关于斯基泰人，参考 Hartog（1979）135-48，该文在他的 *Le Miroir d'Hérodote: Essai sur la représentation de l'autre*（巴黎，1980）第一部分，考察的是史家对非希腊人的呈现中的倒置、类比与两极化。

可信信息极为有限之后（4.76.6, 81.2），他所犯的错误也就可以理解了。这种叙事为我们理解薛西斯的进犯提供了基础，而对斯基泰人的描述则为后面解释对希腊的进犯奠定基础。游牧生活乃是他们的根本策略，这也是击退大流士的原因所在。正因为如此（但其选择更加谨慎），雅典人理性地决定自愿放弃自己的城邦（参考8.62*及7.143.3），带着亲人远离家乡，这才使得波斯军队一无所获，雅典人借此大败波斯人更强大的军事强力与策略。[29]

大流士帝国扩张的失败乃是薛西斯失败的前奏，这也是斯基泰人政治智慧的唯一体现：要想自由而不受到奴役，人就不能永居一处（关于被奴役的爱奥尼亚人，参考4.46.3, 133.2, 136.4, 137.1, 139.2）。

希罗多德还谴责了其他的民族。除却已经说过的埃及、波斯及斯基泰人的生活习惯之外，他还对米底宫廷礼节颇有意见（1.99）；他反对圣妓（1.199）；批评斯基泰人周边地区文化粗鄙，缺乏有学识之士（4.46.1-2）。他似乎鄙视加拉曼铁司人（Garamantes）的无知愚昧，他们连自我防御都不知（4.174）；欧赛埃司人（Ausees）的女性滥交让他颇感厌恶（4.180.5）。希罗多德是现存的希腊作者中最常用barbaros（异邦的、野蛮的）的（此词在《历史》中出现245次，埃斯库

---

[29] Balcer（1972）242-58；Pritchett（1982）239-54为希罗多德对黑海的地理环境的记述及其追索事实与真相的诚实态度辩护。Hartog（1979）145-6发展了斯基泰–雅典这个类比。另参考Hunter（1982）207, 214。

罗斯使用过40次，[30]品达使用过一次 [*Isthmians* 6.24]；荷马史诗中未见），这个词总体上来说是中立的，但至少有两次是有价值判断色彩的（7.35.2，9.79*）。

如果说"他不带民族偏见"，这似乎有点过头，[31]因为，希腊人与异邦人的比较乃是《历史》中的基本对立与首要主题，而且，在高潮时刻的演说中，他对希腊人的推崇是显而易见的（比如，7.102*，8.144*，9.79*）。但是这种判断也是因时而异的，他并没有由此扰乱自己冷静地讲述各方的人物与民族。克洛伊索斯先前愚昧，而后开悟；大流士在登上王位之前多有欺瞒之举，但一旦登基又是一位好君主；铁米司托克列斯是一位雅典英雄，但也是一位贪婪的追逐私欲的政客。希腊人在萨拉米斯也有很多不光彩的行为。但是希罗多德并不是一心要寻找英雄与恶棍，他搜寻资料时也没有一个固定的观念（idée fixe），因此获得了思想开放且公正无私的美誉。当然，他对很多个人与民族的行为和策略发表过言辞激烈的批评，但是没有一方会完美无瑕，也没有一方会一

---

[30] 埃斯库罗斯所使用的这个词乃是中性的，他指的是外邦或者不可辨明的语言（例如，《波斯人》635，《阿伽门农》1051）。依据戏剧逻辑，该词在《波斯人》中出现的14次中，有11次波斯人使用该词是正面的或者是中立的。《阿伽门农》919中是唯一一次明确表明其贬损含义的例证。

[31] Hignett（1963）33也是这么认为的。参考Legrande（1932）93更加谨慎。希罗多德注意到，波斯人与埃及人认为自己比其他的人群优越（1.134.2，2.121 ζ 2）。佩西司特拉托斯在1.60.3处的花招引发了希罗多德对其缺乏希腊人以及雅典人的智慧的嘲讽。在1.58结尾处，佩拉司吉人因为没有卓著的成就而备受冷遇，而这似乎仅仅是因为他们是异邦人。

无是处。毫无疑问,希腊人充当的乃是一个缺席的标准,一种期待。其他民族也被提到、被描述、被分类、被比较,但并不仅仅作为一种奇观异景,而是有着一个特定的目的。希罗多德提供的是一种发现希腊差异性、领会其独特成就的新方法。

希腊人

有两个问题需要超越薛西斯的侵犯史本身而予以回答。是什么使得希腊人与其"友邻"区别开来?一个国土面积狭小且松散,但文明的民族如何击退统一且巨大的亚洲帝国?第一卷至第五卷提供了答案。这些逻各斯的主线是波斯统治下权力的集中,以及希腊人与波斯人之间日益增多的联系,但是,对军事征伐与君主行动的着墨和花在民族传统与信仰及制度与政治结构的历史上的篇幅相比几乎是可以忽略不计的。如果我们承认作者之意不在"娱乐"而另有所图的话,其目的就在于通过比较与对照揭示希腊人的独特性、缺点与美德。例如,希腊人的偏狭有好处,也有坏处。这使得希腊人难以统一,也使得波斯军队难以将其征服。希腊土地贫瘠,(在希罗多德看来)这也造就了坚韧的公民与血性的士兵。第一卷至第五卷之中对异邦文化的探索提供的并不是后亚里士多德式的因果论,而是极端性与类似性,以及经验性材料,这些将促使读者去思考人类事件是如何发生的。我们可以将其称为间接性历史阐释。伊玛瓦(Immerwahr)是这样表述的:[32]"希罗多德的历史观念展现的是,历史与自然是相近的(同时也是自然的一部分)……"在另一处,他将这种观察用在了埃及逻各斯上:"埃及传统与其他人类传统不同,并**不是因为**埃及的地理与其他地方不同,而是在于**它本身就**与众不同。"

有人认为,从某种程度上来说,希罗多德是一位"环境决定论者"。如同希波克拉底在文献《风、水与地理》第24章里说的那样,气候影响民族的性格,就像气候会影响长相与生理功能一样。埃及的气候与希腊及其他地方完全不一样(35.1)。那里的气候终年如一,也造就了极为健康的埃及人与吕底亚人(77.3),因为人类生的病大多是由气候变化引起的。希罗多德对自然的兴趣通常建立在其与文化方式以及历史行动的关联性上。因此,他谈河流、动物、精液、头盖骨厚度及土地的产出(比如,92-8,68-74;3.101.2,12,106-19)等都是从民族志角度出发。

希罗多德不时也会以气候或者地理来"解释"民族性格与习俗(1.71.2*,1.142.1-2,2.35.2,4.29,7.102.1*,9.122.3),如同那些医学作者一样(参看《论空气》[*De Aere*] 12,23-4),但他却从未将气候认定为人类事件的唯一或者充足原因,这在希罗多德看来是毋庸置疑的,在希波克拉底文献中也可以看到(nomos,《论空气》14.1-3;参考《论流行病》[*Epidemica*],1.23.8)。当希罗多德简单化地将埃及人的独

---

[32] Immerwahr(1966)15;同上(1956)279(强调为他所加)。

特性与其河流和气候的独特性联系在一起的时候（2.35.2），这一孤例或许可以反映出希罗多德对赫卡泰乌斯或者是另一位民族志写作者的借鉴，但更有可能的情况是，这种比较为文本从地理学到人类学的起承转合提供了方便。

《历史》中，地理并不决定历史；它只是人类存在与行动的条件。气候或许会影响人们对自由的向往，但是民族精神并不是自然力量的可预测产品。希罗多德对影响政治制度与人民特征的相关因素的讨论比希波克拉底讨论环境对民族性格与保卫自治的意愿的影响更为通透。

虽然希罗多德没有直白地表明，埃及人对君主专制与恒久制度的依赖是埃及气候全年如一的结果，但是我们如果仔细想想其关于气候与地理对爱奥尼亚人、斯基泰人、波斯人、本土希腊人以及其他民族的影响所做的对比研究的话，这个结论也不是没有道理。[33]埃及的生态甚至划定了这个民族的疆界。尼罗河水不到之处就没有埃及人。除了巴比伦，没有土地比埃及更丰饶（巴比伦，1.193.2；参考利比亚，4.199.2），没有人比埃及人更厌战。如果有一个东西可以解释埃及的特殊性，那就是地理。其建筑远超希腊（2.124-34，148.2-3，149.1，175，176）；[34]"无垠"的土地（ἄφθονος）

---

[33] 1.142.1-2，3.106.1；4.46；9.122.3-4；希波克拉底《论空气》12，23-4；亚里士多德《政治学》7.7 = 1237b23-33。参考 Lateiner（1986）讨论史家的思想与医学作者思想的相似之处。
[34] 当希罗多德（1.93.2）将吕底亚国王阿律阿铁司之墓描述为"除了埃及人与巴比伦人之外迄今最为伟大的事功（ergon）"时，显然希腊人并不在竞争者的行列之内。

及其养活的庞大人口（6.2-3；61.1，124.3，158.5，165-6，177.1）；当然，还有奇迹中的奇迹，即扩展了河流这个词内涵的那条巨河（4.3，10，31）尼罗河，其河水泛滥之时可以与爱琴海相提并论（97）；居住在三角洲的人们无须费力便可获得丰饶的粮食（14.2, ἀπονητότατα）[35]——所有这些都支持希罗多德的环境塑造民族性格与历史这一观点。这样一来，对于希腊听众来说，人类成就的范围就扩大了。民族志为我们提供了一个与历史事实这种前瞻性描述不同的后顾式的背景介绍。历史展示（apodexis）暂停之时，阐释（αἰτίη）则会将听众带回过去。

第一卷至第五卷第二十七节所写的都是非希腊世界，尤其是那些可与希腊文化和古风希腊时期的城邦对比参照的极端例子。第五卷第二十八节至第六卷考察的是波斯与希腊有共同利益的地区，这也显示出希腊政治的独特本性，这对第七卷至第九卷至关重要。最初，松散的希腊人能否与亚细亚抗衡，这一点是不清楚的。分裂力量与共同利益之间的微妙平衡会允许对立的存在吗？[36]波斯帝国及其附属民族的长处与短处都得到了浓墨重彩的描写，但直到第六卷与第七卷，希罗多德才开始集中讨论希腊在这场伟大战争中胜利的原因。其中有他们的理智、独立与适应性，他们对人类边界的感知，以及对中庸之道的认可。希腊人享受四季带来的

---

[35] 从零星的观察发展为法则的例证之一。
[36] 7.9β2*，138.1-2；*De aere* 23-4；亚里士多德《政治学》7.7 = 1237b23-6。

乐趣，并且温和的气候滋养了他们的身心（3.106.1，7.5.3；参考1.142.1，7.10α3*与《论空气》12）。他们珍视并拥有心智能力，σοφίη，无论是道德上的、科学上的，抑或是技艺上的（比如，戴谟凯代司，3.130.3）。[37]世界其他地方的律法与风习，很难在思想（4.95.2对色雷斯人的概括）与效用（希腊人的药比埃及人与波斯人的药更柔和、更有效，3.130.3）上超越希腊人。总体来说，异邦人的才智与多样性并没有模糊希罗多德对希腊思想与道德优越性的理性认识，这种优越性乃是希腊气候、贫苦[38]、政治制度[39]与竞赛精神[40]的产物。

希腊人的勇敢（τόλμα）有时候也是值得赞叹的事（θῶμα，7.135.1），这种勇敢是在自由（7.135.3*，102.1-2*）与贫苦（7.102.1*，8.111.3*）的滋养下养成的。希腊人珍爱卓越、自由、法律与人类尊严，鄙弃暴力、独裁与荣华富贵。我们可以从戴玛拉托斯这位斯巴达叛逃者口中一瞥希腊人与其他民族的区别。戴玛拉托斯代希罗多德总结了希腊与东方的差异："希腊的国土一直是贫穷的，但是由于智慧和

---

[37] 参考 L. Camerer *Praktische Klugheit bei Herodot*（图宾根博士论文，1965）；本人并未亲见。Grant（1983）287-8。
[38] 7.102.1，8.111.3*. 玛多纽斯与薛西斯盛赞希腊的丰饶（7.5.3，8α2*），这似乎与作者所述相矛盾。有两点需要注意。对于希腊人来说，与更为强大的敌人相比，相对的贫困需要压力；对于波斯人来说，与其他被征服的国度相比，如巴克妥利亚或者阿拉伯，相对的丰饶则会引来觊觎的眼光。
[39] 7.102.1*，5.92α1*，5.78，3.142.3*.
[40] 例如，8.79.3*。参考第8章。

强力的法律，希腊人自己却得到了勇气（arete）；而希腊便利用这个勇气（arete），驱逐了贫困和暴政。斯巴达绝不会接受你那些使希腊人变为奴隶（δουλόσύνη）的条件；纵使其余的希腊人都站到你这一面时，他们也会对你进行抵抗。军队数字不重要（7.102*，文字略有改动）。"薛西斯听了这个他想象中大言不惭的来自谎言之邦（参考1.153.1）的人的话之后大笑。薛西斯早先也承认，勇猛的希腊人是他征服世界的最后一步（7.53.2*），很快他就意识到了这话的力度。直接引语拉近了希罗多德与戴玛拉托斯之间的关系；叙事也烘托出了戏剧修辞的效果。希罗多德对希腊人软弱、错误与缺点[41]的不断批评不应当被我们忽略，但是这种批评也是其解释最伟大的、最令人惊奇的成就（ἔργα）及希腊人胜利的原因的一部分。

司佩尔提亚斯（Sperthias）与布里斯（Boulis）的故事很好地兼具了希罗多德对异邦人文化的兴趣及其对希腊人的偏好（7.133-7）。雅典人和斯巴达人在公元前480年战争前夕杀掉了前来的波斯使者，这破坏了普遍的习惯（τὰ νόμιμα）。两位使者自愿请死以赎前罪。他们的勇气令人赞叹（thomata, 135.1）。他们到达叙达尔涅斯这位统帅的地方时，受到了统帅的款待，此后，这两位斯巴达人说，与国王

---

[41] 例如，他认识到，希腊在面对敌人时会表现出畏惧（例如，7.102.2*, 138.2, 139.2, 207），有些人会向无法抗拒的压力俯首称臣（7.138.2, 152.3 [受质疑], 8.73.3）。错误很容易会一犯再犯，例如，5.28, 97.3; 6.67.3, 98.2 认为希腊人对波斯进犯所担负的责任。

称兄道弟绝不能换取他们的自由,叙达尔涅斯之所以无法感受到,是因为他身在奴役之中(135.3*)。在苏撒的皇宫中,他们拒绝向王者之王下跪,因为斯巴达人认为,礼俗(ἐν νόμῳ)不允许他们崇拜凡人。[42] 他们此行的目的就是为在斯巴达被杀死的使者来偿命的(136.2*)。薛西斯非常大度地允许他们回到斯巴达。

在希腊人(这里乃是斯巴达人)渎神的鲁莽与政治犯罪的阴暗这样一个框架之内还有一个波斯人的好客与德性的内在框架,希罗多德通过这个嵌套叙事戏剧性地表达自己对希腊的自由,希腊人区分人与神荣誉的能力和希腊人的政治观念的推崇。这个内嵌的故事又是一个希罗多德对照自由与奴役、希腊人与异邦人价值观的例证。叙达尔涅斯心中只有财富,其代价是接受君权与奴役(135.2*)。甜美(γλυκύ)的自由,那些享用过的人都会用死去捍卫(135.3*;参考7.225.3)。衬托出自由与自治之美的等级制度贯穿第七卷,而在这里又一次出现。如同斯巴达人意识到的那样,波斯人对此无法理解。这也造成了波斯人在精神上处于劣势,最终导致了军事上的失败。

同样,但是在一个纯然异邦人的语境下,尾记以一个异邦人居鲁士之口赞美了催生出波斯的卓越、独立与军事力

---

[42] 希腊人的敬神并不如波斯王室的亵渎那么具有解释能力(7.8γ1*,35,238.2;8.53.2;9.79*)。希罗多德用自己的口吻以神灵解释事件并不多见(比较8.66与经常被征引的8.13,65.2*,109.3*)。参考第9章,神灵作为解释历史的因素。

量的贫困，以及否定身体与政治上的萎靡（9.122）。居鲁士作为一代君主却对独裁帝国安心享用；他忽略了政治制度的重要性，因此也没能把控产生稳定政体的要素。贫瘠的土地造就良好的斗士这一主题可以追溯到《奥德赛》（9.27与13.243），但是，这句话还缺少戴玛拉托斯论点中重要的另一半（7.102.1*）：贫苦是必要的，但并不是仅有此即可。德性，无论是道德的还是勇力上的，以及一切重要的优秀品质只有在智慧与法律（σοφίης 与 νόμου ἰσχυροῦ）的保证下才能够获得（ἔπακτος）。希腊的勇力建立在希腊自由基础上，但希腊自由以法律为主导（7.104.4*）。作者希望读者能够自行进行比较，且注意到对 arete 这个帮助希腊人在这场伟大战争中获得成功的决定性因素的有意味的省略。[43]

希腊历史在与其他文化与传统的比较中得以彰显。如果希罗多德压根儿没有赞叹过异邦人与希腊人的丰功伟绩（序言），且看到希腊人与异邦人的共同之处，至少是他们的脆弱人性与政治雄心，他或许根本不会有写作之心。对非希腊人的政治组织与成就的尊重是历史书写萌生的一个催化剂。[44] 只有希腊人的自治与竞赛精神能够抵挡波斯人横扫欧洲。希罗多德的一个更为宏大的历史目的便是展示希腊人的民族自治与自由制度迸发出的力量。希腊人，甚至或尤其是

---

[43] Krischer（1974）93-100，基于斯泰因（Stein）对荷马的征引。Plescia（1972）302-4.
[44] 参考 Immerwahr（1966）176-83 论薛西斯；177 注释 86 论 7.24；Drews（1973）5。

斯巴达人与雅典人，也曾犯下不义之举，偏听误信（比如，愚弄雅典人的佩西司特拉托斯，1.60.3），但是这些人的错误并没有从根本上颠覆其社会与政治结构。希罗多德的证据就是对政体的终极考验：战争。他的比较民族志研究的目的也植根于此。对希腊人及受制于阿契美尼德王朝的各异邦民族进行一番细致的调查对解释公元前570年至公元前479年间发生的这场重大战事有很大帮助：地点、时间，它是如何发生的，又为何以希腊人的胜利终场。《历史》是希罗多德为理解历史与当下创制出的一种新的范式，它为探究人类经验及理解人类经验提供了一种独立与连贯的方法。

第 8 章

历史书写的模式:"政体辩论"

> 但是,我们必须承认,要是被迫给希罗多德以其方法写作历史的成功可能性一个先验的估计的话,我们可能会失望地摇摇头。以我们的标准来看,希罗多德周游世界,查访口头传说是极为成功的——这点我们还未能详细说明。他的写作秘密还并未展露无遗。
>
> 阿纳尔多·莫米利亚诺《希罗多德在历史写作史上的地位》

历史从一开始就是一种特殊的思想形式,是因其方法杂多而特别区分出来的一种学科或技艺。与抒情诗和描述操作过程的技术性写作不同,它本身不具备明确的乐趣与实用性。[1] 人类生活中的种种并不是清晰明白的,而是缠绕在错综复杂的经验之中;某些特定事件只有在语境之中才有意义。叙述历史需要对素材进行选择,而选择本身就含有某种概念、某种阐释。任何一种对历史的观想都需要一种文学组

---

[1] Kitto(1966)320-1, 348-54; Redfield(1976)2;同上(1985)118。

织，对部分的整合，以及表明内在逻辑的行动。亚里士多德对"虚构"的定义要求其至少包括起因、事件、结果及推动事件前进的一系列行动。[2]希罗多德的《历史》做到了，并且几乎所有的古代史家都努力达到了这一期待。

传述的事件，文学的呈现及其意义是批评家们在历史写作中能够分隔出来的三个领域。古代文艺批评家对希罗多德对激情、混乱与情绪的模仿褒奖有加。例如，《论崇高》赞扬了希罗多德的自然主义："最好的散文写作者模仿自然……他们以一种非自然的方式安排词语与观念，从而传达人物的强烈情感……"（22.1-2，引用《历史》6.11）哈利卡尔那索斯的狄俄尼修斯盛赞史家整合不同主题与主旨的能力："他选择的主题数量巨大，而且没有重复，但他把它们整合为一个有机的整体。"（《致庞培乌斯信札》[*Epistula ad Pompeium*] §3，774 U-R=Roberts 112）。我们可以说，这些文学性的判断忽略了史家追求真相所进行的研究及其为一个以虚构事件理解历史的文化创制一种新的理解方式的努力。希罗多德接受研究新近历史与古远历史中的局限与矛盾，因此他将奇谈怪论都记载并保存下来（通常他都不予以阐释）。他解决"历史学写作的普遍问题，即如何使干巴巴的记述带有某种阐释"的方法使他拥有一种"极大地扩展了适用于文学写作的主题范围"的包容性。[3]换句话说，他在那些看

---

[2] Redfield（1975）58-66，133.
[3] Cook（1976）35；Drews（1973）77. 批评家怀疑，是否存在着某种不携带阐释的记述，这种怀疑是合理的。

似毫无关联的事件中寻找意义,这似乎是矛盾的。但是他暗示,事件之间是有某种联系的,只是后代读者因为其拥有的相关性的范畴已经有所不同所以会疑惑不解。

关于《历史》的结构、论点与意义的问题没有一个固定的答案,但是我们通过选择性的研究能揭示潜伏在文本中的解释性体系。希罗多德并不试图用一种抽象的语言解释万物,他抛弃了前辈的神话写作,仅仅留下荷马的比较法(基尔克、卡吕普索、佩涅罗佩)与对观法(费阿刻斯人[Phaeacians]、独眼巨人与伊塔卡人)。一个故事引出多重故事,并且配以演说,这就是希罗多德呈现意义的方式。多重事例与重复性的描述语句体现出希罗多德的历史观念。一个隐而可发的例子就是:希罗多德对独裁者、帝国与国内国际政治中的动态元素的比较。

《历史》中最为明确的提纲挈领式的段落就是申明主旨的序言(1.5.3),及其他几处不多见的论素材来源的方法的陈述(6.14.1,7.152.3)。政治(以及个人)运势的变动性也是《历史》中的固定主题之一。城邦的兴衰乃时运之事;政治历史中一个恒久有效的原则就是人类不可拯救的愚昧;推动政治自由似乎受限于文化与历史,而帝国扩张背后的急迫心情则超越了各种特殊的组织形式,最终危及统治者,也危及被统治者。个人与民族力量的不稳定性是历史行为背后的推动力,对政权与帝国操控下的事件进行分门别类的记载也能为我们大概勾勒出最终的可能后果。但是,希罗多德"并不讨论自己的兴趣;他对它们进行追问,这个追问的结果提供的不是金科玉律,而是为'文明'人在政治与战争中的选择划定范围的'个案研究'"。[4]

"政体辩论"为我们提供了一个理解史家政治立场的分析性阐述。这个逻各斯是全书最为理论性的部分。其对政治的归纳使其在政治史上有着突出的地位。它将现象抽象为理念,而在其他地方,希罗多德是绝不会抛开叙事本身大谈特谈历史与政治制度的。对独裁与法治统治的描述都用以佐证此处的理论。作者对现实政体的观察塑造了这场想象性的关于不同政体的论辩。波斯人表达出的观点,无论是历史性的与否,都是在多重方面(无论是正面的还是负面的)得到其资料支持的归纳。这场辩论冷静而又理性,既不受无处不在的独裁政治的礼法的限制(3.38),也没有稍后关于大流士登基与稳固权力的传说中的无赖行为。反叛者的辩论明确了不同政体之间的关键差异;辩论的逻辑性与清晰性也引得读者质疑其真实性,但是这个事件的章法则显示出此次辩论有着重要的阐释性意义。

结构与模式

自从 H. R. 伊玛瓦追随毕肖夫(Bischoff)与黑尔曼(Hellman)的脚步发表了《希罗多德作品中的形式与思想》(*Form and Thought in Herodotus*)一书之后,大部分学者认

---

[4] 引文请参考 Redfield(1985)102;Cook(1976)以及同上作者"Particular and general in Thucydides" *ICS* 10(1985)23-51。

同一个观点：希罗多德通过某些模式，重复与呼应某些关键词语、主题、母题甚至是系列事件，将不同的素材整合到一起。很少有人会对下述观点提出异议："前任君王……在某种意义上是为充分展开对波斯帝国最后一任君主的讨论做铺垫。因此，薛西斯与其他君主有着共同特点。他是皇家人物中的典型代表。在希罗多德笔下，薛西斯是一个典型的波斯暴君，主宰他的是激情而非理性。"克洛伊索斯、居鲁士、刚比西斯、大流士与薛西斯是"皇家权力的典范"，他们也是"一种代表了典型与反复出现的事件的模式"的例证。[5]理解多线叙事的结构性路径包含了之前提到的各种统摄方式。为了验证这种对人类行为中的基本组成反复致意的技法的普遍性，我们可以将这种方法用在希罗多德大书特书的事件上，虽然《历史》中的特殊事件有着多重性。

K. H. 瓦特斯认为，希罗多德并没有使用任何的写作模式，君主与暴君的行为都是自然而然再现的；这些君主不"仅仅是一种人物的代表"，"希罗多德在处理暴政的时候也没有任何政治或者伦理的目的"。再者，他认为，《历史》中不存在任何贯穿全书或者影响其谋篇布局的主题与模式，试图在历史中找到模式乃是一种历史学罪过。僭越（*hybris*）、天妒（φθόνος）及人类事务的循环（κύκλος），这些所谓的主题即使统统抛弃也不会有什么损失，因为我们读到的仅仅

---

[5] Immerwahr（1966）176-7, 184. 对希罗多德写作中的图式的再思考，参考 A. Mantel *Herodotus Historien, Patronen en historische Werklijkeid bij Herodot*（阿姆斯特丹，1976）。

是事实，而非对薛西斯及其入侵的反思。瓦特斯说，"我们不要期待在希罗多德那里找到什么说教"，因为史家不会传道，这是很对的，但是他否认希罗多德较于个人专制更偏好法制，这与读者的初步印象和其他研究正好相悖。[6] 瓦特斯对自己的或者希罗多德的历史"客观性"的概念从未做出定义。道德与政治判断以及整合性的主题本身并不会排斥客观性。再说了，根本不存在一种被"净化"的毫无道德判断的历史写作。除却阐释与判断来记录事实乃是一种新近产生的偏好，对此瓦特斯早先批评过，[7] 而他的研究则是以一种更重的毒治疗另一种毒。

这样一种毫无章法的教条式的笨拙路径最后也很难被反驳，因为我们必须承认，人类与统治无论可不可以被划分出类别，它们都有着某些相似点。评论家们业已抛弃了瓦特斯的中心观点，[8] 但他反驳那些认为希罗多德过于诗性或过于神学而无历史价值的努力则得到了广泛的支持。基托说，公元前4世纪的历史学家"在探讨什么永远不会再发生，而修昔底德则关心什么一定会再发生"。[9] 希罗多德树立了一些介于

---

[6] K. H. Waters（1971）7, 85, 15, 99, 41, 90. 希罗多德对专制君主的态度，参考 Diesner（1959）212；以及 Ferrill（1978）。Gammie（1986）极为翔实地重估了希罗多德笔下的王者与僭主。参考他的结论（195）。

[7] Waters（1966）169 认为虚构的演说"更为历史化"。

[8] 例如，K. H. Kinzl 对瓦特斯的评论 *Gymnasium* 81（1974）104-5 认为，瓦特斯的论证旁逸斜出，自圆自话，他对叙事的分析极尽俭省，且批评方法中的术语使用前后不一。Gammie（1986）187-90 对瓦特斯的书则更为宽和。

[9] Kitto（1966）368.

两者之间的通则（generality）。他的方法与初心指导他去描述事件本身，而不是像修昔底德那样为更高的通则建立一个典范（exempla）。但是，他一定相信，人性中有些恒定的东西，虽然这种恒定的东西不存在于人类的命运之中。后续的事件以线性秩序出现，每个事件都各自为政，互不侵扰。

但是在这种对事件的展开之中，希罗多德还嵌套了塑造人类经验素材的模式，甚至是预言。[10]现代历史书写"随意任性"，我们在希罗多德那里看到的是一种"有征兆的"多样性，这种方法重在连接而非解释，重在类比而非分析。模式多种多样且来源不同（比如，来自传说、传奇、史诗与大众哲学），它们出现，再现，为的就是导引读者穿越历史素材的迷宫，探寻隐藏在文本背后的意涵，这在作者一方是一个宏大而又隐秘的思想过程。所谓的"政体辩论"（3.80-2）为我们提供了很容易被忽略的考察主导模式（master-pattern）的机会，也就是分析不同的政体对政治共同体有什么影响。[11]

---

[10] Cook（1976）31，35，42.因此，美尔姆纳达伊与波律克拉铁司的叙事功能乃是警戒式的故事，历史行动的范式，与伟大战争相关的先例，就如同柯尔库拉（Corcyrean）与普拉提亚叙事在修昔底德作品中的功能一样。虽然前者有包罗万事之态，后者有吝惜笔墨之倾向，但两位史家都表现出对程式化的厌恶，虽然他们的确在历史行动中发现了不断重复的图式。

[11] Immerwahr（1966）87注意到了3.80与佩西司特拉托斯所作所为的相似性。Waters（1971）58-9简短地提到了此次辩论。约翰·伽米（John Gammie）十年前向我说明过比较欧塔涅斯的言辞与薛西斯生平的价值所在；参考他的文章（1986）。

波斯辩论者的立场及矛盾措辞的来源已经被彻底地研究过了，但学者还是没有取得一致的意见。[12]智者普罗泰戈拉通常被认为是最初的那位分析者，希罗多德对作为标准与实在法的礼法的兴趣已经被归结为受到智者运动的影响。当然，也有人认为这场辩论有着波斯的背景。[13]

如果我们要问，希罗多德是否为了宣扬自己的个人观点而炮制出场景，或者说为了让故事更具有普遍性与相关性，他对自己听来的或者读来的故事进行了再创作，答案是很明显的。希罗多德在此比任何地方都不需要强调其传述的真实性，但他还是单单在此重申一个事件的历史性。当然，希罗多德相信这场辩论真实发生过，并不意味着事情确如其所描述的那样，甚至根本不是那样。今天我们知道，近东对希腊神话、哲学与虚构文学贡献良多，赞美一下近东的专制

---

[12] Wüst（1935）47-52；H. Ryffel *Metabole Politeion*（1949；纽约重印，1973）64-73；Apffel（1957）认为这场辩论出自波斯的材料，且在9-23，他为我们提供了一个这个问题的学术综述（Überblick）。Ostwald（1969）178-9为我们提供了关乎这些问题的一个陈述。另请参考Bringmann（1976）266-79。议会的基本事实框架很可能存在着一个"非官方"的波斯材料源头。希罗多德坚持要记载下叛变者的会议，这暗示我们，这个故事可能存在着一个波斯底本，甚至有可能存在一个波斯内在知情人士。有可能，欧塔涅斯的后代保存下了这个故事的梗概，因为在书中，他是叛变的煽动者，也是波斯唯一自由的家族的先祖（3.83.3）。

[13] 例如，K.F. Stroheker "Zu den Anfängen der monarchischen Theorie in der Sophistik" *Historia* 2（1953/4）381ff.；Pohlenz（1937）107，123注释1，185-6强调了智者运动对其的影响。波斯材料：Meyer（1892）202；Apffel（1957）96；Ostwald（1969）178-9。Laserre（1976）69认为，希罗多德在历史语境方面有波斯的材料，但他呈现的是普罗泰戈拉版本的不同形式的统治。

的优点也并不是没有可能。[14]这里我们关心的是政体论争对于更大的历史叙述的纲领式意义。

参与者的假设

反抗者中欧塔涅斯是第一个开口的（3.80）。他对专制展开批判，并且赞扬人民政体，其论点既有历史支持，也有理论支撑。"君主"与"专制者"是欧塔涅斯（80.2，4）用以称呼那些为所欲为而丝毫不受制度限制，也不需要臣民支持的人（3，ἀνεύθυνος，这个词只在此处出现过，用以与雅典民主相对比）。这种政体既不好，也不让人愉悦（2），因为它会滋生放纵（ὕβρις，此处出现四次），就如同发生在刚比西斯与玛哥斯僧身上的可怕事件一样。专制者的地位使得他们受制于愤怒、嫉妒与傲慢（3），因为荣华富贵滋生放纵（hybris，3），而权高位重则会诱发罪恶。嫉妒（φθόνος，3-4，仅仅在此处就出现四次）也是专制君主的大病所在，它与放纵一道能产生权力之所能为的一切罪恶、混乱与伤害（3）。照理来说，拥有无限财富的君主应当不会嫉妒任何人，但情况刚好相反。他们最憎恨有德之人（4），因为他们的存在就是对他的批判。与此同时，卑劣之

---

[14] 这个哲学术语（参考 Apffel［1957］59-70）与这种反思形式大概不会早于5世纪中叶或源自非希腊思想，但是柯克（G. Kirk）与其他研究希腊神话的学者，研究希腊小说的安德森（G. Anderson）等，他们的研究都使得我们在这个问题上要小心翼翼，即不要轻易否定东方文化对希腊思想的影响。A. E. 罗比茨柴克反对我所提出的这场"辩论"纯然是希腊式的。

人反倒使他欢喜，尤其是在他们诋毁善人之时（4）。他是最为阴晴不定之人（5，ἀναρμοστότατον，只在此处出现）：近之不逊，远之则怨。他的心中既无敬亦无畏（ἀτάσθαλα，4，如同《奥德赛》中的求婚者与埃吉斯托斯一般）。专制君主的恶可以三言以蔽之：目无祖宗之法，觊觎他人之妇，视人命如草芥。[15]

人民民主（ἐς μέσον, ἐς τὸ κοινόν）政体的美德使得专制之恶更为明确。人民（τὸ πλῆθος）统治之时，法律面前人人平等与政治权利共享（ἰσονομίη）这些最为庄严的统治原则会持存。欧塔涅斯认为，这种政体没有专制体制的重大缺陷，因为它拥有三个关键因素——抽签、责任制与大众裁决[16]——这些因素会有效地防止权力集中与对风习和制度的

---

[15] 3.80.5: τὰ δὲ δὴ μέγιστα ἔρχομαι ἐρέων: νόμαιά τε κινέει πάτρια καὶ βιᾶται γυναῖκας κτείνει τε ἀκρίτους.（但是我还有更多的要说：他搅动祖宗之法，不加区分地奸淫杀害妇女。）Gammie（1986）174 总结了暴君的缺陷。权力之滥用，暴力之"不合乎法律"，正义的执行之随意，这些都是埃斯库罗斯笔下的普罗米修斯对宙斯的刻画（《被缚的普罗米修斯》149-50, 189-90, 324-6, 671-2, 735-7）；G. Thomson *The Prometheus Bound*（剑桥，1932）6-9；B.H. Fowler "The imagery of *the Prometheus Bound*" *AJP* 78（1957）177-8。关于埃斯库罗斯的政治学，参考 A. J. Podlecki *The Political Background of Aeschylean Tragedy*（Ann Arbor 1966）103-18。

[16] 3.80.6：πάλῳ μὲν ἀρχὰς ἄρχει, ὑπεύθυνον δὲ ἀρχὴν ἔχει, βουλεύματα δὲ πάντα ἐς τὸ κοινὸν ἀναφέρει（一切职位都由抽签决定，任职的人对他们任上所做的一切负责，而一切意见均交由人民大众加以裁决）。虽然欧塔涅斯没有明确地提到"民主"（δημοκρατίη），他的提议还是包含了几点民主制的精义（πλῆθος δὲ ἄρχον）。我相信，希罗多德认同所有推进政治公平的统治，但是在这里，他认为 "isonomie（平等）以及在辩论中彰显之的那些制度在民主制中最为一以贯之"（Ostwald [1969][转下页]

毁坏。抽签意味着全体民众都有轮流执政的机会，述职问责制使得人尽其责，而人民最高主权则意味着对公职人员的监督及议会的绝对权力。这样一来，正义、平等及责任型统治通过法律保障下的参与性政治体制与自治得到了最大程度的促进。

美伽比佐斯（Megabyzus）认为应当采用寡头制，他也认为应当抵制专制，但是他憎恨民主政治，因为他认为，民众愚蠢而横暴无礼，一无是处。[17]正因为如此，民主政治注定导致暴力放纵（hybris，此处出现三次），这与专制没什么两样。最好的事情就是选择一批优秀的人，把政权交给他们，高明的统治指日可待（81.3）。

这个论争段落出奇地短，而寡头制是希腊智识群体最为青睐的政体，其原因不在于缺乏底气，而在于寡头制在《历史》中并不重要。专制、僭主制、斯巴达政制、雅典民

[接上页] 111-13 亦如此认为）。Vlastos（1964）2-3 认为，"民主"这个名词在当时仍未出现，且认定，"isonomia 与民主乃是同义的，这点绝无争议"。3.83.1 与 6.43.3 的排序支持这个观点，因为当后者提及辩论中的 isonomia 时，欧塔涅斯的提议被认定为与 δημοκρατέεσθαι 同义。史家强调政治权利，而不仅仅是法律面前人人平等，即欧塔涅斯对 isonomie 所做的分析（Vlastos 15-17）。这个词指的是自治，或者说自治的渠道，在这里指的是民主。这个词与民主的关系可以经由修昔底德与柏拉图得以明确（13-17, 22-33，尤其是 33）。法律面前人人平等并不能将暴政挡在门外，正如戴奥凯斯的生平所揭示的那样（1.100.1）。

[17] 81.1-2: ἀξυνετώτερον, ὠθέει τε ἐμπεσὼν, ἀχρήιος. 这些批评在叙事中得到了体现。以老练著称的雅典人在政治方面的轻信激发了希罗多德的嘲讽（1.60.3；5.97.2）。有理性的人将"人民"视作没有判断能力的人（3.81.1-2*, 82.4*）；君主将人民视作"最令人厌烦的同居者"（συνοίκημα ἀχαριτώτατον, 7.156.3）。

主制在书中都有一席之地,但传统寡头制却着墨甚少。[18] 柯林斯是个例外,但即使是这样,作为一种**统治形式**,僭主制还是比寡头制更受关注(比如,5.92β1)。

欧塔涅斯的辩驳比美伽比佐斯的更长更细致(分别为24行与14行),但大流士的决定性发言与欧塔涅斯的篇幅相当(25行)。他认同美伽比佐斯对民主制的批判,如同后者认同欧塔涅斯对专制的批评一般(82.1)。但是,他接着讨论三种政体中最好的一种(τῷ λόγῳ ἀρίστων),认为君主制乃是最佳政体,因为国王自己能够很好地管理人民与保守秘密。他避开了使用"僭主"一词。在寡头政治中,最好的人互相倾轧,导致叛乱、暗杀,最后还是一人统治(82.3)。在民主政治中,恶人为了一己之私制造祸端,最后还是需要民众中出现一位领袖来解决危机。这位领袖最后还是会独占鳌头,取得专制权力(4)。因此,无论是从理论上来看,还是从现实来看,君主制都是最好的政体,也是历史必然,它是政治进程的自然结果。君主制为波斯人赢得了自由,驱逐了外在压

---

[18] 绝大部分的希腊政制事实上都是寡头制,但这并不是我们当下要考察的问题。Wüst(1935)54, 62讨论了寡头制篇幅短小的原因。Vlastos(1964)5注释2认为,美伽比佐斯的演说短小的原因主要是,欧塔涅斯已经对君主制做出了批判,但是他没有解释为什么欧塔涅斯将寡头制留给大流士去讨论。叛乱者暗杀了统治者,却无法在政体问题上达成一致,最后允许其中一人退出政坛。这种解散小集团、选定君主的匆忙行动虽然是非历史性的,但也表现出作者对寡头制的稳定性的怀疑。《历史》中之前与之后的叙事从未明确赞美过任何寡头政体。当作者对斯巴达和柯林斯表示赞许的时候,他赞许的并不是政体的形式(如在这次辩论中定义的那样)。

迫,大流士总结道,"我们不应当废弃我们父祖的优良法制(πατρίοι νόμοι);那样做不会有好处(5)"。

大流士的论辩有意对内容进行增减。[19]他直白地将君主制等同于祖制(nomoi),而欧塔涅斯认为,君主制会破坏祖制(nomaia)。他有意回避了国内政治的问题,这也是欧塔涅斯对独裁制的批判的中心点所在。大流士更关心外辱,并认为抵御外辱为波斯赢得了"自由"与力量。他对其他政体的降格形式一一予以批判,唯独对僭主制缄口不谈。[20]他口中的自由指的仅仅是统御外族的民族自由。[21]王者是有力的保卫者(ἐπιτροπεύοι)。

在接下来进行的投票中,大流士胜出了。欧塔涅斯退出了竞赛,其他六个人争夺王位,"无论是抽签、选举还是其他方法",只要他与他的后代不受到他们中间任何人的支配,并且不会践踏波斯习俗。礼法是其与权力抗衡的唯一方式。希罗多德在他讲述大流士要花招登上王位的故事之前评论说,欧塔涅斯家族是波斯人之中直到今天仍然自由的家族(3.83-4)。

欧塔涅斯与大流士的演说平行但相悖。前者的着墨点

---

[19] Benardete(1969)84,86与注释35,87认为,大流士蔑视、破坏波斯真与信的传统。另参考Apffel(1957)28,作者认为,他的智者式的半吊子辩论——他"证明"了君主制的必然性,而非可欲性——忽略了一切道德价值(29)。其他对民主政治抱有敌意的论断(其中大部分因论断的耸人听闻而无法立住脚)则是由薛西斯(7.103*,207*)和盖隆(7.156.3,162.1*)之口说出。

[20] 参考亚里士多德《政治学》3.7.5 = 1279b5ff.。事实上,欧塔涅斯的批评更适用于希腊僭主制,而非波斯神权王制;Bringmann(1976)270。

[21] 刚比西斯在濒死之际所说的也是如此;3.65.7;参考1.210.2*。

在于专制统治的现实问题与理想的民主，后者则更加偏重理想的专制统治与民主的现实问题。但是，希罗多德更多的是叙述专制政体的内忧与外患，而非制度化政体的问题。当然了，前者在《历史》中不乏记述，但是雅典从僭主制过渡到自治之后获得的益处却被大书特书，斯巴达对 νομός 的制度化也与薛西斯的一人统治形成对比。'ισοκρατίη（平等治权）与 ίσονομίη（法律面前人人平等）强调的是一种参与性的平等主义，这也是希罗多德所赞赏的政体与暴君政治之间的分野（5.92.α1*，3.83.1，142.3*，5.37.2）。同样的道理也可以用在 ίσηγορίη（言论自由）与 δημοκρατίη（民主）上，雅典尤甚（5.78；6.131.1）。

对专制体制的叙述总共涉及五十余个篡夺政权的王国与暴政体制。[22] 以下的表格呈现的是希罗多德对僭主与暴君的批评，就像波斯人欧塔涅斯与柯林斯人索克列斯在其演说中详细阐述的那样。现代史学家估计会为希腊僭主们辩驳。[23] 他们奖励文教，敦风化俗，极大地推进了希腊的文明进程；奖掖农耕与商业，扩展海外殖民地，加强贸易交流，其海陆政策间接地帮助希腊人击败波斯人。虽然希巨

---

[22] 参考 Waters 的附录（1971）42-4 的列表。
[23] 参考，例如，How 与 Wells II app xvi 338-47；A. Andrewes *The Greek Tyrants*（伦敦，1956）；H. Berve *Die Tyrannis bei den Griechen*（慕尼黑，1967）。书中有几处为专制君主说话：居鲁士（3.82.5*，7.2.3*；参考 1.210.2*），盖隆（7.154.3，156.2；参考 3.125.2），阿米尔卡斯（7.166），波律克拉铁司（3.125.3）。然而，僭主本质上就是残暴、自私与暴力的（例如，3.48.2，7.156.2），除非其善行引发了希罗多德的惊异（例如，1.59.6）。

昂（Sicyon）的克莱司铁涅斯的王者风范，叙拉古的盖隆的权势，哈利卡尔那索斯的阿尔铁米西亚的勇气，这些都受到希罗多德的认可，然而其政治政策要么被略过，要么受到批评，且王者刚愎自用总是作者的一个关注点。例如，盖隆意欲静观战争局势投靠波斯人，阿尔铁米西亚背叛其同盟与同胞（7.163.2，8.87.2-3）。《历史》中，对萨摩司的波律克拉铁司、柯林斯的库普赛洛斯与培利安多洛斯性格的描绘总是跟流放、查抄、残害、处决与性虐待相伴。萨摩司的三处人造工程，希罗多德对其颇为赞叹，但他没有提及王者或者是出资人的姓名，而仅仅提到了两位建造者的姓名。波律克拉铁司尽心尽力，[24]但希罗多德提及他时总是与弑兄（3.39.2）、侵犯（39.3）、劫掠（同上）、阴谋（44.2）

---

[24] 参考亚里士多德《政治学》5.11 = 1313b24；Diesner（1959）217-28并不能以这种沉默调和3.125.2处对波律克拉铁司的赞美。希罗多德的逻各斯写作在多大程度上受到民间传说与知情者的偏见的影响，我们很难大而化之地给出一个答案。柯林斯人对其之前的僭主深恶痛绝，但是关于萨摩司，史家对贵族（？）友人（？）的态度则更加模糊。波律克拉铁司的海上霸权与公共建设受到赞美，但是他的亲蛮主义与僭主统治并没有。对僭主的直白赞美（为一位斯巴达人及其工程伟业举办的葬礼：3.55.2与60）乃是一种"糟糕的形式"，然而萨摩司的爱国主义者对他抛弃埃及联军的权宜之计还是表示谅解，并怀念他作为僭主对小岛地位的提升（3.39.3-4，122.2）。希罗多德对阿里司塔哥拉斯与爱奥尼亚叛乱的批评，对拉德海战与萨摩司人在臧克列（Zancle）建立殖民地的记载，对萨摩司人在引发希腊公元前479年远征中所扮演的角色都显示出萨摩司人的强大影响力，尤其是第五卷至第六卷。知情者与作者模棱两可的情绪或许能解释萨摩司逻各斯中的前后不一；参考Mitchell（1975）。关于拉德海战与希罗多德笔下的萨摩司偏见，参考Lateiner（1982）151-7。

及烧死妇孺（45.4）等联系在一起。佩西司特拉托斯在书中阴险狡诈；希罗多德对佩西司特拉托斯的统治（1.59.6）有所赞赏，但并没花大手笔，反倒是他的欺诈、谋杀、压迫占了主要篇幅（1.59.1, 3-5, 60.3, 64.1, 66.1, 78, 91.1; 6.103.3, 109.3*）。[25] 培利安多洛斯对柯林斯所做的贡献也没有得到嘉许，其多疑嗜血的个性才是史家的关注所在。希罗多德自己或者通过他人之口都表现出对欧塔涅斯的发言颇为赞赏，即专制与善好政治或正义（δικαιοσύνη）是不相容的（3.142.3*, 7.164, 1）。[26]

欧塔涅斯的观点在柯林斯人索克列斯给斯巴达人的教训上得到了印证；这真是一个反讽，因为僭主制与斯巴达人的民风是完全相悖的。柯林斯人深知，专制政体沾满了鲜血，充满着不义与奴役（5.92.α1*, η5*, ζ1*；参考 1.62.1）。第五卷中的专制统治更是继续颠覆习俗，蠢蠢欲动，永远处于摇摇欲坠的状态（σφαλερόν, 3.53.4*）。[27] 即使是备受指责的爱

---

[25] Pearson (1954) 141. 波律克拉铁司逻各斯同样是被民间传说主导的；Diesner (1959) 218-19 及注释 22. J. -P. Vernant "From Oedipus to Periander: Lameness, tyranny, incest in legend and history" *Arethusa* 15 (1982) 19-38 讨论了希罗多德笔下僭主的传说模式及其社会隔离。

[26] Pearson (1954) 141-2；Wüst (1935) 59-60. 戴奥凯斯乃是一个例外；参考以下。

[27] 参考 Benardete (1969) 136 及其注释 5，讨论集中在第五卷中的僭主制。希巨昂的克莱司铁涅斯为人令人赞叹，但却是传统的恶意毁坏者（5.67）；柯林斯简直是颠倒乾坤的典范（92*，索克列斯的描述）；阿里司塔哥拉斯因为个人利益而破坏和平，将纳克索斯、爱奥尼亚及余下之希腊卷入战争（30.5*, 35.2, 37.1, 124）。希司提埃伊欧斯（Histiaeus）口中的动机似乎并没有好到哪儿去（35.4）。

奥尼亚人也伺机逃离暴政（1.164.2；5.49.2*；9.90.2）。

但是，希罗多德并未彻彻底底地贬弃个人统治。[28]他颇为谦逊地说，埃及人没有法老将无法生活（2.147.1），估计在他眼里，只有希腊人可以做到。克洛伊索斯、居鲁士、佩西司特拉托斯、大流士治国有功，载入史册（例如，1.29.1；1.191；3.88-9），但是专制所仰赖的乃是个人的才华，就像居鲁士的儿子辈，佩西司特拉托斯与大流士身上所展现出来的才能一样。

刚比西斯的统治短暂但吸引人的眼球。希罗多德对他的描绘荒诞不经。[29]他残忍无情，目无天地，猖狂征战却屡遭败北，这些都是希罗多德描绘这个王者的着墨之处。而其击败埃及、势及非洲南部与西部都几乎无甚篇幅（薛西斯对埃及的再次征服也几乎是一笔带过[7.7]）。刚比西斯轻动干戈、穷兵黩武的个性也是其狂妄的症结所在。这些暴戾行径掩盖了他为王的功绩。[30]

---

[28] 法老阿玛西斯在《历史》中获誉无数，可能是因为他在埃及的个人名望以及他作为埃及独立时期最后一位君主的地位。希罗多德的知情者对他并无怨言，可能是因为这个原因，希罗多德只能将自己听到的记载下来。
[29] 这种呈现与其源头的埃及民族偏见有关系，尤其是那些埃及祭司的传述。例如，刚比西斯对各地习俗似乎十分尊重，并没有屠杀阿庇斯牛犊。
[30] 这反驳了Waters(1971)56, 70，第二部分的观点。参考Olmstead(1948)第六、十、十六、二十章对这些王者的正面刻画。甚至大流士在《历史》中也是贬大于褒。他本人毫无个人魅力，并非天选之材，满口谎言，行事诡诈，毫无原则，痴迷权力。然而，与刚比西斯和薛西斯相比，他的统治算是理性与成功的。

即使有些专制王者的暴行没有被提及，如戴奥凯斯（Deioces）的上位历史，但作者还是大费笔墨地强调他们的欺诈[31]、对权力的渴望与其猛于虎之苛政。戴奥凯斯原先生活在自由自治的米底人中，因其严格实施律法而上位，但他一旦获得权势，等级仪式、收紧权力以及滥用暴力就显示出他的暴君意图，从而巩固其独裁统治，提升

---

[31] 例如，大流士说，"在必需的时候就要撒谎"，这与波斯习俗是相悖的（3.72.4-5* 与 1.136.2）。这种出入揭示的是专制者对民族 nomoi 的颠覆，而不应当被解释成为素材源头不一的结果（如 W. Aly "Formprobleme der frühen grichischen Prosa" *Philologus*，增订版，21/3 [1929] 139）。没有证据证明，希罗多德亲眼见过或者有人向他描述过贝希斯敦铭文，大流士自撰的文字中将反对者斥责为拟人化的"谎言"或者是满口谎言的人，并且在司美尔迪斯被谋杀之时声称，"这个谎言在土地上变得很大"，这两个版本的事件与故事都十分接近。无论他的素材源头是什么，希罗多德笔下大流士的话都是值得玩味的反讽，因为波斯人在任何情况下对说谎都是深恶痛绝的（1.136.2, 138.1）。

贝希斯敦铭文、转写及翻译，请参考 R. H. Kent *Old Persion: Grammar, Texts and Lexicon*（纽黑文，1950），Olmstead（1948）108-18，以及 Burn（1962）96-105。这种官方宣传使得历史按照大流士的意愿被改写了。它与希罗多德的"描述仅仅只在细节上存在差异"，这使得其权威性得到了证明（Cameron [1955]；Burn [1962] 120）。然而，这些希罗多德式的细节对史家刻画大流士这个人物是十分重要的，他捉摸不定，道德观前后不一，充满着马基雅维利式的对权力的追求，这些都为他赢得了帝国。大流士，这个不择手段的商人（3.89.3）在《历史》中根本无法充当智慧代言人，如同其在埃斯库罗斯那里一样。智者很难成为专制者，虽然居鲁士在书末充当了这样一个角色。与朝代更迭的叙事相比，对大流士的刻画与贝希斯敦铭文中的那个天选之合法正义的王者相比有着天渊之别。参考 Bringmann（1976）266-79，尤其是 276-9；I. Gershevitch "The false Smerdis" *AAHung* 27（1979）337-51；Lewis（1985）102-3。

独裁者的特征与希罗多德《历史》中的示例（#=contra）

I.	居鲁士	刚比西斯	大流士	薛西斯	波斯人
A. 独裁者的性格					
1. 受制于傲慢：hybris & megalophrosyne，（3.80.2-3）		3.29.1-2, 37.1-3, 38.1, 80.2*		7.16α2*, 7.8γ1*, 24, 136.2; 8.77.1 [or.]	3.80.2*, 127.3*
2. 自己的意志或想象就是律法（80.3）	2.1.1	3.1.5, 14.1, 36.1&6	3.119.7, 134.6	7.41.1, 43.1, 128.2; 9.109.2	1.132.3
行为任性，阴晴不定		3.14.11, 25.1, 64.2, 65.3*	3.130.4, 133.2; 6.119.1	7.27.1 & 38.1, 45; 8.118.4; 9.109.2-3	
3. 无边的贪欲与毫无节制的侵犯（80.4）	1, 177, 201; 7.8α1*	3.21.3*, 25.1, 26.1; 7.8α1*	3.134.1-3; 4.1.1, 167.2-3; 5.31.2*; 6.44.1, 94.1; 7.8α1*	7.5.2-3, 16α2, 8α1-2*, 8γ1-3*, 50.3-4*, 54.2	3.117.6; 7.16α2*#
4. 贪生怕死，嫉妒他人（80.4-5）;			3.119.1-2	8.97.1, 100.1	
脆弱的荣誉很容易受到威胁（复仇心强）	1.124.2	3.1, 21.2	4.1.1, 118.1; 6.94.1	7.5.2*, 8α2*, β2*, 11.2; 9.116.3	

第 8 章　历史书写的模式："政体辩论"

续表

I.	居鲁士	刚比西斯	大流士	薛西斯	波斯人
B. 独裁者的暴行					
1. 暴行: 邪恶与充满机恨 (atasthala & anarsia, 80.4: 主题词)	1.114.5	3.74.1		7.35.2; 8.109.3*; 9.78.2*-79.1*; 110.3 (阿美司妥利斯)	9.116 & 7.33
2. 其他的暴行		3.14.5, 16.1-2, 27.3, 29.2, 31.6, 32.4, 33, 35-38; 5.25.1-2	3.155.2, 159.1; 6.32	7.39, 114.2 (阿美司妥利斯); 8.90.3; 9.112	3.69.2 & 4, 92.1, 125.2, 126.2; 5.18.5
3. 对妇女的暴行 (80.5)		3.14.2, 31.1 & 6		9.108.1-2, 111.4* & 112	9.116 & 7.33
以权满足私欲			3.118.1	7.39.1; 9.108-13	
4. 不加审判就处决臣子 (80.5)		3.15.1, 32.4, 35.3 & 5, 36.1* & 4, 64.2, 65.3*, 67.1	3.118-20, 4.84.1-2	7.35.3, 39, 146.3#; 8.90.3	1.137.1#

续表

I.	居鲁士	刚比西斯	大流士	薛西斯	波斯人
C. 君而不君					
1. 敷衍塞责: aneuthynos (80.3)		3.31.4		9.109.2-3	
2. 君王难养，近之不逊，远之则怨: anarmostos (80.5)		3.34-5, 36.5-6		7.8δ2; 9.109.3	
3. 好恶恶善: phthonos & charis (80.3-4)		3.30.1, 74.1			
4. 偏听误信: diabolas endekesthai (80.4)		3.62.2-4		7.237*#; 8.90.1; 9.116.1-2	
5. 阿谀、谎言与叛乱 (80.5)		3.65.1*, 67.1	3.72.4-5*; 4.134.3* & 135.2		1.136.2, 138.1#
6. 防人之口 (80.5)	1.88.2	3.35-6	4.97.5	7.10 (init.), 101.3-102.1*, 104.5*, 209.2*; 8.68α1*	

续表

I.	居鲁士	刚比西斯	大流士	薛西斯	波斯人
7. 刚愎自用 (80.6)				7.103.1, 105, 209.1; 8.86 (fin), 88.3, 90.4, 97.1	
大难之后方才了悟	1.86.6#	3.64.3	4.134.2*	7.234.1*; 8.101.1	
8. 奴役臣民 (80.5)		2.1.2	3.88.1, 119.1, 155.5 & 157.2-4	7.39.1	7.135.3*
以俱驭民		3.35.4	3.86.2	9.111.3-5	
9. 破坏祖宗之法: nomaia kineei patria (80.5)		3.3.3, 16.1, 30.1, 31.2-4, 38.1		7.238.1-2; 8.109.3*	
10. 人治而非法治	1.107-30	2.1#	3.86.2, 88.3; 7.10γ2*	7.3.4, 10γ2*; 8.102.3*	

II.	吕底亚国王	米底国王	埃及国王	柯林斯僭主	其他希腊僭主	制度化统治
A. 独裁者的性格						
1. 受制于傲慢：hybris & megalophrosyne（3.80.2-3）	1.30.3, 38.2	1.99.1-2	2.136.4, 169.2		6.127.3	7.136.1#
2. 自己的意志或想象就是律法（80.3）		1.100.1#		5.92η1*	1.59.6#	3.142.1#; 7.102.1*#, 104.4*#
行为任性，阴晴不定	1.54.1	1.73.4				
3. 无边的贪欲与毫无节制的侵犯（80.4）	1.73.1, 1.76.2	1.108.4, 119.3, 1.99.1		5.92 ε 2*, η1*	3.39.3-4, 3.122.2, 123.1; 5.92 ζ 3*	
4. 贪生怕死、嫉妒他人（80.4-5）		1.108.2, 98.2	2.161.2（bis）, 173.1#	5.92 ζ 2*	1.64.1; 3.44.2, 143.1, 1.64.1	
脆弱的荣誉很容易受到威胁（复仇心强）	1.73.1					

第8章 历史书写的模式："政体辩论"　　*331*

续表

II.	吕底亚国王	米底国王	埃及国王	柯林斯僭主	其他希腊僭主	制度化统治
B. 独裁者的暴行 1. 暴行: 邪恶与充满仇恨 (atasthala & anarsia, 80.4: 主题词)	1.76.1-2		2.111.2	3.49.2		5.89.3; 9.37.1, 79.1*#
2. 其他的暴行		1.119.3-5, 128.2	2.129#, 162.5	3.48.2	3.44.2, 45.4; 4.202; 6.23.6	6.23.6#, 79; 7.133.1, 9.120
3. 对妇女的暴行 (80.5)	1.11.2		2.131.1, 172.3	3.48.2, 5.92η1*& 3*	1.16.1	
以权满足私欲	1.8-12		2.121ε2, 126.1	3.48.2	1.61.2; 6.126	
4. 不加审判就决处决臣子 (80.5)	1.92.4	1.108.4, 119.3	2.129.1-2#	3.50.1; 5.92.η1*, ε2*, ζ1*	3.39.2, 143.2; 5.92α1*	5.87.2, 87.3#; 9.5.2

续表

II.	吕底亚国王	米底国王	埃及国王	柯林斯僭主	其他希腊僭主	制度化统治
C. 君而不君 1. 敷衍塞责：aneuthynos (80.3)						5.92α1*#；6.104.2#
2. 君王难荐，近之不逊，远之则怨：anarmostos (80.5)	1.30-2*	1.117-18				
3. 好恶恶善：phthonos & charis (80.3-4)	1.30.3, 33	1.108.2			3.146.1	7.237.2*
4. 偏听误信：diabolas endekesthai (80.4)						5.97.2
5. 阿谀、谎言写叛乱 (80.5)		1.116.4-5, 118.1, 123.1				5.97.2
6. 防人之口 (80.5)	1.30.3	1.99.1, 100.2		3.52.6		5.78#
7. 刚愎自用 (80.6)	1.56.1					5.51#, 97.2; 7.143.3#, 144.1#
大难之后方才丁悟	1.86.3	1.129	3.15.4#	3.124.2		

续表

II.	吕底亚国王	米底国王	埃及国王	柯林斯僭主	其他希腊僭主	制度化统治
8. 奴役臣民（80.5）		1.98.2, 98.3, 100.2	2.124.1-2, 172.5		5.92α1*, 96.1; 7.156.3	3.142.4*; 5.62.1, 65.5, 66.1, 78, 91.1, 92α1*; 7.104.4*, 135.3*, 136.1; 8.143.1* (所有#)
以惧驭民	1.34.3	1.107.2		3.52.2; 5.92 ε2*	1.64.1	6.12.4#
9. 破坏祖宗之法：nomaia kineei patria（80.5）	1.8.4, 10.3, 11.2-4	1.108.4, 99.1, 119.3	2.124.1 & 1#, 127.1, 128, 129.1#, 177.1; 3.10.2, 43.1#		1.59.6#; 5.67.1-5, 68.1	7.102.1#
10. 人治而非法治	1.8-13, 34.3	1.99.2, 108.2, 120.6	2.147.2#	3.53.4*	3.142.3*	3.142.3*#; 5.78#; 6.109.1-2#

其地位。[32]对希罗多德来说，东方君主就意味着不受限制的权力。为波斯国王设置的律法是，国王可以为所欲为（3.31.4），这个悖论希罗多德心领神会。[33]阿尔塔巴努斯称薛西斯的统治为暴政（7.51.2*），因为他视臣民为奴仆（3.88.1；7.7）。薛西斯也如是认为（7.39.1*）。[34]暴君的大度永不可信（3.130.4；4.84；7.39；8.140α* 与 142.4-5*）。风风火火、励精图治的薛西斯与暴戾成性的薛西斯互不相容，但只有后者被浓墨重彩地书写，不是因为希罗多德有着强烈的民族偏见，而是在于，暴政毁于自身乃是《历史》的重要主题。

"不受监控的权力"与"恼羞成怒"之后产生的暴行

---

[32] 1.96.2-97.1 中带有 δίκη 词根的 12 个词，在 20 行的文本中强调了对于正义的合法诉求会产生一种不合法的压迫性的统治形式。戴奥凯斯阐述了大流士的专制之不可避免的理论与欧塔涅斯对专制的政治腐败和滥用权力的严厉批评。戴奥凯斯对臣民的正义的关注与其专制统治和谐地共存着：他对人民隐而不现，惩罚发出笑声之人，大兴间谍制度（1.99-100）。欺瞒乃是希罗多德讨论希腊及东方专制君主如何追求权力的内在主题。参考之前的注释。佩西司特拉托斯、盖隆、玛古斯（Magus）都是通过欺骗获得权力的。

[33] "国王的正义被他们自己理解，甚至是被臣民们理解，其中充满着对激情与利益的满足与沉迷"，吉本《罗马帝国衰亡史》第 42 章。

[34] 在对希罗多德笔下的 tyrannos, basileus, monarchos 这些词以及派生词的研究中，Ferrill（1978）385-98 驳斥了那种认为 tyrannos 是一种中立意义的词的观点。"僭主"这个词从来都指的是任性的专制暴君，即使是那些自然合法上位的东方君主。monarchos 这个词意义中立，并且在使用上也很谨慎。希罗多德甚至在直接引语中分辨这些词的含义，它们要么是用来烘托情境，要么用来表明向权力说出真话的危险。意欲了解更多希罗多德词语的使用，参考 J. L. O'Neil "The semantic usage of tyrannos and related words", *Antichthon* 20（1986）26-40。

仅仅被"白描写下而不予评论",[35]这是因为无须多言。残害身体和荒淫无度（后宫政治）表现出的是暴君的暴戾（ὕβρις）。[36]他们先发制人的非人行为（通常是对预言做出的回应）往往事与愿违，如阿司杜阿该司、刚比西斯与培利安多洛斯（1.108.4；3.29-35；3.50-2）。阿普里埃司的暴戾很快就受到了惩罚（2.169.2-3），刚比西斯命运的反转也并未被悬搁（3.66.2），居鲁士与薛西斯的报应有显亦有隐（1.214.3-5；8.109.3*，9.110.3）。

申明独裁统治本质上最为"阴晴不定"（ἀναρμοστότατον，3.80.5*）之后，希罗多德更关注暴君的败亡，而非其上位史，[37]因为他们的崩坏与自己的理念相合。为了强调这一想法，史家使用了多重策略。"智者的进言母题"为展现暴君缺乏常识提供了一个"虚构的……诗性的与哲学的维度"。良言总是不被采纳。"虐待"与"鞭打"（λυμαίνομαι，μαστιγόω）这两个词语专属暴政：吉甘特（Gigante）将

---

[35] Myres（1953）150；150注释1列举出了暴君们的身体暴怒。
[36] Sancisi-Weerdenburg（1983）分析了波斯妇女在《历史》中的角色。她认为，希罗多德是希腊史家中对待妇女态度最为开放的一个，但是如同后世的希腊作家一样，他所拥有的素材仅仅是波斯口头传统与传说，并不是个人经验。某些主要的部分已经被铭文（25）证明，而且，即便说现代对波斯历史与习俗知之甚少的话，波斯价值观确实存在于希腊的文学记载之中。
[37] Immerwahr（1966）195, 87, 77. 然而登基乃是一个常见的叙事母题，也会吸引很多逸事趣闻。注意，所有的波斯国王登基背后都一定有宫廷阴谋。

μάστιξ（鞭打）称为波斯礼法的丑陋象征。[38] ἀτασθαλία（刚愎自用、任性妄为）这个词是欧塔涅斯为僭主下的定义，而这个词也重复地用在薛西斯身上（3.80.4*；7.35.2，8.109.3*，9.78.2*）。波斯国王暴虐成性，翻手为云，覆手为雨。在《历史》中，羞辱、残虐与报复是不受限制的权力的具体体现，贝希斯敦铭文则大肆矜夸、鼓吹大流士对战俘的可怕惩罚。阿普里埃司毁坏帕塔尔贝米司的容貌（2.162.5）乃是埃及君主暴行之一例。刚比西斯则将欧塔涅斯提到的专制君主的暴行发挥到了极致。

在希罗多德笔下，波斯君主贪婪、任性而暴力。埃塞俄比亚国王对刚比西斯的间谍说："如果他是个正直的人，那么除了他自己的国土之外，他就不应当再贪求任何其他的土地，而现在也不应当再想奴役那些丝毫没有招惹他的人们（3.21.4*）。"意图向"大地的边缘"进发被认为是"疯狂的行径"（3.25.2-3，这个短语专门用在刚比西斯身上，并在他那里被发挥到极致）。同样，大流士也表达过侵犯欧罗巴领土的欲望，居鲁士在征服玛撒该塔伊人，1.201，205.1；3.134）时亦是如此。阿律安戴司进犯北非，以正义为借口（πρόσχημα，4.167.3），但其实只是为了征服更多的

---

[38] Fornara（171）22；Gigante（1956）116（= Marg 260）. 阿契美尼德系统地毁坏了敌人的图像：Nylander（1980）329-33. 对战败者的折磨与对其图像的破坏使得波斯人的复仇真实而有象征性，这对近邻及潜在叛乱者都是一个警告。希罗多德使用了他们的宣传手法，用以支撑其对东方暴君的野蛮与毫无人性的暴力的展现（3.80.4*）。

民族；他追随其主的步伐（5.105.2*，6.94.1；6.44.1）。玛多纽斯常常把复仇放在嘴边（7.5.3），但最后却说，如希腊一般美好与丰饶的土地所缺的就是一位波斯国王。他吹嘘自己对那些与波斯无仇无恨的民族的征服（7.9.2*）。[39] 希罗多德笔下的薛西斯受制于一种形而上的天数与悲剧命运，但更重要的是受制于自己的地位与波斯的礼法，因为在其中压根儿没有什么正义的影踪。礼法不需要解释，因为对薛西斯来说，自己就是礼法。薛西斯为自己的领土扩张鼓吹道（7.8α1-2*）：

> 并不是从我这里开始第一个采用和在你们中间制定新法律，我不过是把它从父祖那里继承下来并且恪守罢了。我从年长的人那里听说，自从我们从米底人手中赢得霸权以来，就从没有过安定的日子。但这乃是上天的意旨。而我们经历的许多事情，其结果是给我们带来好处。居鲁士和刚比西斯还有我的父王大流士所曾征服从而加到我们的国土上面来的那些民族，那是没有必要再给你们列举了；这一切，你们知道得非常清楚。但是从我个人这一方面来说，自从我登上王位以来，我就在想怎样才能在这一光荣的地位上面不致落在先人的后面，怎样才能为波斯人取得不比他

---

[39] 作者最为同情的僭主克洛伊索斯对俘虏也没好到哪儿去："他驱散了叙利亚人，虽然他们并没有犯什么过错。"（1.26.3，76.2）

们更差的威力。[40]

在接下来的演说中，薛西斯将希腊定为帝国逻辑下必然会发生的扩张的目标。最后的结论是，**放弃**攻打希腊完全不符合波斯人的秉性，实际上是被动的（参考7.50.3*，又是薛西斯）。无论是有罪的还是无罪的，都要讨伐（7.8γ3*）。虽然希罗多德没有明说"强力征服他人是不义的"，但在他看来，"史家的道德与压迫是水火不容的"。[41]之前对叛乱者的政治理论的分析支撑了后者。

《历史》中的君主

在希罗多德看来，民主制度并不是一个完美体制，甚至并不比其他更有限的自治形式更有吸引力。美伽比佐斯

---

[40] Evans（1961）109-11为我们说明这个演说对《历史》的重要性；另参考Fritz（1967）I, 252ff.; Solmsen（1974）7-9。Orlin（1976）255-66试图重构公元前480年发生的那场战争中，波斯一方的真正意图。如果雅典与波斯于公元前507年签订的协约的历史性可资信赖的话（例如，Raubitschek[1964]151-4），薛西斯的远征就是一场琐罗亚斯德教式的讨伐叛乱附属国的战争，为的就是重建"真理"与秩序，这是波斯君主义不容辞的，而不是出于希罗多德所说的那些原因，只是它们碰巧成了希罗多德提到的那种使地上的帝国与宇宙相合的努力的一部分（Orlin 263；参考希罗多德7.8γ2）。

[41] 第一种表述，参考Waters（1971）69；第二种更为精确的表述，参考Fornara（1971）90。然而，后者夸大了希罗多德《历史》中的"帝国主义的病态本质"（88）。甚至在9.122的收尾反对的并不是帝国主义，而是反对帝国因为贪欢与失去臣属国而变得虚弱。参考G. de Ste Croix对Fornara *EHR* 88（1973）158的评论。

与大流士对民主暴政厌恶至极,希罗多德也表示赞同。说到波斯战争开始之时驶往米利都的 20 艘雅典舰船,希罗多德评论道,"看来,好像欺骗许多人真比欺骗一个人要容易些,因为他不能欺骗一个人,即斯巴达的克列欧美涅斯,但是他却能欺骗三万名雅典人(5.97.2)"。很明显,大流士对民主的厌恶与欧塔涅斯对自治的颂赞说的都是雅典政制。希罗多德并不推崇无限制参与政治决策;但是暴政因为一定会违背法律与习俗,所以完全不可靠。他也不是偏倚任何城邦的沙文主义者;[42] 没有雅典,希腊早就灭亡了,如果雅典投诚波斯,斯巴达就会与薛西斯作战,[43] 柯林斯在萨拉米斯的善行躲过了雅典人的谣传(7.139.2-3;7.102.2;7.209;8.94.4)。[44] 法律面前人人平等(ισονομίη)的拥护者不一定总是成功的,如同欧塔涅斯、萨摩司的米安德利乌斯(Maeandrius)与阿里司塔哥拉斯(3.80.6*,3.142.3*,5.37.2)说的那样,但是希罗多德认同他们的本意:个体自由,自治与共同体正义(3.83.3,142.4*,143.2)。

克莱司铁涅斯的雅典政制变革也从侧面渲染了"政体讨论"。希罗多德称,雅典"先前便是强大的,在它从僭主

---

[42] 参考 Strasburger(1955)25(= Marg 608)与 Erbse(1955)109 注释 34;反对派,Meyer "Athenian fanatic partisan"(1899)II 97 与 Jacoby(1913)356-9。

[43] 7.139.3 处的斯巴达英雄主义的表达在第四部分有所修正,在那里,斯巴达人与波斯的合作被修改为一种可能性。

[44] Fornara(1971)50,以及注释 25,参考 Macan(1908)7.209 论斯巴达;Legrand(1932)94 论柯林斯。

的统治之下解放出来以后，就变得更加强大了（5.66.1）"。言论自由这桩"可欲之事"为雅典带来了财富，军事力量也增强不少，希罗多德也认为两者有必然关系。他认为，暴君的士兵是怯懦的，他们无法与奋勇保卫自治和增加城邦军力的自由人对抗（5.78；参考6.109.3，6）。斯巴达人推测，雅典如果是被僭主统治，他的人民必定是软弱与顺从的，但是自由的雅典则会危及他们的权威与军力（5.91.1）。希罗多德通过希司提埃伊欧斯（Histiaeus）之口说道，爱奥尼亚的城邦偏好民主，而非僭主制（4.137.2*）。自由激励着米底人摆脱亚述人的统治，展现出自己的勇力（1.95.2），叙达尔涅斯若是尝过自由的滋味则会跟随自由的脚步："如何做一名奴隶，你十分清楚，但是你却从没有体验过自由（ἐλευθερίη），不知道它的味道是不是好的。如果你尝过自由的味道的话，那你就会劝我们不单单用枪，更是用斧头而战了（7.153.3*）。"

除却僭主制，希罗多德认为希腊的诸种政体优于东方专制，因为它们相对温和且符合人性：它们推崇人类尊严，尊重个体与祖传习俗，[45] 它们要求公民遵循律法与习俗，对批评也虚怀若谷地接纳，且从批评中也能受益，并能明智地做出政治决策。不像暴君虽然有良言相劝，但对之却若罔闻，《历史》中的希腊城邦常常因为一句直言和辩论做出正

---

[45] 参考 Legrande（1932）94；Gigante（1956）124-5；Ostwald（1969）108-9 论 ἐλευθερίη。

确决定（比如，5.66.1 与 78；5.93.2；6.109-10；7.142-4；8.79.3*）。当然，公共辩论并不总带来成功（比如，5.97.2）。除却食人族这个"最野蛮的民族"（4.106），所有的民族都有礼法与某种正义体制，但是这些礼法并不都是颠扑不破的，地理与军事力量也不会保证其永垂不朽。在这场伟大的战争中，希腊人并不仅仅因勇力和计谋赢得了希罗多德的称赞，最重要的在于其道德志向，即为自治而战。[46]

间或，出于私心，希罗多德也会对某些丑陋的事实予以掩盖，或者是把影响降到最低。公元前6世纪，雅典人为了"与波斯人结盟而与斯巴达抗衡"，意欲向大流士献上土与水，这个想法是由"使节"（ἄγγελοι）报送的，因此显得这是一个私人行为，并不可靠。记述到克莱司铁涅斯改革之后，希罗多德就对希腊政治保持一种谨慎的沉默了；克莱司铁涅斯可能参与了改革，以及如日中天的阿尔克迈翁家族曾与僭主及波斯帝国来往，这些种种，希罗多德也都保持沉默。这些空白努力将传述事实的内涵减到最低：新建立起来的民主及其捍卫者刚从僭主制中解放出来，立马（明智地）向最为强大的专制国家求助，以求与另一个希腊政治体对抗。异邦人的威胁一定不如斯巴达人的威胁更大，雅典人一定有此顾虑。希罗多德的详细记载并没有完全排除一种历史可能性，即雅典人短暂地遵守了和约，之后又适时反悔

---

[46] 参考 Solmsen（1974）25。Drexler（1972）144-61 极为怪诞地否认希罗多德赞美希腊人对自由的热爱（尤其是 160，对 K. von Fritz "Die griechische ἐλευθερίη bei Herodot" WS 78[1965]5-31 的批评）。

了。[47]不止专制者背信弃义。

波律克拉铁司与埃及结盟之事的真相也是疑云重重。萨摩司当地的"修正主义者"将明显是波律克拉铁司在波斯军队逼近的千钧一发之际做出的终结盟友关系的决定归咎于阿玛西斯。此处，僭主从掩盖历史真相中获益不少，因为《历史》的一个统构全篇的重大书写主题是财富过度滋生忧患。[48]从中我们需要了解的一个原则就是，历史事实有很多面向，史家会选择呈现与自己的写作主题直接相关的那些面向。虽然暴君在《历史》中阴晴不定，残暴成性，希腊的制度性政体被刻画成最为伟大的成就，然而，我们也不难发现，诚实的史家会一视同仁地记载恶人的善行与善政的恶行。

霍赫提（Hohti）揭示了不限制言论自由（ἰσηγορίη）的

---

[47] 参考 How 与 Wells II 40 与 359-60；与之相对，参考 R. D. Cromey "Kleisthenes' Fate" *Historia* 28（1979）132-13；关于协约的现实，参考 Raubitschek（1964）151-4；关于协约的结局，Fr. Schchermeyr "Athen als Stadt der Grosskoenigs"，*GB* 1（1973）211-20；关于本段希罗多德叙事的偏执，参考 Orlin（1976）255-7。希罗多德在为对阿尔克迈翁家族波斯化与里通僭主（6.121, 123；关于克莱司铁涅斯的执政官生涯，参考 R. Meiggs 与 D. Lewis *A Selection of Greek Historical Inscriptions* 牛津，[1966] 11-12）控诉做出辩护时并没有记载克莱司铁涅斯在僭主统治下担任执政官一事。克莱司铁涅斯改革之后的事并不见于史家之记载。他从政治记载中消失或许是偶然的，又或是其抽身而出以便法治政府能够自立的有意之举。关于最后这点，Cromey139-46 比较了梭伦、德谟纳克斯（Demonax）与卡得莫斯。希罗多德对这个时段的沉默似乎是有意为之的。

[48] Van Ooteghem（1940）311-14；Mitchell（1975）79-82.

希腊政体与限制言论自由的僭主制及其他专制体制的关键差别。[49] 忠言难进乃是"僭主的特点"。希罗多德经常描绘的一些场景是：机要大臣也需要像奴隶一样祈求圣上（例如，1.88.2*，4.97.2）；[50] 臣属因直言而恐惧不已（3.31.5；4.97.5*；7.10α1*；7.101.3*；8.68α1*）；臣属为直言之事惶恐不安（7.10.1；8.65.4-5*，迪凯欧斯 [Dicaeus]；9.16.4-5*，铁尔桑德洛斯 [Thersander]）。直言一旦进上，暴君通常立刻予以拒斥，或者置之不理（7.11, 103-104.1*, 237.1*；8.69.1-2）。直抒胸臆就是行动上的"自由"（7.46.1），面对暴君如此做者必悔之不已（3.36, 7.11.1, 9.111.3-5）。[51] 对于希罗多德来说，自由产生良策与高效的统治（如欧塔涅斯在3.80.6* 说的那样）；专制体制可能会繁荣昌盛，但毁灭的祸根早就种下。

希罗多德相信，非专制体制一个颇为矛盾的优势是，嫉妒、斗争与不合——人与人之间的、国与国之间的——会促进人类自由，并且为人类保全一种有益的多样性。[52] 宁死不屈的希腊人的多样礼法滋生出繁荣与独立，而东方专制

---

[49] Hohti（1974）19-28. 对《米利都的陷落》的罚款乃是雅典言论自由的一个例外，但这个例子意欲说明的是宗教仪式，而非政治辩论。
[50] 阿尔塔巴努斯从噩梦中醒来的时候，出于宫廷礼节，急切地向薛西斯坦露自己的梦中所见（7.18.1）。
[51] 参考埃斯库罗斯《波斯人》591-4，出于畏惧而不敢向君主直言；欧里庇德斯《乞援人》435-41，民主赋予的那种自由。
[52] Immerwahr（19666）307, 313-14；Plescia（1972）310-11. 注意关于谁的功勋最大，言语上的论争是如何展现铁米司托克列斯的战功的（8.123-4）。

则生出奴性、非理性、暴力与对个体才能的恐惧。地方自治鼓励人们产生出一种对共同体的认同感，虽然它也会滋生偏狭的争斗与嫉妒（7.236.1*，237.2*），但是这种竞争维系了自由，自由则是卓越（arete）的必要条件。[53] 欧塔涅斯说："嫉妒（φθόνος）是人的本性。"希腊文化的竞争特性疏导了这一潜在动能。希腊人的力量来源于差异、斗争，甚至是战争。有竞争力的东西更能存活下来，因为"他们更接近历史进程"。不义有时候也会激发希腊的善好。[54] 城邦从政治斗争中汲取力量。戴玛拉托斯认为，开放的自由有着专制不可比拟的优势。[55] 希腊人的适应性、灵活性与竞争性受到多样的气候、贫瘠的土地、制度性的政治与民族自治的滋养，它们也造就了一种特殊的卓越，并且在危机重重的世界中存活下来（参考 5.66.1, 78；7.10α3*，β1*，102*，104*，135，139）。

不受限的专制的礼法与弱小希腊城邦的限制性礼法对阵，多样的希腊人胜利了。希罗多德想深究其原因。他似乎在不同政体回应礼法（既是习俗也是法律）的方式中找到了答案。暴君制定的礼法朝令夕改，自私自利；而当礼法当政时，限制就是自由。自治政治提倡节制与勇气；"政体辩论"已经指明了希腊人与异邦人这场战争的最终结局。

---

[53] Plescia（1972）302-4.
[54] Immerwahr（1966）199, 213.
[55] 参考 Plescia（1972）散见各处。

平等

结论有三。第一,希罗多德与欧塔涅斯"意见相合",不是因为他倡导民主,而是因为欧塔涅斯的演说明确地赞成保全政治与社会的礼法,以制度统治人民,而非不可靠或者是可笑的个人。欧塔涅斯的提议最好地保全了个体的政治自由。[56]希罗多德极为赞赏斯巴达这一独特的由礼法与传统制度而非人统治的城邦。[57]斯巴达人自治,并且在清楚稳定的界限与礼法之内享受自由,人民畏惧法律比人民畏惧薛西斯更甚(7.104.4*)。因为,斯巴达人的礼法仅仅适用于斯巴达人独特的严格而自治的政体。雅典是另一种共同体,它迅速繁荣崛起,究其原因在于其自由与法治(5.66.1, 78)。雅典人的自由与礼法是琴瑟和谐的;它承认界限,强调义务,比如,帮助爱奥尼亚人及与之类似的希腊人。

第二,这位波斯人对君主的批评颇为理论化,这个主题也贯穿于前后叙事之中。"政体辩论"是一个参考,因为

---

[56] 例如,Strasburger(1955)与Waters(1972)就否认《历史》对雅典政制有什么偏狭。即使奥拓·勒根伯根(Otto Regenbogen)认为《历史》中没有什么一以贯之的意识形态,"一种统一的关乎构建的态度在希罗多德那里是不可能的",("Herodot und sein Werk, *Die Antike* 6 [1930] 202-48,这个引文也可见于Marg 84),像Wüst(1935)38那样否认希罗多德有政治倾向也是不对的。参考 W. G. Forrest "Herodotos and Athens", *Phoenix* 38(1984)1-11认为史家有着"超越人类的开放眼界",但他却没有否认希罗多德对奇蒙、雅典的阿尔克迈翁家族与国际政治中的双重霸权有着同情之感。

[57] 参见 Gigante(1956)115-17(= Marg 259-61);《论空气》16的作者也表达过同样的想法。

它塑造了现实实践中的三种政体的基本形态。这场政治理论的辩论虽然戏剧性十足，但历史却并不因此被改写为虚构文学。此中的理论建立在广泛走访的基础上。波斯暴君与希腊僭主"不仅仅是［为人熟知］的一类人的代表"。[58]他们是构建无限制权力的总体特征的历史人物。

"专制注定失败。"希罗多德的种种证据使他相信，绝对权力和对差别与礼法的无限同化会滋生道德败坏与社会衰落。[59]波斯人进攻希腊失败，原因在于其失策（7.10η*，49*），也在于其体制与帝国的内嵌矛盾。专制者对自己臣民的礼法嗤之以鼻，不屑一顾；波斯人在帝国强大之后抛下了当初使得他们强大的习惯与生活方式（3.31；5.18-21；1.126*，7.8α2*，9.122.3等）。[60]暴政破坏民众的自发性，而平等（isonomie）则嘉奖个人成就（比如，5.78与6.109.3*）。自制与nomos能够敦风化俗。希腊人以卓越（ἀρετή）为傲，以"无用"的桂冠为傲，以自由为傲，而不屑金钱、恩惠，也不畏惧（7.102.2*，103.3*，8.26.3）。社会结构决定一个民族的政治命运，这是《历史》中隐而不显

---

[58] Waters（1971）85. Gammie（1986）174，195提供了一个更加中立的看法，虽然他本人倾向于将问题极端化，认为希罗多德笔下的王者与僭主并不是那么客观的历史书写，而是对传统范式或标准的刻画。

[59] Immerwahr（1966）45，199，307.

[60] 政治上无为（ineffectiveness）还有其他的由来。戴奥凯斯之前的斯基泰人、米底人都没有城市，没有中央政权，因此也就没有实力扩展或者与敌人抗衡（4.46.2-3；1.96.2与98.3）。参考Ostwald（1972）283-6；Wood（1972）39注释30。

的一条主线,虽然希罗多德还未曾找到恰当表述的理论与抽象术语。

第三,希罗多德对素材的选择与安排背后隐含的是一个清晰的、历史的暴君行为范式。僭主与暴君的成就,较之其罪恶行径与败亡,得到的笔墨不多。希罗多德以例证说话,他展示(apodexis),例证越积越多,范式也越发清晰。汤因比的生理比喻在希罗多德中早有前例可循(3.108-9):生于忧患,死于安乐;某些民族更善于应对内外的挑战,这说的就是那些促进公民自治与自我发展的城邦。公元前522年到公元前425年对希腊人来说乃是"危急存亡之秋"(6.98.1-2),但这段时间也是希腊文明的顶峰时期。汤因比对结束《历史》全篇的居鲁士与阿尔铁姆巴列司的对话的阐释可以以"玉汝于成"为标题。[61]

对素材的拣择与安排有着谋篇布局的作用。希罗多德称薛西斯的远征为前所未有(7.20.2-21),希腊人的反击也是史无前例(9.78.2*)的。后一个判断并不是从量上来说的,而是基于其重要性:自由人击败了企图奴役他们的人(参考9.90.2*)。这些判断是基于《历史》的叙事、对话与数据的;暴君与制度化政治下的行为范式使得史家的话更有分量。

---

[61] 汤因比《历史研究》(牛津,1946,删节本)I 85-8, 199, 202, 190-1。吉本在讨论"毫无节制的伟大"时也表达了同样的观点;《罗马帝国衰亡史》,第三十八章末,《总论》。

第四部分

意义与方法：希罗多德如何使特殊事件彼此呼应

第 9 章

事件与解释：希罗多德的解读

《历史》中因果论的本质

出于可读性的目的，任何历史研究都比它所描述的现实更简单连贯。将事件随意拼凑在一起的大杂烩或纪念志，既没有论点指向，也没有清晰的意涵。史家解释事件时的"有限的丰富性"主旨清晰，不是杂七杂八的事件的堆叠。[1] 希罗多德受益于多种文体——悲剧、戏剧、碑铭、史诗与类小说写作，以上种种都助力希罗多德形成一个有体系的整全文本，但是希罗多德仍旧缺乏现代人所说的因果论。究其原因，这部分在于其缺乏具体的因果论范畴。但是因果论在《历史》中是的确存在的。

那么存不存在一个统摄全篇的论点呢？如果我们说的是为未来设定的普世教益，或是前定世界的启示的话，那么答案是否定的。我们在《历史》中看到的是对已发生事件的一种非神话、非神性的展示。《历史》中的演说既是教育性的也是功能性的，它也是一种展示。如同荷马一样，希罗多德既从行动者的角度也从观察者的角度描述行动。他的诗性

---

[1] Redfield（1975）第一章，尤其是 54 页。

的、修辞性的、历史性的技艺催生的是一种"戏剧性"的叙事。这大概也是希罗多德为什么会被认为是"最具荷马特色的作者"(《论崇高》13.3)。希罗多德极大地扩展了纪年作者与地理志作者的书写主题,在《历史》中"使用**想象**,传述传统"[2],这一切都使得过去有了新的含义与用途。

希罗多德是以一种阐释新近人类事件及其原因的逻辑来描绘他所认识的世界的。这个逻辑是什么呢?《历史》中的因果论是什么呢?在 R. G. 柯林武德看来,"此事必有彼果"并不是一种"因果理论",至少不符合现代推断科学的"因果公理"。克洛伊索斯与波律克拉铁司的财富并不是其命运的"原因所在",而最多是人类命运不确定性的预兆罢了。希腊人的历史所要提供的仅仅是"预兆性的判断,不是可推断、可展示的,而是或然性的"。[3]前后相续、平行可比的事件其结果也大同小异。希罗多德很钟爱类比,这也是古风时代主要的一种论辩方式。[4]即使有人辩驳,"因果"论比"后果"更为复杂,但很清楚,希罗多德希望,而且也真正做到了揭示他所记载的事件的缘起。此章即为此而作。

希腊人用于解释原因的词语有 αἰτίη 与 αἴτιον(原因与起因)。单单是这两个词语在《历史》中就出现过三十多

---

[2] Drews(1973)77; Fornara(1971)35,强调为原文所有。
[3] Collingwood(1946)23.
[4] Fränkel(1951^1)438-52; G. E. Lloyd(1966)341-4; A.B. Lloyd(1975)164.

次。[5]例如，埃里司（Elis）人培育不出骡子，尽管那里并不冷，"也没有任何明显的原因"，这让希罗多德感到奇怪。关于事物的现象，他会追寻其自然原因。对于埃里司人关于诅咒的解释，希罗多德也颇为质疑。同样，关于斯基泰人天上的羽毛（4.31），他也有自然的解释，尼罗河发洪水（2.20-4）的原因，其中有逻辑论证与对其他理论的批判。他甚至没有提到神性因果论。希罗多德几乎没有使用什么因果分析的抽象语汇；但自序言开始，作者就或隐或显地一再重申，事件"不仅仅是发生过"而已，它们需要被解释。其中用到的词语有 φύσις、δύναμις、ἱστορίη、ὁδοί、ἀνεπιστήμων、λογίζεσθαι、οἰκός、μαρτύριον、ἔλεγχος（本质、力量、研究、理论、不合理、理性判断、或然性、证据、检验）。在其对自然现象的解释中还有很多逻辑论证与思想实验。

如同赫拉克利特一样，因果论只有在涉及感官之时才最可靠：ὅσων ὄψις ἀκοὴ μάθησίς ταῦτα ἐγὼ προτιμέω，"可以看到、听到或者是感受到的东西我更信赖"（*Vors* B 55，但是参考107）。这些感官之中，希罗多德与赫拉克利特相同，他更相信眼睛：ὀφθαλμοὶ γὰρ τῶν ὤτων ἀκριβέστεροι

---

[5] Immerwahr（1956）243-7 为希罗多德式的因果论做了一番很重要的论述。《历史》中的有些片段并不支持他的论点，"aitie 仅仅用在人类（道德）领域，而且几乎都伴随着责难（244，及注释7）"。2.91.6；3.139.1；4.167.3 及 6.3，这些地方出现的 αἰτίη 有解释、缘起或者政治责难的含义。另参考 3.108.4；4.30.1-2；7.125，αἴτιον 作为生物学原因。

μάρτυρες,"眼睛比耳朵更可靠"(*Vors* B 101a = 波利比乌斯 12.27.1；参考《历史》中的坎达列斯 1.8.2*：ὦτα γὰρ τυγχάνει ἀνθρώποισι ἐόντα ἀπιστότερα ὀφθαλμῶν,"相较于耳朵，人事实上更相信自己的眼睛")。当希罗多德从可见的埃及纪念碑转向历史，从 ὄψις、γνώμη 与 ἱστορίη（所见、理性判断及个人研究）转向自己所闻之事时，很明显，他也显得惴惴不安，赶紧追加一句，这是自己的第一手资料（2.99.1；参考 2.148.6）。道听途说（ἀκοή）确实有时候会受到质疑。2.29.1 就是个很好的例证："我实地考察所到的最远的地方是埃烈旁提涅，关于比其更远的地区我则根据传闻来加以探讨（ἀκοῇ ἤδη ἱστορέων）。"传闻（akoe）也要受到理性判断（γνώμη）的审视。希罗多德说："这些埃及的故事是给那些相信（πιθανά）这样［可笑］的故事的人采用的：至于我个人，在这全部历史里，我的规则是，不管人们告诉我什么，我都把它记录下来（2.123.1）。"他的意思是说其理性判断对这些故事是持否定态度的。

希罗多德从未不加评判地使用 πιθανός（可信）这个词。在他使用这个词的次数中，有四次是态度坚决地否定故事的真实性；有三次，他半推半就地选择了一个没那么可笑的故事版本。[6] 不同的时代需要不同的研究方式与谨慎度，因为研究历史的人往往没有第一手的经验。对于研究历史的人来说，无法亲身感受历史是件令人十分沮丧的事情。希罗多德

---

[6] 2.123.1；3.3.1；4.5.1；4.95.5；1.214.5, 3.9.2（两次）。

在不得已的时候也会随机应变。"听闻"（akoe）这个词在第四卷之后就没有出现过，因为自那之后它就成了一种规范，而不是一种例外，因为希罗多德考察的是不可见的历史，而不是可见的事物。

希罗多德坚持自己的原则，即尽可能地去亲身感受、观察传闻中的事或物，但他并不听或见而信之，且他并不遵循如实记载客观历史的方法，如事情是如何、为何发生的。因为这样做需要超越感官的见证。他的分析方法与现代史学家有异，所用的常是戏剧性的演说与直白的个人评论。他的分析方法受限于一组**严格的抽象的解释性的词语**；比如，特定原因很少与普遍原因区别开来。他并没有像巴门尼德与恩培多克勒那样新造术语。他保存历史的方式是记载下如是所见（δόξα），而不会追问实在（τό ἐόν）的本质。其结果就是文本中蕴含着丰富多样的暗示性比较、类比、寓言与平行故事，也绝不乏阐释与因果论述。我们先来看看类比在其阐释中的作用，之后再系统性地研究有重合但是也有差异的研究因果的进路。

《历史》中的类比与平等化的概念

类比是我们揭示事物本质的主要手段。它比起因更简易，重在展示而非解释。对于希罗多德来说，"存在着一个类比结构，其中，同样的法则支配着世界的三个分支：动物王国、世界地理与人"。历史是一种历时的"作为一个整体的自然（physis）的类比物"。[7]这种类比的思想模式也使得我们更好地理解了希罗多德杂收广取的历史写作方法：这里没有禁忌，没有不可容之事。他对这个世界的一切都怀抱兴趣，因为有意义的连接使得这个世界变得可以理解。列维－斯特劳斯就人类学发表的看法也同样适用于希罗多德的历史写作：这"是一种原初的理解方式，而不是一种特殊知识的源头"。[8]对突出特色的比较——类比与两极性——促使人们去追寻事物结果的起因与本质。

希罗多德的求知欲促使他去试验新的问题、风格与叙事顺序，他游历四方，记载下那些值得纪念的事件，以待后来者。这就是他的写作目的（《序言》1.5.3）。类比对他来说既是一种排列叙事顺序的形式手段，也是一种将千差万别的信息分门别类的工具。[9]他的论述明晰直白，标志着其在前苏格拉底哲人的"附带意见"（obiter dicta）上前进了一大步。

希罗多德的类比跨越时空。例如，他比较门德雷斯河（Maeander）平原的淤沙与尼罗河的淤沙，"如果我们可以用小的东西比附大的东西"（ὥς γε εἶναι σμικρὰ ταῦτα μεγάλοισι συμβαλεῖν, 2.10；同样，参考4.99.5）。他（颇为正确地）相信，下埃及是尼罗河淤泥造就的，特洛伊与以弗所附近的地

---

[7] Pagel（1927）是首位将 tisis 及其类比的原则系统性地用在解读《历史》上的学者。关于后者，请参考 G. E. Lloyd（1966）341-4；这两处引文请参考 Immerwahr（1966）315, 15。鱼能转换性别（2.93.2），人能处处以反道行之（2.35.2），河流能够回流（2.19.2），即使是天地也能颠倒（5.92α*）。
[8] Lévi-Strauss（1967b）42.
[9] Wood（1972）19-20 注意到了此点。

区,阿卡尔那尼亚(Acarnania)的阿凯洛司河的入海口也是如此。这种地理上的类比产生了一个比修昔底德对雅典与斯巴达关系的预测(1.10.1-2)还要大胆的设想。希罗多德预测,尼罗河在未来的两万年里,甚至是一万年里,会将红海整个填满(即波斯湾;2.11.4)。这个类比又进一步强化了万物变易这个主题,土地亦然。

希罗多德当然知道类比的局限。在解释尼罗河夏天的洪水的时候(太阳的季节性位移与河水的蒸发,2.24.1),他语带踌躇地说:"既然我不同意上面所提出(ἀποδέξασθαι)的意见,对于这些不明确(ἀφάνεα)的事情,现在我必须提出我个人的意见来了。"希罗多德说,尼罗河在长度上与伊斯特河(多瑙河)相同,流向也相同,都是自南方流出(2.31, 34.2)。这里所用的方法是"以已知推断未知"(συμβάλλομαι τοῖσι ἐμφανέσι τὰ μὴ γινωσκόμενα τεκμαιρόμενος, 2.33.2)。希腊人对对称的着迷在这位谨慎的史家身上显露无遗。总的来说,希罗多德对类比的局限似乎是很清楚的。在希罗多德的时代,类比是主流的研究方法,尤其是在爱奥尼亚哲人与希波克拉底式的医者那里(比如,《古代医药》,22,24)。希罗多德很明智,在确证事实上,他很少使用类比。但是他和他的人物(比如,阿尔塔巴努斯)还是为了达到某种效果经常使用类比方法。[10]希罗多德在发表自己意见

---

[10] 阿尔塔巴努斯将薛西斯远征希腊比作大流士远征斯基泰人(7.10γ*);斯基泰送信人将大流士的虚伪与其行动作类比,并道出真相(4.118.2-5)。另参考 G. E. Lloyd(1966)344;A. B. Lloyd(1976)2.19-34;拉泰纳(1987)99-100。

时有明显的保留,在这一点上,我们看到一种非凡的,或者是前所未见的态度,即拒绝以未加证实的图式(schemata)解释信息。

建立在类比基础上的或然性仅仅是个权宜之计,是对不可知论的一个临时应对。基于或然性的论述时而以历史的辅助工具的面目现身,[11]但是希罗多德作为一个历史学家对之多有怀疑。他对阿尔克迈翁家族在马拉松里通波斯的辩护建立在其对僭主的敌视这一**事实**记录上。再者,他还提出,波斯军队胜利并不会为这个家族带来什么好处。这个论辩建立在逻辑的基础上,脆弱无比,而且,他似乎忘记了克里斯提尼在僭主统治下曾经做过执政官(6.121-4,尤其是 124.2:οὕτω οὐδὲ λόγος αἱρέει,"这个说法站不住脚";同样的语句还出现在 2.33.2 与 3.45.3,以及补充性的论说中)。薛西斯基于不可能性嘲笑温泉关斯巴达人的战斗力(οὕτω μὲν ὀρθοῖτ' ἂν ὁ λόγος...ἴδω παντὶ τῷ οἰκότι,7.103*)。他的数字逻辑是合理的,但是他基于历史的礼法对或然性的理解是有问题的。戴玛拉托斯的回答强调合情合理的行为(οὔκων οἰκός),以及文化熏陶可以迸发出的力量。希罗多德对戴玛拉托斯的逃亡的解释也是基于或然性的(ὡς μὲν ἐγὼ δοκέω καὶ τὸ

---

[11] 参考 Kennedy(1963)44-7,他仅仅对修辞感兴趣;G. E. Lloyd(1966)424 论可能为衍文的 7.239。五世纪思潮中的 εἰκός,参考 J. Finley *Three Essays on Thucydides*(剑桥,马萨诸塞州,1967)与 Fr. Solmsen *Intellectual Experiments of the Greek Enlightenment*(普林斯顿,1975)123ff.,222ff.,230。

οἰκὸς ἐμοὶ συμμάχεται...πάρεστι δὲ εἰκάζειν，7.239.2；类似的论点，如 1.137.2，2.22.2）。虽然希罗多德对事物的解释有时也会依赖或然性或程式性（多瑙河与尼罗河，2.33-4；埃及迷宫，148.3），[12] 但他还是更愿意相信目见耳闻之事。对那些完全基于逻辑连贯性的构建，他也是嗤之以鼻（4.36.1-2）。[13]

类比扩展了历史信息的维度。希罗多德也借此发展出一种表达因果关系的方法。对那些不可知或者警示性的范式，类比也极大地丰富了它们的内涵。

"平衡"或报复（τίσις）这个原则乃是类比中的典型。tisis 见于自然、人类、宇宙，它的作用就是维持平衡，τὸ ἴσον。[14] 类比性对称自自然世界起，诸如以上提及的多瑙河与尼罗河的可比性，抑或是多瑙河的水量（4.50.4）：夏天河水蒸发多少，支流有多少水量补充，这样河水就能够达到平衡（ἀντισήκωσις），这样水流看起来总是一样的（ison）。这种通过保存能量与物质达成的动态平衡在希罗多德的解释学中都能找到可类比的例证。[15]

---

[12] 更多例子参考 A. B. Lloyd（1975）149-53。
[13] 上文第 2 章至第 4 章考察的是希罗多德认定为不可信的故事与解释。
[14] Pagel（1927）在第三章 29-40 中扩展了这些假设。关于复仇，参考 de Romilly（1971）；关于类比对称（analogical symmetry），参考 von Fritz（1967）I 138-9。抑或，如赫拉克利特模模糊糊说到的那样（*Vors* B 51）："他们没有意识到，如同弓或者里拉琴一样，反力中也有和谐。"
[15] 波斯人的"暴戾"（hybris）扰动了自然世界的土地与水（阿托斯、海烈斯彭特、特洛伊河与色雷斯河：7.22.3，34-6，43，108），扰动了人类世界（战争、祭司、迁徙；3.93.2，159.2；5.15.3；6.119，7.114），甚至是与神界相抗衡（"与宙斯比肩"，$7.8y^2$*）。

自然之中，边远地区的奇异珍贵之品与邻近的贫瘠地区的温和气候之间有一种平衡（3.106.1，116.3）；怯弱无力的生物总是多产的，而残酷与有害的生物生产的幼子则很少（3.108.2）[16]；兔子和鸟类总是繁殖力旺盛，而母狮则一年只生一胎（3.108）。[17] 生理上的限制保持了世界的平衡。阿拉伯的雌翼蛇在雄蛇射精之时会咬住雄蛇的颈部，其后代则会为它的父亲报仇（tisis），咬穿母亲的腹部诞生下来（3.109），母亲则因此丧命。

　　这样的报复在人类世界也常发生。"每个人都会为自己所做的错事付出代价"，希帕尔科斯（Hipparchus）如是从神谕中听得。[18] 那些认识到人的行为界限的人都安宁死去：阿玛西斯、阿尔塔巴努斯、梭伦。那些恣意妄为，无视人类界限的人则会得到血的教训：如克洛伊索斯、波律克拉铁司、薛西斯等。克洛伊索斯对梭伦的良言置若罔闻，结果是灾难性的。波律克拉铁司最终受到钉刑而死。薛西斯接受阿尔塔巴努斯的建言，似乎逐渐明白命运的变易性及成功背后隐藏的巨大祸端，但最后灾祸还是不期而至了；他统辖的领地逐渐扩张，最后以失败告终。人类的力量因为增长（如果不是

---

[16] 普罗泰戈拉也如此辩道（柏拉图《普罗泰戈拉篇》320e-21a，其中使用的词汇对于柏拉图式的辩论是不常见的）。参考 Pagel（1927）32-3。

[17] ἡ δὲ θήλεα τίσιν τοιήνδε ἀποτίνει τῷ ἔρσενι（母的反过来会为公的遭受以下的惩罚）。

[18] οὐδεὶς ἀνθρώπων ἀδικῶν τίσιν οὐκ ἀποτίσει（没有不义的人会不遭到惩罚，5.56.1*，神谕）；参考《伊利亚特》3.351-4*，《奥德赛》20.392-4。

因其内在必然性的话）最终会自我毁灭。[19]个体总是意识不到界限的存在。

通观全篇，有很多可资"比对"的政治事件：希腊人与波斯人参加战争都是为了正义（1.1-5.2）；大流士进攻斯基提亚与希腊是为了复仇（τείσασθαι，4.1.1；5.105.2*；6.101.3）；派送使者是为了雪耻（7.133，134.2，136.2）；薛西斯入侵希腊是因为 tisis 将复仇合理化了（7.8α2*，β2*，7.11.4* 等）。

"保持事物的均衡"是希罗多德的一个首要类比，无论其表达形式是神示、人的"复仇"，抑或是"司法惩罚"（5.106.1*；6.87；8.100.2*；9.94.1）。"言论自由"（ισηγορίη）、"权利平等"（ισοκρατίη）、"法律面前人人平等"（ισονομίη），这些词语都有不同力量的动态较量与平衡的含义，也得到了史家的认同（5.78；5.92α1*；3.80.6*，83.1，142.3*；5.37.2）。[20]柯林斯的索克列斯将物理学、动物学与人类政治（礼法的所有领域）融合起来，彼此平等，但各有所属："我必须要说，这真是让天空在大地的下面，大地在天空的上面，让人住在海里，鱼住在陆地上啊。要知道世界上没有一件事情是像僭主政治那样不公正，那样残暴不

---

[19] Gomme（1954）81，这位作者乃是审慎的修昔底德的小心翼翼的学习者，他并不将希罗多德对物质幸福、hybris（暴戾）的观点视作一种原始的信仰，而是"对人类事务进行**观察**后得出的结论"（强调为他所加）。

[20] 参考 Ostwald（1969）107-13，135，167。关于 isokratie（平等）这个至关重要的政治词语，参考以上作者（1972）277-91。

仁的（5.92α1*）。"扰动既定的礼法就是打乱自然秩序，颠倒乾坤。庆乱自此而生。动物与事物没有能力从历史中获得教训，也不能因时制宜，但是人类却在某种程度上能够有限度地自由生活。走笔至此，我们可以说，历史是一个乐观的事业，但人们总是追求无限的幸福，并且希望这种幸福能够代代永享，而忘了，个体是偶然性——从其有限的视域来看——的玩物罢了（πᾶν ἐστὶ ἄνθρωπος συμφορή，1.32.4*）。

《历史》中，特殊事件的意义通常是通过复仇（tisis）与平衡（ison）这两个概念展现出来的。这两个概念（通常是道德中立的）对于希罗多德解释希腊与波斯冲突的持平之论而言极为重要。民风影响结局。战争的两方在军事、道德或洞察力上都各有千秋。对政治进程的描述要求我们解释，民族结构或礼法是如何被造就的；因此，我们就需要了解过去对于现在的意义。**因果论是建立在逸闻逸事的基础上，这其中有传统，有叙事，而不是孤立的分析。**《历史》中虽然没有"因果论"，但确实是有"因与果"的。

平衡，或者报复，这两个史家常用的历史原则适用于自然，也适用于历史领域（1.5.4）。历史生态与生物生态是并行的。存在着一种形而上的平衡：报复滋养着世界的健康，乃是一种平等的正义（6.72.1，8.105.1等）。从超人类的角度来说，报复通过神妒或更为抽象的宇宙循环（φθόνος、κύκλος：1.32.1，207.2*）保持世界的平衡。有时候，神灵被其言说者认定为超越的平等的守护者（2.120.5；6.11.3*

与109.5*所表达的是一种虔敬的希望；8.13*；7.10ε*，9.109.3*，120.2*；2.52.1）。次人类、人类、超人类的相互呼应为我们展现事件是如何发生的，过程是怎样的。

我们说到"解释"，但类比的含义既有余也不足。克洛伊索斯的成与败压根儿不能解释薛西斯的成与败，但是克洛伊索斯在很多方面都预示了薛西斯的行为，而他们在言语与行动上的相似之处也会使得读者有某种期待。自然中的斗争如同人与人的斗争一样，揭示的是滋养与左右世俗行为的竞争与自然共生关系。历史不会简单地重复，我们也不必过度强调历史书写范式的预言性价值。[21] 前后相续的东方君主国则呈现出类型学上的相似性，为历史提供了可资比较的例证。因此，我们隐约可以在历史书写中发现一些一再重复的主题，而克洛伊索斯这个为希腊人熟知的人物则被当成了一个有力的书写范式。这种论究是描述性的，而不是预言性的；是前科学式的，后见之明式的。它更关注的是因果关系，而非伪善无聊的附带意见，但是它并不为造假提供理论支持。然而，从没有一种历史书写可以预测未来。

每一个历史事件都有独特的起因，希罗多德对此心领神会，但是人类在施展权力上的习惯与性格上的某些范式使得不同的故事能够被整合在一起。也就是说，历史的范式不需要三令五申，也不需要与其内嵌的故事割裂开来。史家通

---

[21] 如同 Immerwahr（1966）偶尔为之的那样。例如，参考朱斯的评论文章 *AJP* 90（1969）89-92；抑或 Waters（1971）5 注释 9，7，41，99-100。

过大量的观察发现关键性的元素，确认代表性的例证，并且以范式为标准选择叙事。我们在《历史》中随处可见类比性的关系。这种类比性关系并不能以现代科学的方式充分地阐释事件，但是它们提供的是阐释事件的语境与范式。历史或许最多也只能做这些。类比在希罗多德《历史》中无处不见。后代史家对此或讥讽或嫉妒，但都无法复制。

解释的五个体系

在解释历史事件时，希罗多德至少使用了五种通常相互重叠，时而又互相抵牾的体系。[22] 其中，吸引了最多研究注意力但文本却很少呈现的就是**无德的神妒**。[23] 梭伦、阿玛西斯、阿尔塔巴努斯、铁米司托克列斯，这四位都因洞察力而受到褒赞，他们的现身都与神妒相关，因此，希罗多德对

---

[22] 参考 Pippidi（1960）75-92；de Romilly（1971）314-37 以及 Immerwahr（1966）散见各处。De Ste Croix（1977）所提出的三种因果（道德/神灵，非道德/nemesis，无关道德/命运抑或 δεῖ γενέσθαι［必然要发生］等）更值得关注，尤其是对于那些相信希罗多德《历史》无非是怪力乱神之事的人。我们认同史家对人的道德选择与历史责任的强调，但不认同作者具有强烈的宗教感。

[23] Hellman（1934）9，13，117-19 = Marg 48ff.；Pippidi（1960）80-1，Waters（1971）99 与 de Ste Croix（1977）139 并不赞同。参考 Immerwahr（1966）313-14 所做的简短分析。H. Lloyd-Jones *The Justice of Zeus*（伯克利与洛杉矶，1971）68-70 认为，希罗多德式的 φθόνος 已经被改写了，并且带有了道德的印记，它代表的并不是恶，而是对恶人的正义报复。Versnel（1977）36-9 将波律克拉铁司的故事做了一番去神化解读，将其置入护身符、代替性祭品与不可逃脱之命运的民间传说的语境中。

这个概念的态度很可能是肯定的，[24]然而，除了这些之外，《历史》中的其他地方却没有任何它的踪迹。[25]神妒代表的更多是"虔敬而非神学，好奇而非坚定的信仰"。[26]早在《历史》第一卷，神妒这个主题就在梭伦的故事里捷足先登，但是每次这个主题再现的时候，其中必定会有足以解释历史行动的人类动机与起因。

有时候，命运是希罗多德式的因果论的第二种形式。德尔斐宣称，阿波罗与其他神灵都不能改变这个被称作 μοῖρα（1.91.1*与2*）的东西。[27]克洛伊索斯、波律克拉铁司、刚比西斯与阿尔克西拉乌斯都没能逃脱命运的束缚（1.91，3.142.3*，3.64.5*，4.164.4）。这样的命运对人类来说通常与道德无关，并且不可思议，希罗多德在启用它时，是想解释某种突然发生的命运的突转。命运，没人能

---

[24] 如同 Pippidi（1960）87-9 所揭示的那样，虽然有希罗多德的肯定。1.34.1 Legrande（135）6 成功地弥合了共存于希罗多德《历史》中的神的概念，即本书中的体系一与体系四，也就是神妒与平衡。
[25] 1.32.1，9*；3.40.2*；7.10ε*，46.4*；8.109.3*. 表示嫉妒这些词，诸如 φθονερός, φθονέω, φθόνος，其出现的其他16次均与神灵相关。6处指的暴君，10处指的个人或者全人类。
[26] De Romilly（1971）316. 事实上，希罗多德与赫卡泰乌斯在其了解埃及的基础上将神灵与人类历史往后推了大概一万年（2.142-5）。神之时代和人的时代的新边界与古人的普遍想法相冲突，即人类事务中神无处不在；参考 Linforth（1924）292。《历史》中，τό θεῖον（神力）远比具体的神灵多，而人类动机与行为又远比 τό θεῖον 来得多。希罗多德从未直白表明坐实人类事务中神的参与。
[27] 在吉本所有的那本《历史》上，他在1.91处批注道："我想知道，希罗多德从德尔斐祭司那里获得了多少。"

第9章　事件与解释：希罗多德的解读

够逃避；智慧之人也仅仅知道如此而已。受到惩罚的刚比西斯临近死亡之时说："人类是不可能避开将要发生的事情的（3.65.3*；参考3.43.1）。"发生在坎达列斯、阿普里埃司、司库列斯（Scyles）或米尔提亚戴斯身上的事（χρή/δεῖ γενέσθαι，1.8.2, 2.161.3, 4.79.1, 6.135.3）只有在发生之时才会被揭橥，因此后代不需要任何神学支撑就能说，"它必定会发生；看，它确实发生了"。对于一个相信神的人来说，就像希罗多德那样，这种有限的宿命论就是神性的。它既不是预测性的，也不是历史理论，因为它不提供任何解释。[28] 命运在《历史》中很少出现，只有在山穷水尽之时才会现身。希罗多德相信的是道德选择，而不是外在的决定论或宿命论。[29] 历史人物摇摇欲坠之时，希罗多德会说，他必定会如此，这不是因为神的旨意，而是因为他的所作所为。[30] 政治事件中自有其内在逻辑。

---

[28] Pagel（1927）39-40列出了相关的篇章。Pippidi（1960）82-3讨论了这些篇幅中道德维度的缺失；de Romilly（1971）317以及注释2讨论了作者发现政治起因的努力。

[29] Immerwahr（1954）32-3认为，选择与必然性之间的反差是未调和的。伊玛瓦在这里口称神性的必然性，然而，薛西斯所做的奇怪的梦不应当被认定为是其远征希腊的决定性因素。薛西斯确实决意入侵希腊了，并且他的选择是理性的，如同Solmsen（1974）22表明的那样；参考Gomme（1954）109；de Ste Croix（1977）141。

[30] 某事注定不会发生，这在《历史》中只出现了一次（5.33.2）；纳克索斯注定不会死在美伽巴铁斯（Megabates）手中。希罗多德是如何知晓的？岛已经幸存下来，虽然之后（6.96）达提斯的军队轻而易举地攻陷并且将城市夷为平地。考虑到纳克索斯的境况，其他的"命运"均属不可能之事了。

希罗多德口口声声说的宿命论似乎也受到历史中无法阻止的轮回运动的支撑。"历史的轮回"（κύκλος）指的是一种环形的或者是钟摆式的历史运动，这种历史没有前进也没有后退（这个名词仅仅出现在1.207.2*处，参考1.5.4, 32*, 86.5-6）。这种历史观并不乏道德判断，因为这种轮回剪灭的是野心十足的人物或者帝国。建立在前苏格拉底式的静态隐喻基础上的道德与诸如复仇、"逾越边界"等其他的隐喻体系相得益彰。亚细亚与欧洲处在一个天平上；它们各自为政，但又不是毫无瓜葛的，所有人都不应当扰动自然的安排（参考1.174.5*, 7.22.3）。轮回（kyklos）代表着一种动态的均衡（to ison）原则，它与时间同在，在第四种解释体系中也有身影。

诉诸神灵乃是第三种解释体系，这种解释与第二种并列，但又很不一样。这种体系为史家辩护，以免其被贬低为大众宗教的辩护人。希罗多德并没有为波斯战争炮制一个神学框架。他相信自然力量的存在，必然发生之事事先也会有所预示（6.27.1, 98.1），也会有神示与梦示（虽然通常只有事后才会恍然大悟）。与修昔底德对超自然解释的憎恶不同，希罗多德在书中零零散散地记载下一些超自然故事，其中很多是来自本土或者民族的传统，且很少是因神而起的。克洛伊索斯乃是神灵报复（tisis）的受害者，特洛伊毁于神之手为的是现实罪恶最终会受到惩罚。培列提美疾病缠身而死，起因是其非人的报复手段受到神灵的厌恶（1.34.1; 2.120.5; 4.205）。其他的一些案例并不能够表明或者证实史家的信仰，诸如神谕或者梦境中出现的报复（tisis），抑或是归咎于神灵的事件。希罗多德式的复仇（tisis）并不要求神灵现身。再者，神谕与梦境在人类经验之中不一定需要神灵的加持而为真（如修昔底德所说，5.26.3-4）。最后，我们知道，希罗多德还记载了很多他自己并不相信的事件。奇迹被抛掷一旁，不是因为它们是偶然发生的事件，而是因为它们并不足以担负阐释的重担。有一些不具代表性的篇章因为超自然色彩极为浓厚变得难以理解，如德尔斐神庙的祭司一事（8.36-9：神谕，兵器兀自动了起来，晴天霹雳，巨石滚落，高大的战士），我们如若仔细地阅读这一段就会发现，希罗多德一直与他所传述的故事保持距离（"德尔斐人说"，"我是这样被告知的"，"先知将这个奇迹讲给了在场的德尔斐人听"）。通常情况下，这种充满奇幻色彩的素材表面上看起来有损于史家的理性思考，但实际上表现的却是史家的谨慎。希罗多德信奉神灵，但他对所有的历史事件也给出了与神无关的解释。除却神力之外，他还告诉我们，克洛伊索斯觊觎他国领土，特洛伊人无法弥补自己的罪过，培列提美身染虫疾。在战争与征战一事上，希罗多德通常不诉诸神灵。

诉诸神灵将自然与自然的平衡和安定拟人化。德洛斯地震那场灾难就是一个信号（τέρας，6.98.3*）。神谕说："我将要使从来没有震动过也不可震动的德洛斯发生震动。"[31] 神

---

[31] 希罗多德对神谕及其意料之外的实现的兴趣为我们提供了另一组他选择传述的民间传统。他津津乐道神谕"神意"，这又是另一桩与作为历史起因的神灵不同的事情。我们只需解析下萨拉米斯神谕及其语境（转下页）

灵的行事方式与波斯王相似（也是一种暗示）：他震动世界的秩序。希罗多德断言道："当城邦或是民族将要遭到巨大灾祸的时候，上天总是会垂示某种征兆的（6.27.1）。"在此段中，合唱团中的百名岐奥斯人（Chiote）只有两人在瘟疫中幸免，在学堂的屋顶塌落之后，120名岐奥斯学童只有一人活了下来，这些事情是在小岛在拉德海战中遭受重创并最终被征服之前发生的。灾难降临之前必有预兆（6.27.3）；因为，神灵（θεοί）整顿（θέντες）乾坤（2.52.1；参考2.120.5），有时候人类会从中受益（3.108.2）。他们的意志终会得以实现："朋友，凡是上天注定要发生的事情，任何人都是不可能扭转的。"（9.16.4*；参考3.65.3*）一位波斯人在欧尔科美诺科人（Orchomenian）的宴会上如是说。短短百年，波斯帝国史无前例地极速扩张，最后在其最西边被阻止并被削弱。居鲁士开创了帝国大业，大流士引领其走向顶峰，[32] 薛西斯的乱政致使千万人命丧黄泉。帝国的扩张遭受重创是神灵的旨意（7.10ε*）。梭伦向克洛伊索斯进的关于盛衰无常的良言，极具普遍性（1.86.3-5），然而，这样一个教条主义

（接上页）（8.77），作者的意图就会更加模糊。Krüger与伯维尔认定这整章都是衍文，因为此章起承转合突兀，词汇怪异，行文松散、"混乱"。德尔斐传统在《历史》中出现之时，后面一定会跟附一个解释。Forrest（1979）311-12反驳了声称6.105, 8.13与129处乃是神性解释的看法；波律克拉铁司的故事（3.40-3）因其难以置信的神性动机而显得十分独特，但是Versnel（1977）从民间故事的角度解释了这个非同寻常的故事。

[32] 大流士的辖地与贡金（3.89, 97）再次证明了这点，如同Immerwahr（1966）22与Solmsen（1974）7注意到的那样。

的哲学表达并没有取代解释新近历史这个新的难事。

希罗多德偏向于将自己对现象的阐释限制在人物、时间与地点这样一些可以眼观的（ὄψις，1.8.2*，3.157等）与可资证实的事情上。[33]在不可能亲身观察之际，他仍旧偏向于将自己的叙事局限在曾经被眼见与亲历者共同认定的事情上，虽然有时候讲述者在事件细节、动机与诠释上各持己见。

对于虚幻缥缈之事，希罗多德一般不予收录，如巨吉斯的故事（无后代指环一事，1.8-13），克洛伊索斯被拯救（无参拜阿波罗神庙一事），或者收录但是表示怀疑，比如，司苦里亚斯在水下潜泳八十斯塔迪昂（8.8），梭帕涅斯把一只铁锚用一条青铜的锁链紧紧系在铠甲的带子上（9.74，参考7.167.1）。有时候，对视觉（opsis）的仰赖也让他无法忽视那些奇异之事，例如他对阿利昂奇迹般获救的记述，或许他曾在某处亲见阿利昂身骑海豚的雕塑（1.24.8）。但即使在这里，叙事还是充满着预警性的谨慎语句（诸如，"他们说[λέγουσι]"，"我们知道[τῶν ἡμεῖς ἴδμεν]"及间接引述的使用），这样的语句能够区分出具有不同可信度的故事，保存事实（阿利昂这个人物的确存在），对其虚构性予以批判

---

[33] Canfora（1972）21-8，49．关于作为称职研究者的希罗多德，参考 Jacoby（1913）474，478-9；作为纯粹虚构作品作者的希罗多德，参考 Fehling（1971）散见各处。Gabba（1981）50-62描述了一种古人的真正的虚构–历史文学。还需要多少考古发现来证明希罗多德亲眼所见并描述下来的那些东西并非捏造的，从而劝服那些对史家的可信度表示高度怀疑的学者，我们还不清楚。Grant（1983）讨论了希罗多德的批判方法。

（一只海豚将其救下），但仍然呈现全书的基本主题（勇敢、技艺与对礼法的遵守）。[34] 全书的中心在于作为媒介的人与人类的行为；怪力乱神之事通常用作"阐释"、怀疑或者是否定。例如，多铎那（Dodona）讲人言的鸟，波塞冬在铁姆佩（Tempe）发动的地震（2.57.2；7.129.4；另，7.133.2，189.1 与 3，191.2；8.41.2；参考 2.131.3）。

希罗多德有时也会描述神灵（很少，多是半推半就，诸如，2.3.2-4.1, 2.45, 9.65.2），但他只在有他人证言的情况下才会记载下一些有关特定神灵的事情。在这些事情上，他仅仅看到信仰（δόξα），而非知识。在神灵之事上，他发现一种范式，但是他暗示我们，这种范式与历史因果论是有区别的。他对神灵的干预持怀疑态度（7.189.3, 191.2，参考 7.129.4），对荷马与赫西俄德开创希腊宗教（2.53）与埃及人的灵魂转世传说（2.123.2-3）也多有嘲讽。谈及怪力乱神之事，他更偏向于含糊地以"某神"呼之。[35]

"巧合"有时会被理解为历史中的神灵干预之事。也

---

[34] 参考 Flory（1979）411-21，尤其是 419；R. Munson 的 "The celebratory purpose of Herodotus: the story of Arion in Histories 1.23-4" *Ramus* 15（1986）93-104。Pearson（1941）348 将其在自然历史与地理领域表现出来的有限怀疑主义（与赫卡泰乌斯相反）与其在新近政治历史上表现出来的更高标准做了比较。Von Fritz（1936）观察到了一种从简单的经验主义与理性主义发展到怀疑主义与谨言慎行的成熟过程。

[35] 参考 Linforth（1928）218-23, 236。有的人怀疑此处受到了赫卡泰乌斯的影响。关乎希罗多德的宗教信仰，我们得另辟一文予以讨论，但眼下暂且参考 Müller（1981）316-7，他在其行文中发现了不可知论，对怪力乱神的怀疑，以及传述但并不相信神谕的倾向。

就是说，详细着墨的事件似乎并不仅仅是偶然间同时发生的。例证包括，阿里司塔哥拉斯与希司提埃伊欧斯的密谋叛乱（5.35.2与36.1），对即将降临在米利都与阿尔哥斯上的灾难发出的神谕（6.18），以及在普拉提亚与米卡列同一天在同一个女神（德墨忒尔）的圣域所发生的战斗（9.100.2-101.1）。最后这一组"巧合"被希罗多德概括为"属神之事"（θεῖα）；这种同步性在经验中也时常发生。"神运"（divine fortune，1.126.6*，3.139.3，4.8.3，5.92γ*）这个词暗示，希罗多德笔下的人物认为，有些事件是在某种非人力量的操控下展开的，但是这种非人力要么是通过他人之口，要么是通过传说表达出来的。这其中并没有某种明确的或必然的神学。与本段所举的巧合之例中用的动词 συμπίπτειν（一齐落下）一样，θείη τύχη（神运）这个词似乎是用来说某种人为的超凡之事，而非神迹或者是奇迹。可以将其与我们现在使用的"不可思议"这个词对比一下。同步性很神奇，但是说明不了什么问题。它们不是为了展示某种世界观，[36] 而是为了揭示宗教对人及其行为的影响。

---

[36] 参考 Hignett（1963）附录 XIV；Powell *Lexicon*（1938）3 与 4；以及 7.166 处的 συμβαίνει（喜美拉与萨拉米斯战役的同时性）。希罗多德对复仇的信仰并没有轻易地将事件连接组合在一起。参考 7.133.2，希罗多德明确地将雅典使节的罪恶与雅典之前的灾难撇开关系；参考 Hellman（1934）9-10（= Marg 48-50），尤其是注释 9。这样明确的同步性的存在不应当使得那些头脑简单、心中充满敬畏的迂腐哲人还魂重现。所有的这些从历史性来说都是十分琐屑的，并不足以成为希罗多德构建《历史》的基础。9.100.2 似乎是一个例外，但我们如果注意到，这乃是军队的迷信，而非希罗多德自己做出的解释，事情就明了了。

大卫·休谟在一篇名为《论奇迹》的文章中谈到，人类喜欢惊奇、奇迹和与自然法则相悖的事情。但是他否认这些法则遭到破坏，并声称，"经验只能给人类见证以权威"。"没有什么比从人类亲证中来的理性更加普遍，更加有用，甚至是对人类生活更必要。"他说道，因兴趣、距离、时间与事件类型不同，事件的可信度也不同，这使得讲述者与被讲述的行为分割开来。然而，在希罗多德方法的引导下，全书还是收录了很多不具备历史可信度，或者时下人并不认可的怪诞传统。许多测试素材的内在与外在原则在以后的准则看来都是十分原始的，希罗多德宁可保存一个传统的错误，也不想放弃一个可能存在的事实。再者，群体信仰与事实性是为了解释行为原因而被作为标准收录进书中的。史家追索意料之外的胜利的原因，因此他对材料要极为谨慎小心，但是同时要对与正常期待和普遍意见相悖的记述持开放态度。否则，他会很容易落入赫卡泰乌斯式的吹毛求疵的陷阱之中。对错另说，其方法是经验主义式的。[37] 收录神迹故事之时，他要寻找的是可见的证物，或者至少是某种证据。要证明神明干涉人间事务，帕尔那索斯（Parnassus）山上滚下的巨石显然不够具有说服力，而且希罗多德并没有承认那种解释。希腊大败劲敌，这本身可能有神助的可能性（7.137.2；8.36-9.129.3），但希罗多德对解释的探求走得更远。

---

[37] 如同 Meyer（1899）252-4（= Marg 11-14）注意到的那样。

在希罗多德眼中，人们是无法通过神谕了解俗世的秘密的。即使它们本身"正确"无比，也很难得到人们清晰的阐释进而对人类活动有所助益（8.20.1，96；9.43）。例如，神谕说，阿提卡的土地一定会落在波斯人手中（ξδεε，8.53.1），但在希罗多德看来，神谕仅仅是人们口中的说辞，而非真正的历史起因。这是公元前5世纪知识人的一种游戏。然而，即使预言是知识的一个来源，它们也没有阐释事件或者揭示事件原因的功能。希罗多德希望能够从人的层面揭示希腊人的军事胜利。他分析了其中的军事与政治因素：如果雅典人加入波斯人，希腊世界会发生什么呢（7.139）？第139章集中讨论雅典人的政治自由，并且颂扬了雅典人甘心冒险也要保卫自由的举动。对神灵干预的描写都很简短，因为关于它们的故事几乎都是道听途说而来，而非调查。很明显，神灵与人类各有畛域，且在《历史》之中，希罗多德几乎不信神灵鬼怪之事。

我们大可以列出一个与怪力乱神相关的段落清单，但我们若看看希罗多德是如何处理传说时代的，就会发现他更愿意将传说理性化与人性化，而非神化，这对我们理解他估计更有助益。在《历史》中，无论是历数其中的事例还是仔细检查作者的用心，我们都会发现，人在行动上几乎都是自由的。开篇的"劫掠"妇女，劫掠海伦，巨吉斯的主意（1.1，11；2.120）等，无论这些决定是盲目的还是经过深思熟虑的，它们几乎都是出自人的自主意愿，而非受到某种外在的来自神灵的压迫。妇女们选择私奔，巨吉斯决定活下去

（1.4.2，11.2）。神灵的不在场是显而易见的。荷马关于海伦下落的故事版本并没有完全被抛弃，但希罗多德并没有将其纳入理性考察的范畴之内。

如同希波克拉底式的论述文《论神圣疾病》的作者一样，希罗多德不会声称自然中没有神存在（《论神圣疾病》[De morbo sacro]，1.10-12），但会说，"神灵之事绝不是超自然的"（21.7-8）；自然现象乃是自然原因的结果（2.41-6，5.1-5）。希罗多德与医学作家都希望准确地描述事件，充分地解释事件，并且在记载事件时不处处诉诸神灵（10.7-8；13.24-5，14.10-20；16.42-6）。但是，科学与经验主义的方法并不排除对神灵与世间神迹的信仰，只要这种信仰不强行对观察到的现象做出解释。经验主义者会说："所有的事情既有神性也有人性（πάντα θεῖα καὶ πάντα ἀνθρώπινα, 21.7-8）。"[38]历史事件即使是有超自然因素在其中，人类的责任也难以撇清。

《历史》中，希罗多德对奇迹与神迹的态度并不是像某些人认为的那样无知。自然律之外的例外事情经常被否定、怀疑、理性化，抑或被以间接引语或多重版本的方式距离化。[39]

---

[38]《论养生》（Regimen）4.87的作者认为，只要不干扰治疗，祈祷也无伤大雅。
[39] 驳斥：凤凰埋葬父亲、羊人、变狼术（lycanthropy）（2.73.3；4.25，105）。怀疑：撒尔莫克西司与毕达哥拉斯，波列阿斯，帖提司（4.94-6；7.189，191）。理性化："神圣"疾病、地震（3.33；7.129）。他人的权威："妇科"病、对太阳的不敬、克尼多斯渠道挖掘者的伤、潘神的出现（1.105，138，174.3-6；6.106）。距离化的间接引语：培罗斯的目盲；（转下页）

在《历史》中，神灵最频繁现身的身份不是作为佩拉司吉人的引导者（2.52.1），而是作为一种扰动人类计划与期待的神秘力量，如同梭伦所说，ταραχῶδες（使人困惑，搅动人心，1.32.1*，在希罗多德那里仅出现一次；这个词最初可能是用在希波克拉底医学论述中，其本意是"混乱"的被动意义，或者是希罗多德新造的词语）。希罗多德不需要在"命运与全能的神这两个对立概念之间，以及人类自由与天道之间"做出选择，不是因为他"没有哲学头脑"[40]，而是因为，从常识与历史的角度来看，这些概念并不是非此即彼的。例如，基督教史家在记述阿道夫·希特勒的一生时，也不必舍弃其对末世论与对神的信仰。[41] 在希罗多德将神灵与人遭受的惩罚联系在一起的少数事例中，他都会语带犹豫地为之加上注解，解释事件的非比寻常之处及自己受到的震撼：格劳柯斯不敬的恶果（据利奥提希德[Leotychides]），塔尔图比欧斯（Talthybius）的愤怒（μοι ἐν τοῖσι θειότατον φαίνεται γενέσθαι），波提戴阿的洪水（εὖ λέγειν ἔμοιγε δοκέουσι），普拉提亚圣域消失的尸体（εἴ τι περὶ τῶν

（接上页）灵魂的游弋；阿米尔卡斯的消失（2.111，123.2；7.167.1）。历史多重版本：培列提美与克列欧美涅斯的死（4.205；6.84）。G. E. Lloyd *Magic, Reason and Experience*（剑桥，1979）26-32；[希波克拉底]《论神圣疾病》22。洛伊德将希罗多德视作坚持传统信仰的史家，虽然他也认可其在解释现象上的兴趣。

[40] Legrande（1932）133-4. Dodds（1951）30-1 与 42 很快抛弃了那种认为希罗多德"过于武断"，"双倍武断"，充斥着"大众的宿命论"与"宗教焦虑感"的看法。

[41] 例如，Löwith（1949）191-203，尤其是 198。

θείων πρηγμάτων δοκέειν δεῖ），或者普拉提亚与米卡列战争的巧合。[42] 将邪恶与神怒联系在一起的选择机会也被忽略（如1.160与6.27）。埃塞俄比亚人撒巴科斯（Sabacus）拒绝接受梦示而受益（2.139）。在《历史》中，直白地承认神灵对人类事务的干预极为少见；希罗多德并不使用机关降神的技巧来解释历史。民间传说式的解释并没有让希罗多德为了简单的信仰而放弃历史的艰苦工作。

第四种解释与神灵有关，但这种因果论在历史事件中发现了一种自然与动态的平衡，而不是来自神灵的日常干预。接下来，我们会从一种阐释的，而不是第6章中的结构性叙事原则的角度来检视报复（tisis）。

这种阐释法有宇宙论，报复在行动中的补偿原则，一报还一报，有罪必有报等内涵。神灵会以nemesis（神怒）或tisis（报复）等正义（dike，1.32.5*，7.10ε*；8.13，109.3*）的主要表现来毁灭"过度"的权力与财富。[43] 神灵因此被想象成守护者，但通常情况下，平衡总是能自我修复。"诗性正义"时而也会出现，如巨吉斯准备"从同一

---

[42] 6.86*；7.137.1-2；8.129.3；9.65.2，100.2. 这种神性的τίσις绝不要与单纯个人性的报复欲混为一谈，例如，2.152.3，4.118.4，5.79.1，6.84.2。关于怪力乱神，参考Legrande（1932）135-6。第一人称代词（ἐμοί）表明，在叙述超自然侵扰行为的话语中有主观因素，并且暗示我们，这种观点在知识论的可信度上是有限的。参考Ligota（1982）9及注释43。

[43] Sinko（1959/60）8-9；Legrand（1932）134-5. Lateiner（1980）30-2分析了希罗多德对这个词语的精准用法，结果表明，这个词表明的并不是作者本人对神灵之事的信任，而是他笔下的人物的看法。

个地方"，甚至是在坎达列斯命令其躲避以观其皇后裸身的"同一道门"弑杀坎达列斯（1.11.5，12.1）。同样，克洛伊索斯对梭伦的来访颇不待见，尤其是因为他给出后来拯救了他性命的建议（1.33）。人类以复仇（τιμωρίη）寻求报复时，他们通常面临着触怒神灵的危险（4.205，7.8α2*，8.105-6），即使其意图是正当的。有事例为证：欧洛伊铁司擒住杀死波律克拉铁司是"不义"的，因为"波律克拉铁司的行动和言语都没有冒犯过他——他甚至连这个人都没见过"（3.120.1）；也就是说，他的报复是不正当的。事物的本性，无论我们将其唤作"神"还是内在必然性，总是有一种平衡的本能（1.34，4.119.3；参考6.11.3*，6.109.5*，8.13，8.129.3），且罪恶总会有相应的惩罚（2.120.5，5.56.1*，6.72.1，6.84.3）。违背人类的共同律法给雅典带来了共同承担的灾难（7.133.2）。欧罗巴是伊娥的补偿品，ἴσα πρὸς ἴσα（平衡，1.2.1），自然维持生物品类的平衡（3.108-9），梭伦与阿尔塔巴努斯断言，厄运与好运互相平衡（1.32.4*，7.49.4*）。

建立在"神灵复仇"基础上的阐释对敬畏神灵的读者有着象征价值，但是这种阐释可以，也总是与其他非神学阐释共存（1.167；4.205；6.84）。关于克列欧美涅斯自杀一事，希罗多德评论道，大多数希腊人认为这是他对阿波罗女祭司做出的不敬行为所受到的惩罚，但雅典人认为，这是因为他入侵厄琉息斯（Eleusis）女神圣域，阿尔哥斯人认为，这是因为他们为躲避战祸而到神殿去避难时，克列欧美涅斯将其赶了出来并把他们杀死，并且将圣林付之一炬（6.75）。各民族选取与自己关切最大的罪行，并且为其赋予一位神明。斯巴达人则对神灵一事表示怀疑，并且将他的疯狂归在酗酒过度上。希罗多德则取中道，支持克列欧美涅斯因其对戴玛拉托斯的所作所为而"罪有应得"（τίσιν ἐκτεῖσαι，6.84.3），但并不支持其中的怪力乱神之事。

阿那克西曼德曾说（*Vors* 12 B1）："在时间的检视下，[一切事物]都会为其不义（ἀδικία）受到惩罚（δίκη）与报复（τίσις）。"这就是这位爱奥尼亚"科学家"眼中的以道德与司法语汇表达出的自然世界；爱奥尼亚史家笔下的历史也很相似。报复不需要机关降神就能达成目的。[44]希罗多德反对希腊式的对本真与单一的推动力的寻求，无论其是神话式的还是神学式的。

希罗多德的主要关注点不是宗教与超自然现象，而是人类经验的诸现象。[45]他对历史行为的分析需要我们将第五

---

[44] De Romilly（1971）318, 334 否定了一种看法，即希罗多德对体系化的神道往还（divine compensation）的认可。毋宁说，复仇是"一种实用的连接纽带，而非一种严肃的分析"。Immerwahr（1956）253 已经注意到，"复仇也是一种将事件紧密连接在一起的首要手段"。罗米莉（De Romilly）针对"叙事假托"（prétextes narratifs[319-20]）所举的例子表明，复仇并非充足因，政治因也会出现。对 7.188-91 与 8.13 处风暴的记述提到了神因，但是这些假说与希罗多德研究希腊获胜一事上的人类因是毫无关系的。

[45] Immerwahr（1954）33-5. 读者，而非希罗多德，要自己为薛西斯的梦做出一个神学解释。据此看来，大难临头前的个人或国家，希罗多德都会用某些特定词语表明，幸福将会很快结束。参考 Lateiner（1982）97-101。

种解释形式和盘托出：历史主义的、务实的政治分析，这也是现代史家常用的方法。[46] 希罗多德并没有为之创立术语，但是这是他的创造，而且文中出现的第一人称动词或代词时刻提醒着我们，这个解释是全新的、理性的，且是全然人性化的。其所用的方法并没有被理论化，但它的出现是前无古人的。人类行为能够揭示性格，在他看来，个人与民族的性格对于我们理解历史进程有着至关重要的作用。从第七卷开始，历史的阐释方法逐渐占据主导，复仇与其他的解释方法逐渐消弭。例如，薛西斯的远征既是自主的，也是必然的，但这种必然性出自波斯人的礼法——习惯、律法与习俗——以及薛西斯的不安全感与自高自傲。薛西斯的宫廷大会与梦代表着薛西斯所做决定的"原由"的两个版本，两者之一皆足以为出征正名。然而，如果薛西斯仅仅是神的一个玩物、一个牺牲品，那么希罗多德还会不会写作历史呢？7.1-19中有世俗的解释，也有神学的解释，但希罗多德并没有因此就停止思考。[47]《历史》为我们提供了足量的人为因素，其中既有心理上的，也有策略上的；这就使得梦境的传述显得光怪陆离了。在7.44-52，薛西斯作为人子与国王为其所作所为担负全责，在这个清醒的薛西斯身上已完全看不到那个阴

---

[46] De Romilly（1971）326-33 有着精彩总结。参考 de Ste Croix（1977）141-4；Grant（1983）292。

[47] Solmsen（1974）9；12-19；Legrand（1932）134 认为，希罗多德反对那种将人视作"命运的被动玩物"的观点。

森恐怖的梦的身影了。[48]这个世俗式的解释也代表着希罗多德自己的最终判断。[49]在《历史》中,理性分析并不让人印象深刻,因为它本身缺乏戏剧性;它从未成为一种结构母题,或者给人以画面冲击。然而,它是内嵌在充满历史信息的逻各斯之中的。[50]

薛西斯的败亡,在那些虔诚之人看来,意味着神灵对傲慢的惩罚,在哲人看来,则意味着权力对人的腐蚀。对于历史感强的读者来说,仅仅读读薛西斯先人的所作所为就不难理解继任者薛西斯的残暴,而且不难了解希腊与波斯之间的宏大差异。希罗多德笔下薛西斯臭名昭著而又奇特的"梦"受到荷马的启发,它出现在对现实与历史两个动机的呈现之间(7.12-18)。它进一步推动了《历史》的戏剧化进程,且大大丰满了历史叙事。然而,作为一种对注定要发

---

[48] 这个故事以怀疑式的 καὶ δή κου 与距离化的 ὡς λέγεται ὑπό Περσέων 开头。Solmsen(1974)21-3 注意到了这一点,并且将其与埃斯库罗斯《波斯人》中的鬼魂相比较,赫尔摩格涅斯(De ideis II 421 Spengel)将薛西斯与阿尔塔巴努斯的对话视作文学庄严风格的顶峰。

[49] 注意后来阿尔塔巴努斯又觉得幻象没那么重要,重回之前对薛西斯远征的负面评价(7.47.2*; Solmsen[1974]21)。参考 1.204.2: 居鲁士决定攻打托米丽司。

[50] De Romilly(1971)326; Forrest(1979)312,320-21: 政治解释有所呈现,但是并没有被展开。米尔提亚戴斯入侵帕洛司被呈现为一种政治解释,但这种解释本身也仅仅是一种托词,一个人动机,这个观点似乎从历史书写的角度来看是倒退的,但是在这里以及在奇蒙家族(Cimonids)铁米司托克列斯的嵌套性故事之中,我们看到了"庭审证据"(Wade-Gery 语),即对之后法庭上的政治斗争的回忆,而非希罗多德本人的分析。

生（7.12.2*）的事件的解释，从可证的历史角度上来看，它又是冗余的。希罗多德的世界与修昔底德的世界一样充满着残暴无情的侵略与帝国主义。例如，我们可以回想一下希司提埃伊欧斯在反对爱奥尼亚叛乱（4.137）时所说的话。在《历史》开端之处，希罗多德很快就从神话因果论（aitie）转向了历史责任论，人的选择与行动；伊娥、欧罗巴、美狄亚与海伦都非历史的开端者，在希罗多德看来，东方君主克洛伊索斯才是东西方冲突的始作俑者（1.5.3，6.2，26.1-3，28）。

研究希罗多德思想的学者在面对如此迥异的因果论（不同层面的解释）时注意到，"在我们意识到希罗多德为诸多迥异的动机都配以不同的风格"，"要逐一考察［薛西斯暴虐扩张的］这些动机的相对重要性"是徒劳的。[51] 以下的表格就列举出主要叙事的五个体系。神怒有时也有一席之地，但它们从未取人类动机与政治原因而代之（例如，克洛伊索斯的故事，波律克拉铁司的死，培列提美的敌人的命运）。希罗多德对个人、政治与形而上层面的事件的阐释，为读者提供了大多数史家不曾赋予历史文本的多重视野。那些借鉴而来的解释体系并不足以遮盖希罗多德成就的光芒。序言向我们许诺的 αἰτίη（原由）或对战争的解释涵括了希罗多德整合在一起的形形色色的 αἴτια（原由）。他的这部作品包罗万象，并且

---

[51] Solmsen（1974）23，de Ste Croix（1977）144-5 论梦。这种多样性回应了 Diener（1959）216 的断言，即希罗多德仅仅对个人心理感兴趣，而非重大政治事件。

细致入微地为我们说明那些有益于理解波斯战争的因素。希罗多德是否最初仅仅想写一部作品用以回答"为什么希腊人在萨拉米斯海战中获胜"这个问题，然而写作逐渐扩展成为一部解释两者政治与文化冲突的著作，亦未可知。

《历史》中的事实与解释

希罗多德对世界、神灵与人的看法并"不总是一以贯之的"。这并不是因为他"将信仰绑定在自然与人类命运的不变秩序以及人类的主动性与责任上"[52]。命运的必然性与人的选择不必水火不容，两者皆可作为考察事件的视角："人类所有的行动都既是自由的，也是预定的，再者，原因与伦理责任是完全不同的范畴。"[53]这样说来，人在出生之前其命运是既定的，其个人也是有罪的（1.13.2，34.1），波斯战争在形而上学上是前定的，在政治上也是可解释的（7.8*；7.11.2*）。希罗多德舍此奇迹而取彼奇迹（2.54-7，7.57），既斥责又赞同地形图式（topographical schematism，4.36.2，2.33.2），但即使是在事件非神力无可解时，[54]他也不会安然接受。神迹"总是'作为信息被载入的'"，而非历史"原因"（αἴτιαι）。[55]相较于之后的古代史家，偶然性在希罗多

---

[52] Myres（1953）47.
[53] E. H. Carr *What is History*（纽约，1961）124；de Romilly（1971）335。
[54] Jacoby（1913）482，后继者 Hignett（1963）35-6，夸大了希罗多德《历史》中的神学比重。
[55] Myres（1953）51-2.

德因果论中所占比重也不大。[56]

"虽然[希罗多德]了解所有促使薛西斯远征希腊的因素,但他还是更愿相信薛西斯是因神示,而非他的更好的判断力才出征的",这话颇有偏颇。[57]薛西斯的梦境中出现的幻影告诉了他真相:从政治实力与心理的角度来看,帝国是不会甘心沉寂的。继承一个王国的君主必须要以实际行动证明自己的价值,如同阿托撒所说那样(3.134.2*)。谦逊的年轻君主不会一直保持低调,他必须要证明自己。[58]这既是政治的,也是历史的,更是心理的必然。[59]薛西斯居于东方暴

---

[56] τύχη一词在《历史》中出现共14次,在《伯罗奔尼撒战争史》中出现了40次,而两者的篇幅是相当的。波利比乌斯对这个词的依赖,参考Walbank(1957)16-26。参考第10章,注释28、29。
[57] Hignett(1963)36.
[58] Von Fritz(1958)26;同上作者(1967)I 249;Solmsen(1974)19与注释52;Immerwahr(1954)39-40, 43-4.
[59] 然而,Solmsen(1974)13注释34有理有据地强调,梦之幻象在阿尔塔巴努斯面前的重现排除了一种全然世俗与政治的意义。心理学家所用的"多元决定"(overdetermination)的概念为我们提供了一丝线索,这个概念后来被Dodds(1951)7, 30-1应用在古风时期的希腊思想与希罗多德身上。他比较了荷马笔下死于尤弗波斯(Euphorbus)手下的帕克洛克罗斯,死于神意的帕克洛克罗斯(阿波罗),命丧于自己糟糕的μοῖρα的帕克洛克罗斯(《伊利亚特》16.849-50)。克洛伊索斯有政治仇敌居鲁士,阿波罗的φθόνος(= nemesis),以及ἄτη影响下克洛伊索斯自己帝国的夸张行径。这些并列的东西并不准确,但足以让我们意识到现代自由意志/决定论的二分法有多么简省。丹尼尔·汤普金斯向我说起过,甚至是修昔底德那里也有对"多元决定"事件的呈现:例如,雅典在叙拉古大败,原因:(1)错误的政治判断(6.31);(2)贪得无厌的hybris(参考F. M. Cornford *Thucydides Mythistoricus*[伦敦,1908]);(3)诸如月食等机缘(τύχη);(4)"依照自然,一切都会衰落(2.64.3*)"。线性与简易序列的因与果在所有的古代史家那里都见不到。

《历史》中的阐释：一些重要的叙事

叙事单元	神的嫉妒（phthonos）	命运（moira）	天道循环（kyklos）	神（theos, theoi, to theion）	复仇（tisis）	历史分析（logos；第一人称动词与指示代词）
克洛伊索斯/侵犯波斯人	1.32.9*	1.91.1-2*	(1.5.4)	1.34.1, 91.3	1.73.1, 86.6	1.46.1, 73.1
波律克拉铁司的败落	3.40.2-3*	3.43.1-2*, 142.3; 4.164.4	3.40.2*	3.42.4	3.106-9, 126.1, 128.5	3.39, 44-5, 122.2, 131
居鲁士侵犯玛撒该塔伊人	1.210.1, 212.3*	无	1.204.2, 207.2*	1.210.1	1.214.5	1.204.2-205.1
大流士侵犯斯基泰人	无	无	4.132.3?, 134.2?	无	4.1.1, 118.4*, 119.3-4*; 7.20.2	3.134.2, 4*; 4.118.2*; 7.8α1-γ1*
大流士犯希腊人	无	6.98.1-2	无	6.27.1, 98.3, 106	3.173.3; 5.102.1; 6.94.1, 101.3, 109.5*; 7.1.1, 4	6.44.1, 94.1

第9章　事件与解释：希罗多德的解读　　385

续表

叙事单元	神的嫉妒（phthonos）	命运（moira）	天道循环（kyklos）	神（theos, theoi, to theion）	复仇（tisis）	历史分析（logos；第一人称动词与指示代词）
薛西斯侵犯希腊人	7.10ε*, 14*, 15.3*, 16α2*（梦境：三位讲述者）46.4*	6.9, 8.1-2	(1.5.4)	7.10ε 134.1, 137	6.94.1; 7.8α2, β1*, 11.4*	7.8α2*, 11.2*, 50.3*, 138.1; 8.76.2
希腊人击退薛西斯的侵犯	8.109.3*	无	(1.5.4) 9.120.4	8.129.3; 9.65.2, 100.2?	7.139.5	7.102*, 104.4-5*（戴玛拉托斯），1.39.5, 144.2

君之列确定无疑。跨越海烈斯彭特、虐待列奥尼达斯的尸首及其他揭示其性格的逸事等都强调了他的暴戾（hybris）。正如他自己所说，薛西斯必须去开疆拓土。他的世界将扩张的责任强加在他身上，就像大流士被迫进犯斯基泰人一样（3.134*；7.8α1-2*）。[60] 面对丰富的解释方法，希罗多德无须从中只选出一种。丰富多样的解释方法使得文本的意义更为丰满，例如，它使得克洛伊索斯逻各斯充满了复杂的因果论。[61] 出于个人与政治的原因（为阿司杜阿该司复仇，同时也惧怕波斯与日俱增的国力，1.46.1，71.1），以及出于某种不可控力的影响但仍旧被其对德尔斐神谕的错误解读催动（命运，神怒［ate］与复仇［nemesis］；13.2，32.6*，34.1，54.1，75.2），克洛伊索斯决心攻打居鲁士。[62]

希罗多德的前后不一有时候非常明显，甚至让人怀疑其真实性。克洛伊索斯对居鲁士的战争在这段还是防卫，在别段就成了侵略（1.46.2；1.71.2，73.1），在这方面，其前后矛盾与第二次布匿战争中的罗马和伯罗奔尼撒战争中斯巴达的举动不相上下。用于解释克洛伊索斯跨越哈律斯河的原因多种多样，这源自德尔斐祭司与希罗多德的关注点不同。对于德尔斐的权威祭司来说，克洛伊索斯必须紧急结束

---

[60] Legrand（1932）229-30；Evans（1961）190-1；参考 Redfield（1975）91：" 行动的错误源自他所属的文化的局限或者矛盾；他或多或少是被迫犯错的。"
[61] Immerwahr（1956）255-7, 264；Solmsen（1974）5.
[62] 命运作为后知之明，而非一种因果论与形而上学式的解释，参考上文"解释的五个体系"。

自己的家族统治；对于希罗多德来说，他开启了对希腊人的一系列不义之举。[63]为德尔斐神示辩护的人想向世人表明克洛伊索斯败亡的原因，而对其作为后来事件的煽动者身份不感兴趣。1.91处的"混乱神学"未谈及阿波罗神庙的神谕，而是蹩脚地做出了两种区别，第一种区别是宿命论与为自由意志保留了一席之地的预言，另一种区别是起因与罪责——这两个词在希腊文中都是 αἰτίη。德尔斐神庙的祭司预言了，但并没有造成克洛伊索斯的败亡。因为克洛伊索斯是有罪之身（αἴτιος）。克洛伊索斯承认自己策略的失误与愚昧，这是与其先祖的罪过完全不同的东西——弑君篡位。[64]

发展出一套非评判式的因果理论与 ἁμάρτ- 这个词根的意义变化有着部分关系，ἁμάρτ- 这个词根的本意是道德中立的，意为"错失靶心"，后来逐渐有了一种负面的伦理判断的意味，"犯错、犯罪"；αἰτι- 这个词根同时但在相反方向上从道德上的"罪过"发展出中性的科学意义上"原因"的含义。[65]克洛伊索斯的军事行动是致命的，它本身是一种军事判断的失误，也展现了他暴戾成性、蛮横粗暴的一面。

---

[63] Wardman（1961）145-7；参考 5.28，97.3；6.67.3。
[64] Linforth（1928）231. 在 1.91.6 与 1 处都出现了 ἁμαρτάς，但是伯维尔对它们做出了区分，而且希罗多德认真地定义了巨吉斯的罪过。
[65] 参考 LSJ⁹。ἁμαρτα- 词根，参考 M. Ostwald "Aristotle on 'AMAPTIA and Sophocles' 'Oedipus Tyrannus'", *Festschrift...E. Kapp*（汉堡，1958）93-108。αἴτιος 及相关词语含义的发展总体如下："罪过"—"责任"—"原因"—"解释"。

克洛伊索斯注定要失去自己的统治权。在次级戏剧（minor dramas）中，我们也能看到他傲慢、急躁的一面。[66]克洛伊索斯为阿司杜阿该司复仇乃天理人情，但他穷兵黩武就说不过去了。克洛伊索斯败亡的主要原因在于其策略失误与军事误判，希罗多德对此也再三指出。多重原因可以互相补充，而不必互相矛盾。

以海纳百川之度收录不同的因果阐释是希罗多德的一大美德；他并行式的风格使他得以避开删繁就简的三段论，且不必在普遍与特殊之间来回周旋。他原因论的多样性在逻辑上并没有什么强有力的说服力，但是这种多样性保全了很多人类存在的不确定性，这是很多史家避而不谈但又确确实实无法绕开的问题。[67]行动与反应的线性链条在历史的成功、膨胀与失败的循环中看得十分清楚。克洛伊索斯的命运在德尔斐祭司的眼中可能已经很明确，但是其从王位上跌落下来也有足够的历史原因，那就是他愚蠢地想去征服贫穷却勇敢剽悍的敌人。政治"扩张比复仇更普遍（因为它更有吸引力）"，扩张被描述成一种民族策略与个人心理的结果，因此，在克洛伊索斯的故事中，"扩张主义的失败并不是由历史因素，而只是由形而上的因素来解释的"，这种看法是不

---

[66] Legrand（1932）136认为，当希罗多德暗示暴戾（ὕβρις）在人类事务中是神明介入的一个原由时，他在动机的分配上前后不一。

[67] Cook（1976）63-4；Pippidi（1960）75-80；Solmsen（1974）23；Legrand（1932）133。与之相对，Burn（1969）130声称，希罗多德"缺少即使是最为原始的那种历史因果论"。

正确的。[68]《历史》写作的年代，因果论尚未成型。个人的、政治的、形而上的动机与力量在每个人身上依旧活跃。其中不同的解释形式在我们看起来可能有点格格不入，但事实是，它们与各自的范式和整体的结构相得益彰。尽量准确地讲述故事，弄清故事与故事之间的关联，这就是史家的最高境界。

对于希罗多德来说，一个民族的权力欲望乃是人类事务的主要推动力。在4.167.3与7.5.3两处，他明确地将帝国主义与波斯的侵略动机的口实区分开来。有为数不多的事件以复仇收尾，如腓尼基人与阿尔哥斯人，希腊人与特洛伊人，希腊人与亚洲人（1.1.4），但都篇幅甚短，不具什么历史意义。前言宣告了某种比故事更有用但更难构建的东西：展示冲突的深层次原因的证据（la mise en évidence de la cause profonde du conflit）。这种追索需要的是一种环状整体（globular），而非线性方法（Gestalt）。一种统摄原则下可以有多种变相。居鲁士、刚比西斯、大流士征服米底人、吕底亚人、巴比伦人、玛撒该塔伊人、埃及人、埃塞俄比亚人、爱奥尼亚人与斯基泰人表现出来的对权力的贪得无厌就是希腊人与波斯人之间战争的最真实解释（αἰτίη）。成败得失既有内在原因，也有外在压力。习俗、权力的分配与社会结构决定着一个民族的命运。

如果希腊人的胜利首先得益于神灵（7.139.5；参考

---

[68] Immerwahr（1956）253，280。如 Wardman（1961）149-50 所说，吕底亚逻各斯的丰富阐释或许是由于克洛伊索斯距离希罗多德时间久远，史家资料匮乏。Solmsen（1974）5 注释 11 低估了希罗多德的政治动机意识。

8.109.3*），其次得益于雅典人（同上），那么希罗多德插入式的（parenthetical）虔敬之心就不应当模糊[69]其对希腊人誓死抵挡波斯军队的诸多世俗努力的详细叙述。叙事的分量压倒了虔敬的一面。

神灵的存在并不会削弱人类的历史成就，因为神灵是在历史之外的。"雅典与埃吉纳之间的战争拯救了希腊（7.144.2）。"这里，希罗多德称，并不是神灵，而是两个弱小力量之间的地区纷争拯救了希腊人。这也是为后来希腊人的胜利做出的一个世俗而又语带些许嘲讽的解释。希腊内部的自相残杀为后来其面对更为凶猛的敌人做了准备。冲突也能产生好结果（参考赫西俄德《工作与时日》中善好的不合之神，11-26）。希腊人理性地权衡向波斯王臣服的后果，并且在深知失败后果的情况下奋起抵抗。形而上层面的阐释并不会遮蔽政治阐释，且政治赋予历史意义。"它为我们接近事件表层下隐藏着的因果律提供了进路。"[70]换句话说，**无论希罗多德的政治史有多少瑕疵，他是这部史书的创作者，并**

---

[69] 如同 Jacoby（1913）479-83 认为的那样；豪（How）对 7.139.5 的笺注；Pohlenz（1937）162；Hignett（1963）35-9 讨论早期希腊文学；Grant（1983）292。更佳：Hauvette（1994）502；Legrand（1932）229-30；Kleinknecht（1940）263-4（= Marg 572-3）。在其中一个片段中，铁米司托克列斯试图说服墨守成规、迷信神明的斯巴达人行动起来；在另一个片段中，希罗多德以"遵照神的旨意"（μετά γε θεούς）软化了他仍然坚决且或许引发反感（ἐπίφθονος）的对作为希腊救星（即雅典人）的称颂："他们击退了国王（αὐτοὶ οὗτοι ἦσαν ...βασιλέα ...ἀνωσάμενοι）。

[70] 此段引文及下一段，参考 Solmsen（1974）31-2。参考 de Romilly（1971）334；最深的因果论隐而不显。

且带着它来解释主要历史事件。薛西斯对希腊的进犯乃是波斯势力不断扩张的必然政治结果，这种扩张对于波斯君主来说，"是一个传统，一种义务，一种冲动"。这就是希罗多德最具原创性的历史洞见。

私人谈话、宫廷演说、贵胄之梦，以及报复这个母题和阿那克西曼德（*Vors* 12 B 1）对其的哲学阐释，这种史诗式的技法都是从古风时代的文学传统中借鉴而来的。但这些借鉴不应当掩盖《历史》对尚在发展中的希腊散文前无古人的贡献。这一贡献包括一个中心洞见，即各种样态的统治都会依据其政治史、当下的内外政治压力及私利做出决策。再者，他意识到，一个民族的性格（有时候个人的性格也会）决定一个民族的存亡。通过希罗多德，希腊思想超越了冰冷的说教，[71]并且，至少是部分地，将历史思想从传说与史诗的束缚中拉拽出来，从幼稚的历史动力学中解放出来。希罗多德还创立了我们今天称为政治史的东西。现代研究的学科中没有哪一个比历史更接近希腊前 5 世纪的探究性成就，即修昔底德与希罗多德书写的历史。

---

[71] Hellman（1934）13 = Marg 116："没有宣教者会举起自己宣扬教义的手指。"

第 10 章

希罗多德的功过得失

> 从神话书写到历史科学的转变并不是希腊人思想中先天存在的,它是公元前5世纪的一个发明,希罗多德就是那位发明者。
>
> G. 柯林武德《历史的观念》

导言

《历史》的篇幅是《伊利亚特》的两倍,并且在精英阶层中广为传阅,但是却没有人去研究希罗多德的写作方法。这在许多古代与后来的批评家看来是不足的。"历史学之父从来没有被人认定为史学典范,因为人们认为他不可靠,哪怕是在他的崇拜者看来也是如此。"[1] 希罗多德赋予《历史》的这种新样态并没有得到传承。对希罗多德的批评中,与其意识形态或可信度相较起来,其风格是一个更大的原因,我

---

[1] Momigliano(1961/2)= *Studies* 214. 参考 Josephus《反阿皮翁》1.16,18 处的评语,或是现代早期麦考莱(Macaulay)的评语(1828;1972年重印)71-89,尤其是73-5,论"快乐的孩童"。Flory(1980)12-28 讨论了希罗多德古代文本的篇幅及他可能的读者群。

们只要稍稍阅读下亚里士多德、狄俄尼修斯或西塞罗论历史的篇章就能够明白这一点。但是,"希罗多德的名声在很大程度上是建立在修昔底德为史学写作定下的基调上的"。[2]修昔底德最具影响力的地方正是其反对早期史学习作的地方,但用这种方法来阅读《历史》是不合历史的,且有支离破碎之虞。

修昔底德从未对希罗多德做过系统性批评,甚至没有提及这个人的名字。事实上,受到修昔底德点名道姓地批评的前辈另有他人(比如,赫拉尼库斯;参考 1.97.3),这些人受到批评更加理所应当。[3]甚至他阅读这位"史家"的时间都是不确定的。后来的史家(比如,科特西阿斯[Ctesias]、美伽司忒涅斯[Megasthenes]、马涅索[Manetho])在征引《历史》时也多是为了否定某些记载,而不是探讨历史写作方法。"生来讲故事的人"——姑且用这个仍然普遍使用的短语,[4]没有模仿者。我在柯林武德这一短论的基础上为其身后之寂寥提出以下三个原因。

---

[2] Momigliano(1961/2)= *Studies* 214. Murray(1972)200-13 考察了希罗多德对亚历山大写作者的影响。虽然他将历史学家也列为地理志家与 epitomator(尼尔库斯[Nearchus]、阿布戴拉的赫卡泰乌斯[Hacataeus of Abdera]、美伽司忒涅斯、贝若苏斯[Berossus]、马涅索)。可堪与之对比的波利比乌斯从未提到过希罗多德。
[3] 参考 Gomme(1956)138,142 与注释 2。
[4] 例如,Hignett(1963)34。

希罗多德的寂寥

文学技法

希罗多德的方法与风格经常让历史阅读者摸不着头脑。他所写的故事清晰，但支离破碎，我们要提醒读者，"他不是自然（Nature）的单纯孩童；他的风格是其技艺生机勃勃的实践产物……他的技艺的顶峰可以在其对不同文学风格得体但看起来毫无技法的合并中找到"。[5]

与后辈相比，他毫不讳言自己对虚构与诗歌技法的采纳。私心、家谈、密谋、姿态与公共行为，这些都在史家的掌控之下，就好像是全知全能的诗人一样。"他的风格的特点在于，他乐于将其作品形式特点隐藏在虚构之后。"[6]他呈现故事的方法是保留故事的关键意义，但不受到任何严苛证据原则的束缚，这在很多人看来是缺乏原则，或是缺乏洞察力。我们需要将解释性逸事与事实性叙事区分开来。[7]

---

[5] G. Kaibel *Stil and Text der Athenaion Politeia des Aristoteles*（柏林，1893）66；参考《论崇高》22.1。在31.2处，作者提到了希罗多德对几近鄙俗的生动词汇的选择（提及6.75.3，7.181.1），以及他（还有修昔底德）令人惊诧的夸张（例如，希罗多德7.225.3；修昔底德7.84.3-5）。

[6] Immerwahr（1966）15.

[7] Legrand（1932）160-77 "de l'effort littéraire chez Hérodote" 认为希罗多德几乎没有什么刻意为之的写作技巧。他认为，《历史》的作者本身并不具备任何前见或技巧，他只是"纵情于"一些相互关联的观念之中（163）。他对荷马的使用是一种"天真的借鉴"；排比、头韵、双关等都是偶然为之的（172-5，有例证）。《历史》中那些迷人的故事仅仅是对那些他所听到的故事的一个编排，写作者本人就是一个可爱的、友善的、善解人意的对话者（176-7）。Meyer（1899）264 = Marg 23认为，以后来的标准评断希罗多德是徒劳的。

虽然在很多读者看来，这位史家实在过于轻信，但是他的组织与叙事技巧和微妙的句法背后有着一种未被欣赏的深度。他凭借自己的判断力检视那些充满公众偏见的故事，但其中根深蒂固的东西，希罗多德并不会一同抛弃掉。甚至是修昔底德轻信的地方，他也都保持警惕，如帕乌撒尼亚斯一例。美伽巴铁斯的女儿与帕乌撒尼亚斯结亲是为了以总督的身份统治希腊，这个故事希罗多德表示怀疑。有损普拉提亚大捷名声的流言蜚语（5.32；9.64.1，76，78-9，82）希罗多德都予以驳斥。我们只要心有所悟就会明白，其修辞策略是不会与传述相抵牾的。而修昔底德则对不信任的东西要么压制，要么直接否定。修昔底德虽然乐于宣传雅典，还是将帕乌撒尼亚斯奇特的信作为信史记载下来（参考《伯罗奔尼撒战争史》1.95.1，95.5，128-9，131，134）。[8]

插入故事，环形结构，故事中套故事的结构技巧，这些希罗多德常用的技艺虽然见于修昔底德第一卷，[9]但很快就被史学家抛诸脑后了。他呈现事件的顺序在期待线性纪年

---

[8] 修昔底德没有质疑雅典人将动机与行为归在帕乌撒尼亚斯身上——甚至1.132.3处的铭文可能错误地将私人的献祭描述成了一场公共的"僭越"行为；参考 A. Andrewes 的 "Spartan imperialism"，*Imperialism in the Ancient World*，P. Garnsey 与 C. R. Whittaker 主编（剑桥，1978）91-102，尤其是91-5 与 303 注释9。

[9] N. G. L. Hammond "The arrangement of thought in the proem and in other parts of Thucyides I" *CQ* ns 2（1952）127-41；R. Katičič "Die Ringkomposition im ersten Buch des thukydideische Geschichtswerkes" *WS* 70（1957）179-96。

的读者看来是杂乱无章的,虽然有学者为此辩护:在缺乏记事卡、页码、橡皮擦与脚注的年代,这样的书写方法是非常有效率的。[10]

亚里士多德征引希罗多德,认定他为"旧"式散文风格的典范(《修辞学》3.9.1-2=1409a-b),这种"流水"式的风格"本身没有结束之时,不说完事情就不收尾,缺乏界限(ἄπειρον)不受喜欢,因为大家都想看到终点"。亚里士多德更偏好更容易把握的回归式的风格,因为这样的风格使得听者能够确定自己所听到的事情,且这个事情是有结论的。这个方法可能更适用于吕西亚斯式的雄辩,或者是索福克勒斯笔下的戏剧,而历史事实呈现出蛛网般的放射形态,其起始点和结束点都有着乱如麻的诸多问题。

新创的线性散文用在东方前后相继的帝国王朝上十分合适。虽然《历史》最后三卷受到必然性(平行或者同时发生的事情必须前后相续地予以呈现)影响以线性秩序呈现事件带来了很多问题,希罗多德还是创立了一种组织经验的方式,来向当下的听众解释历史,而这种方式在其身后变得极为落寞。我们有理由相信,这位于伯利克里时代居住在雅典与意大利中部的游历四方之人对这些地方发生的散文写作技艺革命相当熟悉。再者,《历史》中的某些部分是在修昔底

---

[10] Lattimore(1958)10-15 讨论了笨拙的"渐进风格"。这种理论的逻辑排除了任何《历史》中有其他结构的可能。Flory(1980)17 注释 20 接受了所谓的"未修订第一稿"的理论。Gomme(1954)102 则过分地低估了书写及其结果问题的困难度。

德着手组织材料和写作长达五年之后才写就的。[11]希罗多德完全可以在恰当的时候利落地以回归语句或总结性的框架语句结束全篇。[12]然而，其风格更好地展现了他的理念，即爱琴历史背后更强大的推动力还没有到达尽头。他不想误导读者，使其相信波斯与希腊之间已经两清，抑或是两方可以永无瓜葛。史家都会选择在某处开始，在某处结束，狄俄尼修斯盛赞希罗多德的选择，[13]但是他倘若声称全书的结尾就是希腊－波斯战争的结尾，那他就犯下大错了。希罗多德声称，公元前522年至公元前424年（6.98.2）三代波斯君主在位期间经历的灾祸比大流士之前二十代经历的灾祸还要多。他并没有像其他史家那样执意表明，自己所写作的年代与主题才是唯一值得关注的。

他写作的《历史》是开放式的，关于其最后一个段落9.122的讨论也源自其文学技法。这个结尾乃是史家的意图，这"仅仅是一个信仰……但是，证明的重担落在了那些认为此书尚未完结的人肩上，而他们什么也无法证明"。[14]尾言

---

[11] 将修昔底德1.1.1及5.26.5与《历史》中明确为公元前431年之后所发生的事件（有时候被称为"后加入的"，研究这个问题需要研究《历史》的写作问题）比较，参考Fornara（1981）149ff.。

[12] 前者在1.45.3处得到了很好的阐释，有Denniston（1952）5-8 = Marg 754-8讨论；后者，参考Immerwahr（1966）12，该处提及了广为人知的W. van Otterlo德文著作 *Untersuchungen über Begriff...der griechische Ringkomposition* 的丹麦文版本，*Mededelingen der koninklijke Nederlanse Akademie 7/3*（Amsterdam 1944）131-76。

[13] Dionysius *Epistula ad Pompeium* 769（= Roberts 108）.

[14] Lattimore（1958）21注释28；Meyer II（1899）217-18 = Marg 679-80.

将读者带回到居鲁士的波斯帝国与对希腊人进犯的开端，暗示我们，那时的波斯与现在的希腊（公元前479年）何等相似。文学技法很快就被人们遗忘殆尽，但是其背后的思想——历史——仍启迪着后人对这个新的领域进行反思。[15]

视野与包容性

希罗多德在概念结构与世界观上从荷马那里受益颇多。《伊利亚特》中的内外论战与分歧，以及《奥德赛》中严密的情节与从属于主情节的游历故事对希罗多德影响颇大，甚于罗列地理、人种信息与空洞的理性推断的赫卡泰乌斯对他的影响。[16]

修昔底德则为历史写作中的推想、结构与视野定下了一些准则，这其中并不涵括我们在希罗多德《历史》中所见到的那种史诗式的纵横捭阖。知音难觅，希罗多德身后难免寂寥。修昔底德的历史书写不遗余力地清除那些说不清道不明的口述耳闻，将层层堆叠的、无关的、"不实"的事实驱逐出极为狭窄的事件主题（一言以蔽之，战争）之外，而希

---

[15] 修昔底德的《伯罗奔尼撒战争史》删节的本初形态乃是一个纯属猜想性的话题；参考 H. Rawlings *The Structure of Thucydides' History*（普林斯顿，1981）。色诺芬避开了技艺性的开头与结尾，单刀直入，从战争中间任意选取一个事件开始。他的技巧粗糙，但并不是没有达到初衷，所模仿的乃是无形无尾的一系列悲惨的历史事件，如同其结尾暗示的那样（《希腊志》，7.5.27）。

[16] 参考 Drews（1973）49, 77, 186 注释 154，所讨论的乃是希罗多德对《历史》视野的扩展。

罗多德则是在丰富多样的不同文明伟大成就的基础上描绘出各个文明的历史画卷。文化史这个希罗多德的发明是古代与现代帝国扩张的副产品。希腊殖民时代，波斯与雅典帝国的扩张，亚历山大与罗马的征战，这些都深深地影响了历史研究的本质与内涵。[17]伴随着伯罗奔尼撒战争，希腊世界开始了将近一个世纪的收缩，这种收缩将史家的注意力暂时转向古老希腊。希罗多德的关注点与其之后一代史家的关注点完全不同。

希罗多德超越了神话的范畴，但并没有超越神。[18]修昔底德试图将形而上学式的观念降到最低，或者是彻底消除，尤其是将粗劣的神或者命运概念赶出史家的领地。[19]然而，修昔底德对永恒典范事例的追索将一个新的简化性的形而上学引入了历史学领域：研究历史为理解未来提供了某种可靠的参考。

修昔底德还将可以详细考察的早期历史踢出了历史学。

---

[17] 参考波利比乌斯3.57-9，尤其是58.5，59.3-5。其他史家对波利比乌斯及波西多纽斯（Posidonius）的史作的借鉴，参考Murray（1972）200-4，以及A. Momigliano *Alien Wisdom*（剑桥，1975）22-33。希罗多德式的民族志直到波西多纽斯时代依旧是典范；这乃是其主要的遗产（Murray，204）。
[18] Cook（1976）26.
[19] 希罗多德式的德性主题（*topos of arete*）在修昔底德写作的演说中常常出现，但其作为主导作用被弱化了。作为一种可察觉的力量，它是非功能性的，如神明。第六卷与第七卷曾被解读为"传统模式下［通过一种艺术形式］的神话塑形"，即关乎权力与胜利的悲剧，但科恩福德的这一观念与修昔底德的初衷是相悖的——如科恩福德承认的那样，参考*Thucydides Mythistoricus*（伦敦，1907；1965），ix, 135, 140。

他大刀阔斧地对一系列材料进行删减，如材料来源、诗歌引述、自传、神话、逸事，以及一切与其主题（战争）无直接关联的东西。虽然我们还是能够寻出例外，但是他的方法一以贯之，很明显是对希罗多德方法的反叛。修昔底德最为显著的贡献在于其编年体的叙事框架，充满哲学省思的演说，以及让学生紧皱眉头的那些似是而非的修辞。再强调一次，希罗多德的写作技巧似乎是有意被抛弃的。然而除却编年体框架之外，这些改动在古代并没有被当成典范来模仿。[20] 修昔底德在处理道德问题的时候会避免从材料中直白地得出结论。这种含蓄，以及他惯以第三人称称呼自己的习惯，使得他的写作更为中立，且与实际事件更加遥远。两位史家在呈现战争之事时表现出更多的相同点，而非不同。

希罗多德的方法与修昔底德的方法对读者来说都是挑战，但两者颇有不同。总的来说，希罗多德喜欢在叙事中使用言语或者情境上的呼应，以及过去与未来的事件隐性的交叠。这些隐性的类比将明显无关的事件黏合在一起。

如同奥德赛一样，希罗多德也曾远游四方（μάλα πολλά πλάγχθη），见过许多城池（ἀνθρώπων ἰδέν ἄστεα），记录下人们的思想（νόον ἔγνω）。希罗多德对这些听来的故事态度不尽相同，或信或疑，但是人们相信的东西与人们所做的事情在他看来都同样重要。缪斯告诉赫西俄德，她们知道如何把虚构的故事说得像真的，但是如果她们愿意，她们

---

[20] 参考 Parke（1946）92。

也知道如何述说真事;[21]希罗多德也知道这两点,真事与假事都能帮助史家理解其他时代与其他时代的人,这两者都值得保存,只要史家尽其所能精心筛选并做出判断。在呈现多重版本与关于可疑的现实事件的同时,希罗多德保存下来许多民族传统,有时候那些稍微有些真理性的故事,他也予以收录。

据希罗多德说,阿利司铁阿斯的诗作,《环游记》(*Periodoi*)的散文作者及赫卡泰乌斯是其民族志信息的资料来源(4.13.1, 16.1; 4.36.2; 6.55, 137.1)。荒远民族的不经故事里,例如,阿里玛斯波伊人(Arimaspi)的黄金,埃塞俄比亚人与许珀耳玻瑞亚人(Hyperboreans)的美德,阿伽杜尔索伊人(Agathyrsi)的妻室等,可能有民间或者文学资料的影子,甚至有的时候,希罗多德的记载还是对乌托邦传说与虚构的游历故事的打磨。[22]这种材料并不仅仅是一种点缀,或者是无关紧要的题外话,而是希腊文化的镜像,用以赋予波斯战争一些世俗的与历史的意义。民族志为研究波斯战争提供了一个很有必要的深度的背景介绍。很多后继者先是拒这些材料于历史之外,之后又大规模地捏造它们。文化史从史家的写作中消失了近一个世纪,因为真正的历史被重

---

[21]《神谱》26-8;参考《奥德赛》19.203;希罗多德 8.8.3 论色铁米司托克列斯。

[22] 对希罗多德素材最为全面的考察仍旧非 Jacoby(1913)392-467 莫属。叙事倾向(Tendenzerzählungen):Jacoby(1912)2755;M. Hadas "Utopian sources in Herodotus" *CP* 30(1935)113-21。Macan(1895)II 43 感叹道:"写出大流士远征斯基泰人这样充斥着讽刺与玩笑的文字的作者到底有什么历史或然性的标准呢?"

新定义为政治与军事史，编年的、本土的，甚至是单一事件的历史写作成了史学的标准样态。

希罗多德在序言的末尾处强调人类事务的无常，他承诺："无论城邦大小，都要平等对待（ὁμοίως σμικρὰ καὶ μεγάλα ἄστεα ἀνθρώπων ἐπεξιών）。因为之前很强大的城邦现在变得很弱小，那些在我的时代强大的城邦，以前很弱小。因此，我们要谨记，人类的幸福不会永远待在一个地方，城邦无论大小，我都会平等记述。"[23]

这里我们可以看到《历史》奇怪的包容性准则。变动性影响一切。当然这在希腊人看来并不是什么新鲜的高论。例如，色诺芬尼将不可动摇的、泰然自若的神与坚信劳作、命数难测的人类相比较：变化中的东西没有一个是在一处不动的（αἰεί δ' ἐν τ' αὐτῷ μίμνει κινούμενον οὐδέν, *Vors* 21 B 23-6；参考巴门尼德 28 B 8.29；索福克勒斯《特刺喀斯少女》132ff.）。然而，希罗多德对这些本身看起来琐屑的事件的相关性做出了解释。其着眼点就在于这些事件蕴藏着的与其主题"人类事务的无常"相关的东西。从这个角度来看，梭伦与克洛伊索斯短暂但充满戏剧性的对谈与爱奥尼亚叛乱长篇编年史拥有同等重要性。

希罗多德、修昔底德与色诺芬都曾为"什么对历史是

---

[23] *Homoios* 乃是此段引文的第一词，也是最后一词。希罗多德的历史并没开启后来修昔底德的基本认知，即当下的权力并不能告诉我们任何关于历史的事实，抑或，当下的财富划分可以轻而易举地误导未来的研究者。

重要的"这一问题陷入沉思。他们都注意到，史家因事件发生的地点卑微而将其摒弃，这是一种愚蠢的行为。色诺芬这位老派的苏格拉底式的史家从政治事件（无论大小）中引申出道德学问。有一处关于他所熟知的小城邦小普利乌斯（Phlius）的段落如此说道："如果一个大的城邦取得了什么荣耀的成绩，史家都会蜂拥而上；但是我认为，如果一个小的城邦成就了很多高尚之事（καλὰ ἔργα），虽然它很小，但它更值得受到史家的注意。(《希腊志》7.2.1；参考 2.3.56；4.8.1；5.1.4；4.1）"在修昔底德看来，历史动能需要大量的人和钱财来激发，但是，即使是遭受大难的小村米卡列苏斯与迈锡尼的贫困农村也具有重大的历史研究价值（7.29-30；1.10；参考 1.1.3，9.4，21.1）。变动性本身是希罗多德笔下的主题之一，所以，任何层面或者人类活动的任何领域的变动都会吸引希罗多德的注意，并且他会将不同层次的事件并列观照。文本也是如此呼应克洛伊索斯的"人类事务的转轮"（κύκλος τῶν ἀνθρωπηίων ἐστὶ πρηγμάτων），其本身也是对梭伦的悲观人生观的一个呼应（1.207.2*；1.32*；参考7.203.2*）。

希罗多德既没有一种积极的进化史观，也没有克洛伊索斯所说的人类事务的转轮（kyklos）暗示的那种悲观史观。前者可以由序言中对荣华富贵和权势名利的无常本质的陈述予以回驳；后者则对转轮这一意象的理解过于字面，即不存在恒定之物。在普拉提亚战争之前，雅典人也向斯巴达人表达过类似的忧虑："不要再提当年勇了，因为当时的勇士现在也许会成为懦夫，而当时的懦夫今天也许会成为勇士，还是不必再提旧日的那些勋业了吧（9.27.4*）。"这样一种与传统希腊拥有稳固本性（physis）的伦理观念相悖的变易观与希罗多德的循环世界观是相合的，它所表达的是，人类应当小心翼翼、如履薄冰地避开某些行为，但人类不会因此而停止犯旧错，或者是新错。希罗多德与修昔底德都致力于将自己的研究从业已成型的狭隘道德格言中解放出来。走出这些格言，我们可以看到，历史与伦理是完全不同的范畴。

公元前4世纪《希腊志》与《普遍史》的写作者们都曾向希罗多德致意：色诺芬，尤其是我们将其历史、虚构与哲学著作视作一体时；忒奥旁普斯（Theopompus），他简写了希罗多德的历史，并在《菲利普志》（Philippica）中加入了一些本地传奇、民族传统（如伊特鲁里亚人）与传记（115 *FGrHist* T1, FF 1-4, 64-76）；以及俄弗鲁斯（70 *FGrHist* T1；FF 1-5, 7-92，尤其是58-63；173-88），他在《普遍史》中处理了很多地理、神话与民族志题材，对希罗多德借鉴颇多，而且他还写作了一些关于发现与地方史的文字，这些题目都是希罗多德常常涉及的。将历史专业性地分时代、分类别来处理使得希罗多德的综合方法更加难以操作了。

再者，修昔底德的"心理历史"使得《历史》在行为动机上显得极为过时。修昔底德"超越了希罗多德的历史思想,并将其抑制在反历史动机之下"[24],不论我们对此认同与否,希罗多德都毫无疑问是改写了希腊历史写作的里程碑式的人物。希罗多德改造了爱奥尼亚研究历史的方法(即光怪陆离的神话与对异域文化的详尽描写),他将地理、本地史与民族志统合在一起,并且如同雅各布与冯·弗里茨所说的那样将注意力集中在一个单一的跨时代的主题上,即波斯帝国的扩张与希腊联盟对它的第一次挫败。修昔底德不关心过去、远离希腊的土地与民族及所有的神话,他所关注的是当下的那个单一决定性事件。他成功地向前辈使用过的所有方法发起挑战。他的"再定位"意味着意识到改变的可能性,"认识到,即使是以最为丰沛的信息描画的当下史也无可救药、不可避免地浸透在同样的'神话'风气中"。[25]但是这种自省在古代并没有表现得那么明确,因此,我们现在可以回到希罗多德独一但不朽的作品上。

史家给自己规定的首要任务是保全、评估与整合数量众多的口头传统,这实在是一个难以说明的事情。"希罗多德《历史》的复杂性与体量与除了荷马之外的前辈们相比是惊人的",它以史前的大陆间的交流与冲突为开端,继而转向波斯的扩展与希腊人对他们的打击,并以希腊人在公元

---

[24] 柯林武德(1946;1966⁹)30,一段火药味十足但颇有影响的话;两者的贡献仍需平衡。G. de Ste Croix *The Origins of the Peloponnesian War*(伦敦,1972)5-7 很好地批评了这段话的一面性。Hunter(1982)将两者的区别缩小了,这是一个有益的尝试,但仍请参考我的评论 CP 80(1985)69-74。

[25] Powell(1939)44-5.

前479年的复仇结尾,"他处理的素材众多,且很多毫无关联,但他成功地将它们组织成了一个和谐(σύμφονον)的整体"。[26]在给予读者阅读乐趣上,他和吉本独树一帜,"这都要归益于(他们的)丰富学识与天生的选材能力"。[27]

希罗多德的创造性视野

后来的史家因不察希罗多德的思想深度并不以之为训。在某些方面,希罗多德与现代史学是相合的。他为偶然性留下的位置并不多,神化的机运(Τύχη)则几乎没有地位,然而前者在后继的古代史家那里则占据中心地位。[28]出于 aitie, 希罗多德为历史提供了有关战争的戏剧性与当下的,短期的及更深层次的"原因"。[29]希罗多德拒绝出于后来的本土政治与党同伐异的目的将希腊人的成就简化,因此他的写作并没有为下一个世纪的政治问题提供任何实用的知识。

狡诈的科特西阿斯和传奇作家色诺芬满足了希腊人对

---

[26] Lattimore(1958)16.Dionysius *Epistula ad Pompeium*774(= Roberts 112).

[27] Momigliano(1954)460 = *Studies* 51.

[28] 参考 H. Herter "Freiheit und Gebundenheit des Staatsmannes bei Thukydides" *RhM* 93(1950)133-53; H. P. Stahl *Thukydides, die Stellung der Menschen im geschichtlichen Prozess*(慕尼黑, 1966)94ff. 与 107ff.; L. Edmunds *Chance and Intelligence in Thucydides*(剑桥, 麻省, 1975)174-204. 对希罗多德的评论, 参考 Wood(1972)注释6与 Immerwahr(1956)280与注释80的短评。

[29] 同上, 278, 同时请兼看 1.46.1; 2.161.3; 4.79.1, 145.1; 6.94.1; 7.1-18, 尤其是8; 9.106。边界与进犯为我们提供了一种定义民族性格的形式因, 但它鲜为催动事件的动力因(参考第6章)。

东方与波斯宫廷的想象。[30]科特西阿斯几乎处处与希罗多德相悖，满纸荒唐言，甚至是冷峻的普提乌斯（Photius）也如此怀疑（《图书志》，*Bibliotheca* 72，p 35b）。科特西阿斯的名声也暗示我们，希腊人对准确历史并不感兴趣。简化、扭曲、删减、变形之后的历史更加合演说家、探险家与爱国史家的胃口。历史为当下面临的问题提供了战场，而历史中将领与战争的名字则成为活生生的弹药与政治口号。[31]希罗多德不偏不倚，自然不受欢迎。

《阿提卡历史》（*Atthides*），《阿格西莱》（*Agesilaus*），《菲利普志》，俄弗鲁斯《普遍史》中与神话相关的片段，科特西阿斯充满想象力的传奇故事，色诺芬与亚历山大传奇作者都在形式与内容上为文学赋予了新意。[32]诸如亚里士多德与柏拉图等人类行为研究者从未提及过修昔底德；[33]他们征引希罗多德多是将其作为嘲笑的靶子，或者是在他那里挖掘一些逸事奇闻。

---

[30] Jacoby "Ktesias" *RE* (1922) 2032-73，尤其是 2051,2066-8；Drews（1973）103-19；J. Bigwood "Ctesias as the historian of the Persian Wars" *Phoenix* 32（1978）19-41。新近关于色诺芬的著作，参考 S. Hirsch *The Friendship of the Barbarians, Xenophon and the Persian Empire*（汉诺威，新罕布什尔州，1985）。

[31] Ligota（1982）1；Ch. Starr "Why did the Greeks defeat the Persians?" *PP* 86（1962）321-32（=*Essays* 193-204），尤其是 321-2，328，332。

[32] 参考 Josephus *Contra Apionem* 1.23-7（5），44-6（8）。

[33] De Ste Croix（1975）46 认为，《诗学》9.4 = 1451b 提及了亚西比德乃是参考了修昔底德的记述，但是领袖叛变这一话题无论是在当时还是后来的史家那里都是非常受欢迎的话题：柏拉图、色诺芬、忒奥旁普斯、俄弗鲁斯、杜里斯、普鲁塔克等。

本书可能在某些读者看来高估了第一史家的深度与原创性。如同之后的古代史家一样，希罗多德对战争的起因并没有给出系统性的解释，且在制度史、经济史与政治史上也没有炮制出任何单线性的进化理论。[34]他有时候会在主题或者范式的推动下将某个特定事件扩展成一种民族传统进而赋予这个单一事件更为宏大的意义。[35]马康（Macan）为我们的困境做了总结："关于第四卷至第六卷中的历史性、可信性、真理性等问题，我们很难炮制出任何提纲挈领式的判断。《历史》中的真理（与诚实有异）很难分卷说明；每一个故事、每一个句子都必须分开考量……眼尖的读者……必须时刻保持警惕，因为——如果我们可以出于讨论的目的粗暴地分出事实与虚构的话——在每一页之中真实与虚构都是互相交织、互相影响的。"[36]

历史学出现之前的第一位史家既没有理论家可供反驳，也没有什么范本可供模仿，然而对于同行来说，新方法的出现比反驳旧方法更难吸引目光。希罗多德无法为史家创制一个写作模板，但是他的写作逻辑值得我们深究。有些现代学者表示，希罗多德在前言中没有提及战争本身，但是，"希腊人与异邦人的伟大事功"这个主题从一开始就向读者清晰

---

[34] 参考 Momigliano（1972）290 =《论文集》172；参考 Burn（1969）4；Legrand（1932）158-60：不是一位"智者"，而是一个以"自鸣得意的接受能力（une complaisante réceptivité）"为特征的人。
[35] Hellman（1934）13 = Marg 115. 一个过度简化的传述：木乃伊猫（2.66.3-67），参考《时代》1981年6月9日刊，"Science Watch"。
[36] Macan（1895）I xxvii.

呈现了。史家在历史学萌生之际不描述战争本身又怎么讨论"双方是如何打起来的"呢？

以目前的标准来看，希罗多德用大篇幅讨论克洛伊索斯与梭伦、德尔斐与居鲁士的戏剧性相遇，其子之死及其与居鲁士的战争，而其在位14年期间的其他事件却总共只占不到三页的篇幅。新近的奇怪假设认为，他除此之外别无所知，这点我无法反驳；他的初衷并不是写作一部希腊－吕底亚关系史，这点对我们有所助益，我们不会提出异议；[37]但是我们对这个修辞有话补充，即这种研究方法会使我们的研究南辕北辙。如果吕底亚在历史上确实是希腊－异邦战争的始作俑者的话，[38]那么希罗多德就得坐实这一点，但是克洛伊索斯在《历史》结构中的优先地位已经从三方面得到申明了。

克洛伊索斯是第一个系统地对希腊人展开攻击的异邦人；他是波斯统治的受害者，且是第一个将波斯人吸引到希腊世界的人；[39]最重要的是，在《历史》中，克洛伊索斯的

---

[37] Drews（1973）188注释162与50，169注释8提出了这些问题。Jacoby（1949）330，注释16同样以无知解释希罗多德对雅典民族（gene）的沉默，但这个解释似乎不大合理。

[38] Shimron（1973）面对的是1.5.3与14.1的明显矛盾；参考上文第5章。

[39] Drews（1973）52-4认为，关于克洛伊索斯发动的战争与向德尔斐献上礼物的资料是很翔实的，足以记录波斯的第一个希腊世界的手下败将的实力，但是在《历史》的叙事之中，克洛伊索斯的军力却不敌对方（1.77.1）。德尔斐神庙一事有着主题式的哲学意涵：人类命运的不定与不可理解性，人类理解能力的软弱。克洛伊索斯后来得知，自己的落败乃是他及其先祖的罪恶所致，不在神灵（1.91.6）。这种阐释大概是源自德尔斐，在神学上对他的不期之难做出了解释。

故事为独裁统治提供了一个缩微模型。他的存在为之后的历史事件提供了一个原型。就算克洛伊索斯在历史中没有存在过，希罗多德也会依势炮制一个。自其与梭伦、阿德拉斯托司（Adrastus）、阿杜斯与居鲁士的往来交谈来看，希罗多德**确实**制造出了一个克洛伊索斯，如果我们将"创造"理解为一种"必要的历史构建"的话。

希罗多德笔下的宴饮比色诺芬尼的记录（*Vors* B 22）更为丰富：

> 冬季，人们依偎在炉火边，
> 躺在柔软的长榻上，饱食之后心中充满满足之感，
> 喝着甜美的酒，咀嚼着鹰嘴豆：
> 你是何人，从哪里的人群中来呢？
> 你今年几多岁数，我的好男儿？
> 米底人来的时候，你多大年纪呢？

希罗多德与修昔底德都对通过经验认识事实与人类事务的可知性保持着难能可贵的信心。[40]他们认可历史事件的特殊性，因此并不生搬硬套普遍真理，而是通过挑选典范性的事件来研究事件之间的关联性。高梅（Gomme）也注意到，这两位作者打破了诗歌与历史这两种创造性的整合性思想活动——poiesis（制作）——的现代藩篱："史家要想如

---

[40] Hunter（1982）226-96 也得出很多相似之处。

同修昔底德那样写好历史，他的叙事必须有一种诗性力量吸引我们的注意力，因为这样的历史书写是'普遍性'的，而不是针对某些特定的伯罗奔尼撒战争中发生的事件与希腊遭受的苦难；也就是说，如同诗歌一样，普遍性是包含在特殊事件之中的。"[41]

希罗多德与后代的希腊历史书写观念

喃喃自语的雕像，当事人模糊的记忆，史家们残乱的记载，我们或许还能从它们身上依稀看到历史的身影。断言不需要证据，对现存证据做出虚假改变背后的动机也是为希罗多德所知的。例如，他明显语带怀疑，或许还带有一丝雅典人的傲慢说道，普拉提亚战争之后，很多的坟茔，包括埃吉纳人的在内，里面都是空的。没有参加战争的城邦会让后代蒙羞（χῶσαι κεινὰ τῶν ἐπιγινομένων εἵνεκεν ἀνθρώπων, 9.85.3）。

品达说，"人类是没有记性的（*Isthmians*, 7.17）"，希罗多德估计也会表示赞同。埃及人因为其保存过往历史（λογιώτατοι, 2.77.1）的意识而受到赞扬。计算以及独一无二的可靠书写来源（2.145.3）使得他们能够很好地了解自己

---

[41] Gomme（1954）180. 以及希宝德（Thibaudet）论修昔底德（de Romilly 在 *REG* 84[1971] 208 引用）："更高的材料精确度与更强的概括性。"亚里士多德（《诗学》9.9 = 1451b）承认，"即使诗人碰巧描述的是真实事件，他也并不会因此变得更不是诗人，因为没有什么东西会阻止事件有如此的或然性"。希罗多德将波斯战争的片段细节整合成了一个"可能的"，抑或说"必然的"故事。

民族的历史。建立在这种知识基础上的荣光（κλέος）更可信，[42]但是荣光要持存并不只靠名衔和日期，还需要某种更加恒久的形式，如纪念建筑或者是文学。人与事在诸如金字塔、雕塑、坟茔、蛇柱等物体上可以留下（或准确或欺人耳目的）信息，但是波斯战争则需要一种比石头更具表现力的东西来揭示战争的原因与起因。街头巷尾的未成文言谈（logoi），保留下了很多事实，但它们仅仅存在于个体之中，且是暂时的。ἀπόδεξις ἱστορίης（对历史研究的展示）这个词组显示出一种双重必要性，即既要研究历史，也要用一种公共的纪念方式将转瞬即逝的历史永恒保存下来。

历史并没有为希罗多德提供一个观察未来的科学模型，"反转式的预测"，或者是自由思考的领地。他的调查产出的是传统、对亲眼所见的事件的报告、经验性的数据和事实，总体来说各种东西混杂在一起，但是它的局限是为希罗多德所知的，其信息更准确，且比早期希腊哲人创制的和谐的世界体系更能够引起人们的省思。[43]生活在无常状态下的人最多能拥有对事物偶然性的有限知识，"人的有限认知能力"则使得历史很难成为未雨绸缪的有用技艺，最多也就是对人

---

[42] 希罗多德将荣誉（kleos）仅赐给斯巴达人（καταθέσθαι，7.220.4；9.78.2*）。希罗多德为希腊人与异邦人保存的荣誉乃是另一种，因为它建立在历史研究的基础上，而非诗人或者参与者的幻想。品达似乎乐观地相信，未来自会建立起真理（《奥林匹亚》1.33-4，但是参考《尼米安》4.6），但是希罗多德对此表示否定，修昔底德随后发展了在时间模糊并"神话化"的事件中寻找真理的不可能性（anexelengkta）的主题。

[43] 参考 Starr（1968）348-59。

类不同群体的尝试与失败的有趣记录罢了。[44]

关于未来，希罗多德可能会引述埃斯库罗斯（《阿伽门农》251-2）："未来的事到时便知，现在就随它去吧。"与波利比乌斯和修昔底德不同，希罗多德并不希望历史能带来教益，或者是对未来有用（例如，波利比乌斯，1.1.1-2；3.31；9.2，20.6；36.1.7；修昔底德，1.22.4；2.48.3；3.31，82.2）。[45] 在他看来，对于波斯与希腊崛起为地中海地区的强权中的非凡行为，理解之，传之于后世并且做出阐释就足够了。[46]

在人类理解未来或者把握当下事件的能力上，希罗多德没有后代史家那么乐观。明智的居鲁士与任性的刚比西斯在解释神谕上都没能成功（1.209.4*-210.1；3.65.4）。撒巴科斯离开埃及源于对一个梦的错误解析（2.139.2）。玛哥斯僧认为月食象征着希腊人会离开他们的城（7.37.3），这也加速了薛西斯的自我毁灭。即使是作为史家的哲学喉舌的克洛伊索斯在"获得"智慧之后还是有错误之举（1.53.3；1.207-14p［糟糕的建议］；3.36）；人类是无法坐享历史教益之成的，他们注定"要从苦难中学习"，克洛伊索斯就是这个道理的化身。贤达之士与受过前车之鉴的人无一不会陷入欲望

---

[44] Stahl（1975）29.
[45] 智者运动或许促动修昔底德为后来提供更多关于政治家的概括（1.22.4，3.82.2，等等）。参考 Fornara（1971）60 论修昔底德的目标读者；抑或是 Löwith（1949）6.
[46] 神话书写者"重构"了一个不可证实的世界，民族志家与地理志家并不以探索过去及如何塑造当下为己任（Drews［1973］96）。

的幻影之中，身陷苦难。[47]神灵也许会事先予以警示，或者是出面保护（prodektor, 7.37.3；6.27.1, 3），但是读者深知，人类从历史中学不到什么，或者至少不能充分理解历史，他们在面对未来的诸多偶然性时更多的是手足无措。希罗多德尝试着为后代重现历史的伟大事迹，但并没有向我们许诺他写作的历史拥有预言之功效。

《历史》中偶尔出现的关于未来的评论大体上是关于道德与脆弱性的，而非关于政治或者军事策略（例如，充满修辞色彩的报信，7.203.2）。希罗多德笔下的历史告诉后来者历史的生命力，成与败，而不是试图教会人们如何预测历史，如何赢得战争，或是告诫人们警惕帝国主义。[48]因此，他的"永恒的财富"（κτῆμα ἐς ἀεί）目的与修昔底德完全不同。虽然，"在希腊史家笔下，未来并没有变得清晰可辨"，[49]但是他们的着眼点是在未来的，他们关心新近以及正在发生的事情在未来被理解。希罗多德的写作之志"很明确'是指向未来的'"，虽然他深知，历史事例的力量是温和的、有限的、不长久的。

---

[47] Stahl（1975）26-31. 阿玛西斯预言了波律克拉铁司的悲惨命运（3.43.1），但是此处两种文学力量使得叙事变得混乱：人类的盲目与试图抹黑波律克拉铁司的材料。

[48] Fornara（1971）61 相信，"希罗多德将自己导向了自己的时代"，但是这种评论忽视了序言的内容，如 J. R. Grant 在评论中指出的那样（*Phoenix* 26 [1972] 95）。

[49] Momigliano（1966b）17 =（1977）193；同上（1972）14-15, 28；参考 Starr（1968b）352。

我记得亚里士多德好像发表过这样一个意见："诗人叙述令人难以置信的事物，他即使说的确有其事，也无法替自己开脱。"这话用在诗歌上也许是正确的，但如果引申到历史上去，也许人们就认为行不通了，因为史家只能照录事实，即使事情的性质十分离奇，以至于人们需要对历史坚信不疑才能囫囵吞枣地接受下来。诸如希罗多德笔下薛西斯的一败涂地……然而这类让人感到惊异的事实既然在历史的进程中出现，甚至还构成其主要部分，那么史家就有充分的理由如实地加以记录，如果他把这些略去或加以篡改，那倒真是大逆不道呢。

——亨利·菲尔丁《弃儿汤姆·琼斯的历史》
第八卷第一章

公允的评论家会在文本之内寻找希罗多德的历史观念。亚里士多德（《诗学》23.1-3=1459a）认为历史学作品不可能有一种"诗性"的统一性。因为，这样的作品要处理的是某个时间段的所有事件，在这个时间段里，事件之间的关系是松散的，或者是完全独立的，亚里士多德因此说，最终呈现出来的可能是一系列偶然的事件，而非一个"诗性"事件的统一体。亚里士多德将历史认定为一种有缺陷的叙事技艺（同上），因为它唯一的统一性乃是一段时间，史家应当把那段时间里面所发生的有关无关的事情都记载下来：ὅσα ἐν τούτῳ συνέβη περὶ ἕνα ἢ πλείους, ὧν ἕκαστον ὡς ἔτυχεν ἔχει πρὸς ἄλληλα（发生在一个时期内的，涉及一个或一些人的所有事件，尽管一件事情和其他事情之间只有偶然的关联）。因此，它不像悲剧那样"容易一览全貌"（εὐσύνοπτος）：悲剧集中描述一个单独的行动（praxis），从始至终是整全的，因此达到满足审美力的需求。继而，他说，"依次讲述事件的经过"自然要比诗歌"更不哲学与严肃"（《诗学》9=1451a；在1451b，希罗多德被提及）。"亚西比德做过的事或者遭遇过的事"罗列的是一个接一个的事件，通常让人摸不着头脑。[50] 其中既没有必要的排列顺序（τὸ ἐφεξῆς），甚至也没有或然性，就像一大堆拧在一起的偶然事件一样，完全是一部糟糕的戏剧（1451b-2a）。亚里士多德没有遗忘希罗多德的文学成就，也没有遗忘他后几卷的连贯性，但是他删繁就简的那种"实证主义"完全无法接纳历史写作中的想象成分。希罗多德展现艺术的时候，亚里士多德认为他不够真实；希罗多德真实的地方，亚里士多德又觉得他一定是混乱的。

处理如此庞大的素材，并对这些事实做出阐释，后代的史家很少有能胜任者。除却开启一个新的研究领域之外，他还发现了一条将事件、人类事务中的恒定不变者与事件固有的范式统合在一起的新路径。这是如何做到的？重构历史要求史家对过去所发生之事及其原因了然于胸，且对读者的理解能力与先见有所让步，这些对人类脆弱性的同情必须成为历史写作技艺中的一部分。例如，希罗多德为其研究领域

---

[50] Pippidi（1948）483-6.

划定范围，发展出统领历史资料与社会学详情的行动概念，将其逻各斯塑造成一个统一的整体。这种塑造需要创造，如演讲中的言语与人物性格的姿态等。[51] 这种创造是自然而然、合乎情理的，因为记忆、档案、地形学与纪念建筑本身无法阐释事件。埃斯库罗斯笔下的波斯战争极为易读，但有将不可预测（ἀμαθῶς，《伯罗奔尼撒战争史》，1.140.1*）之事过分简化之嫌，因为，在一个人之内与人之外的力量无序地毁灭或搅扰的世界中，人是受制于事件的（《历史》，7.49.3*，1.32.1*）。事实上，虽然亚里士多德在《诗学》里有所批评，他还是不得不在其他地方承认，政治行为是有范式可循的："我们必须要仔细研究其他民族的战争与我们自己的战争，以及它们是如何收场的，因为相似的结果很自然会起自相似的原因（《修辞学》，例如，1.4.9=1360a；参考《政治学》）。"

还有很多人，如同上面所引的菲尔丁，试图解释或者反驳亚里士多德对历史写作只言片语式的批判。[52] 在《修辞学》与《诗学》之中，历史是诗歌与劝说艺术等其他学科的

---

[51] Immerwahr（1966）4 断言"史家重构过去，用的都是想象，而非发明"，但这种断言是站不住脚的。
[52] 参考 Pippidi（1948）488-9，Gomme（1954）72-181，Kitto（1966）290-2。De Ste Croix（1975）45-58 反驳了亚里士多德：没有一门科学能比其主题所允许的更精确。历史提供的是总体来说真的知识。修昔底德相信并且不动声色地呈现那些可能再次发生的图式、事件序列。因为"总体上真"比仅仅是可能，或者是诗人"虚构的特殊"更接近"必然的真"，历史研究有能力产生真正的知识（episteme）。亚里士多德自己也写作历史，他一定也会认为历史是一项有价值的研究。

一种附属，材料库。也正是因为希罗多德部分地解决了自己所面对的对散乱无章的事件进行布局与阐释的文学问题，亚里士多德的这些评论还有引用的机会。许多事实被删除，有些事实被优先处理。如果我们在《历史》中发现了逻辑与统一性，那这是史家的匠心独具之处。[53]

希罗多德的成就

> 但是，我们平时言谈的时候，仿佛已经为历史强加上了某种特定的固定形式，某种历史的观念；事实上，我们是可以时刻讨论何为历史与历史的成因的。
>
> 雅克琳·德·罗米莉（Jacqueline de Romilly）

希罗多德的探究并不是以史诗为代表的成熟传统的顶峰，他的成就在于创作了欧洲文学史上第一部综合性散文。他发现了很多前人没有发现的历史与历史书写的问题。他试图书写一部合乎证据原则的史书。对原因（aitiai）的分析统领了行文以及对历史的理性展示（apodexis），尤其是对希腊人与异邦人之间冲突的历史的展示。研究的展示（Apodexis histories）作为一个文类并没有固定的蓝图或

---

[53] Von Fritz（Hardt 1958）32，虽然是回应 Meyer IV/1（19393）230 = Marg 11，统一仅仅是形式上的："他的描绘，除却他随意添加的那些，还是保留了镶嵌画的特征。"以及 A. Lesky *A History of Greek Literature*，J. Mills 与 C. de Heer（伦敦，1966²）306："一个拼凑……还没达到有机统一。"参考 Cobet（1972）讨论统一性问题。

纲领（*Tendez*），[54]但是每一个事例背后都有思想信仰。希罗多德有时也会提到逻各斯的必然要求，抑或是逻各斯的"需要"（2.65.2；7.96.1，139.1；1.95.1；4.30.1）。这些语句也许是作者的便宜之举，但它们也表明这项工作本身就存在某些固有的约束。其写作的灵活度也允许他借鉴其他文类的成果：在克洛伊索斯死亡之前，这项展示工作已经涵括了诸如戏仿、喜剧或传奇剧，以及悲剧的成分（1-5，9-14，34-46）。[55]

任何一种"历史研究的展示"都通过整个构架整合事件，同时也会放弃或者遗漏某些事件和联结事件的方式。读者在深入阅读之时，在故事的反复暗示下，诸如巨吉斯、梭伦、克洛伊索斯与托米丽司等，就会对其主题与框架越来越熟悉。事件的呈现顺序是有章法可循的。

希罗多德以波斯人的征战为主线，并以之带动其他的叙事，诸如在《历史》中时断时续的希腊人与异邦人的事迹

---

[54] Fränkel（1924）= Marg 746 认为，希罗多德的目标就是"讲得有人信，讲得好"，这乃是言过其实了；参考 Legrand（1932）160-77；反方意见，Pohlenz（1937）165。

[55] Myres（1953）v；参考"作为悲剧《萨尔迪斯的陷落》散文版本"的吕底亚逻各斯，这个观念在其"Herodotus the tragedian"中有所引申，载 O. Elton 主编的《献给 J. M. Mackay 的杂集》（*A Miscellany Presented to J. M. Mackay*，利物浦，1914）88-96。有关所谓的"巨吉斯剧"（Gyges Drama）纸草（*Oxyrhynchus Papyri* 2382）的书目十分庞大；早期的书目，参考 A. E. Raubitschek "Gyges in Herodotus" *CW* 48（1955）48-50；新近的参考文献，参考 J. A. Evans "Candaules whom the Greeks name Myrsilus" *GRBS* 26（1985）229-33。

与非历史叙事。[56]波斯帝国的历史叙事统辖所有的民族志逻各斯,这些民族志逻各斯通常在一个民族被波斯帝国征服之后终结。

例如,埃及逻各斯,虽然它有着编年体的外表,但并没有连贯的叙事方向,不过满足于以奇观异景、争议与传奇故事等来娱乐、教化读者。然而,它是由两个结构性成分与全书主旨连接在一起的,即统贯全书的两极性原则与将2.1与3.1处的逻各斯串联起来的波斯征服史。在1.95.1处,史家申明了自己的原则:"自此之后,我们的逻各斯要考察这位毁灭了克洛伊索斯帝国的居鲁士是何人,波斯人是如何统治起亚洲的。"[57]

在主要的叙事单元之内,波斯逻各斯、民族志逻各斯、薛西斯侵略史[58]等诸多相互关联的偏离主题的叙事被紧紧箍在《历史》之中,它们有些时候仅仅是出于为读者提供上下文而写,但更多情况下,它们因为有着类比的相似性而前后呼应。所有的所谓题外话与主体的关系可以归纳为两种,一是在年代上或者是地理上使得更大的叙事更为丰满,二是通过类比为后来或更早的事件补足信息。在叙事前进的过程

---

[56] Fornara(1971)65, 73, 33; Drews(1973)65-6, 70, 76-7. 这个图景或者概念试图解释的是目前所见的结构,而不是现存文本中的诸多逻各斯的诞生问题。

[57] Fornara(1971)21, 32, 25, 27,接着G. de Sanctis "La composizione della storia di Erodoto" *RFIC* 54(1926)289ff = *Studi di Storia della Storiografia Greca*(Firenze 1951)25ff; Drews(1973)65。

[58] 希罗多德在7.138之后就彻底将焦点移离波斯了。

中，较早卷中提过的个人或民族会再次出现。这些平行性的叙事会逐渐浮出水面，直到公元前480年至公元前479年，因为这一年发生的事极为关键，不容插话。

希罗多德将波斯帝国的扩张作为将数千件史实整合在一起的统帅原则，这种方法对历史学来说是革命性的，或者毋宁说这种方法建立了历史学：诸多民族对波斯的臣服组成了从第一卷至第五卷第二十七节的主要逻各斯，紧接着，希罗多德将这个作为纽带与内在推动力的主旋律转化成了剩下几卷的主题。对于异邦民族，希罗多德找到了很多的残存建筑，令人惊异的传统与故事，但真正的历史却庶几湮没罕闻。即使是对波斯人来说，当他们退出历史舞台之后，其在珀塞波利斯与苏撒的建筑遗迹依然存在。在波斯人与希腊人成为近邻之时，政治-历史主线就成为主题，因为要了解波斯战争，我们必须要了解战争的构成、过程、历史事实与制度事实，而非其石制纪念物。眼观目见（opsis），用感官去接触静默的历史遗物，怎能够与通过探究书写的以及活生生的口头来源来考察过去行为的历史（historie）相比。[59] 史家保存下了史实表面上的那层铜，因为他所访问的那些人知道在波斯战争中发生了**什么**，但鲜有人知道**为何发生**；他们在战争中出生入死，但却完全不知战争前夜激烈的战术讨论。

那些解释性的策略，诸如反复出现的语句、行动范式

---

[59] Drews (1973) 74-7, 82.

与因果体系，都赋予传述中的行为以意义。希罗多德出入于特殊与普遍之间。沉默的事件本身不会发出声音，因此，史家就需要"将事件并置"（συμβαλέσθαι）。如此一来，文本就呈现出一种统一性，其意义也不言自明，这都是因为，希罗多德在万事万物的存在中看到了关联与动态的平衡。但是，他意在纪念，而非生产理论。其对世界运转方式的哲学认知与神学信仰在文本中并不占据中心地位。[60]

一边是极度集权、肆意扩张的帝国，一边是自治自主、唇枪舌剑的松散城邦，两边的冲突逐渐加剧，直至独立的希腊城邦决定在马拉松、温泉关、萨拉米斯与普拉提亚背水一战。一个引人入胜的传说，一场激烈的政治辩论，或者是人们对一场战争的不同叙述，种种都能透露出希罗多德的阐释学基调，但他对自由的崇尚永远都是历史的中心，这点不是靠说教得来的，而是靠关键语句、吸引眼球的类比、戏剧化的对话，以及有着相同面相的叙事点滴汇聚而成的。他的研究超越了埃斯库罗斯预言式的宗教视野，以及希腊人毫无反思性地认为希腊人的胜利仅仅是神灵对波斯暴戾（hybris）的惩罚的虔敬，他向我们揭示了民族自治的力量，并且记载下那些用智慧、意志与合力得来的胜利（纵然其中充满着争吵）。

但是希罗多德是一位相对主义者与经验主义者，他首先比较了波斯帝国麾下进军希腊的诸文化，继而将希腊与波

---

[60] Drews 对 Cobet（1972）的评论，*Gnomon*（1975）333。

斯之间的冲突要言述之,孰是孰非,读者自去定夺。

意义的丰富性是另一个非凡的成就。有心的读者则会对模糊的结果心中自忖。史书中既有"如此这般",也有"可能会如此这般",这也是史家的要务之一,即"以后见之明参详事物的诸多可能性"。[61]以此,"甚至还有读者认为,希罗多德之后的历史倒退了一步"。[62]

某些历史必须被拨乱反正(例如,马拉松战役中的盾牌),某些历史可以置于一种无时空的灵泊中悬而不决(阿杜斯、格劳柯斯、埃维尼乌斯)。娱乐大众的善恶故事也不在少数。[63]如马康所说,事实与虚构的二分为理解历史提供的仅仅是一种粗劣的区分。再者,有些虚构的内涵比事实的内涵要更丰盈。这也是希罗多德为什么要坚持讲述那个薛西斯廷臣跳入海中以救其主的荒唐故事。事实与虚构,只要有助于解释波斯人令人惊叹的武功与希腊人更令人赞叹的胜利,就能为希罗多德所用。

要想留住历史,史家就必须赋予笔下的行动以意义。他的"研究的展示"将问题概念化,搜集了与问题相关的信

---

[61] Raymond Aron *Introduction à la philosophie de l'histoire*(巴黎,1948);S. Hook *The Hero in History*(1943;波士顿,19697),"'If' in History";更早的,Kleinknecht(1940)246 = Marg 548 考察 Weber 与 Meyer 对"起因"(Verursachung)的讨论;参考 D. Lateiner "Tissaphernes and the Phoenician fleet" *TAPA* 106(1976)267-73。

[62] N. Austin *The Greek Historians*(纽约,1969)44。

[63] 亚里士多德《修辞学》3.16.5 = 1417a 引用了那个关于背弃普撒美提科斯的兵士的故事(2.30)。

息，对波斯战争前后的事件与希腊人行止及原由做出解释。世界上第一部完整的"易于把握的"叙事体著作得益于作者对提纲挈领式的主题思想圆熟的把握：为伟大事功立传，对边界的僭越，希腊–蛮邦的两极性，"政体辩论"中的程式，等等。

现代读者在阅读史书时心中自有所期待，如特定的主题、因果分析、辅牙相倚的结构、贯穿全篇的中心思想等，然而抱着这种心情阅读《历史》注定会沮丧而归。狄俄尼修斯认为，这种有意为之的文学风格极为出色，有着荷马式的多样性[64]，但是现代批评家注意到一种历史书写的可欲因素的缺席，即"与一种原则相合的对普遍历史的系统性解释，经由这种原则，史实与前后相续的事件就被统贯起来了，并且指向一个最终的意义所在"。这种目的论式的历史哲学需要某种"纵观历史进程的超验目的"，如基督教。[65]《历史》并没有受到这种超验性的末世论的玷污；希罗多德并非神学家，也无意成为神学家。

希罗多德的散文将前代之事录下，以便后来者知悉："往事为何，历史何为？"序言业已申明自己开启一个新的思想与文学类别的意图，《历史》实现了这一意图。我们所知之史学由一人于一时创立，他的名字叫希罗多德。

---

[64] *Epistula ad Pompeium* §3 = 773-4 U-R；参考 *De Thucydide* 23 = 360 U-R。
[65] Löwith（1949）1-6.

参考文献

下列希罗多德研究论著主要包括文中引述超过一次的著作与论文，以及文献概述——以星号（*）标出。在这些文献中，文学文献比历史文献要更多一些，但这种划分往往具有误导性，尤其是就希罗多德《历史》而言。期刊中的缩写乃常见的英语缩略语，或者是《语文学年鉴》（*L'Année philologique*）中采用的缩略写法。瓦尔特·玛格（Walter Marg, 1965²）颇有裨助的选本中节录或全文收录的出版物也有标记。

Aly, W. 1921 *Volksmärchen, Sage und Novelle bei Herodot und seinen Zeitgenossen* (Göttingen; repr 1969)
- 1929 *Formprobleme der frühen griechischen Prosa. Philologus* Supplementband 21/3 (Leipzig)
Apffel, H. 1957 *Die Verfassungsdebatte bei Herodot* (diss Erlangen)
Armayor, O.K. 1978 'Did Herodotus ever go to Egypt?' *JARCE* 15:59–73
- 1978b 'Did Herodotus ever go to the Black sea?' *HSCP* 82:45–62
- 1978c 'Herodotus' catalogues of the Persian empire in the light of the monuments and the Greek literary tradition' *TAPA* 108:1–9
Audiat, J. 1940 'Apologie pour Hérodote (1.32)' *REA* 42:3–8
Avery, H. 1972 'Herodotus 6.112.2' *TAPA* 103:15–22
Balcer, J.M. 1972 'The Persian occupation of Thrace' *Actes du IIe Congrès international des études du sud-est Europe* (Athens) 2:242–58
Baldwin, B. 1964 'How credulous was Herodotus?' *G&R* 11:167–77
Barnes, J. 1982² *The Presocratic Philosophers* (London)
Barth, H. 1968 'Zur Bewertung und Auswahl des Stoffes durch Herodot' *Klio* 50:93–110
Beck, I. 1971 *Die Ringkomposition bei Herodot* (Hildesheim)
Benardete, S. 1969 *Herodotean Inquiries* (The Hague)

Bergson, L. 1966* 'Herodotus 1937–1960' *Lustrum* 11:71–138
Bischoff, W. 1932 *Der Warner bei Herodot* (diss Marburg) = Marg 302–19, 681–7
Bizer, Fr. 1937 *Untersuchungen zur Archäologie des Thukydides* (repr Darmstadt 1968)
Brannan, P.T. 1963 'Herodotus and history: the constitutional debate preceeding Darius' accession' *Traditio* 19:427–38
Bringmann, K. 1976 'Die Verfassungsdebatte bei Herodot, 3.80–82, und Dareios' Aufstieg zur Königsherrschaft' *Hermes* 104:266–79
Brown, Truesdale 1965 'Herodotus speculates about Egypt' *AJP* 86:60–76
Burn, A.R. 1962 *Persia and the Greeks* (London)
Bury, J.B. 1908 *The Ancient Greek Historians* (repr New York 1958)
– et al, edd 1926 *The Cambridge Ancient History IV: The Persian Empire and the West* (Cambridge)
Cameron, G. 1955 'Ancient Persia' in *The Idea of History in the Ancient Near East*, ed R.C. Denton (New Haven and London, repr 1967) 77–97
Canfora, L. 1972 *Totalità e selezione nella storiografia classica* (Bari)
Chiasson, Ch. 1982 'Tragic diction in Herodotus: some possibilities' *Phoenix* 36:156–61
Cobet J. 1971 *Herodots Exkurse und die Frage der Einheit seines Werkes. Historia Einzelschrift* 17 (Wiesbaden)
Collingwood, R.G. 1946 *The Idea of History* (Oxford, repr 1966^9)
Cook, A. 1976 'Herodotus: the act of inquiry as a liberation from myth' *Helios* 3:23–66
Cooper, G.L. 1974 'Intrusive oblique infinitives in Herodotus' *TAPA* 104:23–76
– 1975 'The ironic force of the pure optative in ὅτι (ὡς) constructions of the primary sequence' *TAPA* 105:29–34
Dandamayev, M.A. 1985 'Herodotus' information on Persia and the latest discoveries of cuneiform texts' *StdSt* 7:92–100
Darbo-Peschanski, C. 1985 'Les logoi des autres dans les *Histoires* d'Hérodote' *QS* 22:105–28.
Denniston, J.D. 1934 *The Greek Particles* (Oxford, repr 1966^4)
– 1952 *Greek Prose Style* (Oxford 1965^2) = Marg 754–8 (excerpt)
Dewald, Carolyn 1981 'Women and culture in Herodotus' *Histories*' *Women's Studies* 8:93–127
– 1985 'Practical knowledge and the historian's role in Herodotus and Thucydides' *The Greek Historians: Papers presented to A.E. Raubitschek* (Palo Alto, Ca.) 47–63
– and Marincola, J. 1987* 'A selective introduction to Herodotean Studies' *Arethusa* 20:9–40, 263–82
Diels, H., and Kranz, W. 1951/2 *Die Fragmente der Vorsokratiker* (Berlin^6)

Diesner, H. 1959 'Die Gestalt des Tyrannen Polykrates bei Herodot' *AAHung* 7:211–19

Dodds, E.R. 1951 *The Greeks and the Irrational* (Berkeley and Los Angeles)

Drews, R. 1970 'Herodotus' other *logoi*' *AJP* 91:181–91

– 1973 *The Greek Accounts of Eastern History* (Cambridge, Mass.)

Drexler, H. 1972 *Herodot-Studien* (Hildesheim)

Duchesne-Guillemin, J. 1967/8 'Religion et politique, de Cyrus à Xerxes' *Persica* 3:1–9

Earl, D. 1972 'Prologue-form in ancient historiography' *Aufstieg und Niedergang der römischen Welt* (Berlin) I/2 42–56

Erbse, H. 1955 'Vier Bemerkungen zu Herodot' *RhM* 98:99–120

– 1956 'Der erste Satz im Werke Herodots' *Festschrift Bruno Snell* (Munich) 209–22

– 1961 'Tradition und Form im Werke Herodots' *Gymnasium* 68:239–57

Evans, J.A. 1961 'The dream of Xerxes and the "nomoi" of the Persians' *CJ* 57:109–11

– 1964 'The "final problem" at Thermopylae' *GRBS* 5:231–7

– 1968 'Father of history or father of lies; the reputation of Herodotus' *CJ* 64:11–17

– 1976 'The settlement of Artaphrenes' *CP* 71:344–8

– 1976b 'Herodotus and the Ionian revolt' *Historia* 25:31–7

Fehling, D. 1971 *Die Quellenangaben bei Herodot: Studien zur Erzählkunst Herodots* (Berlin and New York)

Ferrill, A. 1966 'Herodotus and the strategy and tactics of the invasion of Xerxes' *AHR* 72:102–15

– 1978 'Herodotus on tyranny' *Historia* 27:385–98

Finley, M.I. 1965 'Myth, memory and history' *H&T* 4:281–302

Flory, S. 1978 'Arion's leap: brave gestures in Herodotus' *AJP* 99:411–21

– 1980 'Who read Herodotus' *Histories*?' *AJP* 101:12–28

Fornara, Ch. 1971 *Herodotus. An Interpretive Essay* (Oxford)

– 1971b 'Evidence for the date of Herodotus' publication' *JHS* 91:25–34

– 1981 'Herodotus' knowledge of the Archidamian war' *Hermes* 109:149–56

– 1983 *The Nature of History in Ancient Greece and Rome* (Berkeley and Los Angeles)

Forrest, W.G. 1984 'Herodotus and Athens' *Phoenix* 38:1–11

– 1979 'Motivation in Herodotus: the case of the Ionian revolt' *IHR* 1:311–22

Fränkel, H. 1924 'Eine Stileigenheit der frühgriechischen Literatur' *NAWG* 63–126 = *Wege und Formen der frühgriechischen Denkens* (Munich 1960²) 40–96 = Marg 737–47 (excerpt)

– 1951 *Dichtung und Philosophie des frühen Griechentums* (New York; Munich 1960²; English trans London 1973, New York 1975)

von Fritz, K. 1936 'Herodotus and the growth of Greek historiography' *TAPA* 67:315-40
- 1952/54 'Die gemeinsame Ursprung der Geschichtsschreibung und der exakten Wissenschaften bei den Griechen' *Philosophia Naturalis* 2:200-23
- 1967 *Die griechische Geschichtsschreibung* (Berlin) 2 vols
Frye, R. 1963 *The Heritage of Persia* (New York)
Gabba, E. 1981 'True history and false history in classical antiquity' *JRS* 71:50-62
Gammie, J. 1986 'Herodotus on kings and tyrants: objective historiography or conventional portraiture?' *JNES* 45:171-95
Gardiner, P. 1952 *The Nature of Historical Explanation* (Oxford, repr 1961)
Gay, P. 1974 *Style in History* (New York)
Gigante, M. 1956 *Nomos Basileus* (Naples) = Marg 259-81 (excerpt)
Glover, T.R. 1924 *Herodotus* (Berkeley)
Gomme, A.W. 1954 *The Greek Attitude to Poetry and History* (Berkeley and Los Angeles) esp 73-115 = Marg 202-48
- 1956 *A Historical Commentary on Thucydides* (Oxford) I
Grant, J.R. 1961 'Leonidas' last stand' *Phoenix* 15:14-27
- 1969 'ἐκ τοῦ παρατυχόντος πυνθανόμενος' *Phoenix* 23:264-8
- 1983 'Some thoughts on Herodotus' *Phoenix* 37:283-98
Grene, D. 1961 'Herodotus, the historian as dramatist' *JPh* 58:477-88
Groten, F.J. 1963 'Herodotus' use of variant versions' *Phoenix* 17:79-87
Hammond, N.G.L. 1955 'Studies in Greek chronology of the sixth and fifth centuries B.C.' *Historia* 4:371-412
Hampl, F. 1975* 'Herodot. Ein kritischer Forschungsbericht nach methodischen Gesichtspunkt' *GB* 4:97-136
Harder, R. 1953 'Herodot 1.8.3' *Studies presented to D.M. Robinson* (St Louis) II 446-9 = Marg 370-4
Hardt 1958 *Histoire et historiens dans l'antiquité* ([Fondation Hardt] Vandoeuvres-Geneva) IV. Papers and discussion by K. Latte, J. de Romilly, K von Fritz, A. Momigliano, and others
Hartog, Fr. 1979 'La question du nomadisme. Les Scythes d'Hérodote' *AAHung* 27:135-48
Harvey, F. 1966 'The political sympathies of Herodotus' *Historia* 15:254-5
Hauvette, A. 1894 *Hérodote, historien des guerres médiques* (Paris)
Heidel, W.A. 1935 *Hecataeus and the Egyptian Priests in Herodotus, Book II* (Boston)
Hellman, Fr. 1934 *Herodots Kroisos-Logos* (Berlin) = Marg 40-56 (excerpt)
Helm, P.R. 1981 'Herodotus' *Medikos Logos* and Median history' *Iran* 19:85-90
Hereward, D. 1958 'The flight of Demaratos' *RhM* 101:238-49
Hignett, Ch. 1963 *Xerxes' Invasion of Greece* (Oxford)
Hirst, G.M. 1938 'Herodotus on tyranny *versus* Athens and democracy (a study of book III of Herodotus' *History*)' *Collected Classical Papers* (Oxford) 97-110

Hohti, P. 1974 'Freedom of speech in the speech sections in the *Histories* of Herodotus' *Arctos* 8:19–27
- 1977 'Συμβάλλεσθαι. A note on conjectures in Herodotus' *Arctos* 11:5–14

Hommel, H. 1981 'Herodots Einleitungssatz: ein Schlüssel zur Analyse des Gesamtswerks?' *Gnomosyne. Festschrift Walter Marg* (Munich) 271–87

How, W.W., and Wells, J. 1928 *A Commentary on Herodotus* (Oxford, repr 1964) 2 vols

Huber, L. 1963 *Religiöse und politische Beweggründe des Handelns in der Geschichtschreibung des Herodot* (diss Tübingen)
- 1965 'Herodots Homerverständnis' *Synusia ... Festgabe W. Schadewaldt* (Pfullingen) 29–52

Hude, Carolus 1927³ *Herodoti Historiae* (Oxford)

Hunter, V. 1982 *Past and Process in Herodotus and Thucydides* (Princeton)

Huxley, G. 1965 'A fragment of the Ἀσσύριοι λόγοι of Herodotus' *GRBS* 6:207–12

Immerwahr, H. 1954 'Historical action in Herodotus' *TAPA* 85:16–45 = Marg 497–540 (revised)
- 1956 'Aspects of historical causation in Herodotus' *TAPA* 87:241–80
- 1957 'The Samian stories of Herodotus' *CJ* 52:312–22
- 1966 *Form and Thought in Herodotus* (Cleveland)

Jacoby, F. 1909 'Über die Entwicklung der griechischen Historiographie' *Klio* 9:80–123
- 1912 'Hekataios' in Pauly-Wissowa-Kroll, edd, *Realencyclopädie der classischen Altertumswissenschaft* (Stuttgart) VII 2666–769 = idem 1956 *Griechische Historiker* (Stuttgart) 185–237
- 1913 'Herodotos' in Pauly-Wissowa-Kroll, edd, *RE Supplement* 2:205–520 = idem 1956 *Griechische Historiker* 7–164 (with bibliography) = Marg 27–34 (excerpt)
- 1949 *Atthis* (Oxford, repr New York 1973)
- 1957 *Die Fragmente der Griechischen Historiker* I² (Leiden)

Jones, W.H. 1913 'A note on the vague use of θεός' *CR* 27:252–5

Kazazis, J.N. 1978 *Herodotus' Stories and History: A Proppian Analysis of his Narrative Techniques* (diss University of Illinois)

Kennedy, G. 1963 *The Art of Persuasion in Ancient Greece* (Princeton)

Kitto, H.D. 1966 *Poiesis. Structure and Thought* (Berkeley and Los Angeles)

Kleingünther, A. 1933 Πρῶτος Εὑρετής *Philologus* Suppl 26 (Leipzig) 43–65 for Herodotus

Kleinknecht, H. 1940 'Herodot und Athen, 7.139/8.140–44' *Hermes* 75:241–64 = Marg 541–73

Konstan, D. 1983 'The stories in Herodotus' *Histories*: Book I' *Helios* 10:1–22

Krischer, T. 1965 'Herodots Prooimion' *Hermes* 93:159–67
- 1965b 'Ἔτυμος und ἀληθής' *Philologus* 109:161–74

- 1974 'Herodots Schlusskapitel, seine Topik und seine Quellen' *Eranos* 72:93-100
Lachenaud, G. 1979 *Mythologies, religion et philosophie de l'histoire dans Hérodote* (Paris)
Lang, M. 1944 *Biographical Patterns of Folklore and Morality in Herodotus' History* (diss Bryn Mawr)
- 1972 'War and the rape-motif, or why did Cambyses invade Egypt?' *PAmPhS* 116:410-14
- 1984 *Herodotean Narrative and Discourse* (Cambridge, Mass.)
Lasserre, F. 1976 'L'historiographie grecque à l'époque archaïque' *QS* 4:113-42
- 1976b 'Hérodote et Protagoras: le débat sur les constitutions' *MH* 33:65-84
Lateiner, D. 1977 'No laughing matter: a literary tactic in Herodotus' *TAPA* 107:173-82
- 1980 'A note on ΔΙΚΑΣ ΔΙΔΟΝΑΙ in Herodotus' *CQ* 30:30-2
- 1982 'The failure of the Ionian revolt' *Historia* 31:129-60
- 1982b 'A note on the perils of prosperity in Herodotus' *RhM* 125:97-101
- 1984 'Herodotean historiographical patterning: the constitutional debate' *QS* 20:257-84
- 1985 'Polarità: il principio della differenza complementare' *QS* 22:79-103
- 1985b 'Limit, propriety, and transgression in the *Histories* of Herodotus' *The Greek Historians. Papers presented to A.E. Raubitschek* (Palo Alto, Ca.) 87-100
- 1986 'The empirical element in the methods of the early Greek medical writers and Herodotus: a shared epistemological response' *Antichthon* 20:1-20
- 1987 'Nonverbal communication in the *Histories* of Herodotus' *Arethusa* 20:83-119 and 143-5
Latte, K. 1958 'Die Anfänge der griechischen Geschichtsschreibung' *Histoire et historiens dans l'antiquité*, Fondation Hardt (Vandoeuvres-Geneva) IV 21-37 = Marg 122-36
Lattimore, R. 1939 'The wise advisor in Herodotus' *CP* 34:24-35
- 1958 'The composition of the *Histories* of Herodotus' *CP* 53:9-21
Legrand, Ph.-E. 1932 *Hérodote. Introduction* (Paris) = Marg 282-3 (excerpt)
- 1937 'Hérodote, croyait-il aux oracles?' *Mélanges P. Desroussaux* (Paris) 275-84
Lewis, D.M. 1985 'Persians in Herodotus' *The Greek Historians. Papers presented to A.E Raubitschek* (Palo Alto, Ca.) 101-17
Lévi-Strauss, Cl. 1967 *Tristes Tropiques* (Paris 1955; English trans J. Russell, 1961, 1967)
- 1967b *The Scope of Anthropology* (Paris, 1960; English trans S.O. and R.A. Paul)
von Leyden, W.M. 1949/50 'Spatium historicum' *DUJ* 11:89-104 = Marg 169-81
Ligota, C.R. 1982 '"This story is not true." Fact and fiction in antiquity' *JWI* 45:1-13
Lilja, S. 1967 'Indebtedness to Hecataeus in Herodotus II. 70-71' *Arctos* 5:85-96

Linforth, I. 1924 'Herodotus' avowal of silence in his account of Egypt' *UCPCPh* 7:269–92
- 1926 'Greek gods and foreign gods in Herodotus' *UCPCPh* 9:1–25
- 1928 'Named and unnamed gods in Herodotus' *UCPCPh* 9:201–43

Lloyd, A.B. 1975/76 *Herodotus. Book II, Introduction and Commentary 1–99* (Leiden) 2 vols

Lloyd, G.E.R. 1966 *Polarity and Analogy in Early Greek Thought* (Cambridge)

Löwith, K. 1949 *Meaning in History* (Chicago)

Macan, R.W. 1895 *Herodotus. The Fourth, Fifth and Sixth Books* (London) 2 vols
- 1908 *Herodotus. The Seventh, Eighth and Ninth Books* (London) 2 vols
- 1927 'Herodotus and Thucydides' *The Cambridge Ancient History*, ed J.B. Bury et al (Cambridge) v 398–419

Macaulay, Th. B. 1828 'History' *Edinburgh Review*; reprinted in *The Varieties of History* ed Fr. Stern (New York 1973^2) 72–89

MacKendrick, P. 1954*, 1963*, 1969* 'Herodotus' *CW* 47:145–52; 56:269–75; 63:37–44

Mallowan, M. 1972 'Cyrus the Great (558–529 B.C.)' *Iran* 10:1–17

Marg, W. 1953 'Selbstsicherheit bei Herodot' *Studies presented to D.M. Robinson* (St Louis) II 1103–11 = Marg 290–301
- ed 1965^2 *Herodot. Eine Auswahl aus der neueren Forschung* (Munich 1962; Darmstadt) with bibliography

Meyer, Ed. 1892/99 *Forschungen zur alten Geschichte* (Halle) I 151–210; II 196–268 = Marg 12–26 and 679–80 (excerpts)
- 1939 *Geschichte des Altertums* (Munich 1939^3, repr Darmstadt 1975)

Mitchel, F. 1956 'Herodotus' use of genealogical chronology' *Phoenix* 10:48–69

Mitchell, B. 1975 'Herodotus and Samos' *JHS* 95:75–91

Momigliano, A. 1966 *Studies in Historiography* (New York)
- 1977 *Essays in Ancient and Modern Historiography* (Middletown, Conn.)
- 1954/58 'Some observations on causes of war in ancient historiography' *Acta Congressus Madvigiani* I 199–211
- 1954 'Gibbon's contribution to historical method' *Historia* 2:450–63
- 1958* 'The place of Herodotus in the history of historiography' *History* 43:1–13 = Marg 137–56
- 1961/2 'Historiography on written tradition and historiography on oral tradition' *Atti ... Torino* 96:1–12
- 1966b 'Time in ancient historiography' *H&T* 5 Beiheft 6:1–23
- 1972 'Tradition and the classical historian' *H&T* 11:279–93

Mosshammer, A.A. 1979 *The Chronicle of Eusebius and Greek Chronographic Tradition* (Lewisburg, Pa.)

Müller, D. 1981 'Herodot – Vater des Empirismus? Mensch und Erkenntnis im Denken Herodots' *Gnomosyne. Festschrift Walter Marg* (Munich) 299–318

Munson, Rosaria 1983 *Transitions in Herodotus* (diss University of Pennsylvania)
Murray, O. 1972 'Herodotus and Hellenistic culture' *CQ* 22:200–13
Myres, J. 1953 *Herodotus, Father of History* (repr Chicago 1971) = Marg 284–85 (excerpt)
Nestle, W. 1908 *Herodots Verhältnis zur Philosophie und Sophistik* (Schoental)
Neville, J. 1977 'Herodotus on the Trojan war' *G&R* 24:3–12
Norden, Ed. 1909² *Die antike Kunstprosa* (repr Stuttgart 1958) 1
Nylander, C. 1980 'Earless in Nineveh: Who mutilated Sargon's head?' *AJA* 84:329–33
Olmstead, A.T. 1948 *History of the Persian Empire* (Chicago)
van Ooteghem, J. 1940 'L'anneau de Polycrate' *LEC* 9:311–14
Orlin, L. 1976 'Athens and Persia ca. 507 B.C.: a neglected perspective' *Studies [for] G.G. Cameron* (Ann Arbor) 255–66
Ostwald, M. 1969 *Nomos and the Beginnings of the Athenian Democracy* (Oxford)
– 1972 'Isokratia as a political concept (Herodotus 5. 92α 1)' *Islamic Philosophy and the Classical Tradition. Studies [for] R. Walzer* (Oxford) 277–91
Pagel, K.A. 1927 *Die Bedeutung des aitiologischen Momentes für Herodots Geschichtsschreibung* (diss Berlin)
Parke, H.W. 1946 'Citation and recitation, a convention in early Greek historians' *Hermathena* 67:80–92
Pearce, T.E.V. 1981 'Epic regression in Herodotus' *Eranos* 79:87–90
Pearson, L.I.C. 1934 'Herodotus on the sources of the Danube' *CP* 39:328–37
– 1939 *Early Ionian Historians* (Oxford)
– 1941 'Credulity and scepticism in Herodotus' *TAPA* 72:335–55
– 1954 'Real and conventional personalities in Greek history' *JHI* 15:136–45
– 1983 *Selected Papers* ed D. Lateiner and S.A. Stephens (Chico, Ca.)
Pembroke, S. 1967 'Women in charge ...' *JWI* 30:1–35
Pippidi, D.M. 1948 'Aristote et Thucydide; en marge du ch. ix de la *Poétique*' *Mélanges J. Marouzeau* (Paris) 483–90
Plescia, J. 1972 'Herodotus and the case for *Eris* (Strife)' *PP* 27:301–11
Pohlenz, M. 1937 *Herodot, der erste Geschichtsschreiber des Abendlandes* (Leipzig, repr Darmstadt 1973) = Marg 748–53 (excerpt)
Powell, J.E. 1938 *A Lexicon to Herodotus* (Cambridge, repr Hildesheim 1966)
– 1939 *The History of Herodotus* (Cambridge)
Pritchett, W.K. 1982 'Some recent critiques of the veracity of Herodotus' *Studies in Ancient Greek Topography* (Berkeley and Los Angeles) IV 234–85
Raubitschek, A.E. 1939 'Ἔργα μεγάλα τε καὶ θωμαστά' *REA* 41:217–22
– 1957 'Die schamlose Ehefrau (Herodot 1.8.3)' *RhM* 100:139–41
– 1961 'Herodotus and the inscriptions' *BICS* 8:59–61
– 1964 'The treaties between Persia and Athens' *GRBS* 5:151–9
Rawlinson, G. 1860 *The History of Herodotus* (New York; repr 1893) 4 vols

Redfield, J. 1975 *Nature and Culture in the Iliad* (Chicago)
- 1976 'Themes and boundaries in Herodotus' Unpublished typescript
- 1985 'Herodotus the tourist' *CP* 80:97-118
de Romilly, J. 1971 'La vengeance comme explication historique dans Hérodote' *REG* 84:314-37
Sacks, K.S. 1976 'Herodotus and the dating of the battle of Thermopylae' *CQ* 26:232-48
de Ste Croix, G.E.M. 1975 'Aristotle on history and poetry' *The Ancient Historian and his Materials. Studies [for] C.E. Stevens* ed B. Levick (Farnborough) 45-58
- 1977 'Herodotus' *G&R* 24:130-48
Sancisi-Weerdenburg, H. 1983 'Exit Atossa; images of women in Greek historiography on Persia' *Images of Women in Antiquity* ed A. Cameron and A. Kuhrt (London) 20-33
Sayce, A.H. 1883 *The Ancient Empires of the East* (London)
von Scheliha, R. 1931 *Die Wassergrenzung im Altertum* (diss Breslau)
Schepens, G. 1975 'L'idéal de l'information complète chez les historiens grecs' *REG* 88:81-93
Schmid, W., and Stählin, O. 1934 *Geschichte der griechischen Literatur* (Munich) I/2 550-673
Schwartz, J. 1969 'Hérodote et Periclès' *Historia* 18:367-70
Sealey, R. 1957 'Thucydides, Herodotus and the causes of war' *CQ* 7:1-12
- 1976 'The pit and the well: the Persian heralds of 491 B.C.' *CJ* 72:13-20
- 1976b *A History of the Greek City States* (Berkeley and Los Angeles)
Sélincourt, Aubrey de 1972² *Herodotus. The Histories* (Harmondsworth and Baltimore)
Shimron, B. 1973 'Πρῶτος τῶν ἡμεῖς ἴδμεν' *Eranos* 71:45-51
Sinko, T. 1959/60 'L'historiosophie dans le prologue et l'épilogue de l'oeuvre d'Hérodote d'Halicarnasse' *Eos* 50:3-20
Solmsen, Fr. 1974 'Two crucial decisions in Herodotus' *Mededelingen der koninklijke Nederlandse Akademie,* AFD Letterkunde (Amsterdam) 37/6:139-70
Solmsen, L. 1943 'Speeches in Herodotus' account of the Ionian revolt' *AJP* 64:194-207 = Marg 629-44
- 1944 'Speeches in Herodotus' account of the battle of Plataea' *CP* 39:241-53 = Marg 645-67
Sourdille, C. 1910 *Hérodote et la religion d'Égypte* (Paris)
- 1925 'Sur une nouvelle explication de la discrétion d'Hérodote en matière de religion' *REG* 38:289-305
Spiegelberg, W. 1926 *Die Glaubwürdigkeit von Herodots Bericht über Ägypten* ... (Heidelberg; English trans A.M. Blackman, Oxford 1927)
Stahl, H.-P. 1975 'Learning through suffering?' *YCS* 24:1-36

Stannard, J. 1965 'The Presocratic origin of explanatory method' *PhQ* 15:193–206
Starr, C.G. 1966 'Historical and philosophical time' *H&T* 5 Beiheft 6:24–35
– 1968 *The Awakening of the Greek Historical Spirit* (New York)
– 1968b 'Ideas of truth in early Greece' *PP* 23:348–59
– 1979 *Essays on Ancient History* ed A. Ferrill and Th. Kelly (Leiden)
Stein, H. 1856–1908[6] *Herodot* (Berlin)
Strasburger, H. 1955 'Herodot und das perikleische Athen' *Historia* 4:1–25 = Marg 574–608
– 1956 'Herodots Zeitrechnung' *Historia* 5:129–61 = Marg 688–736
– 1966 'Die Wesenbestimmung der Geschichte durch die Antike Geschichtsschreibung' *Sitzungberichte der Goethe-Universität, Frankfurt* 3:47–96
Stroud, R. 1978 'State documents in archaic Athens' *Athens Comes of Age* (Princeton) 20–42
Tarn, W.W. 1908 'The fleet of Xerxes' *JHS* 28:202–33
Tourraix, A. 1976 'La femme et le pouvoir chez Hérodote' *DHA* 2:369–90
Verdin, H. 1970 'Notes sur l'attitude des historiens grecs à l'égard de la tradition locale' *AS* 1:183–200
– 1971 *De Historisch-Kritische Methode van Herodotus* (Brussels) English summary: 223–34
– 1975 'Hérodote historien? Quelques interpretations recentes' *AC* 44:668–85
– 1977 'Les remarques critiques d'Hérodote et de Thucydide sur la poésie en tant que source historique' *Historiographia Antiqua. Commentationes in Honorem W. Peremans* (Louvain): 53–76
Versnel, H.S. 1977 'Polycrates and his ring' *Studi Storico-Religiosi* 1:17–46
Veyne, P. 1971 *Comment on écrit l'histoire. Essai d'épistémologie* (Paris)
Vlastos, G. 1953 'Isonomia' *AJP* 74:337–66
– 1964 'Ἰσονομία πολιτική' *Isonomia ...* ed J. Mau and E.G. Schmidt (Berlin) 1–35
Wainwright, G.A. 1953 'Herodotus II, 28 on the sources of the Nile' *JHS* 73:104–7
Walbank, F.W. 1957 *A Historical Commentary on Polybius* (Oxford) I
– 1962 'Polemic in Polybius' *JRS* 52:1–12
Walser, G. 1976 'La notion de l'état chez les Grecs et les Achéménides' *Assimilation et résistance à la culture gréco-romaine dans le monde ancien. VIth International Congress of Classical Studies* [Madrid 1974] (Bucharest) 227–31
Wardman, A.E. 1959 'Tactics and the tradition of the Persian wars' *Historia* 8:49–60
– 1960 'Myth in Greek historiography' *Historia* 9:403–13
– 1961 'Herodotus on the cause of the Greco-Persian wars' *AJP* 82:133–50
Waters, K.H. 1966 'The purposes of dramatisation in Herodotus' *Historia* 15:157–71

- 1970 'Herodotus and the Ionian revolt' *Historia* 19:504–8
- 1971 *Herodotus on Tyrants and Despots. A Study in Objectivity.* Historia Einzelschrift 15 (Wiesbaden)
- 1972 'Herodotus and politics' *G&R* 19:136–50
- 1974 'The structure of Herodotus' narrative' *Antichthon* 8:1–10

Wells, J. 1907 'The Persian friends of Herodotus' *JHS* 27:37–47 = Wells (1923) 95–111
- 1923 *Studies in Herodotus* (Oxford)

West, S. 1985 'Herodotus' epigraphical interests' *CQ* 35:278–305

Whatley, N. 1964 'On the possibility of reconstructing Marathon and other ancient battles' *JHS* 84:119–39 (written before 1920)

White, Mary 1969 'Herodotus' starting point' *Phoenix* 23:39–48

Wikarjak, J. 1959 'Ἀρχαι Herodota' *Meander* 14:271–82

Wolff, E. 1964 'Das Weib des Masistes' *Hermes* 92:51–8 = Marg 668–78

Wood, H. 1972 *The Histories of Herodotus* (The Hague)

Wüst, K. 1935 *Politisches Denken bei Herodot* (diss Munich)

作家、作品索引

(所列页码均为原书页码,即本书边码;以 n 开头表示出现在注释中,n7.30 即第 7 章注释 [30],intro 指导论)

AESCHYLUS,埃斯库罗斯
  Agam.,《阿伽门农》,251-2:221;919:n7.30
  Pers.,《波斯人》,n7.30;188-96:128;745-50:128;865:132
  P.V.,《被缚的普罗米修斯》,149-50:n8.15
ALCMAEON,阿尔克迈翁 B1:66
ANAXAGORAS,阿那克萨戈拉 A42(5):97
ANAXIMANDER,阿那克西曼德 B1:204;F1:143
ARISTOPHANES,阿里斯托芬
  Acharn.,《阿卡奈人》,523-9:n1.15
ARISTOTLE,亚里士多德
  Poetics,《诗学》,1451a:114;1451a-2a:223;1451b:n10.33,n10.41;1459a:222
  Rhetoric,《修辞学》,1360a:223;1409a:19;1409a-b:213;1417a:n10.63

BIBLE,《圣经》
  I Sam.,《撒母耳记》,8:10:n8.14
DIONYSIUS,狄俄尼修斯
  Ad Pomp.,《给庞培乌斯的信札》,3:40,164
  De Thuc.,《论修昔底德》,9:120
HECATAEUS,赫卡泰乌斯 F1:9;F305:82,94
HERACLITUS,赫拉克利特 B51:n9.14;B55:190;B86:n3.23;B101a:190
HERODOTUS,希罗多德
  Histories,《历史》各卷
  卷1:n1.97,n5.45;卷2:103,147,149-50,n4.29;卷4:147,150;卷5:n8.27;卷7:153,161;卷1至卷4:99,149,191,n7.12;卷1至卷5:5,15,157-8;卷1至卷5.17:146;卷1至卷5.27:159,225,n1.9;卷1至卷6:15;卷5至卷6:n8.24;卷5.28至卷6:

437

159；卷6至卷9：15, 146, n7. 12；卷7至卷9：5, 159, 204, n5. 45

Proem, 序言：8, 10, 14, 17, n1.8-10, n1.11-12

《历史》分卷分段

卷1.1-4：209, n1.74；1-5：38, 41, 43, 101, 131, 194, 224；2：203；5：14, 36, 92, 215, n1.78；5-6：35；6：42-43；6-45：43；6-94：n1.82；7-12：138；8：141, 190, 197, n6.40；8-12：141；8-13：199；9-14：224；14：124；24：199；28：119；30：n6. 45；32：44, 195, 202-3, n6. 45；33：203；34-46：224；46：207；46-92：43；51：69；53：221；59：155, 171；60：n7.31；61：80；71：207；74-5：n5.13；86：199；91：197, n10.39；93：n. intro.19；93-4：43；95：60, 79, 225；96-7：155, n8.32；98-9：171；99-100：n8.32；106：n2.24；113-14：33；118-19：n6.13；126：200；135：151；136：153, n8.31；136-7：152；138：153；140：31, n1.83；141：122；152-3：123；169：119；174：129；177：60；191：119；193：67；207：49, 195, 197, 216；207-14：221；208：132；209：221；214：60, 79

卷2.1-99：147；2：n1.83；3：65, n3.22；3-4：200；5：n4. 32；10：192；11：64, 192；11-23：97；16-19：93；18：129；20-3：62；20-4：190；21：91；22：97；23：65, 99, n4.31；24：192；28：n4.5, n7.7；29：93, 191, n. intro.4；30：28, n10.63；31：192；33：193；33-4：156, 193；34：192；35：16, 148, 158；35-6：148；43：118；43-5：93, n2.17；44-5：91；45：98, 118-19；46：n2.16；49：102；52：199, 202；53：66, 117-18, 151, 200, n5.13；54-7：207；56：n3.22；57：199；64：n6.32；64-5：152；65：65；65-7：149；65-73：n6.3；73：61, 63, n7.7；77：220；79：150；80：n7.15；85：138；93：80；99：57, 124, 191, n1.22, n7.1；100-1：121；101-2：67；116-17：99；117：n1.100；118：99；120：81, 118；121：139；123：56, 191, 200；124-34：159；125：

79；126：61；131：n7.7；135：n1.101；139：202；141-6：119；142-5：n9.26；142-6：n2.17；143：94；145：220，n4.24；150：59；152：151；154：124，151；156：82，94；162：28；171：65；172：n1.50；177：n7.20

卷3.3：n7.8；21：29；25：130，181；30：291；31：154，180，n6.44；38：136，145，165；39：170，n8.24；39-60：122，n5.34；40：143；40-3：n9.31；43：n10.47；50-2：180；53：34；68：n1.65；72：n8.31；80：139，n8.15，n8.16；80-2：31，167-70；80-3：101；81：n8.17；89：130，n8.31；89-97：102；102：96；102-5：n6.3；106：141，194；106-14：n6.3；106-9：127，158；108：141，194；108-9：186，203；115：97；115-16：96；120-1：83；120：203；121：30；122：17，63，118，n1.6；125-6：n5.19；130：159；134：207，n1.76；142：171，182；150-60：101；159：119；160：101

卷4.1：194；8：n4.19；8-10：n2.17；13：215；16：57，215；16-24：156；30：83，190；36：95-6，193，215；42：96；43：69；45：61；46：101，152，156；47-8：156；76：150，n1.54；82：155；99：130，192；113：34；118：n9.10；131-2：30；137：205；147-8：123；152：n2.9；162：136；167：181，209，n7.28；173：79；180：n6.32；187：98；191：64；195：56，79；197：n7.28；201：153；202：138；204：130，n7.28

卷5.9：63；18：139；33：n9.30；35-6：200；44-5：83；49：19；56：141，143，n9.18；66：182，185；73：183；78：170，182，185，n6.17；82-7：117；82-9：n1.73；83：118；92：39，138，171，195；97：35，182-3；99：n6.50；119-21：31

卷6.14：91，98；18：118；19：n2.24；21：n8.49；27：67，198，202，222；32：119；37：n6.48；43：133，n8.16；48-9：121；52-5：100；53：118-19；55：68；75：203；84：204；86：144；98：67，134，186，198，213，n1.75；105：33，66；121：n8.47；121-4：193；124：95；134：

n6.42; 137: 79

卷7.1-19: 204; 3: 138; 5: 181, 209; 8: 128-9, 142, 153, 194, 207, n9.15; 8-9: 181; 10: 185, 203, n9.10; 11: 194; 12-18: 205; 20: 117, 123; 20-1: 46, 186; 21: 64; 24: 152; 27-39: 122; 27-8: 154; 34-6: 130; 37: 221-2, n5.13; 38-9: 154; 44-52: 204; 46-52: n6.6; 47: n9.49; 49: 130, 185, 223; 50: 152, n1.32; 53-7: 130; 54-6: 18; 57: 207; 61-99: 102; 96: 68, n2.31; 99: 140, n6.24; 101-4: 21; 102: 160, 182, 184; 103-4: 184; 104: 155, 161, 185; 106-7: n6.14; 114: 139; 129: 199; 133: n9.36; 133-4: 194; 133-7: 121, 160; 135: 160, 182; 136: 27, 194; 139: 95, 133, 182, 201, 209, n4.26, n8.43, n9.69; 143-4: 121; 144: 209; 148-52: 79; 152: 56, 77; 153: 79; 161: 100; 163: 170; 166: n9.36; 166-7: n5.46; 167: 98, 193; 171: 83; 185: 62; 188-91: n9.44; 189: n1.19; 191: 66; 220: n10.42; 224: 68; 226-8: 45;
239: 193

卷8.8: 199; 13: 203, n1.19, n2.14, n7.42, n9.44; 22: 20; 26: 186; 36-9: 198, 201; 37: n4.20; 37-9: 67; 39: 98; 51: 117, n5.13; 60: 143; 65: 184; 66: n7.42; 77: n9.31; 83-96: n5.46; 87: 91, 170; 94: 95, 182; 105-6: 143, 203; 109: 203; 118: 23; 118-19: 77; 123-4: n8.52; 144: 145

卷9.3: 117; 10: n5.13; 14: 130, n7.28; 16: 184, 199; 27: 217; 32: 62, n3.11; 36: 131-2; 65: 67, 200; 73: 121; 74: 199; 76-82: 212; 78: 186, n10.42; 78-9: 45; 84: 63; 85: 220; 100: n9.36; 100-1: 200; 104: 47; 106: 134; 108-13: 141; 110: 139; 112: 139; 114: 131-2; 116: 128, n6.47; 120: 142; 121: 45, 119; 122: 48-50, 185, 213, n1.113, n6.15, n8.41

HESIOD，赫西俄德

Erga.,《工作与时日》, 1: 115; 11-26: 209

Theog.,《神谱》, 26-8: n.intro.20; 32: 115; 38: 115; 99-101: 115

HIPPOCRATIC CORPUS，希波克拉底文献
 Aer.,《论空气》，12 以及 23-4：158；14：158；24：158
 Epid.,《论流行病》，1.23：158
 Morb.sacr.,《论神圣疾病》，1.10-12：202

HOMER，荷马
 Iliad.,《伊利亚特》，1.70：115；2.485-6：115；9.453-7 以及 492-5：142；16.849-50：n9.59
 Odyssey.,《奥德赛》，1.338：115；8.491：n. intro.4

ISOCRATES，伊索克拉底
 Paneg.,《泛希腊集会演说词》，9：7

LIVY，李维
 Praef.,《序言》，12 857A：7

[LONGINUS]，[朗吉奴斯]
 De subl.,《论崇高》，13.3：19，189；22：164；22.2：21；26.2：18
 P.Oxy., 俄克西林库斯纸草，2448：n6.28

PHOTIUS，普提乌斯
 Bibl.,《图书志》，72：35b：218

PINDAR，品达
 FI69（Bowra）：n6.28
 Isth.,《伊斯姆斯颂歌》，7.17：220
 Nem.,《尼米亚颂歌》，4.6：n10.42；7.100-1：n6.47
 Oly.,《奥林匹亚颂歌》，1.33-4：n10.42；8.70-1：n6.47

PLUTARCH，普鲁塔克
 Moral.,《道德集》，856e-8f：n7.22；857a：7

POLYBIUS，波利比乌斯 1.3：37；1.5：37

THUCYDIDES，修昔底德
 Histories.,《伯罗奔尼撒战争史》，1.1：37，115，n5.50，n10.11；1.2-19：39；1.4：n1.6；1.9：81，99；1.10：99，216，1.20：100，115，n5.2；1.20-2：37，103；1.21：115，n5.50；1.22：27，65，76，n. intro.8；1.23：37；1.24-66：37；1.89-117：76；1.97：211，n4.4；1.128-34：212；1.132：n10.8；2.2：117，n5.13，n6.34；3.68：120；3.82-3：140；5.26：n10.11；6.2：99；6.53-9：76；6.54-9：103；7.29-30：216；7.87：45

XENOPHANES，色诺芬尼 B22：220；823-6：216；B34：66

XENOPHON，色诺芬
 Hellenica.,《希腊志》，7.2.1：216；7.5.27：n10.11

总索引

accident, 偶然 195
accountability, 责任 182
Achaemenids, 阿契美尼德 119, n8. 38
adaptability, 适应性: Hellenic, 希腊的 151, 184; Persian, 波斯的 151
adversity, 逆境 186
Aeschylus, 埃斯库罗斯 128, n6. 5; *Agam.*,《阿伽门农》221; *P.V.*,《被缚的普罗米修斯》n8. 15; *Persae*,《波斯人》n1. 119, n7. 30, n9. 48
aetiologies, 因果论 41, 93, 124
aggression, 侵略 142
αἰτίη, 原因 8, 15, 35, 41, 50, 159, 190, 205, 207-9, 218, n1. 10, n9. 5. 另参考 Cause
αἴτιον, 对……负责 190, 205
αἴτιος, 对……负责 208, n9. 65
ἀκλεᾶ, 湮灭无闻 15, 41, 115
ἀκοή, 所闻 101, 146, 191
ἀκριβεία, 精确性 10

Alcibiades, 亚西比德 n10. 33
Alcmaeonids, 阿尔克迈翁家族 193, n8. 47
ἀληθ-, 91, n. intro. 20, n4. 49
alla, 其他 8
Amasis, 阿玛西斯 183, n1. 50, n8. 28
Amestris, 阿美司妥利斯 139
ἄν, 81
analogies, 类比 6, 157-8, 190-6, 215, 225, n9. 10; cultural, 文化的 146
analysis, 分析: historical, 历史的 56, 191, 195, 204; psychological, 心理学的 24, n1. 85
'analysts', "辨析派" n. intro. 8
ἀνάγκη, 必然 138
Anaxagoras, 阿那克萨戈拉 97
Anaximander, 阿那克西曼德 204
anecdotes, 逸事 18, 50
annalism, 编年 9, 119, n1. 85
antiquarianism, 好古 116

aphorisms，格言 141
ἀπόδεξις，展示 8，10，18，40-1，50-1，83，189
ἀπόδεξις ἱστορίης，研究展示 7-9，221，224，227
approximations，近似值 79
ἀρχή，开端 35，37-8
archives，档案 9，114，116，n5.8
arete，德性 160-1，184，186，n10.19
arguments，论争，counter-factual，与事实相反 n4.26
Arion，阿利昂 199
Aristagoras，阿里司塔哥拉斯 n8.24
aristeia，英勇 45
Aristophanes，阿里斯托芬；
 Acharnians，《阿卡奈人》n1.15
Aristotle，亚里士多德 n10.52
Artabanus，阿尔塔巴努斯 130，n8.50
Artaÿctes，阿尔塔乌克铁斯 46-8，132-3，142，n6.47
Artaÿnte，阿尔塔翁铁 138，141-2
Artemisia，阿尔铁米西亚 140，n6.24
assumptions，假设 56
Astyages，阿司杜阿该司 28，143
asyndeton，连接词省略 35，43
ἀτασθαλίη，莽撞 180
Athenian Empire，雅典帝国 37

Athenians，雅典人 10，81，95，116，121，132-3，182-3，185，n1.116；diplomacy of，外交策略 n9.36；gullibility of，轻信 n8.17；their historical achievement，其历史成就 n6.17；their sophistication，其成熟性 n7.31；at Syracuse，在叙拉古 n9.59
Atossa，阿托撒 138-9
ἀτρεκ-，10，63，n. intro. 20，n4.49
atrocities，残暴 46，180，183；Hellenic，希腊的 132，142；Persian，波斯的 n6.13
Auerbach, E.，奥尔巴赫 n. intro. 12
autocracies，专制 154，170-1，180，183-4
autocrats，专制君主 166-7，182，n8.31；assault women，攻击妇女 168；break laws，破坏礼法 168；their defects，缺点 168；execute innocent，动辄得咎 168；their generosity，其慷慨 n6.13；Persian，波斯的 153；sympathetic remarks about，同情式评论 n8.23
autonomy，自治 16，51，67，155，158，161，181，185，n7.18
autopsy，分析 58，61，93，96，124-5，n1.22，n2. intro. 4，n5.

51, n5. 57, n7. 1, n7. 27

balance, 平衡 141, 144, 194-5, 203
barbarians, 异邦人 155, 161; priority, 优先性 150
barbarophiles, 偏向异邦人的 94
beginnings, 开端 26, 35-43, 123, n1. 80, n6. 39
Behistun inscription, 贝希斯敦铭文 180, n8. 31
Benardete, S., 伯纳德 n7. 18
bias: informants', 讲述者的偏见 n8. 24; local 本地的 200
Black Sea, 黑海 n7. 29
blame, 批评 25, 35-6
blindness, 盲目 50
Boulis, 布里斯 160
boundaries, 边界 6, 127-9, 131, 144

calendars, 历法 125
calendrical systems, 历法体系 117
Cambyses, 刚比西斯 28, 153-4, 171, 180-1, n8. 29
Candaules, 坎达列斯 36, 141
castration, 阉割 143
catalogues, 编目 24, n4. 24. 另参考 Lists
cause, 原因 43, 50, 195-6, 202, n9. 5, n9. 22, n9. 67; systems of, 体系 205, 225
causes, 原因 8, 189-91, 193, 208-10, n1. 12, n2. 14; political, 政治的 67, n9. 28; popular views on, 大众意见 n1. 74; regressive, 倒退 n9. 50; of war, 战争 n1. 74
caveat, 警告 79, 199
chance, 机缘 207, 218
change, 变化 38
character, 特性 20, 204; ethnic, 民族 210
Charon, 卡戎 116
chauvinism of Greek male, 希腊男性沙文主义 136, 139
Chemmis, 凯姆米司 82
chiasmus, 交错法 n1. 69
children, 孩童 137, 142-3, 171
choices, 选择 201, 207, n9. 29
χρή/δεῖ γενέσθαι, 必然发生 197. 另参考 Fate; Necessity
chroniclers, 编年史家 n1. 14
chronography, 编年写作 5, 102, 117
chronology, 编年史 6, 114-25; absolute, 绝对 n5. 43; by generations, 以世代 n1. 75; clustered, 成群的 122; controls in, 对其的把握 118; displacement of, 错位 42; gaps in, 其间的空白 114, 121;

generational,世代的 n5. 125;
linear,线性 n1. 83; links in,
连接 122; order in,顺序 18,
39,114,118,122,125,n5.
46; periodization in,分期 47,
123-4,n1. 111; poets',诗
人的 117; precise,精准 114,
117,119-20,n5. 17,n5. 26;
problems of,问题 39; pseudo-
precision in,半精确 41,n5.
47; relative,相对 117-19,
n5. 13; reversed,倒转 123;
subdivisions in,再分 120,n5.
25; synchronisms of,同步 117,
120,125,n9. 36; systematic,
体系化的 116,119; universal,
普世的 115
Cleomenes,克列欧美涅斯 142,
203-4,n4. 51,n5. 41
climate,气候 158-60,184
Clisthenes of Athens,雅典的克莱
司铁涅斯 183,n8. 47
Clisthenes of Sicyon,希巨昂的克
莱司铁涅斯 n8. 27
coincidences,巧合 202; so-called,
所谓的 200
commemoration,纪念 10,40,
51,69,94,192,226
comparisons,比较 25,149,164
competition,竞赛 183-4,196
compression,压缩 17,39

Constitutional Debate,政体辩论 6,
163-86
contingencies,偶然性 81-2
contrasts,对比 149,164
Cooper, G. L.,库泊 22
Corinthians,科林斯人 182,n8. 24
criticism,批评:'analytic',"辨
析派" 4-5; historiographical,历
史派 4,56;'unitarian',"统一
派" 4-5
Croesus,克洛伊索斯 28,35-6,
38-9,42-3,49,116,121-
4,196,207-8,220,n8. 39,
n9. 59; encounters with,遭遇
219; his errors continue,他的错
误还在继续 221; his gifts,他
的天赋 n10. 39; Greek contacts
with,希腊人与他的联系 n1.
82; how first?,如何第一次
出现? n1. 81; not Herodotus'
mouthpiece,不是希罗多德的代
言人 n1. 32; privileged role of,
其特权角色 219
Ctesias,科特西阿斯 218
cults,崇拜 65-6
cycles,循环 47; historical,历史
的 208
Cyrus,居鲁士 43,48-50,60,
123

damnatio memoriae,除名诅咒 69

Danube，多瑙河 194

Darius，大流士 30，36，154，169，180-1，n8.18，n8.19，n8.30-31

δέ，31

de Ste Croix, G., 科瓦克斯 n9.22

Deioces，戴奥凯斯 171，n8.32

Delos，德洛斯 n9.31

Delphi，德尔斐 144，198，208，n1.82，n9.31，n10.39

Demaratus，戴玛拉托斯 28，155，n5.41

despotism，专制 15，50，139，153-4，159-60，182

despots，专制君主 29-30，36，46，69，170，180，185，n8.38，n9.25

destiny，命运 n9.47

determinism，决定论, limited，有限的 197

Dewald, C., 德瓦尔德 n1.38，n1.68，n5.32，n16.24

διαβαίνειν，越过 131-3

diction，言辞 19，n6.6

digressions，题外话 19，31

dike，正义 143，n8.32. 另参考 Justice

Dionysius of Halicarnassus，哈利卡尔那索斯的狄俄尼修斯 7

Dionysius of Miletus，米利都的狄俄尼修斯 116

diplomacy，外交 29

distance，距离 130

distortion，扭曲 7，10

disunity，分裂 159；barbarian，异邦人 226；Greek，希腊人 184，209，226

diversity，多样性 16，51，n1.17

divine jealousy，神妒 196

documents，文献 9，101，116

δοκέω，似乎 92

doubt，怀疑 25

doxa，意见 57，191，200

Drews, R., 朱斯 n. intro.2, n5.11

Drexler, H., 德来克斯勒 n2.23

Duris，杜里斯 n4.22

earthquake，地震, Delian，德洛斯 198

Egypt，埃及 40，64，97，99；geography of，其地理 151，n4.32

Egyptians，埃及人 38，102；cults of，崇拜 149；female，女性 149；institutions of，其制度 150；most civilized，最为文明者 150；non-adaptability of，其顽固性 149-50

εἰκός，似乎，参考 Οἶκός，n9.11

εἴρηται，询问 44

ἐλευθερίη，自由 182，n8.45

emotion，情感 28

empires, 帝国 43, 164, 207;
　Athenian, 雅典的 134; Persian,
　波斯的 135, 146, 199, 224
endings, 结尾 26, 44-50, 123,
　132, 213, n1.80, n1.107
Ephorus, 俄弗鲁斯 217
epic, 史诗 19, 21, 24, 29, 38,
　41, 51, 58, 99, 114-15, 210
epilogue, 尾言 46, 48-50, 161,
　213, n1.112
ἐπιστάμενος, 知道 69
epitomators, 摘要写作者 n1.14
epochs, 时代 8, 119, 191, n9.
　26; future, 未来 133; Heroic,
　英雄的 n4.38; historical, 历史
　的 n4.38, n5.53; legendary,
　传说 119; past, 过去 40,
　47, 115; present, 现在 115;
　recent, 新近 115
equality, 平等 195, n8.16
'equalizing', "平等化" 194, n1.
　19
equity, 均衡 168
ἔργα, 事 10, 14, 45, 160, n1.
　11, n7.34
ἐρίς, 争吵 209
ethnography, 民族志 5, 15-16,
　24, 62, 102, 116, 145-62
Euelthon, 埃维尔顿 136
events, 事件: decisive, 决定性
　225; forgetting, 忘却 9; single

decisive, 单一决定性 217
evidence, 证据 4, 56, 116, 124;
　falsification of by informants, 讲
　述者的造假 220; 'forensic',
　"法庭的" n9.50; problems of,
　问题 83
ἐξ ἀνθρώπων, 出自人的 n1.8
excursuses, 题外话 83
ἀκλεᾶ, 晦暗不明 9, 15, 41, 115,
　n1.8
expansions, 扩展 17
experiment, 实验 196;
　historiographical, 历史写作 192
explanations, 解释 6, 15, 20,
　24, 164, 186, 193, 196-
　205, 225; by gods, 以神 n9.
　31; historical, 历史的 204;
　redundant, 冗余 205; rich, 丰
　富 n9.68
extirpation, 绝户 n6.43

facts, 事实 6-8, 111, 166-7
families, 家庭 135, 137;
　exterminated, 灭绝 141-2
fate, 命运 197, 207, n9.30, n9.
　62
Fehling, D., 费林 n1.64
fiction, 虚构: distinction from
　fact, 与事实相区分 219;
　techniques of, 技法 212
fictions, 虚构 97, 99, 111, n1.

13，n1. 115，n9. 33
first-person forms，第一人称形态 10，25，63，92，204，n1. 22，n1. 78，n9. 42
'firsts'，"第一次" 35-6，48，118
folktales，民间传说 42，n2. 18，n9. 31；Persian，波斯的 n1. 115
footnotes，脚注 19，83，92，n1. 22
Fornara，Ch.，弗纳拉 5，n. intro.8，n2. 9，n4. 29，n5. 37，n5. 45
framing composition，框架构成 212，n1. 13，n1. 39
fraud，欺骗 169
freedom，自由 15-16，46，48-51，160-1，169，171，182，184-6，226，n8. 46
Fritz, K. von，弗里茨 4，n. intro. 2，n4. 29

Gammie, J.，伽米 n8. 11
γάρ，31
gender，性别，parody of，戏仿 34
genealogy，谱系 38，116-17，n4. 24，n5. 25
generalizations，概括 39
γενόμενα，业已发生的事 7，9，14-15
geography，地理 5，61-2，94，116，127-32，149，156，158-9，192，194，n5. 57，n7. 29；political，政治的 129
gestures，姿态：ethnic，民族 27；expletives，插入式 28；individual，个体 27；paraverbal，超越言语 n1. 51；and rituals，与仪式 27-9，n1. 43；'sign language'，"符号语言" 29；weeping，哭泣 28. 另参考 Nonverbal behaviours
Gibbon，E.，吉本 6
Glaucus，格劳柯斯 144
γνώμη，知识 92，190-1
gods，神灵 16，31，33，65-7，143，190，195，197-202，207，209，222，n1. 19，n3. 22，n4. 20，n5. 49，n9. 22，n9. 31，n9. 36，n9. 44，n10. 19；brief intrusions of，简短的搅扰 201；no visible interference by，没有明显的搅扰 n9. 26
Gomme，A. W.，高梅 n1. 28
good fortune，幸运 195
governments，政体：autocratic，专制的 165，183；by best men，贵族制的 168；democratic，民主的 170，181，n8. 16；forms of，形态 165，n8. 32；institutional，制度的 165-6，168，170，182-4；monarchical，君主制的 169；oligarchical，寡

头制的 168-9，n8. 18；popular，
大众的 167-8
Greekness，希腊性 145，147
Gyges，巨吉斯 46，82，123-4

ἁμαρτ-，208
hearsay，道听途说 n1. 22，n2. intro. 4
Hecataeus，赫卡泰乌斯 9-10，35，41，93-5，103，120，123，151，158，n1. 75，n4. 15，n4. 24，n9. 26，n9. 34；advances made by，取得的进步 n4. 18；credulity of，轻信 94，n5. 49；praised，受到赞美 n4. 21；and quotations，引述 94；rationalizations of，合理化 n5. 49
Hegel, G.W.，黑格尔 7
hegemony，霸权，Hellenic，希腊的 n1. 116
ἑκάς，远处 130
Hellanicus，赫拉尼库斯 119，211，n4. 4，n5. 11
Hellenes，希腊人：dual hegemony，双重霸权 n8. 56；faults of，其过错 n7. 41；inventiveness downplayed，被贬低的创造性 n4. 48；piety of，其虔敬 n7. 42；success of，其成功 n7. 18；superiority of，其优越性 n1. 118

Heracles，赫拉克勒斯 123，n2. 17，n5. 49
Heraclitus，赫拉克利特 190，n3. 23，n9. 14
heralds，使者 30，160
Hermotimus，海尔摩提莫斯 143
Herodotus，希罗多德：accuracy of，准确性 n5. 57；analytical techniques of，分析技法 165；astonishment of，震惊 25，202；cautionary morality in，谨慎的道德 140；caveat，警告 23，n5. 45；charming child?，可爱的孩子？212，n10. 7；conjectures of，对其的猜测 n3. 11，n5. 49；conventional attitudes of，传统态度 n8. 58；credibility of，可信性 211；credulity of，轻信 61，96，202，212，n2. intro. 3，n7. 9，n9. 13，n10. 7；critical method of，批判方法 164，n19. 33；critics of，其批评者 211，n7. 22；debts of，债务 n1. 24；his detachment，他的公正 22-4，32，34，77；disinclinations of，不喜欢 64；doubts of，对其的怀疑 n7. 1，n9. 48；his dramatizations，其戏剧化 n1. 28；his empirical method，其经验方法 94，201-2，220；his 'encomium' on

总索引 449

Athenians，对雅典人的"褒赞"n9.69；endorsement，支持22；errors of，舛误n5.57，n7.27；estrangement in，疏远57，66，80，98，143-4，198-9，202，n1.27，n4.20，n7.7；ethnocentric bias in，民族中心主义n1.118；frauds?，欺诈？n7.27；generalizations of，概括39，166，219，n7.35；hypercriticism of，吹毛求疵n7.27；iconoclasm of，破坏偶像主义26；idolatry of by some critics，某些批评家对他的崇拜n5.47；impartiality of，不偏不倚133，157；impatience of，不耐烦243；inconsistent，前后不一n9.40，n9.66；intervention of，插入20，26，32；invention of，发明3，214，223-4，227，n1.28；journeys of，旅程n7.27；lies?，谎言？n2.18；limitations of，局限性32；literary methods of，文学技法6，96；malice?，恶意？n4.24，n7.22；maturation of，成熟化n9.34；meaning in，意义n. intro.10；objectivity of，客观性10，14，161，166；opinions of，意见157，n1.32；his oral fiction，其口头虚构32；his partisanship，其偏私132-3，n8.56；his perspective，其视角219；his plagiarism?，其抄袭？n4.15；polemic in，论争91-104，n3.15；his political beliefs，其政治信仰165；psychology of，心理学n9.51；purposes of，目的3，14；relativist，相对主义者226；reliability of，可靠性n9.33；religious beliefs of，宗教信仰n9.35；his reticence，他的缄默98，n2.8，n2.28，n8.47；his skepticism，其怀疑主义94，96，n1.19，n1.78，n4.28，n5.49，n8.17；his selectivity，其选择性10，18，59；his silences，其沉默n8.47，n10.37；his standards of relevance，其选择标准n3.20；subject，主题59；subjects，主题46；his successors，其后继者6，8，211-22；his theology，其神学227，n9.45，n9.54；his treatment of poets，他如何对待诗人n4.37；his truthfulness，他的真理性84，n4.37；his uniqueness，他的独特性6，8，222-7.另参考 *Histories* heroes 117-18

Hesiod，赫西俄德99
Hignett, C.，海厄特n. intro. 4

Hippocratic authors，希波克拉底作者 158，193，202，n1.20

Histiaeus，希司提埃伊欧斯 182

ἱστορ-，研究 25

histor，史家 31，84，92

historical analysis，历史分析 21

historie，历史 5，10，84，190，225，n3.22，n5.9

Histories，《历史》: Book 1 is a paradigm?，卷 1 是一个模本吗？n5.45；Book 2 is most polemical，卷 2 是争议最多的一卷 150；Book 4 presents least civilized peoples，卷 4 描述了最野蛮的人群 150；aesthetic issues，美学问题 223；bulk of，体量 126；celebratory purpose of，庆祝性目的所在 92，118，n9.34；commemorative purpose of，纪念性目的所在 118，121；composition of，写作 5；cross-references in，互相指涉 n5.35，40；end of，结尾 46，n1.117；habits in，习惯 3，5，17，126；inclusion of nonsense in，加入一些不相干的事情 n1.100；inconsistencies in，前后不一 5；method in，方法 3；oral elements in，口头成分 n1.39，n1.54；pace of，步调 6；paradigms in，模本 n1.96；preface of，序言 40-3；privileged positions in，优先地位 n1.83；proem of，序言 14-15，40-3，115，n1.12，n1.84，n1.95；programmatic passages in，程式化篇什 164；prospective passages in，前瞻性篇什 47-8，132，185，192，198，222；publication of，公开 n1.15，n6.12；purposes of，目的 n1.97；quoted by others，他人的引述 211；retrospective passages in，回顾性篇什 48；strategic considerations in，策略性考虑 n1.2；subject of，主题 14，n1.12；themes of，主题 6，127，n6.51；theological explanations?，神学解释？200，n6.22，n6.37；unity，统一性 4-5. 另参考 Herodotus

historiography，历史写作: accuracy in，准确性 7；argument in，论争 226；causal，因果 167；caution in，谨慎 191；data in，资料 8-9，215；distortion in，扭曲 10；empirical，经验主义 190-1；explanations in，解释 144；fragments in，残篇 116；interpretations in，解释 163-5；meanings in，意义 21，56，205，226，n1.12；methods of，方法 6，13-14，

26; moral examples in, 伦理例证 114; objective, 客观的 n8.58; organization in, 组织 4, 114; pace in, 步调 120; polemic in Hellenic, 希腊的论争 n4.7; private life in, 私人生活 137; problems of, 问题 224; revisionism a sign in, 修正主义 42, 91, 93; secular, 世俗 204; selection in, 选择 120; structure in, 结构 114; subjective nature of, 主观本质 9, 56; symptomatic, 症状 167; syndromes of, 症候群 196; themes in, 主题 125

history, 历史 6: constants in, 恒常 127; cultural, 文化的 214; dynamic factors in, 动态因素 164; invention in, 发明 13, 111, 210; nature of, 本质 3, 208, 223; political, 政治的 210; restricted scope of, 限定视野 8, 14, 81; significance in, 重要性 4, 186

Hohti, P., 霍赫提 183

Homer, 荷马 5, 19, 35-6, 38, 99-100, 111, 189, 214, n. intro. 20, n1.24, n4.8, n4.37

horography, 纪事学 116

Hunter, V., 亨特 n10.24

hybris, 狂妄自大 166-8, 180, 207, n9.66; Persian, 波斯的 n9.15

Hydarnes, 叙达尔涅斯 182

ὑπάρχειν, 首创 36

hypotheses, 假说 82

ignorance, 无知 164

images, 图景 204

Immerwahr, H.R., 伊玛瓦 48, n. intro. 6

imperialism, 帝国主义 15, 48-50, 124, 132, 134, 137, 142, 164, 181, 205, 208-9, 222, n. intro. 8, n6.42, n8.41; Athenian, 雅典的 n6.16; Persian, 波斯的 156, n1.83

impiety, 亵渎 160, n7.42

incest, 乱伦 141-2, n6.44

inclusiveness, 包容性 60, 216

indefinite adverbs, 不确定副词 31

Indians, 印度人 146

indirect statement, 非直接引语 n3.4

infinitives, 不定式, oblique, 间接 22-3

informants, 讲述者: listed, 列举 56; prejudices of, 偏见 9

inquiry, 问询 101, 190-2

instability, 不稳定 192

institutions, 制度, political, 政治 160-1

interpretations，阐释 21，39，165

inventory，目录：alternative versions，多重版本 84-90；autocratic characteristics，专制者个性 172-9；discoveries，发明 n1.70；ethnography，民族志 n2. intro. 1；nonverbal communication，非言语沟通 n1. 42；omissions，省略 69-75；polemic，论争 104-8；types of explanations，解释的种类 206

invocation，召唤 115

Ionia，爱奥尼亚 123

Ionian revolt，爱奥尼亚叛乱 43，117，n1.73，n8.24

irony，反讽 n1.67

isegorie，会议 184

Isocrates，伊索克拉底 7

isokratie，平等 n9.20

ἴσον，平等 195，197，203

ἰσονομίη，平等 168，170，182，185-6，195，n8.16. 另参考 'Equalizing'；Equality

Ister (Danube)，伊斯特河（多瑙河）155，192

Jacoby, F.，雅各布 4，n6.22

Janus scenes，"雅努斯"场景 n6.15

justice，正义 153-5，168，181-3，203；barbarian，野蛮人 n7. 25；Persian，波斯的 n1.36

Kirchhoff A.，基尔霍夫 n. intro. 6

kleos，荣誉 45，51，221，n5.4，n6.47，n10.42

knowledge，知识：certain，确定的 63；disputed，受到争议的 63-4；empirical，经验主义的 65；limited，有限的 61-3，147

κου，32-3，n1.65

ktiseis，开创故事 n5.9

κύκλος，循环 49，166，197

Lade，拉德 n8.24

Laserre, F.，拉瑟里 n4.18

Lattimore, R.，拉提摩 n. intro. 5

laughter，笑 28

law，律法 160-1，180，182；of nature，自然 129

legends，传说 7，16，119，n5.47，n8.25

legetai，据说 22，93，n1.34，n9.48

λεγόμενα，所说 124 *bis*

Legrand, P.，勒格朗德 n. intro. 2

Leonidas，列奥尼达斯 n2.30

Lévi-Strauss, C.，列维-斯特劳斯 192

liberty，自由 160，202

Libya，利比亚 n7.28

lies，谎言 n8.31

limits, 界限 46, 49, 185, 194, n6.3; and aggression, 侵略 n7.28; human, 人类的 159

lists, 清单 8, 68: and dated events, 有日期的事件 n5.8; and kings, 国王 116-17; and magistrates, 执政官 114, 116, n5.8. 另参考 Catalogues

literacy, 文学性 9

Livy, 李维 7, n1.74

Lloyd, A.B., 洛伊德 n4.25

λόγ- 25

logioi, 有识之士 22, 38, 101; Persian, 波斯的 n1.96

logographers, 逻各斯写作者 8, n7.18

logoi, 逻各斯 4, 10, 35, 93, 157, 221, 223, n. intro. 8, n6.42, n8.24; Assyrian, 亚述人 n2.24

logopoios, 逻各斯写作者 18, 42, 91

logos, 逻各斯 38, 43, 57, 62, 67, 96, 147, 224, n4.43, n5.35; and compulsions, 推动力 69, n2.31; Egyptian, 埃及的 224, n1.5; and *legomenos*, 被讲述者 n3.4; Lydian, 吕底亚人 38-9, 42, n1.80, n1.82, n1.96, n9.68; *orthos*, 无畸形 97; Persian, 波斯的 225;

Samian, 萨摩司人 n5.34

lust, 贪婪 142

Lydia, 吕底亚 39, 43, 122

Macan, R.W., 马康 219, n1.74

magi, 玛哥斯僧 34, 44

map-makers, 地图绘制者 95

Mardonius, 玛多纽斯 131, 153

marriage, 婚姻 136

marvels, 奇迹 7, 63, 67, 127, 148, 150, 155, 160

Masistes, 玛西斯特斯 36, 46, 141, n1.108

measurement, 测量 149

Medism, 米底化: Alcmaeonid, 阿尔克迈翁家族 n8.47; Polycrates, 波律克拉铁司 n8.24; Spartan, 斯巴达 n8.43

μέγα, 大 43, 46

Megabyzus, 美伽比佐斯 168-9, n8.18

Meiggs, R., 梅吉斯 n6.16

memory, 记忆 102

Mermnads, 美尔姆纳达伊王朝 119

metaphors, 隐喻 6, 126-7, 186, n6.1; Presocratic, 前苏格拉底 197

method, 方法 59, 126, 135, 146; autopsy and, 分析 96; casting doubts, 怀疑 n4.28; character, 人物 56;

chronological，编年的 n1.75；
empirical，经验主义的 58，
101，n4.19；for determining
credibility，确定可信度的 77；
open-ended，不确定的 56，98；
reports silences，记述沉默 62；
reports traditions，记述传统
58；self-conscious，自知的 57；
syntactical techniques of，综合性
技巧 n4.28；systematizing，系
统化 n4.20
Miltiades，米尔提亚戴斯 n9.50
Minos，米诺斯 118，n1.6，n4.38
miracles，奇迹 198-202，207
μοῖρα，命运 197
moments，时刻，significant，重要
的 18，21，24，38
Momigliano, A.，莫米利亚诺 n.
intro. 8
monarchies，君主制，Eastern，东
方 196
monuments，纪念碑 51，116，
119，124，155，190，221，
225，n5.51，n7.7
moral significance，道德意义 n2.30
morality，道德 142，n6.42
Mosshammer, A.，莫斯汗莫 n5.
25
motif，母题：structural，结构性
的 204；of 'wise adviser'，关乎
"智者"的 180

motivation，推动力 36，n9.66
Munson, R.，蒙森 n1.69，n6.24，
n9.34
mutability，变异 216
mutilation，虐待 180
Mycale，米卡列 133-4
Myres, J.，米瑞斯 n. intro. 14
mysteries，秘仪 65
myth，神话 8，38，44，63，65，
116，119，210
mythography，神话写作 5

nakedness，赤裸 138
narrative，叙事：economy of，简
省 60；irony in，反讽 33-4；
mimetic，模仿的 25；needs of，
需求 26；order of，顺序 13，
25；parody and satire in，戏仿
与讽刺 33-4；reporting of the
tendentious in，传述有某种倾向
的 77；shifts in，转折 18；style
of，风格 19，23；symbolic，象
征的 39；of Thermopylae，温泉
关 68；travesty in，歪曲 38
narratives，叙事：accession，得权
n8.37；diminished，失势 121，
n8.8；distant in time，年代遥
远的 n1.88；enlarged，扩展开
的 121；ethnological，民族志的
146；'fictional'，"虚构的" n1.
88；'holy'，"神圣的" n2.16；

logic of，逻辑 n3.18；motifs in，母题 n8.37；order in，顺序 224，n1.83；significant moments in，有意义的时刻 121-3；sources of，材料来源 n3.2；war，战争 146，n1.85

nation，国家，validation of，验证 7

natural history，自然史 40，44，61，192，194，202

natural law，自然律 127，158，n1.17，n9.39

natural science，自然科学 40，n6.3，n9.39

Naxos，纳克索斯 36，n9.30

necessity，必然 n9.29；psychological，心理学的 207

nemesis，复仇 124

Nile，尼罗河 96-7，155，159，192，n4.5

nomoi，习俗 14-15，24，51，181，183-5，195，204，n8.31：patriot，爱国者 169；Persian，波斯的 181，n1.101

nomos，习俗 126-44，145-62，165，167，169，171，185-6，n6.28，n6.42. 另参考 Ethnography；Law

non liquet，事态不明 80，91

nonverbal behaviours，非言语行为 24，26-30；disfigurement in，毁容 29；dress，服饰 29；dumbshows，手势 29；gifts，礼物 30；punishments，惩罚 29；significant objects，重要物件 29-30. 另参考 Gestures

nonverbal communication，非言语沟通 29，n1.41

numbers，数字 32-3，n1.63-64

'nuts'，"狂热" 28

oath，誓言 144

oblivion，湮没 116

οἶδα，知道 45-6，63，92，115，123-4，146，n1.78，n5.20

oikos，家 97-8，137，141-2

omissions，省略 17，59-69，n2.6；because of disinclination，出于不情愿 69；because of dullness，因为无趣 68；explicit，明显 59；because of incredibility，因为不可信 67；because of insignificance，因为不重要 68；necessary，必要 61；selected，选择的 61；because of superfluity，因为多余 67

opsis，所见 190，199，225

oracles，神谕 137，198，201，n9.31，n9.35

oratio obliqua，间接引述 21-3，66，199，n9.39

oratio recta，直接引述 20-1，n8.

34

Oroetes，欧洛伊铁司 29，n5.19
Osiris，奥西里斯 n2.16
Otanes，欧塔涅斯 167，169，171，185，239，n8.16
otherness，他者性 25
Oxyrhynchus historian，史家俄克西林库斯 119

pace，步调 18，39；and anticipation，期待 121；in narratives，叙事 114；of retardation，延迟 121；shifts in，转折 n1.97
Panionius，帕尼欧纽斯 143
paradigms，范式 193，196，n8.10
parenthekai，题外话．参考 Excursuses
parochialism，地方主义，Hellenic，希腊的 152，157
parody，反讽 101：in *Histories*，《历史》中的 n1.74；women，妇女 n1.68
past，过去 8；coherence of，连续性 163-4；preservation of，对其的保存 191
patterns，图式 3，165-7，186，196，225
Patwell, J.，帕特维尔 n1.71
Pausanias，帕乌撒尼亚斯 45-6，n10.42

Peloponnesians，伯罗奔尼撒人 134
πενίη，贫困 49
Periander，培利安多洛斯 171，180
Perseus，柏修斯 118
Persians，波斯人 16，35，43，48-9，120，180；admired，受到尊崇 152；conquests of，其战功 225，n1.82；empires of，帝国 159；rebellions against，对其的反抗 n8.38
Phanes，帕涅司 143
Pheretime，培列提美 138
Pheros，培罗斯 28
Philippides，皮里皮戴斯 66
philobarbaros，偏向异邦人的 7，n7.22
Phoenicians，腓尼基人 35，60
Phrynichus，普律尼科司 31，n1.119，n8.49
phthonos，神妒 124，166，168，184，196-7，n9.23，n9.25，n9.59．另参考 Divine jealousy；Gods
Pindar，品达 n6.28，n6.47
Pisistratus，佩西司特拉托斯 155，171
πιθανός，可信 191
Plataea，普拉提亚 124，131
Plutarch，普鲁塔克 7，116，n7.22
poets，诗人 100
Pohlenz, M.，普兰兹 48，n. intro.

polarities, 两极性 6, 16, 192, 225

polarity, 两极性 146-8, 150-1, 154, 157-8

polemic, 论争 63, 82, 91-103, 240, n7.18

political structures, 政治结构 164; Hellenic, 希腊的 162

Polybius, 波利比乌斯 37, 43, 221, n10.2

Polycrates, 波律克拉铁司 29, 118, 122, 170, 183, 194, 203, n5.34, n8.24

Posidonius, 波西多纽斯 n10.17

positivism, 实证主义, historical, 历史的 8

postures, 姿态 27

poverty, 贫困 155, 160-1, n7.38

Powell, J. E., 伯维尔 n. intro. 1

power, 权力 8, 164, 169, 194, 196, n8.60

praise, 赞美 25, 35

prayer, 祈祷 n9.38

preservation, 保全 103

pretext, 借口 n9.50

Pritchett, W. K., 普里切特 n5.57

probability, 或然性 98; arguments from, 由此引发的论争 193

proem, 序言, typology, 类型学 n1.90

prokataskeue, 回顾 37, 42

propaganda, 宣传 n1.88, n1.119, n8.38

property, 财产 128, 141-2

prophecies, 预言 201

πρόρριζος, 连根拔起 144

prosperity, 繁荣 n9.19

prostitution, 卖身 138, n6.32

prostration, 跪拜 160

Protagoras, 普罗泰戈拉 167, n2. intro. 1, n9.16

πρῶτος, 第一 43, 118, n5.21

Psammenitus, 普撒美尼托斯 28

Psammetichus, 普撒美提科斯 n1.83

ψευδ-, n4.49

pseudo-precision, 半精确 62

punishment, 惩罚 202

Pythius, 披提欧斯 154

Ranke, L. von, 兰克 7

rationalizations, 合理化, historical, 历史的 93-4

reader, 读者 30-5; commitment of, 承诺 n1.54; independence of, 独立性 31, 50; judgments of, 判断 79; must be alert, 须得警醒 42; negotiation with, 与之协商 25; seduction of, 勾引之 30; shudders, 战栗 80; talking to, 与之对话 31

reconstructions,重构,imaginative,想象性 81
Regenbogen, O.,兰根波干 n. intro. 6
religion,宗教 56,64
retribution,复仇 193,n9. 36,n9. 42
revenge,复仇 46,209,n8. 38
rhetoric,修辞 14,17,19,24-5,212,n4. 26
rhetorical questions,反问句 31,64
rivers,河流 129,156,159,n7. 28,n9. 7,n9. 15; blockage of,阻塞 128
Rome,罗马 37
Rubincam, C.R.,鲁宾卡 32,n1. 64

sacrilege,亵渎 171
Salmoxis,撒尔莫克西司 n1. 100
Samos,萨摩司 122
σαφ-,91,n4. 49
satrapies,总督,account,记述 n5. 57
Sayce, A. H.,萨伊斯 n2. 18
schematization disliked,不受喜欢的主题化 n8. 10
Scylax,司库拉克斯 116
Scyths,斯基泰人 30,123,n7. 27; nomadism,游牧 156
second-person forms,第二人称形式 25,30
self-government,自治 168,182-3,186,226,n8. 16
self-interest,利益 210
Sestos,赛司托斯 n6. 14
sex,性 180
Shimron, B.,希姆龙 n5. 50
silences,沉默 59,133
similarities,相似性 196
slavery,奴隶制 48,155,160-1,180,184
Smerdis,司美尔迪斯 n8. 31
social structure,社会结构 186
Socles,索克列斯 170-1,195
Solon,梭伦 42,44,123,n1. 82
σοφίη,智慧 159,161
Sophists,智者 49,51,n2. intro. 1; influence of,影响 n1. 24
sortition,抽签 168
sources,来源 40,n2. intro. 3,n3. 9,n5. 41,n8. 28; and Asiatic inscriptions,亚细亚铭文 n4. 42; availability of,可得性 n1. 88; barbarian,野蛮人 100,n8. 14; citation of,引述 n3. 2; described,描述 n1. 37; distrust of,对其的怀疑 n2. intro. 2; Egyptian,埃及人 100,n4. 5,n7. 7,n7. 9,n8. 29; geographical,地理的 96-7; Hellenic,希腊的 96,98-9;

of Hellenic poets, 希腊诗人 99-100; and inscriptions, 铭文 n1.52, n4.8; 'Ionian', "爱奥尼亚" n4.23; and legends, 传说 n4.8; literary, 文学性的 215; local, 本地的 95, 98; oral, 口传的 101, 215, 225; Otanes' descendants, 欧塔涅斯的后代 n8.12; Persian, 波斯人 101, n5.42, n8.12-13; reliability of, 可靠性 10, 61, 83; Samian, 萨摩司人 n8.24; self-serving, 自给自足 n2.9, n4.51, n8.29; written, 书面的 101-2, 119, 225, n4.43, n7.18

Spartans, 斯巴达人 100, 122-3, 133, 182, 185, n5.41, n10.42; heroism of, 英雄主义 n8.43; their prominence in *Histories*, 其在《历史》中的重要性 n6.18

speeches, 演说 17-26, 77, 189, 191, n1.32, n6.51

Sperthias, 司佩尔提亚斯 160

storms, 风暴 n1.19, n2.14, n9.44

strategy, 策略 124, 185, 208

style, 风格 47; annalistic, 编年体 45; old prose, 旧散文 213

success, 成功, dangers of, 其危险 n6.42

Suetonius, 苏维托尼乌斯 6

suppositions, 假设, contrary-to-fact, 与事实相反 81

suum cuique, 各得其分 141

συμβαίνω, 发生 n9.36

symmetry, 对称 146, 193-4, n9.14

syntax, 句法 212

taboo, 禁忌, nothing, 一无所有 192

Tacitus, 塔西佗 n3.4

tales, 传说, supernatural, 超自然 198

τε ἄλλα καί, n1.9, n1.12

θεία, 神之事 200, n2.16

θεῖον, 神之事 67

themes, 主题 18, 157, 199; of conflict, 冲突 226; of deception, 欺瞒 n8.32; of prosperity, 福报 n9.45; single diachronic, 单一历时 217

Themistocles, 铁米司托克列斯 n4.51, n5.39, n8.52, n9.69

Theopompus, 忒奥旁普斯 217

θεωρίη, 游历 146

third-person forms, 第三人称形式 10, 26, 31, 44, 63, n1.54, n1.103

Thucydides, 修昔底德 7-8, 21, 37, 42-5, 76, 103, 115, 117,

119, 125, 211, 214, 221, n1. 103, n5. 32-33; and failures, 过失 n10. 8; and prudence, 审慎 n9. 19; references in, 指涉 n4. 4; reticence of, 沉默 215; retrospective evaluations, 回顾式评估 n1. 106; speeches in, 演说 n10. 19; women in, 妇女 140
Timaeus, 提迈伊乌斯 n4. 22
tisis, 复仇 46, 124, 141-3, 193-5, 189, 203-4, 210, n9. 7
Tompkins, D., 汤普金斯 n9. 59
Tomyris, 托米丽司 n9. 49
topography, 测绘学 120, n5. 57
torture, 折磨 138, n2. 26, n8. 38
tradition, 传统 13, 32, 42, 91, 189; local, 本地 9, 83, 98, 116, n9. 31; oral, 口头 6, 8-9, 115, 117-18, 124, 218, n1. 88, n7. 27; written, 书面 9, 40, 124-5
transgression, 僭越 126-44, 197
transitions, 过渡 44, n1. 27, n1. 39, n1. 69, n5. 20
treaty between Athenians and King, 雅典人与王之间的协议 n8. 40
Trojan War, 特洛伊战争 n5. 47
Trojans, 特洛伊人 123-4
truth, 真理 7, 9, 33, 84, 153, n2. intro. 2; conceptions of, 其概念 55; historical, 历史的 55,
57; suppression of, 对其的压制 183
τύχη, 机运 200, n9. 56, n9. 59
tyrants, 暴君 164, 169-71, 184, n8. 27, n8. 34

'unitarians', "统一派" n. intro. 6
unity, 统一体 n. intro. 6, n10. 53
urgency, 紧要, repetition a mark of, 重复标记 n4. 27

vengeance, 复仇 203-4, 208, n9. 44
verification, 证实: historical, 历史的 199-200; sometimes impossible, 有时不可能 n10. 46
versions, 版本 76-84, 202; alternative, 多重的 23, n1. 36, n9. 39; and authorities, 和权威 84; their criteria of inclusion, 收录的标准 79; Herodotus disputes, 希罗多德的抗辩 78; Herodotus' method, 希罗多德的方法 84; informants differ on, 讲述者的不同意见 78; and local tradition, 和本地传统 84; 'logical', "逻辑的" 80; motives for, 动机 83; types of alternative, 多重版本的类别 78
vocabulary, 词汇: little abstract explanatory, 没有抽象的解释性

总索引 461

164, 186, 190-1; not invented, 并非编造的 204; significant, 重要的 144, 165, 225

War, the Great, 大战 8, 10, 15, n1.12
Waters, K. H., 瓦特斯 166
wealth, 财富 155, 161, 168
Weems, M. L., 威姆斯 6
Westlake, H. D., 威斯特雷克 n1.105
whipping, 鞭打 153, 180
wife, 妻室: of Candaules, 坎达列斯的 137; of Masistes, 玛西斯特斯的 136
Wilamowitz-Moellendorf, U. von, 维拉莫维兹 47
women, 妇女 35-6, 135-40, 157, 171, n1.68, n1.74, n6.25, n8.36; frequency of in *Histories*, 在《历史》中出现的频率 n7.12; Persian, 波斯的 n8.36; and power, 和权力 n6.25; as pretext for war, 作为战争的借口 n1.94; sexual violation of, 性侵犯 n6.47; in Thucydides, 《伯罗奔尼撒战争史》中的 n6.34

writing, 写作, technology of, 技术 9

Xanthus, 克桑托斯 116
Xenophanes, 色诺芬尼 10, 116, 220, n5.55
Xenophon, 色诺芬 119, 216
Xerxes, 薛西斯 33, 47, 49, 128-31, 141-3, 152, 154, 160, 180-1, 194, 204-5, 207, 209, 210; and claims, 声明 n6.7; decisions of, 决定 n6.22; and dream, 梦 204-5, 207, n9.48; his invasion, 他的侵略行径 124, 225; his traits, 他的性格特征 165
ξυγγράφειν, 写作 n. intro. 19

Zeus, 宙斯 n8.15
Zopyrus, 佐披洛司 101, n5.55
ζυγ- 12

译后记

ἄνδρα μοι ἔννεπε, μοῦσα, πολύτροπον, ὃς μάλα πολλὰ
πλάγχθη, ἐπεὶ Τροίης ἱερὸν πτολίεθρον ἔπερσεν·
πολλῶν δ' ἀνθρώπων ἴδεν ἄστεα καὶ νόον ἔγνω.

缪斯，请为我讲述，那位机智的男人，
他在毁灭特洛伊的神圣城堡之后四处漂泊，
见识了许多人的城邦，了解了这些人的思想。

《奥德赛》，1.1-3

ὁμοίως σμικρὰ καὶ μεγάλα ἄστεα ἀνθρώπων ἐπεξιών.
τὰ γὰρ τὸ πάλαι μεγάλα ἦν, τὰ πολλὰ σμικρὰ αὐτῶν
γέγονε· τὰ δὲ ἐπ' ἐμεῦ ἦν μεγάλα, πρότερον ἦν σμικρά.

人的小城邦与人的大城邦，我都要讲述……先前强大的城邦，现在许多都已变得小了：在我处的时代的大城邦，先前是小的。

《历史》，1.5.3-4

唐纳德·拉泰纳（Donald Lateiner）现为俄亥俄卫斯理大学（Ohio Wesleyan University）古典学系荣休教授。他于1972年获斯坦福大学古典学博士学位，1979年起于俄亥俄卫斯理大学古典学系任助理教授，1993年起任约翰·怀特（John R. Wright）希腊与人文教授。专业领域为希腊历史写作、古代小说与希腊罗马史诗。代表作有《希罗多德的历史方法》(*The Historical Method of Herodotus*，1988)、《讥笑：荷马史诗中的非语言性行为》(*The Sardonic Smile:Nonverbal Behavior in Homeric Epic*,1955)。

初次阅读《历史》的现代读者难免产生一种印象，即此书与叙事逻辑清晰、条分缕析的现代史书极为不同，除却极为杂多的人物、地理、政权、风土、逸闻，其前后交杂呼应的叙事也极大地增加了阅读难度。而专业希罗多德研究者也必然要面对一系列更加严肃的追问：历史话语是如何生成的？这部看似包罗万象、杂乱无章的史学著作之祖是否有着一以贯之的主题和思想（如果这一问题在希罗多德这里成立的话）？希罗多德在希腊与异邦文化问题上的价值导向是什么？他的写作目的是什么？在此，我想举两个针锋相对的例证来说明希罗多德研究中存在的两种偏向。其一为亨利·伊玛瓦所著的《希罗多德作品中的形式与思想》，该书作者坚定地捍卫一个观点，即《历史》通过某些前后呼应的母题、关键词、模式等将散乱的素材凝聚在一起。他认为，"无论从观念上来说还是从艺术上来说，希罗多德的作品都具有其自身隐藏的秩序。这种秩序是在我们通常将其与古风时代关联起来的观念与风格方法（stylistic means）的基础上达成的。然而，一旦我们注意到这种秩序，其整体效果类似于我们所了解的五世纪阿提卡艺术与诗歌的古典形式。在所有这些作品中，模式（pattern）是一个重要考量因素"。（《希罗多德作品中的形式与思想》，326页）肯尼斯·瓦特斯（Kenneth H. Waters）则从根本上否定《历史》是一部统一的文本，他试图从写作方法、叙事技巧、材料来源、文史传统等诸多方面拆解、破除统一说中的诸多论点，如模式说、历史道德论、希腊中心主义［参考《史家希罗多德：问题、方法与原创性》(*Herodotus the Historian: his Problems, Methods and Originality*)］。他认为，希罗多德是一位杰出的历史小说家（historical novelist）、记录员（journalist），但他并没有道德训诫，更没有文化立场，一切记录皆是出于"历史客观性"［historiographic objectivity，参考其另一部专著：《希罗多德论僭主与暴君》(*Herodotus on Tyrants and Despots: A Study in Objectivity*)，99—100页］动机。

唐纳德·拉泰纳教授的《希罗多德的历史方法》正是在这样的学术论争语境下写就的一部雄心勃勃的著作，本书试图从修辞与写作传统、叙事技法、材料来源、主导思想等方面全方位解析希罗多德的"研究"（即历史—ἱστορίη）可能的内在"方法"。

全书凡四部分，大致可以作如下概括：第一部分从修辞学角度探讨希罗多德历史修辞与写作的发生学，其中形式讨论尤为引人入胜；第二部分试图从文本的内部析离、概括

译后记

出《历史》叙事的诸多可能方法，其中包括对历史材料的选择、对多重版本的征引及删略，以及希罗多德与前代诗人作者展开的竞赛；第三部分着重探讨贯穿《历史》的道德原则与精神主旨；第四部分总述全书，考察希罗多德历史阐释学的可能性。由于全书内容十分零散驳杂（这也是由《历史》一书的性质所决定），笔者在此挑出几条重要线索加以讨论，希望能为读者深入阅读此书与《历史》提供一些参考。

新的世界"时刻"催生出新的思想，新思想召唤出新文体。《历史》开篇著名的序言一举奠定全书总基调，也标志着一种与神话、史诗、历史散文等旧文体截然不同的新文体的诞生："在这里发表出来的，乃是哈利卡尔那索斯人希罗多德的研究成果，他所以要把这些研究成果发表出来，是为了保存人类的功业，使之不致由于年深日久而被人们遗忘，为了使希腊人和异邦人那些值得称赞的丰功伟绩不致失去它们的光彩，特别是为了把他们发生纷争的原因给记载下来。"（《历史》，1.1）此一序言宣示了新文体的功用与抱负：首先，这部作品是希罗多德游历四方见闻的展示；其次，《历史》的写作目的在于使人类的功业（而非众神的）被保存下来；最后，还要探究两方发生纷争的原因。希波战争将希腊人卷入"世界"之中，而希腊人在与"世界"诸民族的文化冲突和交流中发现了自身的主体性，并以此建立起对他者的观察标准与参照。《历史》正是这样一部著作：它在逻各斯层面确立了希腊人的文化标准。用作者的话说，"一种新的观照人类经验的方式诞生了，这种方式不是其先辈的那种毫无规划的观察、对于遥远时代异想天开的想象，或者是对于异己事物的大惊小怪，而是历史———一种对于展现出政治独立的价值、脚踏实地的生活方式与伦理勇气的新近世界事件的综合"。

让我们先从形式谈起。作者在第一部分抽丝剥茧，从语文学角度详细地探讨了希罗多德历史书写对古代传统的借鉴，以及希罗多德如何将前人的写作技法融入自己的历史价值判断。有两点特别值得阅读《历史》原文的读者注意。首先，希罗多德式的历史并非全知全能者预先写好、前后一致、供人被动演绎的故事，它先是一种修辞性技艺，其重点在于如何编织历史事件。杂叠交错的叙事映射出的正是希罗多德本人对"历史"的理解。希罗多德钟爱多重版本，往往就一个历史事件引述诸多角度。确定形式叙事中的间接引述侵入式不定式（oratio obliqua infinitive intrusive in finite-form narrative）使得叙事更具开放性（一并参考拉泰纳对κου、γάρ、λέγεται等小词与插入性词语的研究）。其次，作者重点关注了借鉴自史诗的"非语言行为"。非语言行为是对修辞（尤其是演说）的重要补充，它通过敏感地捕捉事件参与者的姿态、表情、动作生动地揭示隐藏在历史背后的真实人类戏剧。在此，历史展现出"诗"的维度，它超越了对客观事实的追求，使文本更具恒久、鲜活的普遍人性，并因此足可成为评断世事的标准。

在第二部分，作者旋即不厌其烦、更为详致地深入文本细节探讨希罗多德的编纂原则，并列出清单供读者参考

（参考书中的删减、沉默清单与多重版本清单）。从本质上来说，历史书写就是逻各斯的编织，因此，史家思想研究中的一项重要任务便在于析离、辨识出作者的原初写作路径。拉泰纳在极为驳杂繁复的文本编织物中总结出了希罗多德的若干增删原则，如个人喜好、对不可信赖的怪力乱神之事的沉默与批判、材料不足、事情本身不能引发兴趣等，在此不一而足，读者自可深入论著进行探索。值得我们注意的是，拉泰纳对多重版本的论述十分启人神智。据统计，《历史》一书足有125处多重版本叙述（这些多重版本不包括细微的差别、讲述者对事件的不同讲述，以及希罗多德对他人叙述版本的驳斥）。拉泰纳提出一个论点，希罗多德的历史观尽管遭到后人的批评，但真假叙事交织体现出的一个基本历史原则是，个人在观察、认知、判断上的能力是有限的，因此个体获得的历史真相的准确性也是有限的，而以多重视角（包括事件参与者、旁观者的讲述、街谈巷议、口头传统、有形纪念建筑等）重构不在场的历史事件或许可以尽可能地接近历史真实。同时，希罗多德通过上章所言的修辞性技法邀请读者共同参与对传述事实的感受、评论与判断。一言以蔽之，作者试图从语言、叙事、修辞等方面指示一点：《历史》是一部开放之作。

那么在这些看似散乱无章的无数历史事件中究竟存不存在一种以历史写作法为支撑的"历史形而上学"呢？换句话说，希罗多德是否为这些前后相续的历史逻各斯赋予了一种永恒性呢？《历史》中一再上演的谋杀、战争、娱乐、神灵、奇景、演说等戏剧元素是否都服从于一个（或多个）统领原则呢？在拉泰纳看来，"有一个一再出现的意象，它关心的是物理上的、社会的与伦理的界限与分寸，这些松散的概念体都与 nomos（习俗）这个多重指涉的词语相关，它能够帮助我们定义《历史》中的历史原力"。在本书作者的分析中，习俗这一元隐喻统摄下的多重叙述大致分为三类：地理边界隐喻；女性主题叙事；与界限相关的伦理原则（当然，希罗多德本人并不拥有这样的分析自觉）。而这三个层面的叙事（当然，因为《历史》的丰富性与复杂性，这个清单还可以包含更多，如权力叙事、战争叙事等，且这些叙事都是互相叠加交织的）指向的必定是更高的道德判断：僭越（ὕβρις）与惩罚（τίσις）。

僭越首先表现为地理事件，作者在"'界限''逾越'与相关隐喻"一章中十分精彩地将地理志中的自然边界、悲剧中的地理意象、帝国君主的军事征伐等关联起来，析构出了若干统摄全篇的逻辑原则。值得再次提及的是，我们在此又一次看到拉泰纳教授运用语文学方法剖析译文中难以洞察的隐微历史批判（参考作者对 ζεύγνυω, διαβαίνειν, διάβατος, διάβασις 等词之潜在道德评判的精到分析）。在《历史》中，边界不仅具有地理上的意义，它更兼具守卫、保育各自文化的功能，而利用强权跨越（僭越）边界则意味政治与伦理的恶（参考第四部分第 9 章谈到的《历史》中的类比概念）。然而，希罗多德并未直言不讳地展示自己的判断，而是以冷静的笔触将道德、历史评断通过字里行间传达给会心的解读者。在笔者看来,由于类似的本土历史写作传统,希罗多德的笔法在中文学界大有文章可作。如《历史》第七卷中薛西斯所言:"如果我们征服了雅典人及其邻居,即居住在佩洛普司的普里吉亚人,我们就会展现出,波斯的领土与宙斯的天界相接(ὁμουρέουσαν,ὅμουρος[边界]的动词形式)了,因为,如果我们得到你们的助力把整个欧罗巴的土地征服,把所有的土地并入一个国家,则太阳所照到的土地便没有一处是在我国的疆界(ὅμουρον)之外了(7.8γ2)。"

僭越意味着习俗的倒置与颠覆。在这里,我们先讨论"女性的主题"一节(此节可与第6章对读)。习俗的一个重要面向即性别社会期待。作者在这里重点关注了异邦文化权力结构中的妇女,因为她们将"正常范式与非凡的背叛结合在一起,创造了一种我们称之为社会学、人类学与历史学的学科组合"。在《历史》的妇女叙事中,拉泰纳注意到,与男性的权力意志相对,妇女是习俗的守护者,她们起着一种"反省式的批判与节制的作用"。值得注意的是,细心的读者如果深研第一卷开篇讲述的巨吉斯和坎达列斯逻各斯(1.8-12)与第九卷接近结尾处的薛西斯和玛西斯特斯逻各斯(9.108-113)中相关段落的遣词造句,定会发现"边界""习俗"等历史形而上学主题已经在遥相呼应的两个元逻各斯中彰显无遗。或许我们可以顺着他的分析,从"女性的主题"再进一步,得出以下结论:《历史》中的帝国叙事是前后两个君主家庭爱欲元叙事在政治上的展开。

除却"女性的主题",对于《历史》的读者来说,希罗多德的文化立场也是难以逃避的关键问题。希罗多德的多元文化兴趣使其关注他者（埃及人、波斯人、斯基泰人等），而与此同时，差异的存在也意味着同一性的存在，他者的存在不仅带来惊奇（θωμά）、排斥、比照、衡量、区分——"礼俗主别异"——同时更塑造、确认了希腊主体。《历史》的中心主题希波战争便是希腊民族主体性建立的再一次见证。如作者所言：

> 他想向读者传达一份对其他社会的详尽报告，同时也想传达一种异邦和陌生社会与希腊社会之差别的整全图画。他者性是了解自我、了解希腊世界观狭隘局限与了解任何世界观局限的工具。至少在希腊人看来，那些显而易见的荒谬并不会受到嘲笑，它们为希腊意识提供了一种文化参数。陌生性的力量促使读者从一个不同的视角去解释那些自认为熟悉和自然的事情。

那么希罗多德是如何认知习俗（也是文化的最初含义）的呢？他借疯狂的刚比西斯之口说：

> 如果向所有的人们建议选择一切风俗（νόμους）中在他们看来是最好的，那么在经过检查之后，他们一定会把自己的风俗习惯放在第一位。每个民族都深信，他们自己的风俗比其他民族的习俗要好得多。因此不能设想，任何人，除非他是一个疯子，会拿这类

的事情取笑……这些想法是这样的根深蒂固，因此我以为，品达的诗句说得很对，"习俗乃万物之王（νόμον πάντων βασιλέα...εἶναι）"。（《历史》，3.38.1）

希罗多德笔下的习俗关乎气候、地理，更关乎民族习惯、精神品质与政治制度。拉泰纳敏锐地注意到，《历史》第一卷至第五卷第二十七节所写的都是非希腊世界，尤其是那些可与希腊文化和古风希腊时期的城邦对比参照的极端例子；第五卷第二十八节至第六卷考察的是波斯与希腊有共同利益的地区，显示出希腊政治的独特本性，这对于第七卷至第九卷至关重要；直到第六卷与第七卷，希罗多德才开始集中讨论希波战争中希腊胜利的原因。希罗多德的铺垫至此显露出其真正用意所在：考察习俗旨在研究帝国军事竞赛背后更为宏大的民族"文化"竞赛。希腊人"推崇人类尊严，尊重个体与祖传习俗，他们要求公民遵循律法与习俗，对批评也虚怀若谷地接纳，且从批评中也能受益，并能明智地做出政治决策"。他们对以自由［ἐλευθερίη，其三重含义为："言论自由"（ἰσηγορίη）、"权利平等"（ἰσοκρατίη）、"法律面前人人平等"（ἰσονομίη）］为中心的习俗的培育在《历史》中得到了极为戏剧性的表达。在第七卷中，薛西斯在检阅完毕水师后颇为得意地故意挑逗戴玛拉托斯，并请他但说无妨，戴玛拉托斯随即便直言不讳（ἀληθείη διαχρήσασθαι）地说道：

> 希腊的国土一直是贫穷的，但是由于智慧和强力

的法律，希腊人自己却得到了勇气；而希腊便利用这个勇气，驱除了贫困和暴政（7.102）……他们虽然是自由的，但是他们并不是在任何事情上都自由。他们受着法律的统治，他们对法律的畏惧甚于你的臣民对你的畏惧（7.104）。

在拉泰纳看来，希腊式的自由与以波斯为代表的帝国专制形成的两极叙事恰好是隐藏在兴衰沉浮历史背后的"模式"。以克洛伊索斯、居鲁士、刚比西斯、大流士与薛西斯为代表的"深切著名之行事"与第三卷"政体辩论"中的"空言"遥遥呼应。我们在此不必大费周章地引述其中细节，只需将辩论中欧塔涅斯的发言抄录如下便会发现，希罗多德对专制君主的性格刻画中使用的词汇大多已经在此预示（请读者一并参考本书作者以下述关键词为纲列出的暴君性格一览表）：

> 你们已经看到刚比西斯骄傲自满（ὕβριν）到什么程度，而你们也尝过玛哥斯僧那种旁若无人（τῆς ὕβριος）的滋味。当一个人愿意怎样做便怎样做而自己对所做的事情又可以毫不负责（ἀνευθύνῳ）的时候，那么这种独裁的统治又有什么好处呢？把这种权力给世界上最优秀的人，他也会脱离正常思想（ἐκτὸς τῶν ἐωθότων νοημάτων στήσειε）的。他具有的特权产生了骄傲（ὕβρις），而人们的嫉妒心（φθόνος）又是

一件很自然的事情。这双重的原因便是在他身上产生一切恶事的根源；他之所以做出许多胆大妄为的事（ἀτάσθαλα），有些是由于骄傲自满（ὕβρις），有些则是由于嫉妒（φθόνῳ）。本来一个具有独裁权力的君主，既然可以随心所欲地得到一切东西……他欢迎那些最下贱卑劣的人们，并且比任何人都更愿意听信谗言。此外，国王又是最阴晴不定的人（ἀναρμοστότατον）。如果你只是适当地尊敬他，他就会不高兴，说你侍奉他不够尽心竭力；如果你真的尽心竭力的话，他又要骂你巧言令色……把父祖相传的大法任意改变（νόμαιά τε κινέει πάτρια），对妇女施加暴力（βιᾶται γυναῖκας），把人民不加审判而任意诛杀（κτείνει τε ἀκρίτους）。（《历史》，3.81，王以铸译，稍有改动）

僭越意味着惩罚。希罗多德继承了自然哲人（如阿那克西曼德）、抒情诗（梭伦）和悲剧（埃斯库罗斯）的正义即平衡（ἴσα πρὸς ἴσα）、破坏必有偿报（τίσις）的自然原则，并将之引入历史领域（或者毋宁说是希罗多德"制作"的历史）。如希罗多德的民族志研究所示，文化本身各有殊异，史家理应对文化的特殊性保持兴趣与尊重，但希罗多德并未因此写作一部民族风俗账簿。与之相反，"游历"（θεωρίη）使他更加深切地认识到，"有些原则他认为是普世的，永不可践踏"。这些公认的原则有"各得其分"（suum cuique），及"关注自己的事情（σκοπέειν τινὰ τὰ ἑωυτοῦ）"。希罗多德在此处通过一个过于人性的戏剧人物传达了一个真理：对根本律法的侵犯会搅扰自然、社会与政治的秩序，逾越者经常会有灭族之灾（προρρίζους）。由此，历史真正从史诗、神话、地理志、风俗演义、民间奇谈等前代文体中脱身出来，成为一种具有超越性、审判性力量的新文体。

当然，我们在以后见之明欣赏本书作者的理性分析之时也须得保持一种警醒：无论现代读者如何费尽心力使得《历史》"合理化"以符合我们的期待视野，无论我们的分析多么理性、客观、圆融，弥漫在《历史》中的原初经验与力量都将一再指引我们去向更加高远的探究。希罗多德这位"观风者"（θεωρός）行走、倾听、观察、讲述。历史深处苍茫而诡秘，"人类的幸福绝不会停留在一个地方"（τὴν ἀνθρωπηίην εὐδαιμονίην οὐδαμὰ ἐν τὠυτῷ μένουσαν, 1.5.4），"不管在什么事情上面，我们都必须好好地注意一下它的结尾。因为神往往不过是让许多人隐隐地瞥见幸福（πολλοῖσι γὰρ δὴ ὑποδέξας ὄλβον），随后便把他们悉数毁灭（προρρίζους ἀνέτρεψε，1.32）"。

最后，请允许我引用书中一段十分精彩的评论结束此后记，并邀请读者跟随本书作者拉泰纳一道走进希罗多德《历史》的大千世界：

> 与君王们树立起来的行为与纪念建筑相较起来（1.207；2.101-2；2.148.2），希罗多德书写历史为个人的尊严正名，并且为人们提供了一种逃离政治认可与人的

转瞬即逝的存在的路径。习俗（nomos）乃是万物的君主（3.38.4；参考7.152.2）——明白这个真理的人已经半身脱离了其所在社会的枷锁。这些有特权的少数人中就包括希罗多德，还有那些愿意通过《历史》而从狭隘观念的暴政中被解放出来的人。习俗的偶然性与多样性并不会对其自身的可靠性予以否定，希罗多德比智者们理解得更深，因为每个社群都有适合自己的习俗。希罗多德并不排斥分歧。事实上，希罗多德相信，维护这种多样性，保有人类的这种差异及其产生的摩擦，能够促进自由人与制度的发展。民族自治与法治（而非人治）乃是他所敬仰的人类政治领域的奠基石。分裂，内战，甚至是军事上的反抗都促成了欧罗巴自由的繁荣。养护通过地方自治而获得的地方认同感会福泽全人类。

译者在翻译全书时参考了商务印书馆王以铸先生的《历史》译本，除却少数通行的译名之外，其他全部中文译名均以此中译本为准；本书所引段落也皆出自此译本，其中部分文字依据原文做出更动；在此，译者要向古典文学研究领域的前辈致敬。另外，还要衷心感谢北京师范大学文学院张源教授的引介，感谢三联书店编辑王晨晨女士的支持与辛勤工作。都柏林大学古典学系的邓默晗博士严谨细致地校订了部分译稿，在此一并致谢。

聂渡洛

2021年9月6日

"古典与文明"丛书

第 一 辑

义疏学衰亡史论　乔秀岩　著
文献学读书记　乔秀岩　叶纯芳　著
千古同文：四库总目与东亚古典学　吴国武　著
礼是郑学：汉唐间经典诠释变迁史论稿　华喆　著
唐宋之际礼学思想的转型　冯茜　著
中古的佛教与孝道　陈志远　著

《奥德赛》中的歌手、英雄与诸神　〔美〕查尔斯·西格尔　著
奥瑞斯提亚　〔英〕西蒙·戈德希尔　著
希罗多德的历史方法　〔美〕唐纳德·拉泰纳　著
萨卢斯特　〔新西兰〕罗纳德·塞姆　著
古典学的历史　〔德〕维拉莫威兹　著
母权论：对古代世界母权制宗教性和法权性的探究
　　〔瑞士〕巴霍芬　著

"古典与文明"丛书

第 二 辑

作与不作：早期中国对创新与技艺问题的论辩　〔美〕普　鸣　著
成神：早期中国的宇宙论、祭祀与自我神化　〔美〕普　鸣　著
海妖与圣人：古希腊和古典中国的知识与智慧
　　　　〔美〕尚冠文　杜润德　著
阅读希腊悲剧　〔英〕西蒙·戈德希尔　著
蘋蘩与歌队：先秦和古希腊的节庆、宴飨及性别关系　周轶群　著
古代中国与罗马的国家权力　〔美〕沃尔特·沙伊德尔　编

学术史读书记　乔秀岩　叶纯芳　著
两汉经师传授文本征微　虞万里　著
推何演董：董仲舒《春秋》学研究　黄　铭　著
周孔制法：古文经学与教化　陈壁生　著
《大学》的古典学阐释　孟　琢　著
参赞化育：惠栋易学考古的大道与微言　谷继明　著

"古典与文明"丛书

第三辑

礼以义起：传统礼学的义理探询　吴　飞　著

极高明与道中庸：补正沃格林对中国文明的秩序哲学分析　唐文明　著

牺牲：子学到经学时代的神话与政治　赵丙祥　著

知其所止：中国古代思想典籍绎说　潘星辉　著

从时间来到永恒：《神曲》中的奥古斯丁传统研究　朱振宇　著

地生人与"雅典民主"　颜　荻　著

希腊人与非理性　〔爱尔兰〕E. R. 多兹　著

古代创世论及其批评者　〔英〕大卫·塞德利　著

自由意志：古典思想中的起源　〔德〕迈克尔·弗雷德　著

希腊神话和仪式中的结构与历史　〔德〕瓦尔特·伯克特　著

古代思想中的地之边界：地理、探索与虚构　〔美〕詹姆斯·罗姆　著

英雄的习性：索福克勒斯悲剧研究　〔英〕伯纳德·M. W. 诺克斯　著

悲剧与文明：解读索福克勒斯　〔美〕查尔斯·西格尔　著